ŒUVRES COMPLÈTES DE J. MICHELET

HISTOIRE
DE LA
RÉVOLUTION FRANÇAISE

TOME TROISIÈME

ÉDITION DÉFINITIVE, REVUE ET CORRIGÉE

PARIS
ERNEST FLAMMARION, ÉDITEUR
26, RUE RACINE, PRÈS L'ODÉON

Tous droits réservés.

HISTOIRE
DE LA RÉVOLUTION
FRANÇAISE

III

IMPRIMERIE E. FLAMMARION, 26, RUE RACINE, PARIS.

ŒUVRES COMPLÈTES DE J. MICHELET

HISTOIRE
DE LA
RÉVOLUTION
FRANÇAISE

ÉDITION DÉFINITIVE, REVUE ET CORRIGÉE

TOME TROISIÈME

PARIS
ERNEST FLAMMARION, ÉDITEUR
26, RUE RACINE, PRÈS L'ODÉON

Tous droits réservés.

PRÉFACE[1]

Nos Fédérations de 1790, qu'on vient de lire au deuxième volume, cet élan le plus unanime que l'on ait vu parmi les hommes, qui réunit la France, le monde, ne sont pas moins qu'un évangile.

La France a eu cela, nul autre peuple que je sache.

Et ne l'a-t-elle eu qu'une fois? N'avons-nous pas revu le même élan aux débuts admirables de Juillet et de Février? C'est ce qu'on a déjà trop oublié, c'est ce que nos jeunes gens ignorent. Ils savent assez bien les révolutions de Rome et d'Athènes, mais point celle de 1848. Ces souvenirs si purs, qui raviront les siècles à venir, qui sont nos titres de noblesse et le trésor de la Patrie, tout cela leur est étranger.

J'éprouve le besoin de leur en dire un mot, de

1. Écrite en 1868.

leur dire notre état moral, au moment où nous écrivions cette histoire que je réimprime.

Tel fut le cœur des pères aux Fédérations de 1790, tel fut celui des fils à nos banquets de Février. Journalistes, hommes politiques, professeurs, écrivains, nous en eûmes l'élan désintéressé, généreux, clément et pacifique, humain.

Deux choses originales ont marqué cette époque :

Premièrement l'horreur de l'argent. Il n'y a jamais eu un gouvernement si net, si pur, si économe. Tels de ses chefs resteront en légende par leur pauvreté obstinée. Plusieurs étaient des saints de modestie et d'abstinence. Je me rappelle encore, non sans émotion, avoir eu audience d'un de nos rois d'alors (Flocon) à son cinquième étage de la rue Thévenot.

L'idée dominante de tous, politiques, écrivains, était celle de garder à la jeune révolution un caractère constant de douceur et de clémence. Pour ma part, j'espérais que la jeunesse des écoles influerait beaucoup dans ce sens, pourrait s'interposer, neutraliser les chocs et les rendre moins rudes. C'est dans cette espérance, avec cette pensée intérieure, que j'avais fait et imprimé mon *Cours* de janvier 1848. Dans un sentiment analogue, les hommes de grand cœur qui eurent l'initiative de Février, aux célèbres banquets, portèrent, lurent les Fédérations, gardant, en plein combat, un sentiment de paix.

Telle fut la chance heureuse de ces premiers volumes, que toutes les nuances de la démocratie les acceptèrent également. Les esprits les plus différents, Béranger et Ledru-Rollin, leur firent le même accueil. L'ouvrage terminé reçut le plus fort témoignage du grand socialiste qui, pour plusieurs raisons, semblait devoir le goûter peu. Les lettres que j'eus, à ce sujet, de Béranger et de Proudhon, sont assez importantes pour être conservées. Quoique si honorables pour moi, je dois les publier. Proudhon surtout y apparaît sous un jour tout nouveau, et tel, je crois, qu'il restera dans l'avenir.

LETTRE DE BÉRANGER.

Cher et illustre maître et ami,

Je ne puis garder plus longtemps par devers moi le tribut d'éloges que j'ai à vous payer; d'éloges, c'est trop peu dire, c'est de reconnaissance pour tout le bonheur que votre nouveau volume m'a fait éprouver. Vous seul, vous seul pouviez tracer le tableau des commencements de notre sainte Révolution; vous seul pouviez saisir l'instinct populaire dans son plus beau moment, dans ce moment d'amour qui n'eut jamais rien d'égal dans le monde. Que votre cœur vous a bien inspiré de peindre un pareil élan, et qu'il est heureux que cette pensée soit venue au seul talent capable de la mettre à exécution! Dites-vous bien, cher maître, que, sans vous, ce qu'il y a de plus caractéristique et de plus touchant dans cette époque créatrice restait à jamais effacé des annales du monde. Trois fois gloire à vous qui, par l'étude, la conscience et le génie, conservez un pareil souvenir à nos neveux! Ce moment, je l'ai vu, mais j'en avais moins mémoire que des jours qui l'ont suivi. Aussi ai-je versé des larmes sur vos pages immortelles.

J'adopte ce que vous dites de l'instinct populaire, et, de cela, il n'y a point à s'étonner de la part de l'homme qui a dit que le peuple était sa muse. Pour cet homme-là, votre histoire devient livre saint.

L'auteur en vous a encore un mérite : c'est le courage; il en faut beaucoup pour être aussi sincère, aussi juste. C'est ainsi qu'on donne une grande autorité morale à des travaux littéraires, et c'est ainsi qu'à tant de glorieux titres accumulés sur vous, vous méritez qu'on ajoute celui de grand citoyen.

BÉRANGER.

Passy, 24 novembre 1847.

Quatre ans plus tard, voici la lettre que je recevais de Proudhon :

Conciergerie, 11 avril 1851.

Monsieur,

J'ai reçu en son temps l'envoi précieux dont vous avez bien voulu m'honorer des quatre premiers volumes de votre *Histoire de la Révolution*, je les ai lus aussitôt avec un empressement extrême et une satisfaction extraordinaire.

Je viens, en vous faisant mes remerciements, vous exprimer mon admiration, non seulement pour l'écrivain, mais surtout pour le penseur et le juge.

Enfin, enfin la Révolution française sort de la légende, du roman, du factum et du pamphlet; elle arrive à l'histoire; il semble que ce soit de ce jour qu'elle se répand sur le monde. Je la rêvais telle à peu près que vous me la montrez; j'avoue que je ne la comprenais guère. Accoutumé à ne céder jamais à l'entraînement de mon opinion et de mon parti, ne pensant pas que de grandes misères fussent une raison suffisante d'un si grand mouvement, j'étais comme oppressé de l'insuffisance juridique de nos narrateurs; je me disais que la Révolution avait encore plus à se plaindre de ses apologistes que de ses calomniateurs. J'avais maudit cet esprit de secte qui venait de nouveau flétrir la grandeur d'âme de nos pères, et remettre en doute la justice de leur cause, en faisant pivoter toute la série du mouvement sur l'influence d'un club et la pensée d'un tribun.

Enfin vous avez, j'ose le dire, réhabilité la Révolution. Grâce au ciel la voilà débarrassée, rendue insolidaire de ses meneurs; les Sieyès, les Mirabeau, les Barnave, les Girondins, et Danton et la Montagne, ne sont plus que des hommes souvent fort petits. Marat et Robespierre sont jugés, et les Jacobins estimés à leur valeur. Vous avez résolu ce problème difficile, celui que je me proposais à moi-même, quand je me demandais ce que devait être une Histoire de la Révolution : *être révolutionnaire* plus qu'aucun de ceux qui ont figuré dans le drame, et cependant être plus modéré que Danton et les Girondins, plus judicieux que les Constituants, plus ami du peuple que Fréron et Marat, plus puritain que Robespierre. Ce but, dans mon opinion, vous l'avez pleinement atteint.

Mon ami et compatriote Bailly vous aura peut-être dit que je m'occupais d'un travail ayant pour titre : *Pratique des Révolutions*. Il faut vous dire tout de suite que cette *Pratique* n'est point, comme vous l'auriez pu croire, un ouvrage de haute érudition; ma vie, mes études, mes moyens, me rendent impossibles des travaux de cette nature. Ce que j'ai entrepris sous le nom de *Pratique*, c'est la démonstration, à l'aide des faits les plus authentiques, les plus communs, de cette vérité capitale, si magnifiquement énoncée dans je ne sais plus quel endroit de votre livre, à propos de la culpabilité de Louis XVI. Une nation est autre chose qu'une collection d'individus, c'est un être *sui generis*, une personne vivante, une âme consacrée devant Dieu.

Ce que je cherche donc, vous le comprenez maintenant, Monsieur, c'est la démonstration de ce grand être, ce sont les lois de sa vie, les formes de sa raison, c'est en un mot *sa psychologie*. La nature de mon esprit et la médiocrité de mes ressources scientifiques et littéraires ne me permettent pas les entreprises de découverte telle qu'est et que sera, j'espère, jusqu'à la fin, votre *Histoire*. Je ne puis qu'analyser et approfondir ce que d'autres ont constaté et mis en lumière; ma spécialité, comme ma méthode, est la dissection des faits et le dégagement de leur contenu.

Chose singulière! ce spiritualisme transcendant, qui vous domine et qui m'obsède, est totalement inconnu à nos tartufes de religiosité, à nos écrivains ecclésiastiques, à tous nos philosophes universitaires. C'est un homme, réputé ennemi personnel de Dieu, venant à la suite d'un historien adversaire de l'Église, qui s'apprête à jeter dans le monde cette idée grandiose de l'âme des peuples et de l'âme de l'humanité! Peut-être, au reste, avez-vous parlé de l'abondance de votre poésie plutôt que de la compréhension de votre intelligence, peut-être n'avez-vous dit qu'en figure ce que je prends au positif; c'est ce que plus tard, après réflexion, vous expliquerez sans doute à vos avides lecteurs.

Quant à moi, l'homme le moins mystique qui soit au monde, le plus réaliste, le plus éloigné de toute fantaisie et enthousiasme, je crois être déjà en mesure d'affirmer, et je prouverai qu'une nation organisée comme la nôtre constitue un être aussi réel, aussi personnel, aussi doué de volonté et d'intelligence propre, que les individus dont il se compose : et j'ose dire que là est surtout la grande révélation du dix-neuvième siècle. Votre *Histoire de la Révolution*, faite à ce point de vue, est la meilleure préparation que j'eusse pu souhaiter à mes lecteurs : après avoir vu, dans votre narration, penser, agir, souffrir, combattre l'être collectif, ils seront mieux disposés à comprendre les lois de sa formation, de son développement, de sa vie, de sa pensée et de son action.

Votre deuxième volume est tout entier de création, le récit de la Fédération de 1790 surtout, après tant de récits dignes des almanachs, est trouvé. On sent que là est le nœud et le fort de l'affaire. Après avoir lu ces grands tableaux de l'épopée nationale, on se sent un amour ardent de la patrie, on est fier de s'entendre appeler révolutionnaire.

Votre appréciation des hommes me paraît merveilleuse. Serait-ce parce que d'avance j'abondais dans votre sentiment?... Mirabeau, Sieyès, Danton, Robespierre, Marat, tous les autres, toisés, mesurés, appréciés ce qu'ils valent. Peut-être pourrait-on regretter que vous n'ayez pas donné plus de place à Mirabeau et à ses discours; cet homme, après tout, fut le plus magnifique instrument de la Révolution, comme Danton en fut l'âme la plus généreuse. En revanche, peut-être, avez-vous donné trop d'importance aux commencements de Robespierre, car on prévoit déjà que l'accusation contre lui sera terrible.

J'ai toujours cru, et je serais curieux de voir si votre jugement s'accorde avec le mien : que Robespierre, qui, asservi au *Contrat social*, ce code de toutes nos mystifications représentatives et parlementaires, jugeait certainement la démocratie impossible en France, qui, enfin, en 1794, loin de réclamer l'application de la Constitution de 1793, voulait encore une plus grande concentration du pouvoir, ainsi que l'avouent et le prouvent ses apologistes Buchez et Lebas; j'ai toujours cru, dis-je, que cet homme-là n'eût été nullement embarrassé, s'il eût réussi en thermidor, après avoir exercé la dictature, d'opérer lui-même une transaction de l'espèce de celles qu'on vit au 18 brumaire, en 1814 ou en 1830.

J'avoue, au surplus, que ce qui m'indispose le plus contre ce personnage, c'est la détestable queue qu'il nous a laissée et qui gâte tout en France depuis vingt ans.

C'est toujours le même esprit policier, parleur, intrigant et incapable, à la place de la pensée libérale et agissante du pays.

Maintenant, Monsieur, me permettez-vous un mot de critique ? Ceci ne touche point à votre livre, n'atteint aucun des faits, aucun de vos jugements, — cela ne touche que moi et ne porte que sur une note.

Vous paraissez craindre, et depuis votre livre du *Peuple* vous n'êtes pas revenu de cette appréhension, que le socialisme au *dix-neuvième siècle* ne soit en dehors de la tradition révolutionnaire de 1789-1792. Vous êtes préoccupé de quelques fantaisies communistes qui circulent dans le peuple, et surtout de certaine négation de la *propriété* et du *gouvernement*, dont vous ne trouvez point les prémisses dans la pensée de nos pères.

Permettez-moi de vous dire, Monsieur, quant au communisme, que vos terreurs sont absolument sans fondement. Si la question économique, plus explicitement posée aujourd'hui qu'en 1789, a dû pousser l'intelligence naïve du peuple vers l'hypothèse communautaire, ç'a été l'effet naturel de la répulsion qu'inspiraient le monopole égoïste, la concurrence anarchique et tous les désordres de l'individualisme poussé à l'excès. Mais ce communisme n'existe qu'en protestation et a moins de racines encore que celui des chrétiens de la primitive Église, qui ne furent pas dix mois en communauté, et jamais probablement au nombre de plus de quelques mille.

En ce qui me concerne personnellement, vous avez tort de méconnaître d'abord la nécessité des définitions rigoureuses en théorie, puis de supposer que je veuille conformer la pratique à la rigueur d'une définition. Autre chose est de qualifier une idée, un principe d'après son extrême conséquence, et autre chose d'adopter cette conséquence extrême comme la vérité. — La propriété a sa racine dans la nature de l'homme et la nécessité des choses, je le sais aussi bien que personne, mais la propriété sans contrepoids, sans engrenage, aboutit droit où je dis, et devient vol et brigandage. Notre société en est là aujourd'hui. C'est pour cela que je cherche dans la création de garanties sociales et mutuelles un contrepoids à la propriété, qui soit tel, que la propriété perdant ses vices double ses avantages; voilà ce que vous avez vis-à-vis de moi le tort de méconnaître.....

J'aurais trop à vous dire sur cette matière, que je crois connaître à fond, par une longue étude et une longue pratique commerciale; je me borne à ces quelques mots qui, sans doute, suffiront à rassurer votre esprit. Ne craignez rien pour la liberté et la personnalité de l'homme, je vous dirai même : ne craignez rien pour la propriété, car il m'est évident que vous ne la prenez point comme moi dans la signification juridique et capitaliste que lui ont donnée nos traditions et nos institutions.

Je finis, Monsieur, en vous renouvelant l'expression de ma haute estime et de mon admiration sans réserve. Vous m'avez fait connaître Vico, vous m'avez initié aux origines du droit, vous venez de me faire voir la Révolution telle qu'elle a été, telle que je la veux : je vous remercie.

Pour tant de services le pouvoir vous ferme la bouche : consolez-vous, les Jésuites n'en ont pas pour longtemps. Ils sont si près de leur ruine, ruine épouvantable, que, malgré toute mon aversion, je n'ai pas la force de les maudire.

Je suis, Monsieur, votre tout dévoué et obligé lecteur.

P.-J. PROUDHON.

HISTOIRE DE LA RÉVOLUTION FRANÇAISE

LIVRE V

JUIN-SEPTEMBRE 1791.

CHAPITRE PREMIER

IMPRESSION DE LA FUITE DU ROI (21-25 JUIN 1791).

État de la presse et des clubs. — *La Bouche de fer* se déclare pour la république. — Paris regrettait-il le roi? — Impression des départements. — Il n'était pas impossible d'établir la république. — Surprise de La Fayette. — Ordre d'arrêter *ceux qui enlèvent* le roi. — Il n'y eut nul désordre à Paris. — Protestation du roi. — Robespierre, Brissot et les Roland chez Pétion. — Discours de Robespierre aux Jacobins. — Discours de Danton contre La Fayette. — L'Assemblée veut mettre le roi hors de cause. — Elle ui donne une garde qui réponde de sa personne.

Si, parmi les *Français*, il se trouvait un traître
Qui regrettât les rois et qui voulût un maître,
Que le perfide meure au milieu des tourments.
Que sa cendre coupable, abandonnée aux vents..., etc.

Ces vers de *Brutus* de Voltaire se lisaient, le 21 juin 1791, en tête d'une affiche des Cordeliers, signée de leur président, le boucher Legendre. Ils y déclaraient qu'ils avaient tous juré de poignarder les tyrans qui oseraient attaquer le territoire, la liberté ou la constitution.

Il semble, au reste, que les Cordeliers n'étaient pas bien d'accord sur les mesures à prendre dans cette crise. Le seul expédient que proposent dans leurs journaux Marat et Fréron, c'est précisément un tyran, un bon tyran, dictateur ou tribun militaire. « Il faut choisir, dit le premier, le citoyen qui a montré le plus de lumières, de zèle et de fidélité. » Cela était assez clair, pour quiconque connaissait l'homme ; Marat proposait Marat. Fréron n'ose indiquer personne ; seulement il trouve occasion de rappeler le nom de Danton, jusqu'ici fort secondaire, et veut qu'il soit maire de Paris.

Ni Pétion, ni Robespierre, ni Danton, ni Brissot, ne se prononcèrent sur la forme de gouvernement. Au premier mot de république, les Jacobins s'indignèrent. Robespierre exprimait leur pensée, lorsque, le 13 juillet, il disait encore : « Je ne suis ni républicain ni monarchiste. »

Le seul journal qui se décida tout d'abord pour la république, avec netteté et courage, ce fut *la Bouche de fer*[1]. Des deux rédacteurs, Fauchet,

---

[1]. *La Bouche de fer* était ouverte rue du Théâtre-Français (Ancienne-Comédie et Odéon) et non rue Richelieu, comme nous l'avons dit par erreur au deuxième volume de la première édition. Les Cordeliers étaient à deux pas, rue de l'École-de-Médecine ; la principale société fraternelle d'ouvriers, qui dépendait des Cordeliers, se réunissait rue des Boucheries. Legendre, Danton, Marat, Camille Desmoulins, Fréron, demeuraient tout près. — Si je

récemment nommé évêque du Calvados, était dans son évêché. Ce fut l'autre, plus franc, plus hardi, le jeune Bonneville, qui prit cette grande initiative, dans les numéros du 21 et du 23 juin. Il y avait juste deux ans que le même Bonneville, le 6 juin 1789, dans l'assemblée des électeurs, avait le premier fait appel aux armes.

Bonneville, homme de grand cœur, franc-maçon mystique, trop souvent dans les nuages, prenait dans les questions graves, dans les crises périlleuses, beaucoup de lucidité. Il soutenait contre Fauchet, son ami, que la Révolution ne pouvait prendre pour base religieuse un replâtrage philosophique du christianisme [1]. Sur la question de la royauté, il vit aussi fort nettement que l'institution était finie, et il repoussa les formes bâtardes sous lesquelles les intrigants hypocrites essayaient de

---

faisais ici l'histoire de Paris, j'insisterais spécialement sur l'aspect de ce quartier, sur le rôle de cette redoutable section du Théâtre-Français, qui, dans tous les mouvements, agit seule et d'elle-même, comme une république à part. Je lis, le 21 juin, dans les registres de la Ville : « La section et le comité permanent du Théâtre-Français ordonnent au bataillon de Saint-André-des-Arts de ne recevoir d'ordre que du comité permanent, et de *faire arrêter tout aide de camp* qui se présenterait sur le territoire de la section. Signé : Boucher et Momoro. » — Le conseil municipal déclara cet arrêté nul, inconstitutionnel, et en écrivit au commandant général de la garde nationale, pour qu'il agît au besoin. La section, voyant que Paris ne suivait pas son mouvement, répondit plus modestement au conseil municipal : « Qu'elle n'avait pris cet arrêté que pour le salut public, qui était la suprême loi... mais que les ordres de la municipalité seraient respectés. Signé : Sergent et Momoro. » (Arch. de la Seine, Conseil général de la commune, reg. 19.)

1. Nous trouvons ce curieux détail sur Bonneville dans les *Lettres de Madame Roland à Bancal.* — Ce fol admirable était plein de sens dans les grandes circonstances. Il ne se trompe ici ni sur la situation générale, ni sur les petites nuances. Seul alors il juge très bien La Fayette et Barnave, avec

la ramener. « On a effacé du serment, dit-il, le mot infâme de roi... Plus de rois, plus de mangeurs d'hommes ! On changeait souvent le nom jusqu'ici, et l'on gardait toujours la chose... Point de régent, point de dictateur, point de protecteur, point d'Orléans, point de La Fayette... Je n'aime point ce fils de Philippe d'Orléans, qui prend justement ce jour pour monter la garde aux Tuileries, ni son père, qu'on ne voit jamais à l'Assemblée, et qui vint se montrer hier sur la terrasse, à la porte des Feuillants..... Est-ce qu'une nation a besoin d'être toujours en tutelle?..... Que nos départements se confédèrent et déclarent qu'ils ne veulent ni tyran, ni monarque, ni protecteur, ni régent, qui sont des ombres de roi, aussi funestes à la chose publique que l'ombre de cet arbre maudit, le Bohon Upas, dont l'ombre est mortelle. »

Et dans un autre numéro : « Enfin on a retrouvé

---

sévérité, avec équité et modération, précisément comme les jugera la postérité. — Bonneville n'a point de notice, que je sache, dans aucun dictionnaire biographique. Il était petit-neveu de Racine et l'a souvent imité, copié même (par droit de famille, dit-il), dans son poëme mystique qu'il appelle une tragédie : *L'année MDCCLXXXIX ou les Tribuns du peuple*. Il y a quelques beaux vers. — M. Tissot, professeur de philosophie, raconte, dans un fort bel article d'un journal de province, qu'il vit encore Bonneville à Paris en 1824. « Il traînait ses derniers jours au fond d'une arrière-boutique (rue des Grès, 14), où il avait été recueilli par une vieille marchande de bouquins, presque aussi pauvre que lui, et qui était restée son admiratrice enthousiaste. Elle cachait son dévouement avec cette exquise pudeur dans le bien... Pour la rassurer, il fallait la certitude d'une communauté de sentiments et de culte. Oh ! alors elle était heureuse de parler de M. Bonneville, de raconter sa vie, d'offrir, avec un certain mystère, un recueil de poésies nationales... Cette année même, Bonneville, qui n'était déjà presque plus de ce monde, finit par le quitter tout à fait; il ne tarda pas à être suivi par sa bienfaitrice, dont je vois encore les larmes tomber sur sa robe de deuil. »

les piques du 14 juillet! On nous rend nos piques, frères et amis! La première qu'on a vue à l'Hôtel de Ville a été saluée de mille applaudissements. Qu'est-ce que nous pourrions craindre?... Avez-vous vu comme on est frères quand le tocsin sonne, quand on bat la générale, quand on est délivré des rois?... Ah! le malheur est que ces moments ne reviennent que rarement!... »

« Il ne suffit pas de dire *république;* Venise aussi fut *république*. Il faut une communauté nationale, un gouvernement national... Assemblez le peuple à la face du soleil, proclamez que la loi doit seule être souveraine, jurez qu'elle régnera seule... Il n'y a pas un ami de la liberté sur la terre qui ne répète le serment. Sans parler d'avance d'aucune forme de gouvernement, celui que la nation la plus éclairée aura préféré sera le meilleur pour la Fête-Dieu. »

C'était le jour de cette fête que le républicain mystique écrivait ces paroles enthousiastes. Quelque jugement qu'on en porte, on est touché de cette foi jeune et vive dans l'infaillibilité de la raison commune.

Elle semblait être justifiée, cette foi, par l'attitude calme, forte, vraiment imposante, de la population de Paris. Elle se passait de roi à merveille. Le départ du roi avait révélé la vérité de la situation, à savoir que depuis longtemps la royauté n'existait que comme obstacle. Elle n'agissait plus, elle ne pouvait rien, elle embarrassait seulement. Plusieurs avaient peur de tomber en république; mais l'on y était.

Des groupes avaient menacé La Fayette, à la Grève, l'accusant de complicité. Il les calma d'un seul mot : « Nous sommes vingt-quatre millions d'hommes; le roi coûtait vingt-quatre millions; c'est juste vingt sols de rentes que chacun gagne à son départ. »

Camille Desmoulins rapporte qu'une motion fut faite au Palais-Royal (et sans doute c'est lui qui la fit sur son théâtre ordinaire) : « Messieurs, il serait malheureux que cet homme perfide nous fût ramené; qu'en ferions-nous? Il viendrait, comme Thersite, nous verser ces larmes grasses dont parle Homère. Si on le ramène, je fais la motion qu'on l'expose trois jours à la risée publique, le mouchoir rouge sur la tête; qu'on le conduise ensuite par étapes jusqu'aux frontières, et qu'arrivé là », etc.

Cette folie était peut-être ce qu'il y avait de plus sage. Si Louis XVI était dangereux dans les armées étrangères, il l'était bien plus encore captif, accusé et jugé, devenant pour tous un objet d'intérêt et de pitié. La sagesse était ici dans les paroles de l'enfant; je parle ainsi de Camille. Le plus grand péril pour la France était de réhabiliter par l'excès de l'infortune, de rendre à celui qui lui-même s'ôtait la couronne le sacre de la persécution. On le trouvait avili, dégradé par son mensonge, il fallait le laisser tel. Plutôt que de le punir, on devait l'abandonner comme incapable et simple d'esprit; c'est ce que dit Danton aux Jacobins : « Le déclarer imbécile, au nom de l'humanité. »

Prudhomme (*Révolutions de Paris*) donne très bien l'attitude du peuple. « Tous les regards se portaient « sur la salle de l'Assemblée. Notre roi est là-« dedans, disait-on, Louis XVI peut aller où il « voudra... » Si le président de l'Assemblée eût mis aux voix dans la Grève, aux Tuileries, au Palais d'Orléans, le gouvernement républicain, la France ne serait plus une monarchie. »

« Le nom de la république, écrit Madame Roland dans une lettre du 22 juin, l'indignation contre Louis XVI, la haine des rois, s'exhalent ici de partout. »

Des témoins aussi passionnés peuvent paraître suspects. Mais je trouve à peu près les mêmes choses dans la bouche d'un étranger, d'un froid observateur, peu favorable à la France, peu à la Révolution; je parle du Genevois Dumont, pensionné de l'Angleterre : « Ce peuple sembla inspiré d'une sagesse supérieure. Voilà notre grand embarras parti, disait-il gaiement. » Et encore : « Si le roi nous a quittés, la nation reste; il peut y avoir une nation sans roi, mais non un roi sans nation. »

Ce qui est fort significatif, c'est que trois maisons du chapitre de Notre-Dame, vendues le 21 juin, furent portées à un prix très élevé et gagnèrent environ un tiers au delà de l'estimation.

Voilà pour Paris. Quelle fut l'impression des départements? On le verra tout à l'heure, quand nous raconterons le retour de Varennes. Il suffit de dire ici que, dans l'Est et le Nord, en se rapprochant des frontières, dans ces pays où Louis XVI eût amené l'ennemi, l'indignation fut généralement plus violente qu'à Paris même. La moisson était sur pied, et le paysan furieux du danger qu'elle avait couru. Dans le Midi, plusieurs villes, Bordeaux en tête, montrèrent un élan admirable. Quatre mille dames de Bordeaux, toutes mères, jurèrent de mourir, avec leurs époux, pour la nation et la loi. La Gironde écrivit : « Nous sommes quatre-vingt mille, tout prêts à marcher. » Dans l'Ouest, les villes, peu assurées des campagnes, eurent de grandes alarmes. On supposa que le roi n'avait pas fait une telle démarche sans avoir laissé derrière lui des embûches inconnues. Dumouriez, qui alors commandait à Nantes, décrit l'émotion de cette ville à la grande nouvelle, qu'on reçut de nuit. Il y avait quatre à cinq mille personnes en chemise sur la place, qui avaient l'air consterné. « La nation n'en reste pas moins », dit-il, et il écrivit à l'Assemblée qu'il marchait à son secours. Les Nantais se rassurèrent si bien que la nouvelle contraire, celle du retour de Louis XVI, produisit plutôt sur eux une sensation fâcheuse.

En rapprochant tous ces détails, nous n'hésitons pas à dire, contre l'opinion commune, que si, le 21 juin, l'Assemblée, saisissant le moment de l'indignation générale, eût proclamé la déchéance du roi, eût avoué et franchement nommé le gouvernement qui, de fait, existait déjà, le gouvernement républicain, Paris aurait applaudi; et Paris eût été suivi sans difficulté de tout l'Est et tout le Nord, des villes du Midi, de l'Ouest, et là même obéi des campagnes. La résistance n'était pas prête encore; il fallut un an ou deux, toutes les intrigues des prêtres, le long martyre de Louis XVI surtout, pour décider l'éruption de la Vendée.

Telle était l'opinion d'un homme passionné, il est vrai, mais doué de hautes lumières pour éclairer sa passion, d'un très ferme jugement et d'une grande liberté d'esprit. Condorcet disait que ce moment était précisément celui où la république était possible et pouvait se faire à meilleur marché : « Le roi, en ce moment-ci, ne tient plus à rien; n'attendons pas qu'on lui ait rendu assez de puissance pour que sa chute exige un effort; cet effort sera terrible si la république se fait par révolution, par soulèvement du peuple; si elle se fait à présent avec une assemblée toute-puissante, le passage ne sera pas difficile » (Condorcet, dans Ét. Dumont, p. 125).

L'objection principale, celle qu'on faisait et qu'on fait toujours, c'était : « Il n'est pas encore temps, nous ne sommes pas mûrs encore, *nos mœurs ne sont pas républicaines...* » Vérité trop vraie; il est clair qu'il doit toujours en être ainsi en sortant de la monarchie. La monarchie n'a garde de former à la république : ses lois, ses institutions, n'ont pas apparemment le but de préparer beaucoup les mœurs au gouvernement contraire; d'où il suit qu'il serait toujours trop tôt pour essayer la république; on

resterait embarrassé à jamais dans ce cercle vicieux :
« La législation et l'éducation républicaines peuvent seules former les hommes à la république, mais la république elle-même est préalablement nécessaire pour vouloir et décréter ces lois et cette éducation. » — Pour qu'un peuple sorte de ce cercle, il faut que, par un acte vigoureux de sa volonté, par une énergique transformation de sa moralité politique, il se fasse vraiment digne d'être enfin majeur, digne de sortir d'enfance, de prendre la robe virile, et que, pour ne pas retomber, pour rester à la hauteur de ce moment héroïque, il se donne les lois et l'éducation qui peuvent seules le perpétuer.

Autre objection : « En supposant que la république fût déjà possible, était-elle juste à cette époque ? N'eût-elle pas été imposée par une minorité à la majorité royaliste, imposée par force et contre le droit ? La nation était-elle généralement républicaine ? » Si l'on exige que la nation eût l'idée et la volonté nette et précise de la république, non, elle ne l'avait pas. L'idée, la volonté nationale, à ce moment, dans l'indignation qu'inspire la désertion du roi, fut, pour parler avec précision, *anti-royaliste;* elle fut *républicaine*, en prenant la république comme simple négation de la monarchie. La minorité éclairée, en profitant de ce moment, en fondant par les institutions une république positive, eût confirmé la masse dans la tendance anti-royaliste qui se déclarait alors; elle n'eût point opprimé la masse, elle lui eût traduit sa propre pensée, formulé ses instincts obscurs, eût rendu fixé et permanent le sentiment si juste qu'elle avait à ce moment de la fin de la royauté.

Les politiques attendirent, hésitèrent, et le moment fut manqué. Un sentiment non moins naturel reprit force, au retour du roi, la pitié pour son malheur. On ne pouvait le refaire comme roi; on le restaura, comme homme, dans l'intérêt et la sympathie, en le ramenant captif, humilié, infortuné. Tel fut l'entraînement des âmes généreuses et tendres; elles ne virent plus, à travers les larmes, le roi double et faux, elles virent un homme résigné, et elles s'en firent un saint : la réalité s'obscurcit pour elles derrière la douloureuse légende qu'elles trouvaient dans leur cœur navré. Qui eut tort? La France innocente, et non plus le roi coupable.

Oh! qui eût suivi la courageuse inspiration qui dicta *La France libre* à Camille Desmoulins, en 1789, il aurait sauvé la France!... Dans cet immortel petit livre, rayonnant de jeunesse et d'espoir, avec tout le soleil du 14 juillet, la prêtrise et la royauté ne sont plus traitées comme choses vivantes, mais pour ce qu'elles sont, deux néants, deux ombres (et qui s'amuserait alors à frapper dessus?...), deux ombres qui vont se cacher, qui s'enfoncent au couchant. Et à l'horizon se lève la réalité de la république, en qui sont désormais la vie, la substance.

On avait le bonheur de voir le roi partir, mais ce n'était pas assez; il fallait lui donner des chevaux pour aller plus vite; et lui donner encore, de peur qu'il ne revînt les chercher, tout ce qu'il avait de courtisans et de prêtres, leur ouvrir les portes bien grandes.

A sa place allaient entrer dans Paris les vrais rois de la république, les rois de la pensée, ceux par qui la France avait conquis l'Europe ; je parle de Voltaire, de Rousseau. Voltaire, parti de son tombeau, était en marche vers Paris, où il entra en triomphe le 11 juillet. Que l'entrée eût été plus belle, si l'on n'eût eu la maladresse d'y ramener le fatal automate de l'Ancien-Régime, le roi des prêtres et des dévots !

Il faut pourtant raconter par quelles pitoyables machines la vieille idole fut relevée de terre. Routine, habitude, faiblesse, facile entraînement de cœur ; par-dessus, l'intrigue, qui l'exploite et qui s'en moque, voilà le fonds de l'histoire.

Les intrigants de nuances diverses qui travaillaient pour la cour sous le masque constitutionnel, se trouvaient désappointés ; elle les avait joués eux-mêmes. Il s'agissait maintenant pour eux de savoir avec quel parti de l'Assemblée le roi, devenu libre, voudrait bien négocier. Un de ces personnages équivoques, d'André, député de Provence, sorte de Figaro politique, qui (selon Weber) recevait trois mille francs par mois pour jouer les deux partis, sut des premiers l'évasion et alla chez La Fayette. Il était près de sept heures, et l'on devait croire que les fugitifs avaient gagné beaucoup de terrain. La Fayette dormait du sommeil du juste, de ce profond sommeil

historique qu'on lui a tant reproché pour le 6 octobre.
« Bah! dit-il, c'est impossible! » En effet, il avait laissé son aide de camp, Gouvion, la veille, à minuit, dormant le dos appuyé à la porte de la reine.

La Fayette avait reçu beaucoup d'avertissements; mais ce qui le rassurait, ainsi que Bailly, ainsi que Montmorin, et Brissac, commandant du château et ami personnel du roi, c'était la confiance qu'ils avaient tous dans la sensibilité de Louis XVI. Ils juraient sur leur tête que le roi ne partirait pas, se figurant en effet qu'il ne voudrait pas les mettre en danger.

Les premières personnes que La Fayette, descendant précipitamment, trouve dans la rue, c'est Bailly et Beauharnais : celui-ci était président de l'Assemblée; Bailly, le nez, le visage longs et jaunes, plus encore qu'à l'ordinaire. Personne ne devait en effet s'accuser plus que Bailly. Il avait livré à la reine ces dénonciations écrites dont on a parlé, de sorte que, sachant précisément les avis qu'on avait contre elle, elle chercha et trouva une issue moins surveillée. Bailly, fils du garde des tableaux du roi, protégé par lui, héréditairement attaché à la maison royale, se montra meilleur domestique que magistrat et citoyen, se fiant de tout à la reine, croyant la lier d'honneur et de sensibilité, s'imaginant qu'elle hésiterait à perdre par sa fuite le faible et dévoué serviteur qui lui immolait son devoir.

Bailly pouvait se croire perdu si le roi n'était

rejoint : « Quel malheur, dit-il, qu'à cette heure l'Assemblée ne soit pas réunie encore ! » Le président appuya. Tous deux montrèrent à La Fayette le roi ralliant les émigrés, amenant les Autrichiens, la guerre civile, la guerre étrangère : « Eh bien, dit La Fayette, pensez-vous que le salut public exige le retour du roi ? — Oui. — J'en prends la responsabilité. » Il écrivit un billet portant « que les ennemis de la patrie *ayant enlevé le roi*, il était ordonné aux gardes nationaux de les arrêter ».

La Fayette n'eût guère pu refuser sans confirmer l'opinion, générale au premier moment, qu'il était de connivence, qu'il avait favorisé l'évasion. Il crut, au reste, qu'à cette heure le roi ne pouvait être rejoint. Son aide de camp, Romeuf, qui sans doute avait sa pensée, partit, mais d'abord courut sur une route tout autre que celle du roi ; il fut rejoint, remis dans le chemin par l'autre envoyé, Baillon, qui le força d'accélérer sa route vers Varennes. Il n'avait nulle volonté d'arriver, et comptait bien courir en vain ; c'est ce qu'il dit lui-même à MM. de Choiseul et de Damas.

Le mot d'*enlèvement*, écrit d'abord dans cet ordre de La Fayette, fut avidement saisi par les Barnave et les Lameth, par les constitutionnels en général, pour innocenter le roi et sauver la royauté. Ils se précipitèrent, tête baissée, par cette porte qu'on leur ouvrait. Ce mot fut employé par Regnault de Saint-Jean-d'Angely, qui fit décréter par l'Assemblée qu'on poursuivrait ceux qui *enlevaient* le roi. On adopta le mot, qui semblait tout un système, et l'on adopta l'auteur; je parle de La Fayette. Il venait s'excuser à l'Assemblée; Barnave et Lameth, ses anciens ennemis, s'empressèrent d'aller au-devant et de le justifier; bien plus, ils réclamèrent pour lui, accusé et suspect, la plus haute confiance, le firent charger d'exécuter les mesures qui seraient ordonnées. Ils s'emparèrent ainsi de lui, l'entraînèrent, le lièrent. Ce fut alors, comme toujours, l'invariable destinée de cet excellent républicain d'être mystifié par les royalistes.

Les constitutionnels, entrant dans ce travail impossible de refaire la royauté, allaient se trouver justement en contradiction avec eux-mêmes. Il n'y avait pas trois mois que, dans une discussion mémorable, soutenue par Thouret avec un caractère de force et de grandeur qui n'appartient qu'à la raison, l'Assemblée avait décidé que la royauté était une fonction publique, qu'elle avait des obligations et qu'une sanction pénale devait consacrer ces obligations. Thouret, suivant inexorablement la droite ligne logique, en avait fini avec les rois dieux, *les rois messies*, comme il dit lui-même. La ténébreuse doctrine de l'incarnation royale, prolongée au delà de toute probabilité, par delà les temps barbares, en plein âge de lumière, avait péri ce jour-là (28 mars 1791).

L'Assemblée avait décrété : « Si le roi sort du royaume, il sera censé avoir abdiqué la royauté. » Elle voulait maintenant éluder son propre décret. Les meneurs, qui s'étaient récemment rapprochés de la cour, ne pouvaient, quoique abandonnés par elle, se décider à changer leurs plans, à briser leurs espérances. Déjà consultés par la reine, et sans doute mortifiés de voir qu'elle s'était jouée d'eux, ils pensaient qu'après tout, s'ils ramenaient, sauvaient l'infidèle, elle serait trop heureuse de se remettre à discrétion, n'ayant plus nul autre espoir. D'autre part, les Thouret, les Chapelier, les pères de la constitution, pleins d'inquiétudes paternelles et d'amour-propre d'auteur, craignaient tout mouvement violent qui aurait troublé la santé d'un enfant si délicat; il leur fallait, à tout prix, le retour, le rétablissement du roi, pour soigner paisiblement, éduquer, mener à bien cette chère constitution.

La bonne attitude du peuple facilitait singulièrement la tâche de l'Assemblée. On aurait pu s'attendre à de grands désordres, la reine avait déployé, pour tromper l'opinion, un luxe de duplicité qui devait ajouter beaucoup à l'irritation. Elle avait dit qu'elle voulait fournir de ses écuries les quatre chevaux blancs pour la pompe de Voltaire. Elle avait fait avertir qu'elle serait, avec le roi, à la procession de la Fête-Dieu. L'avant-veille, on avait fait voir dans Paris le dauphin allant à Saint-Cloud; et la veille même, au soir, la reine, allant le promener au parc de Monceaux, avait suivi les boulevards, gracieuse, parée de roses, le bel enfant sur ses genoux; elle souriait à la foule et jouissait en esprit de son départ tout préparé.

Le peuple, quelque irrité qu'il fût, se montra plus

dédaigneux que violent. Tout le désordre se borna à casser les bustes du roi ; puis une promenade de curiosité inoffensive, que les femmes firent aux Tuileries, sans bruit ni dégât. Elles ôtèrent le portrait du roi de la place d'honneur et le suspendirent à la porte. Elles visitèrent le cabinet du dauphin et le respectèrent ; beaucoup moins celui de la reine : une femme y vendit des cerises. Elles regardèrent fort ses livres, supposant que c'étaient tous livres de libertinage. Une fille qu'on coiffait d'un bonnet de Marie-Antoinette le jeta bien loin, disant qu'il la salirait, qu'elle était honnête fille.

Cependant l'Assemblée mandait les ministres, s'emparait du sceau, changeait le serment, ordonnait la levée de trois cent mille gardes nationaux, payés quinze sols par jour. Ces mesures furent interrompues par la lecture d'une pièce étrange, qu'on apporta. C'était une protestation du roi, annulant tout ce qu'il avait fait et sanctionné depuis deux ans, dénonçant l'Assemblée, la nation. Il certifiait ainsi que, pendant tout ce temps, il avait été le plus faux des hommes ; moins encore pour avoir signé que pour avoir si souvent approuvé, loué de vive voix, souvent sans nécessité, ce qu'il désavouait aujourd'hui. Tout cela, dans une forme aussi triste que le fond, lourde, plate et sotte, mêlant aux choses les plus graves des choses ou basses ou futiles. Il s'appesantissait sur sa pauvreté (avec une liste civile de vingt-cinq millions), sur le séjour des Tuileries, « où, loin de trouver les commodités auxquelles il était accoutumé, il n'a pas même rencontré les agréments que se procurent les personnes aisées ». Pour comble il parlait et reparlait de sa femme, avec la fâcherie d'un mari trompé, qui proteste qu'il est content et n'en veut qu'aux mauvais plaisants. Ceci à l'adresse des émigrés et des princes, bien plus que de l'Assemblée. La reine, en partant, se faisait donner contre eux, contre les conseils dont ils allaient assiéger le roi, une sorte de certificat ; son mari la proclamait une *épouse fidèle, qui venait de mettre le comble à sa bonne conduite*. Il se disait indigné de ce qu'en octobre on avait parlé *de la mettre au couvent*, etc. L'étrange pièce avait été, la veille, communiquée au capital ennemi de la reine, à Monsieur, pour qu'il corrigeât, approuvât et se mît ainsi hors d'état de pouvoir attaquer plus tard.

Le ton général de cet acte était accusateur, menaçant pour l'Assemblée. Les royalistes ne cachaient pas leur joie. Un de leurs journaux, ce jour même du 21 juin, avait osé imprimer : « Tous ceux qui pourront être compris dans l'amnistie du prince de Condé pourront se faire enregistrer dans notre bureau d'ici au mois d'août. Nous aurons quinze cents registres pour la commodité du public ; nous n'en excepterons que cent cinquante individus. »

Beaucoup de gens supposaient, d'après cet excès d'audace, qu'apparemment les royalistes avaient dans Paris ou bien près des forces considérables. Les imaginations voyageaient rapidement sur ce texte ; aucune n'allait plus vite, en telles occasions, que celle de Robespierre. La séance ayant été suspendue de trois heures et demie jusqu'à cinq, il passa ce temps chez Pétion, qui demeurait tout près, au faubourg Saint-Honoré, et là déchargea son âme, exprima librement tout son rêve de terreur. L'Assemblée était complice de la Cour, complice de La Fayette ; ils allaient faire une Saint-Barthélemy des patriotes, des meilleurs citoyens, de ceux qu'on craignait le plus. Pour lui, il sentait bien qu'il était perdu, qu'il ne vivrait pas vingt-quatre heures...

Le croyait-il? Pas tout à fait. La chose était trop peu vraisemblable. Ce moment de la Révolution n'était nullement sanguinaire ; La Fayette ne l'était pas, ni les hommes influents d'alors. L'eussent-ils été, il était facile, dans l'état de désorganisation où était la police, de se cacher dans Paris. Robespierre avait peur sans doute, mais il exagérait sa peur. Pétion l'écoutait assez froidement. Les deux hommes différaient trop pour agir beaucoup l'un sur l'autre. Robespierre, nerveux, sec et pâle, et plus pâle encore ce jour-là. Pétion, grand, gros, rose et blond, flegmatique et apathique. Il interprétait les choses d'une façon toute contraire, selon son tempérament : « L'événement est plutôt heureux, disait-il ; maintenant on connaît le roi. » Le journaliste Brissot, qui était venu chercher des nouvelles, parla aussi dans ce sens : « Soyez sûr, dit-il avec son air imaginatif et crédule, que La Fayette aura favorisé l'évasion du roi pour nous donner la république. Je vais, outre le *Patriote*, écrire dans un nouveau journal, le *Républicain*. » Robespierre, se rongeant les ongles, demandait, en tâchant de rire : « Qu'est-ce que la république ? »

La république elle-même, en réponse à cette question, on eût pu le croire ainsi, entra dans la chambre. Je parle de Madame Roland, qui survint en ce moment avec son mari. Elle entra, jeune, vive et forte, illuminant la petite chambre de sérénité et d'espoir. Elle paraissait avoir trente ans, et elle en avait trente-six. Sous ses beaux et abondants cheveux bruns, un teint virginal de fille, d'une transparence singulière, où courait, à la moindre émotion, un sang riche et pur. De beaux yeux parlants, le nez un peu gros du bout et peu distingué. La bouche assez grande, fraîche, jeune, aimable, sérieuse pourtant dans le sourire même, raisonneuse, éloquente, même avant d'avoir parlé.

Les Roland venaient du Pont-Neuf et purent dire à leurs amis l'affiche des Cordeliers. L'initiative hardie que ceux-ci prenaient rendit cœur à Robespierre. Les voyant planter si loin en avant le drapeau de la Révolution, il pensa que les Jacobins suivraient dans la voie qui leur était propre, la défiance et l'accusation. Déjà, à l'Assemblée, dans la séance du matin, il avait jeté un mot dans ce sens.

Il ne dit rien du tout dans la séance du soir, attendit et observa. Entre neuf et dix heures, il vit que Barnave et les Lameth, déjà sûrs de La Fayette, qu'ils avaient en quelque sorte surpris le matin, entraînaient de plus Sieyès et l'ancien club de 1789. Tous ensemble, une grande masse, deux cents députés environ, ils se mettaient en mouvement; tous, en corps d'armée, ils allaient se rendre aux Jacobins, où depuis longtemps on ne les voyait plus guère; ils allaient les étonner de cette image inattendue d'union et de concorde, et sans doute d'un premier élan enlever la société. Il n'y avait pas un moment à perdre. Robespierre court aux Jacobins.

Si son discours fut celui que lui prête son ami Camille[1], c'était une vaste dénonciation de tous et de toutes choses assez adroitement tissue de faits, d'hypothèses; il accusait, non seulement le roi et le ministère, et Bailly, et La Fayette, non seulement les comités, mais l'Assemblée tout entière. Cette accusation, à ce point générale et indistincte, ce sombre poème, éclos d'une imagination effrayée, semblait bien difficile à accepter sans réserve. Robespierre entra alors dans un sujet tout personnel, son propre péril, fut ému et éloquent; il s'attendrit sur lui-même; l'émotion gagna l'auditoire. Alors, pour enfoncer le coup, il ajouta cette parole : « Qu'au reste, il était prêt à tout; que si, dans les commencements, n'ayant encore pour témoins que Dieu et sa conscience, il avait fait d'avance le sacrifice de sa vie, aujourd'hui qu'il avait sa récompense dans le cœur de ses concitoyens, la mort ne serait pour lui qu'un bienfait. »

A ce trait touchant, une voix s'élève, un jeune homme crie en sanglotant : « Nous mourrons tous

---

[1]. Camille Desmoulins, qui écrit plusieurs jours après, mêle deux discours de Robespierre. Il lui prête ses idées, son style, le fait parler contre les prêtres, ce qu'il ne faisait guère, etc.

avec toi !... » Cette sensibilité naïve eut plus d'effet que le discours ; ce fut une explosion de cris, de pleurs, de serments : les uns, debout, s'engagèrent à défendre Robespierre ; les autres tirèrent l'épée, se jetèrent à genoux et jurèrent qu'ils soutiendraient la devise de la société : *Vivre libre ou mourir.* Madame Roland, qui était présente, dit que la scène fut vraiment surprenante et pathétique.

Le jeune homme était le camarade, l'ami d'enfance de Robespierre, Desmoulins, le mobile artiste, qui, deux heures auparavant, dans un moment de confiance, serrait la main de La Fayette.

Avec tout cela, on perdait de vue le point précis de la situation, et l'ennemi allait arriver. Le discours trop général de Robespierre, l'explosion de vague sensibilité qui avait suivi, n'avançaient pas assez les choses. Danton s'en aperçut à temps, il ramena à la question, il la limita ; il sentit que, pour agir, il ne fallait frapper qu'un coup et frapper sur La Fayette[1].

Chose bizarre à dire, mais vraie, le danger était La Fayette. Il était dangereux, comme mannequin de dictature républicaine, propre à faire toujours avorter

---

[1]. Dès le matin, Danton avait pris contre La Fayette et les autorités de la Ville la plus violente initiative : « Le 21 juin, le département allant à l'Assemblée et traversant à pied les Tuileries, un particulier injuriait M. de La Fayette, disait qu'il était un traître. Danton, mon collègue, qui marchait avec nous, escorté de quatre fusiliers, lorsque nous n'avions aucun garde, se retourna et dit au peuple d'une voix très forte, d'un air menaçant : « Vous « avez raison, tous vos chefs sont des traîtres et vous trompent. » Aussitôt des cris s'élevèrent : « Vive Danton ! Danton en triomphe ! Vive notre père « Danton ! » (*Déposition de deux administrateurs du département.* Arch. de la Seine, cart. 310.)

la république ; — dangereux, comme dupe, toujours prête, des royalistes, éternellement prédestinée à être trompée par eux ; — dupe de sa générosité, il y avait à parier que le roi venant de le mettre en danger de mort, La Fayette serait royaliste. Le parti Lameth et Barnave, en attendant qu'il pût reprendre le roi, avait besoin d'un entre-roi, ferme contre l'émeute et faible contre la cour. La Fayette était le seul dangereux, parce qu'il était le seul honnête, si visiblement honnête qu'à ce moment même où tout semblait l'accuser, il était populaire encore.

Donc Danton devait l'attaquer.

Il n'y avait qu'une difficulté, c'est que, de toute cette assemblée peut-être, Danton était le seul qui dût craindre de l'attaquer.

La Fayette connaissait Danton ; il savait que, trop docile aux exemples du maître, aux leçons de Mirabeau, il était en rapport avec la cour. Il n'avait pas vendu sa parole, qui évidemment ne cessa jamais d'être libre ; mais, ce qui est plus vraisemblable, c'est qu'il s'était engagé, comme *bravo* de l'émeute, pour une protection personnelle contre les tentatives d'assassinat, une protection analogue à celle des brigands d'Italie. Qu'avait-il reçu ? On l'ignore ; la seule chose qui semble établie (sur un témoignage croyable, quoique celui d'un ennemi), c'est qu'il venait de vendre sa charge d'avocat au Conseil, et qu'il avait reçu du ministère bien plus qu'elle ne valait. Ce secret était entre Danton, Montmorin et La Fayette ; celui-ci avait sur lui cette prise ; il pouvait l'arrêter court entre deux périodes, lui lancer ce trait mortel.

Ce danger n'arrêta pas Danton ; il vit du premier coup d'œil que La Fayette n'oserait ; que, ne pouvant blesser Danton sans blesser aussi le ministre Montmorin, il ne dirait rien du tout.

« Monsieur le président, crie-t-il, les traîtres vont arriver. Qu'on dresse deux échafauds ; je demande à monter sur l'un, s'ils n'ont mérité de monter sur l'autre ! »

Et à ce moment ils entrent. La masse était imposante. En tête, Alexandre de Lameth, donnant le bras à La Fayette, signe parlant de la réconciliation, toute la gauche de l'Assemblée marchant sous un même drapeau. Puis l'homme de 1789, homme déjà antique, le père et le prophète, tout au moins le parrain de la Révolution, Sieyès, l'air abstrait, plein de pensées ; et à côté, pour contraste, l'avocat des avocats, Barnave, le nez au vent. Puis les grands hommes d'affaires de l'Assemblée, ses rédacteurs habituels, ses organes presque officiels, Chapelier et autres, tout le comité de la constitution.

En face de ces grandes forces, Danton prit tout d'abord une surprenante offensive. Il accusa La Fayette d'avoir attenté à sa moralité politique, essayé de le corrompre ? non précisément, mais de l'amortir, d'attiédir son patriotisme, de le gagner aux deux chambres, « au système du prêtre Sieyès ». Puis il lui demanda brusquement pourquoi, dans un même jour, ayant arrêté à Vincennes les hommes du faubourg Saint-Antoine, il avait relâché aux Tuileries les chevaliers du poignard?... Pourquoi (cette accusation n'était pas la moins dangereuse), la nuit même de l'évasion du roi, on avait confié la garde des Tuileries à une compagnie soigneusement épurée par La Fayette?

« Que venez-vous chercher ici? Pourquoi vous réfugier dans cette salle que vos journalistes appellent un antre d'assassins?... Et quel moment prenez-vous pour vous réconcilier? Celui où le peuple est en droit de vous demander votre vie. Êtes-vous traître? Êtes-vous stupide? Dans les deux cas, vous ne pouvez plus commander. Vous aviez répondu sur votre tête que le roi ne partirait pas. Venez-vous payer votre dette?... »

Répondre, contester, récriminer, c'eût été chauffer l'incendie. Pour y jeter de l'eau froide, Lameth fit une pastorale sur les douceurs de l'union fraternelle. La Fayette développa, sans dire un mot de la question, son radotage habituel : « Qu'il avait le premier dit : Une nation devient libre, dès lors qu'elle veut être libre », etc. Sieyès, Barnave, reprirent la thèse de la concorde; ils en firent une adresse que Barnave rédigea. Seulement, pour contenter la fraction avancée des Jacobins, on y mit ce mot, plus accusateur que celui d'*enlèvement :* « Le roi, *égaré*, s'est éloigné... » La société fut satisfaite, car, vers les minuit, les députés sortant, Lameth et La Fayette en tête, tous les Jacobins, tous les auditeurs et spectateurs, deux ou trois mille personnes peut-être, se mirent à leur faire cortège, et cela sans exception;

ceux qui, tout à l'heure, avaient juré de défendre Robespierre, n'en suivirent pas moins La Fayette. Toute la rue Saint-Honoré se mit aux fenêtres et vit avec grande joie passer aux lumières cette pompeuse comédie d'harmonie et de concorde[1].

Le fameux mot *enlèvement*, absent de l'adresse des Jacobins, reparaît le lendemain dans celle de l'Assemblée. Le roi avait beau dire dans la protestation qu'il fuyait, l'Assemblée, dans son adressse, soutenait qu'il avait été *enlevé*. Elle prenait l'engagement de *venger* la loi (promesse légère, simple phrase éloignée de sa pensée). Elle s'excusait d'avoir parfois gouverné, administré : « C'est que le roi ni les ministres *n'avaient pas alors la confiance* de la nation. » Le roi l'avait-il regagnée, en allant chercher l'étranger? La confiance, perdue à ce point, se recouvre-t-elle?... Ainsi, l'adresse flottait, elle disait trop ici et là trop peu. Elle faisait déjà sentir ce que pouvait être le système faux et boiteux dans lequel on s'engageait, la transaction incertaine d'une Assemblée impopulaire et d'une royauté captive, méprisée, à jamais suspecte, lequel traité, déchiré un jour par la franchise du peuple, brisé d'un accès de colère, risquait de fonder l'anarchie[2].

1. Voir cette scène arrangée (au point de vue de 1828) par Alexandre de Lameth. (*Histoire de l'Assemblée constituante*, I, 427.)
2. Les Lameth appuyaient leur système sur l'alliance des diverses fractions, plus ou moins constitutionnelles, de l'Assemblée. Ils avaient rallié La Fayette, Sieyès; il leur manquait encore le groupe qu'on appelait *Monarchien*, Malouet, Clermont-Tonnerre, ces constitutionnels royalistes, qu'eux-mêmes, les Lameth, alors chefs des Jacobins, avaient chassés de club en club, de salle en salle, par la violence du peuple. Il s'agissait maintenant de se

Le 22, vers neuf heures du soir, un grand bruit se fait autour de l'Assemblée; puis une voix, un coup de tonnerre : « Il est arrêté! » Peu s'en réjouirent. Tels qui applaudirent le plus, pour se conformer aux sentiments des tribunes, n'en sentaient pas moins les embarras immenses que cet événement préparait.

Le lendemain 23, l'inquiétude de l'Assemblée, le désir général parmi ses membres de sauver la royauté, se formula dans un décret voté sur la proposition de Thouret : « L'Assemblée déclare traîtres *ceux qui ont conseillé, aidé ou exécuté* l'enlèvement du roi, ordonne d'arrêter ceux qui porteraient atteinte au *respect dû à la dignité royale.* » La royauté, la personne royale, se trouvait être ainsi innocentée, garantie.

Robespierre dit que la seconde partie du décret était inutile, et la première incomplète; qu'on n'y parlait *que des conseillers*, que le devoir des représentants les obligerait d'agiter *une question plus importante.* Un frémissement de l'Assemblée l'avertit qu'il en disait trop.

Un grand mouvement du peuple, décisif contre la royauté, était fort probable. Le 23 juin, de bonne heure, le faubourg Saint-Antoine s'agitait, s'ébranlait. Les constitutionnels trouvèrent moyen d'exploi-

---

les associer, ces hommes si maltraités, de les employer près du roi, de même qu'on employait La Fayette près du peuple de Paris. Dans la journée du 22, on parlementait avec eux, on prenait heure pour conférer le lendemain. Telles étaient en effet les prévisions naturelles; si le roi n'était pas arrêté, s'il fallait traiter avec lui dans le camp des armées étrangères, les Monarchiens, Malouet, étaient l'intermédiaire naturel; si le roi était arrêté, Lameth et Barnave se flattaient d'être ses sauveurs, ses confidents, ses conseillers obligés. Voir Droz, ici important; il suit les *Mémoires* inédits de Malouet.

ter le mouvement au profit de la royauté. La Fayette, avec son état-major, prit la tête de l'immense colonne, qui suivit docilement, de la Bastille à la place Vendôme, aux Feuillants, à l'Assemblée. La tête, comme nous l'avons vu parfois dans nos dernières émeutes, dit précisément le contraire de ce que le corps pensait[1]. Tous venaient *contre le roi*, et les chefs dirent à l'Assemblée que ce peuple venait jurer obéissance à la constitution, ce qui, au fond, comprenait l'*obéissance au roi*, partie de la constitution. Toute l'après-midi, toute la soirée, pendant plusieurs heures, cette grande foule armée défilait dans la salle, bienveillante généralement, mais d'une familiarité rude; il y eut même des mots menaçants pour les mauvais députés.

Le 25, Thouret proposa, l'Assemblée vota : « Qu'à l'arrivée du roi, il lui serait donné une garde provisoire qui *veillât à sa sûreté* et *répondît de sa personne*... Ceux qui ont accompagné le roi seront interrogés, le roi et la reine *entendus dans leurs déclarations*... Le ministre de la justice continue d'apposer le sceau aux décrets, *sans qu'il soit besoin de la sanction royale.* »

---

[1]. Ce qui est fort curieux, c'est que Madame Roland, qui paraît avoir assisté à la scène, mais qui sans doute était tout entière à ses vives impressions, ne voit pas l'étrange adresse avec laquelle on changea le sens de cette manifestation contre la royauté : « Ils ont crié: « Vive la loi! vive la liberté! « f... du roi! Vivent les bons députés! *Que les autres prennent garde à eux!*... » Durant cette scène imposante dans sa triviale énergie et faite pour encourager les républicains, les Jacobins passaient leur temps en discussions pitoyables, ils admettaient d'Orléans, Chapelier... Ils improuvaient Robert, qui vantait la république... » (*Lettres de Madame Roland à Bancal des Issarts*, p. 252.)

Malouet : « Alors le gouvernement est changé! le roi prisonnier!... » Rœderer, croyant adoucir : « Ceci n'attaque pas l'inviolabilité; il est seulement question de tenir le roi en état d'*arrestation* provisoire. » — Thouret contre Rœderer : « Non, non, ce n'est pas cela. » — Et Alexandre de Lameth : « *C'est pour la sûreté du roi* autant que pour la sûreté nationale. »

D'André, saisissant cette occasion d'engager et compromettre décidément l'Assemblée, se mit à parler pour elle et fit, en son lieu, une haute profession de royalisme, déclarant que la monarchie était la meilleure forme de gouvernement. Toute l'Assemblée applaudit, mais les tribunes se turent. Ce silence devint fort sombre et gagna toute la salle, lorsque la députation de l'Hérault, lisant une adresse toute empreinte de la violence du Midi, prononça ces paroles : « Le monde attend un grand acte de justice. »

Presque immédiatement (il était environ sept heures et demie du soir) une grande agitation se manifeste; le bruit se répand que le roi traverse les Tuileries... puis que les trois courriers qui sont sur la voiture du roi sont entre les mains du peuple, en danger de mort... Vingt membres vont au secours. Bientôt entrent dans la salle Barnave, Pétion et Latour-Maubourg, que l'Assemblée avait chargés de diriger et protéger le retour du roi. Ils viennent lui rendre compte.

CHAPITRE II

LE ROI ET LA REINE RAMENÉS DE VARENNES (22-25 JUIN 1791).

Unanimité de la population contre le roi. — Châlons seul le reçoit bien, 22 juin. — Les commissaires envoyés par l'Assemblée, 23 juin. — La reine et Barnave. — Halte de Dormans. — La famille royale à Meaux, au palais de Bossuet, 24 juin. — Pétion veut sauver les trois gardes du corps. — Entrée dans Paris, 25 juin. — Arrivée aux Tuileries. — Sentiments divers du peuple.

Le roi et la reine avaient réussi à se persuader longtemps que la Révolution était toute concentrée dans l'agitation de Paris, qu'elle était une chose tout artificielle, une conspiration isolée des Orléanistes ou des Jacobins. Le voyage de Varennes put leur faire voir le contraire, et le retour encore plus.

En vain la reine essayait de s'abuser elle-même, de rejeter le mauvais succès de l'entreprise sur des causes inconnues. « Il a fallu, disait-elle, un concours extraordinaire de circonstances, un miracle. » Le vrai miracle fut l'unanimité de la nation. Unie dans un même élan de justice et d'indignation, la France sauva la France.

Rappelons les circonstances du voyage. Cette unanimité éclate partout. Partout la force militaire est neutralisée par le peuple. Près de Châlons déjà, Choiseul ne peut soutenir le regard de cette foule pénétrante qui le surveille et le devine; malgré les bois, malgré la nuit, l'œil du peuple le suit, le voit; partout, de village en village, il entend sonner le tocsin. L'officier de Sainte-Menehould, celui de Clermont, sont annulés, paralysés par cette inquiète surveillance. Celui de Varennes s'enfuit, et le jeune Bouillé, menacé, ne peut commander à sa place. Bouillé lui-même ne peut venir au-devant, n'étant sûr ni de ses troupes, ni des garnisons voisines, voyant la campagne en armes. Un fait plus grave encore peut-être, et que nous avions omis, c'est que partout, dans leurs logements, les soldats s'apercevaient que leurs hôtes, pendant leur sommeil, leur enlevaient les cartouches; les soldats du roi dormaient, le peuple ne dormait pas.

Cette unanimité terrible parut bien plus au retour. De Varennes jusqu'à Paris, dans une route de cinquante lieues, route infiniment lente, qui dura quatre jours entiers, le roi, dans sa voiture, se vit constamment entouré d'une masse compacte de peuple; la lourde berline nageait dans une épaisse mer d'hommes et fendait à peine les flots. C'était comme une inondation de toutes les campagnes voisines qui, tour à tour, sur la route, lançaient des vagues vivantes à cette malheureuse voiture, vagues furieuses, aboyantes, qui semblaient près d'abîmer tout et pourtant se brisaient là. Ces hommes s'armaient jusqu'aux dents de tout ce qu'ils avaient

d'armes, arrivaient chargés de fusils, de sabres et de
piques, de fourches et de faux : ils partaient de loin
pour tuer; de près, ils injuriaient, ils soulageaient
leur colère, criaient aux lâches et aux traîtres, suivaient quelque temps, retournaient. D'autres venaient,
et toujours d'autres, infatigablement, et ceux-ci non
moins ardents, entiers de force et de fureurs. Ils
criaient, séchaient leurs gosiers, buvaient pour crier
encore. Une âpre chaleur de juin exaltait les têtes,
le soleil brûlait d'aplomb, poudroyait sur la blanche
route, la soulevait en nuages, à travers des forêts de
baïonnettes et d'épis. Maigres épis, pauvre moisson
de Champagne pouilleuse; la vue même de cette
moisson si péniblement amenée à bien ne contribuait
pas peu à augmenter la fureur des paysans; c'était
justement ce moment que le roi avait choisi pour
aller chercher l'ennemi, amener sur nos champs les
hussards et les pandours, la cavalerie voleuse, mangeuse, outrageuse, gâcher la vie de la France aux
pieds des chevaux, assurer la famine pour l'année
et l'année prochaine...

Ce fut là le vrai procès de Louis XVI, plus qu'au
21 janvier. Il entendit, quatre jours de suite, de la
bouche de tout le peuple, son accusation, sa condamnation. Le sentiment filial de ce peuple, si cruellement trompé, s'était tourné en fureur, et la fureur,
exhalée en cris, s'exprimait aussi en reproches d'une
accablante vérité, en mots terribles qui tombaient sur
la coupable voiture comme d'impitoyables traits de la
justice elle-même.

Près de Sainte-Menehould, les cris redoublèrent encore. Le roi et la reine, alarmés, déclarèrent qu'ils s'arrêteraient, qu'ils n'iraient pas plus loin. Un envoyé du conseil municipal de Paris essayait de les rassurer. Ils lui firent promettre, jurer sur sa tête qu'il ne leur arriverait rien à eux et aux leurs, ni en route, ni à Paris, et que, pour plus de sûreté, il ne les quitterait pas[1].

Personne n'en pouvait répondre. La vie de la famille royale semblait tenir à un fil. Parmi tant d'hommes furieux (beaucoup de plus étaient ivres), il était fort à craindre que, de rage aveugle ou d'ivresse, il ne partît au hasard des coups de fusil. Mais la rage se tournait surtout contre ceux qu'on supposait avoir emmené le roi. MM. de Choiseul et de Damas auraient péri certainement si l'aide de camp de La Fayette ne se fût fait arrêter avec eux. Les trois gardes du corps qui revenaient sur le siège de la voiture semblaient morts d'avance; plusieurs fois les baïonnettes touchèrent leur poitrine; personne pourtant ne tira sur eux. Il y avait même, au milieu des insultes, un reste d'égards pour le roi, de la pitié du moins pour son incapacité, pour sa faiblesse connue. Les enfants aussi, qu'on voyait à la portière, désarmaient la foule, étonnaient les plus furieux. Ils arrivaient, ce semble, tout prêts à frapper; mais ils n'avaient pas songé aux enfants. Le doux visage de Madame Élisabeth lui conservait, à vingt-cinq ans, un charme

---

1. Rapport de M. Bodan, envoyé du conseil municipal. (Archives de la Seine, carton 310 et registre 19, p. 95.)

singulier d'enfance, une quiétude de sainte, étrange dans cette situation. Et la petite princesse, quoiqu'elle eût à quatorze ans quelque chose du port altier de sa mère, tenait d'elle aussi l'éblouissant éclat de la beauté rousse et blonde. Cette foule, c'était des hommes (il y avait peu de femmes); or, il n'y avait pas d'homme, fût-il ivre, fût-il furieux, qui ne se sentît le cœur faible, dès qu'il se trouvait en présence de la jeune fleur.

Les plus furieux, on peut le dire, furent ceux qui partaient du plus loin, ceux qui n'arrivèrent pas à temps et ne virent point cette famille. Deux faits ici qui ne sont imprimés nulle part et qui font connaître assez la violente émotion de la France dès qu'elle se sut trahie.

Clouet, des Ardennes, l'un des fondateurs de l'École Polytechnique, âpre stoïcien, mais sauvage, et qui n'eut jamais d'autre amour que celui de la patrie, partit sur-le-champ de Mézières, avec son fusil; il vint à marches forcées, à pied (il n'allait pas autrement), et fit soixante lieues en trois jours, dans l'espoir de tuer le roi. A Paris, il changea d'idée.

Un autre, jeune menuisier au fond de la Bourgogne (qui, plus tard, fixé à Paris, est devenu le père de deux savants distingués), quitta également son pays pour assister au jugement et à la punition du traître. Accueilli en route chez un maître menuisier, son hôte lui fit comprendre qu'il arriverait trop tard, qu'il ferait mieux de rester, de fraterniser avec lui, et, pour cimenter la fraternité, il lui fit épouser sa fille.

Un seul homme fut tué dans le retour de Varennes, un chevalier de Saint-Louis, qui, monté comme un saint Georges, vint hardiment caracoler à la portière, au milieu des gens à pied, et démentir par ses hommages la condamnation du roi par le peuple. Il fallut que l'aide de camp le priât de s'éloigner; il était trop tard; il essaya de se tirer de la foule, en ralentissant le pas; puis, se voyant serré de près, il piqua des deux et se jeta dans les terres. On tira, il répondit; quarante coups de fusil, tirés à la fois, l'abattirent; il disparut un moment dans un groupe, où on lui coupa la tête. Cette tête sanglante fut inhumainement apportée jusqu'à la portière; on obtint à grand'peine de ces sauvages qu'ils tinssent éloigné des yeux de la famille royale cet objet d'horreur.

A Châlons, la scène change. Cette vieille ville, sans commerce, était peuplée de gentilshommes, de rentiers, de bourgeois royalistes. Étrangers aux idées du temps, ignorants de la situation, ces hommes de l'ancien régime virent avec un attendrissement extraordinaire leur pauvre roi traîné ainsi; les voilà tous qui demandent à *être présentés;* les dames et demoiselles viennent offrir aux princesses des fleurs mouillées de leurs larmes. Un somptueux couvert est préparé; la famille royale soupe en public, on circule autour des tables. Est-ce Châlons ou Versailles? Le roi ne le sait plus bien. La garde nationale arrive : « Ne craignez rien, Sire, nous vous défendrons. » Quelques-uns allaient jusqu'à dire qu'ils mèneraient le roi jusqu'à Montmédy.

Le roi soupe, couche, de bonne heure va à la messe. Mais déjà tout est changé. Les ouvriers de Reims sont arrivés, toute la Champagne arrive ; une armée avant le jour se trouve remplir Châlons ; tout cela animé de la marche ; ils veulent voir sur-le-champ le roi ; sur-le-champ partir. Paris ! Paris ! c'est le cri universel ; les croisées sont couchées en joue. Le roi paraît au balcon avec sa famille, digne et calme : « Puisqu'on m'y force, dit-il, je m'en vais partir. »

Entre Épernay et Dormans, trois envoyés de l'Assemblée arrêtent le cortège ; ils viennent assurer, diriger le retour du roi. Tous trois choisis dans la gauche. Le *Monarchien* Malouet eût été l'intermédiaire naturel, le négociateur avec un roi libre ; pour garder un roi prisonnier, la gauche avait envoyé trois hommes qui exprimaient ses trois nuances, Barnave, Latour-Maubourg et Pétion.

La reine les reçut fort mal ; outre leur mission, qui les rendait peu agréables, elle avait d'autres motifs, et très différents, de les voir de mauvais œil. Latour-Maubourg, homme de cour et jadis favorisé, néanmoins ami personnel du gardien du roi, représentant de La Fayette en cette circonstance, était spécialement haï ; il ne supporta pas l'œil de la reine, monta dans une autre voiture où étaient les femmes, laissa à ses collègues le triste et périlleux honneur de monter dans le carrosse du roi. Pétion naturellement était odieux ; on croyait voir en lui le Jacobin des Jacobins, la Révolution. Barnave, c'était bien pis ; en lui l'on voyait l'odieuse trinité (Duport, Barnave et Lameth) d'intrigants, d'ingrats, de gens, en outre, envers qui l'on avait un tort récent, que l'on avait fait semblant de consulter et de croire, qu'on avait amusés, trompés ; et maintenant la fatalité voulait qu'on tombât dans leurs mains.

Pétion choqua d'abord infiniment, en déclarant que, représentant de l'Assemblée, il lui fallait siéger au fond. Cela obligea Madame Élisabeth de passer sur le devant de la voiture ; Barnave s'y assit près d'elle, en face de la reine.

Barnave, âgé de vingt-huit ans, avait la figure fort jeune, de beaux yeux bleus, la bouche grande, le nez retroussé, la voix aigre. Sa personne était élégante. Il avait l'air audacieux d'un avocat duelliste, tout prêt aux deux sortes d'escrime. Il semblait froid, sec et méchant, et ne l'était point au fond. Sa physionomie n'exprimait en réalité que sa vie de luttes, de dispute, l'irritation habituelle de la vanité.

Il annonça tout d'abord l'intention royaliste du parti qui l'envoyait. Quand il eut lu tout haut le décret de l'Assemblée, le roi dit « qu'il n'avait jamais eu l'intention de sortir de France ». Alors Barnave, saisissant vivement cette parole : « Voilà, dit-il à Mathieu Dumas, lieutenant de La Fayette, voilà un mot qui sauvera le royaume. »

La reine remarquait cependant que le jeune député se retournait fréquemment pour voir les gardes du corps sur le siège de la voiture ; puis il reportait ses regards vers elle, avec une expression dure, où l'on eût pu distinguer quelque chose d'équivoque et d'ironique[1]. La reine était une femme, elle sentit sur-le-champ ce qu'aucun homme n'eût compris ; d'un coup d'œil hardi et fin, elle mesura d'abord l'immense parti qu'elle pouvait tirer de cette disposition, malveillante en apparence.

Elle comprit sans difficulté que Barnave croyait voir parmi les gardes du corps l'homme dévoué à qui la reine avait accordé la faveur de diriger l'enlèvement, la faveur de mourir pour elle, l'heureux comte de Fersen. Disons net : elle distingua que Barnave était jaloux.

Pour ne point trouver ceci absurde, il faut savoir que Barnave, dans sa vanité, voulait être absolument le successeur de Mirabeau ; il croyait à la tribune avoir sa succession, mais il la voulait complète : la reine en était, selon lui ; la confiance de la reine lui semblait, dans cet héritage, le plus beau diamant du défunt. Il avait cru un moment atteindre cette haute fortune, lorsque la cour fit semblant de demander les conseils des trois amis. Deux des trois, Lameth et Duport, étaient notoirement désagréables, le confident nécessaire était Barnave ; du moins, il l'avait cru ainsi. Donc il était singulièrement mortifié, comme homme politique et comme homme, de cet enlèvement de Varennes ; il lui semblait qu'on

---

[1]. Les détails qui suivent paraîtront romanesques, et n'en sont pas moins très vraisemblables. Ils sont pris dans Weber, Valory, Campan, etc.

lui volât ce que, dans son excessive présomption, il croyait déjà à lui.

La reine était trop altière pour se dire nettement tout cela, comme je vous le dis ici ; mais elle n'en vit pas moins tout ce qu'il fallait en voir. Elle saisit, sans affectation, la première occasion naturelle pour nommer les trois gardes du corps. Barnave vit qu'il s'était trompé, que Fersen n'était pas là. Voilà un homme tout changé ; la tête baisse, le ton devient doux, respectueux ; il se sent coupable, il n'est plus occupé que d'expier, à force d'égards, son impertinence. Cela semblait difficile, la reine ne daignant lui adresser la parole.

Barnave ne pouvait agir que fort indirectement. Placé en face de la reine, il était en face aussi de la très froide figure de son collègue Pétion, qui, à la vérité, connaissait trop peu le monde et les passions pour rien voir de tout ceci. Pétion, essentiellement lourd et gauche[1], avait adressé je ne sais quel mot peu convenable à Madame Élisabeth, qui, toute simple qu'elle paraissait, l'avait fort bien relevé. Puis, pour raccommoder la chose, il avait justement touché le point où la jeune princesse était le plus vulnérable, la foi, la religion, répétant contre le christianisme je ne sais quelle banalité philosophique. Émue, la pauvre princesse, contre son habi-

---

1. Ce qui ajoute au caractère de Pétion un ridicule ineffaçable, c'est qu'il croit (dans le *Mémoire* inédit qu'il a laissé *sur le voyage de Varennes*) que Madame Élisabeth, assise près de lui le second jour et s'appuyant involontairement sur lui dans cette extrême fatigue, était amoureuse de lui, enfin, pour parler le langage sensualiste du temps, « qu'elle cédait à la nature ».

tude, se mit à parler de suite, pour défendre son trésor; elle devint presque éloquente.

Barnave écoutait et ne disait mot. Le roi, avec sa bonhomie ordinaire, s'avisa, sans à-propos, de lui adresser la parole; il lui parla de l'Assemblée, sujet agréable au jeune orateur; c'était le replacer sur le champ de ses triomphes. La politique générale vint ensuite, et Barnave défendit ses opinions avec infiniment de ménagement et de respect.

Pétion faisait un contraste de familiarité cynique, qui profitait fort à Barnave. Le roi ayant eu occasion de dire qu'il n'avait agi que pour le bien, « puisque après tout la France ne pouvait être république » : — « Pas encore, il est vrai, dit sèchement Pétion, les Français ne sont pas encore tout à fait assez mûrs... » Il se fit un grand silence.

Ce n'est pas tout. Le dauphin, qui allait et venait, s'était d'abord arrangé entre les jambes de Pétion. Celui-ci, paternellement, lui caressait ses boucles blondes, et parfois, si la discussion s'animait, les tirait un peu. La reine fut très blessée; elle reprit vivement l'enfant, qui, suivant son instinct d'enfant, alla juste où il devait être le mieux reçu, sur les genoux de Barnave. Là, commodément assis, il épela à loisir les lettres que portait chaque bouton de l'habit du député, et réussit à lire la belle devise : « Vivre libre ou mourir. »

Ce petit tableau d'intérieur, qui l'eût cru? roulait, paisible, à travers une foule irritée, parmi les cris, les menaces. A force de les entendre, on ne les entendait plus. Le péril était le même, et l'on y songeait à peine. L'étourdissement était venu, et l'insensibilité au mouvant tableau du dehors, incessamment renouvelé. Chose étrange, et qui montre les ressources éternellement vitales de la nature, ce petit monde fragile de gens qui, ensemble, s'en allaient tous à la mort, s'arrangeait, chemin faisant, pour vivre encore dans la tempête.

Mais, tout à coup, voici un choc... Un flot nouveau de furieux veut tuer les gardes du corps. Barnave passa la tête à la portière et les regarda; ce fut comme si l'Assemblée nationale eût été là : ils reculèrent tous.

Un peu plus loin, autre incident, et plus grave, qui faillit être fatal. Un pauvre prêtre, le cœur navré du sort du roi, approche, les yeux pleins de larmes, et lève les mains au ciel... La foule furieuse le saisit, on l'entraîne, il va périr... Barnave se précipite, moitié corps, hors de la voiture : « Tigres, vous n'êtes donc pas Français?... La France, le peuple des braves, est-il celui des assassins? » Le prêtre fut sauvé par ce mot. Mais Barnave serait tombé si Madame Élisabeth, toute dominée qu'elle était toujours par l'étiquette et la réserve, n'eût tout oublié en ce moment et ne l'eût tenu par la basque... La reine en fut toute surprise, autant qu'émue et reconnaissante pour le noble jeune homme. Dès lors, elle lui parla.

Le soir du troisième jour[1], la famille royale des-

1. La famille royale fit la première couchée à Châlons, la seconde à Dormans. Là, les commissaires, sous le prétexte qu'on pouvait être encore

cend à Meaux, au palais épiscopal, palais de Bossuet. Digne maison d'abriter une telle infortune, digne par sa mélancolie. Ni Versailles ni Trianon ne sont aussi noblement tristes, ne rendent plus présente la grandeur des temps écoulés. Et ce qui touche encore plus, c'est que la grandeur y est simple. Un large et sombre escalier de briques, escalier sans marches, dirigé en pente douce, conduit aux appartements. Le monotone jardin, que domine la tour de l'église, est borné par les vieux remparts de la ville, aujourd'hui tout enveloppés de lierre; sur cette terrasse, une allée de houx mène au cabinet du grand homme, sinistre, funèbre allée où l'on croirait volontiers qu'il put avoir les pressentiments de la fin de ce monde monarchique dont il était la grande voix.

Et c'est elle qui venait, cette monarchie expirée, demander au toit de Bossuet l'abri d'une seule nuit.

La reine trouva ce lieu tellement selon son cœur que, sans tenir compte de la situation, sans se soucier de savoir si elle vivrait le lendemain, elle prit le bras de Barnave et se fit montrer le palais. Il est tout plein de souvenirs; plusieurs portraits sont précieux. Elle dut voir, dans la chambre même où le grand homme couchait, le portrait d'une princesse, l'image, si je ne me trompe, de celle qui, mourante, légua à Bossuet son anneau.

poursuivi, déclarèrent qu'ils n'acceptaient d'escorte que celle de la cavalerie; la garde nationale à pied dut se retirer. C'était abréger le voyage, diminuer les chances de danger, d'insulte, etc.

Barnave, dans ce lieu si grave, profitant de la situation, de l'émotion de la reine, lui donna, du fond du cœur, des conseils pour la sauver. Il lui fit toucher au doigt les fautes du parti royaliste : « Ah ! Madame, comme votre cause a été mal défendue ! Quelle ignorance de l'esprit du temps et du génie de la France ! Bien des fois, j'ai été au moment d'aller m'offrir, de me dévouer à vous?... — Mais enfin, Monsieur, quels sont donc les moyens que vous auriez conseillés ? — Un seul, Madame : vous faire aimer du peuple. — Hélas ! comment l'aurais-je acquis, cet amour ? tout travaillait à me l'ôter. — Eh ! Madame, si, moi, inconnu, sorti de mon obscurité, j'ai obtenu la popularité, combien vous était-il aisé, si vous faisiez le moindre effort, de la garder, de la reconquérir[1] !... Le souper interrompit.

Après le souper, Pétion fit une chose très courageuse, très humaine, qui démentit singulièrement la

---

1. Barnave, violemment attaqué pour ce tête-à-tête, s'en justifie tardivement, dans son *Introduction à la Révolution*, écrite en 1792 ou 1793, en son plus extrême danger. Il allègue que, de toute façon, le temps aurait manqué ; ce qui n'est pas exact, du moins pour cette journée ; il dit lui-même, dans son rapport à l'Assemblée, que, « n'ayant gardé que les gardes à cheval, la marche fut très rapide de Dormans à Meaux ». D'où il suit qu'on dut arriver à Meaux de bonne heure et s'y reposer. — Il dit encore (*Œuvres*, t. I, p. 132) : « M. Pétion me recommanda spécialement de dire que, pendant toute la route, nous ne nous étions pas quittés. » Je le crois bien. Tous deux avaient besoin d'une discrétion mutuelle. Pétion certainement avait vu le roi en particulier, pour lui proposer l'évasion des gardes du corps. Et Barnave, également selon toute probabilité, vit la reine en particulier et lui donna des conseils. Le témoignage de Mme Campan, souvent peu grave, l'est ici beaucoup pour moi, parce qu'il est conforme non seulement à la tradition, mais à la vraisemblance. Il n'est contredit que par Barnave, c'est-à-dire par un accusé, très intéressé à nier, et qui nie sous le couteau.

froideur qu'il affectait ; il prit le roi à part et lui offrit de faire évader les trois gardes du corps, en les déguisant en gardes nationaux. L'offre était aussi d'un bon citoyen, d'un excellent patriote ; c'était, certes, aimer le peuple que de lui épargner un crime, c'était sauver l'honneur de la France. La reine n'accepta pas cette offre, soit qu'elle ne voulût rien devoir à Pétion, soit qu'elle eût l'idée insensée (Valory n'hésite pas à le dire) que Pétion ne voulait les éloigner que pour les faire assassiner plus sûrement, loin de la présence du roi qui les protégeait !

Le lendemain, 25 juin, c'était le dernier jour, le jour terrible où il fallait affronter Paris. Barnave se plaça au fond, entre le roi et la reine, pour la rassurer sans doute, et aussi pour mieux partager le péril ; si un furieux eût tiré, ç'aurait été là. Des précautions étaient prises, il est vrai, autant que la situation le permettait. Un militaire distingué, M. Mathieu Dumas, chargé par La Fayette de protéger le retour, avait entouré la voiture d'une forte troupe de grenadiers, dont les grands bonnets à poil couvraient presque les portières ; des grenadiers furent assis sur une sorte de siège inférieur établi sous le siège de la voiture où étaient les gardes du corps ; ils se chargèrent de les protéger et y réussirent ; d'autres grenadiers enfin furent placés sur les chevaux. La chaleur était excessive, la voiture se traînait dans un nuage de poussière, on ne pouvait respirer ; il semblait que l'air manquât en approchant de Paris ; la reine plusieurs fois cria qu'elle étouffait.

Le roi, au Bourget, demanda et but du vin pour se remettre le cœur. L'entrée était effrayante de cris et de hurlements ; la foule couvrait tout jusqu'aux toits. On jugea avec raison qu'il y aurait le plus grand danger à s'engager dans le faubourg et la rue Saint-Martin, célèbres depuis l'horrible histoire de Berthier. On tourna Paris par le dehors, on traversa les Champs-Élysées, la place Louis XV, et l'on entra aux Tuileries par le pont tournant. Tout le monde avait le chapeau sur la tête ; pas un mot dans toute cette foule ; ce vaste silence, sur cette mer de peuple, était une chose terrible. Le peuple de Paris, ingénieux dans sa vengeance, ne fit qu'une insulte au roi, un signe, un reproche muet. A la place Louis XV, on avait bandé les yeux à la statue, pour que l'humiliant symbole représentât à Louis XVI l'aveuglement de la royauté.

La lourde berline allemande roulait lente et funèbre, les stores à demi baissés ; on croyait voir le convoi de la monarchie. Quand les troupes et la garde nationale se rencontrèrent aux Tuileries, elles agitèrent les armes et fraternisèrent entre elles et avec le peuple. Union générale de la France et une seule famille exclue ! Seule allait la triste voiture, sous l'excommunication du silence. On aurait pu la croire vide, si un enfant n'eût été à la portière, demandant grâce au peuple pour ses parents infortunés.

On épargna à la famille royale l'horreur et le danger de traverser cette foule hostile dans la longueur des Tuileries. On fit aller la voiture jusqu'aux marches de la large terrasse qui s'étend devant le palais. Là, il fallait bien descendre; là, des hommes furieux, des tigres, attendaient, espéraient une proie; ils supposaient que, le roi une fois descendu, les trois courriers seraient sans défense. Le roi resta dans la voiture. On avertit l'Assemblée, qui envoya vingt députés; mais ce secours eût été inutile si les gardes nationaux, se réunissant en cercle, n'eussent croisé les baïonnettes sur la tête des trois malheureux; encore, par-dessous, reçurent-ils de légères blessures. Le roi alors et la reine descendirent. Deux députés qu'elle regardait comme ses ennemis personnels, Aiguillon et Noailles, étaient là pour la recevoir et veiller à sa sûreté; ils lui offrirent la main et, sans lui dire un mot, la menèrent rapidement au palais, parmi les malédictions. Elle se croyait perdue dans leurs mains, pensant qu'ils voulaient la livrer au peuple ou l'enfermer seule dans quelque prison. Elle eut ensuite une autre angoisse; elle ne vit plus son fils... Avait-il été étouffé? ou voulait-on le séparer d'elle? Elle le retrouva enfin heureusement; on l'avait enlevé, porté dans les bras, jusqu'à son appartement.

Sauf ces groupes de furieux qui voulaient tuer les gardes du corps, l'impression générale de la foule, tout indignée qu'elle parut, était au fond très mêlée. Il était peu d'hommes qui, devant une telle chute, une telle humiliation, n'éprouvassent quelque émotion malgré eux, ne se sentissent profondément avertis des terribles jeux du sort. Deux faits prouveront assez ce mélange si naturel de sentiments contraires. Un royaliste, un député, M. de Guilhermy, indigné de voir qu'on obligeait tout le monde de garder son chapeau sur la tête, au passage du roi, jeta le sien bien loin dans la foule, en criant : « Qu'on ose me le rapporter ! » On respecta ou son courage ou sa fidélité ; personne ne murmura. Même scène aux portes du palais. Cinq ou six femmes de la reine voulaient entrer aux Tuileries pour la recevoir ; les sentinelles les arrêtaient, des poissardes les injuriaient, en criant : « Esclaves de l'Autrichienne ! — Écoutez, dit l'une des femmes, sœur de Mme Campan, je suis attachée à la reine depuis l'âge de quinze ans ; elle m'a dotée et mariée ; je l'ai servie puissante et heureuse. Elle est infortunée en ce moment, dois-je l'abandonner?... — Elle a raison, s'écrièrent les poissardes, elle ne doit pas abandonner sa maîtresse ; faisons-les entrer. » Elles entourèrent la sentinelle, forcèrent le passage et introduisirent les femmes.

Tel était le peuple, partagé entre deux sentiments contraires, l'humanité d'une part, de l'autre l'indignation, la défiance (trop fondée, on le verra tout à l'heure). La scène véritablement lugubre du retour du roi avait impressionné vivement les esprits. Le soir même, dans les familles, les femmes avaient le cœur bien gros et beaucoup ne soupèrent pas. Le lendemain on promena le dauphin sur la terrasse

de l'eau ; un garde national le prenait dans ses bras
pour qu'on le vît mieux du quai, et il envoyait, ce
pauvre enfant, des baisers au peuple. Personne
ne vit cela impunément ni sans se troubler. La
violence, vraie ou simulée, des journaux ne suffisait
pas à combattre la sensibilité publique. Les *Révolutions de Paris* remarquaient en vain que ce monstre
de roi avait si peu de cœur, était si peu sensible
à sa situation, que, dès le lendemain de son retour,
il s'était mis le soir, comme à l'ordinaire, à jouer
avec son enfant. Beaucoup d'ardents patriotes s'indignaient contre eux-mêmes, en lisant, de se sentir
des larmes dans les yeux.

CHAPITRE III

INDÉCISION, VARIATIONS DES PRINCIPAUX ACTEURS POLITIQUES
(JUIN 1791).

Indécision générale. — Fluctuations de la reine et des royalistes, des Jacobins, de Camille Desmoulins. — Attitude expectante de Danton, de Robespierre, de Pétion, de Brissot. — Influences diverses qui se disputent La Fayette. — Discussion chez La Rochefoucauld. — Opinion de Sieyès. — Mme de La Fayette. — Exaltation des dames royalistes.

Voilà le roi aux Tuileries. L'embarras commence. La plupart croyaient savoir ce qu'il y avait à faire. Et pas un ne le sait plus.

Il semble qu'avec des passions si violemment animées, chacun doit connaître son but, ce qu'il veut et où il tend. La fluctuation est extrême. La vivacité des paroles couvre une grande indécision d'esprit. De là des démarches flottantes, peu conséquentes. Il ne faut pas se hâter d'accuser les acteurs de duplicité, si leurs mouvements sont discordants, s'ils chancellent, penchent à droite, à gauche ; le vaisseau est en pleine mer, c'est le roulis de la tempête.

Cette fluctuation dans les actes et les paroles est

si générale que tout à l'heure celles même de la reine semblent un moment révolutionnaires. Dès qu'elle revoit Mme Campan aux Tuileries, elle lui parle avec chaleur, avec émotion, de Barnave; elle le loue, le justifie devant sa femme de chambre! Elle adopte, à l'étourdie, dans son épanchement indiscret, le principe de la Révolution : « Un sentiment d'orgueil, dit-elle, *que je ne saurais blâmer*, lui a fait applaudir à tout ce qui aplanissait la route des honneurs et de la gloire pour la classe dans laquelle il est né. Point de pardon pour les nobles, qui (après avoir obtenu toutes les faveurs, souvent au détriment des non-nobles du plus grand mérite) se sont jetés dans la Révolution... Mais si jamais la puissance nous revient, le pardon de Barnave est d'avance écrit dans nos cœurs. » — L'Ancien-Régime est bien malade, lorsque la reine, suivant à l'aveugle une affection particulière, se fait, sans s'en apercevoir, l'apologiste de l'égalité.

La reine est-elle donc convertie? Nullement. Elle suit la passion en ce moment, et dans un autre elle suit une passion contraire. Nous la voyons, en un mois, changer trois fois de pensées, selon la peur, le dépit, l'espoir. Dans le voyage, elle a peur, elle se serre contre Barnave, elle l'écoute, elle le croit. Aux Tuileries, elle est prisonnière, elle s'irrite, elle appelle l'étranger (7 juillet). Puis vient une lueur d'espoir, elle se remet à Barnave, aux constitutionnels, prie Léopold de ne point agir (30 juillet). Nous reviendrons sur tout ceci.

Cette variation étrange n'est pas particulière à la reine. Je la retrouve alors dans tous les personnages historiques qu'il m'est donné d'observer. Pour en commencer légitimement l'histoire, il faudrait remonter au héros commun, au modèle de la plupart des meneurs révolutionnaires, à Mirabeau ; c'est le maître en variations. Toutes lui étaient naturelles, en lui tous les principes contraires s'étaient donné rendez-vous ; la nature avait fait un monstre sublime, immoral à regarder. Gentilhomme, aristocrate jusqu'au ridicule, Monsieur le comte n'en avait pas moins par moments je ne sais quels réveils républicains des Riquetti de Marseille et de Florence. Sa furieuse histoire de la royauté, écrite au donjon, est déjà implicitement l'apologie de la république. Royaliste du moment qu'il a brisé la royauté, il fait des discours pour la reine, ce qui ne l'empêche pas de traduire, pour la Le Jay, sa maîtresse et son libraire, le livre de Milton, violemment républicain ; ses amis l'obligèrent de brûler l'édition. Faible pour ses amis, ses maîtresses et ses vices, faible encore par l'opinion qu'il avait des vices et de la faiblesse de la France, il regardait la république, non comme l'âge naturel de majorité où tout peuple adulte arrive, mais comme une crise extrême, une ressource désespérée : « S'ils ne sont pas raisonnables, disait-il, je les f... en république. »

On ferait un livre des variations de son disciple fidèle, du pauvre Camille. Nous le voyons, presque en même temps, pour et contre Mirabeau, pour et contre les Lameth ; naguère, à deux heures de distance, il serrait la main de La Fayette et pleurait pour Robespierre. Ce n'était pas la hardiesse d'esprit, ni l'initiative qui lui manquait. Il en prit une grande et belle en 1789, celle de l'appel aux armes, celle de la république. Il trouvait du premier coup, l'admirable enfant, le mot même de la vérité. Puis le cœur venait, faible, mobile, les influences d'amis ; il s'en allait consulter ceux qu'il aimait ou admirait, et n'en rapportait que doute.

Il ne quitte son premier maître que pour en chercher un autre. Toujours il lui faut un oracle, quelqu'un qui lui parle d'en haut, qui prenne sur lui autorité. Ces oracles cependant, ces grands tacticiens politiques, malgré leurs formes altières et tranchantes, ne le laissent pas moins suspendu entre le *oui* et le *non*. Ils consultent moins le droit, moins la situation générale que leur moment personnel, regardant s'il est bien temps d'avancer ou de reculer, attendant, louvoyant, épiant les courants de l'opinion, pour se faire porter par eux, en paraissant les conduire.

L'habileté que montrèrent Danton et Robespierre à parler toujours sans se déclarer pour ou contre la république est fort remarquable. La voix tonnante de l'un, le dogmatisme de l'autre, semblaient devoir les compromettre ? Nullement. Tous deux regardent attentivement les Jacobins, n'avancent que pas à pas. Il fallait voir ce que ferait cette puissante société, attendre ce que penseraient les sociétés affiliées des provinces; en se déclarant précipitamment, on pouvait se mettre en contradiction avec elles et se trouver seul.

Les adresses de ces sociétés devaient influer puissamment sur la société de Paris; elles devaient fortifier ou l'une ou l'autre fraction de celle-ci, la royaliste constitutionnelle, composée surtout de députés de l'Assemblée actuelle, ou la fraction indépendante, composée, on pouvait le croire, des membres de la future Assemblée.

La première fraction régnait jusque-là. Le 22 juin, le Cordelier Robert, racontant naïvement aux Jacobins « qu'il a porté une adresse pour la destruction de la monarchie... » Indignation, imprécations : « Nous sommes les Amis de la constitution... C'est une scélératesse », etc.

Le 8 juillet, comme on verra, la société semble changée, la fraction indépendante a gagné l'avantage; elle fait accueillir la proposition de destituer le roi. Qui a pu, en si peu de temps, faire ce changement singulier? Les adresses surtout des sociétés de province, presque toutes contraires à la monarchie.

Et que firent dans l'intervalle Danton, Robespierre? Ils se ménagèrent. Le plus curieux, c'est Danton, parlant toujours haut et ferme, mais prudent dans l'audace même. Sa voix terrible faisait une étrange illusion, il semblait toujours affirmer. A peine hasarda-t-il un mot pour le Cordelier Robert. Dans son avis sur le roi, il employait, pour le sauver, un moyen qui lui réussit plus tard pour sauver Garat et autres ; c'était de l'injurier, de le rabaisser, de le déclarer au-dessous de la justice : « Ce serait un spectacle horrible à présenter à l'univers, si, ayant la faculté de trouver un roi criminel ou imbécile, nous ne choisissions ce dernier parti. » Et il proposait, non pas un régent, mais *un conseil à l'interdiction.* Qui eût présidé ce conseil, sinon le duc d'Orléans? Cet avis, ouvert à grand bruit, d'une voix foudroyante et terrible, n'en était pas moins admirable pour ménager tout; il sauvait personnellement Louis XVI, réservait le dauphin, préparait le duc d'Orléans, ne décourageait nullement la république.

Robespierre ne se décida pas davantage. Tout en faisant entendre qu'il ne suffisait pas de poursuivre des complices, qu'il fallait trouver *un coupable,* autrement dit, qu'il y avait lieu de faire le procès au roi, il ne s'expliquait nullement sur le gouvernement qu'il fallait constituer. Le mot vague de *république* n'avait rien qui l'attirât; il craignait sans doute une république des comités de l'Assemblée, une présidence de La Fayette, etc. Aussi ne s'avançait-il pas; une position toute négative était pour lui un lieu sûr, où il attendait. Le 13 juillet encore, lorsque beaucoup d'écrivains, de journalistes, s'étaient prononcés nettement, Robespierre disait aux Jacobins : « On m'a accusé d'être républicain : on m'a fait trop d'honneur, je ne le suis pas. Si l'on m'eût accusé d'être monarchiste, on m'eût déshonoré, je ne le suis pas non plus. » Puis, jouant sur le mot république (comme *chose publique*), il fait semblant de croire que république ne signifie aucune forme de gouvernement.

Pétion, très positivement républicain, et qui avait professé la république dans la voiture même de Louis XVI, croyait pourtant que le moment n'était pas venu de se prononcer. Un jour que plusieurs personnes étaient réunies chez lui pour savoir ce qu'on proposerait relativement au roi, Pétion, pour se dispenser de parler, jouait de son violon.

Brissot, qui était présent, se fâcha, lui fit honte de cette indifférence apparente. Mais lui-même il ne s'avançait pas précipitamment. Le 23 juin, il se contente encore de copier, dans son *Patriote*, les articles des autres journaux; il promet de donner son avis plus tard. Le 26 même, il se fâche, s'emporte contre Lameth, qui l'accuse de propager la république, d'avoir envoyé des courriers pour solliciter des adresses républicaines. Il agit déjà sans doute, mais ne veut paraître agir. Le 27, son jeune ami, Girey-Dupré, livré entièrement à lui, mais plein d'audace et d'élan, demande expressément aux Jacobins « qu'on fasse le procès au roi ». Le 1er juillet seulement, Brissot demande dans son journal la destitution de Louis XVI.

Brissot attendait La Fayette, il le croyait républicain. Il avait reçu de lui la promesse d'aider pécuniairement et répandre son journal. Il excusait la réunion momentanée de La Fayette aux Lameth par le danger de la crise, la nécessité de concentrer toutes les forces au profit de l'ordre. Peut-être, en effet, La Fayette n'était-il pas encore irrévocablement décidé. Ce fut très probablement pour le fixer au royalisme que son intime ami, le duc de La Rochefoucauld, convoqua une réunion de députés chez lui et fit débattre la question de la république. Ce grand seigneur avait été, avant la Révolution, l'ami, le père des philosophes, le centre et l'appui de toutes les sociétés philanthropiques. Il avait poussé vivement au mouvement de 1789; en 1791, il s'effrayait, il eût bien voulu reculer. Il fit discuter solennellement chez lui la thèse de la république devant ceux qui flottaient encore, voulant finir par un débat contradictoire le débat intérieur qui agitait leurs esprits. Le royaliste Dupont de Nemours se fit (comme on fait dans les controverses théologiques) l'*avocat du diable*, je veux dire de la république. *Le diable*, c'est ce qui lui arrive toujours en pareil cas, fut tué sans difficulté, et la république jugée impossible, la France déclarée royaliste.

La Rochefoucauld, dans cette discussion, assurait avoir une préférence naturelle pour la république; c'était lui qui, le premier, avait autrefois fait traduire les constitutions des États-Unis. Mais enfin il était battu, la France était royaliste, elle l'avait dit elle-même dans les cahiers de 1789. C'était aussi l'opinion de la grande autorité du temps, l'oracle de Sieyès, que l'on ne manquait pas de consulter en toute occasion solennelle, et qui, dans celle-ci, dit et imprima que le gouvernement monarchique était celui qui laissait le plus de liberté à l'individu. La liberté de Sieyès, celle qu'il voulait pour lui, pour les autres, c'était cette liberté passive, inerte, égoïste, qui laisse l'homme à son épicurisme solitaire, la liberté de jouir seul, la liberté de ne rien faire, de rêver ou de dormir, comme un moine dans sa cellule ou comme un chat sur un coussin. Pour cette liberté-là, il fallait une monarchie. Force étrange de l'égoïsme! le mathématicien politique, qui ne parlait que de calculer toute l'action sociale, se remettait, faute de cœur, au gouvernement monarchique, c'est-à-dire au hasard de l'individualité et de la nature, que personne ne peut calculer. Cette monarchie, il est vrai, était une certaine monarchie, un mystère qu'on n'expliquait pas. Sieyès s'entendait tout seul; son monarque était une espèce de dieu d'Épicure, qui n'avait nulle action, mais seulement un pouvoir d'élire. Dès cette époque, il avait en pensée le système singulier qu'il proposa à Bonaparte et dont celui-ci se moqua.

La Fayette, outre Sieyès, outre La Rochefoucauld et tous les amis qu'il avait encore dans sa caste, La Fayette avait près de lui un autre avocat, bien puissant, de la royauté. Il s'agit de Mme de La Fayette, épouse accomplie, vertueuse, aimante, mais dangereuse à son mari par sa véhémence dans la dévotion et le royalisme. Née Noailles, elle ne partageait nullement l'élan révolutionnaire de quelques-uns de ses parents. Elle était étroitement unie aux dames de Noailles et d'Ayen, d'une piété ardente, comme il parut à leur mort, en 1794. Ces dames fréquentaient beaucoup le couvent des Miramionnes, l'un des principaux foyers du fanatisme d'alors. Femmes aimables, passionnées, puissantes par leurs vertus, elles enveloppaient La Fayette, lui faisaient une sorte de douce guerre qui n'en était que plus terrible. M*me* de La Fayette surtout ne lui pardonnait pas de se constituer le geôlier du roi. Sa résignation pieuse ne put triompher de ce sentiment; elle partit de Paris, en mai 1791, brusquement, s'enfuit en Auvergne[1]. Ce départ subit amusa les Parisiens; on le rapprochait de celui de la duchesse d'Orléans, qui, justement à la même époque, fuyait également son mari.

Une autre cause aussi l'éloignait sans doute. Elle devait être fatiguée de l'enthousiasme romanesque dont les dames obsédaient le héros des deux mondes. Beaucoup déclaraient nettement qu'elles en étaient amoureuses, qu'elles ne pouvaient vivre sans son portrait. C'était un dieu, un sauveur. Et c'était à ce titre qu'elles le priaient et suppliaient de sauver la royauté. « Ah! monsieur de La Fayette, sauvez-nous le pauvre roi. » Tout raisonnable, tout flegmatique, froidement Américain que parût le blond général, il était excessivement embarrassant et difficile, au plus sage même des hommes, de voir tant de belles dames pleurer en vain à ses genoux.

Les femmes, il faut le dire, se montraient en tout ceci bien plus décidées que les hommes. Eux, ils flottaient dans les idées; elles, elles suivaient le

---

[1]. Voir les *Lettres de Madame Roland à Bancal*. Voir aussi La Fayette, III, 177.

sentiment et ne flottaient point. Pour elles, les partis, c'étaient des religions, où elles mettaient leur cœur. Les dames royalistes aimaient avant Varennes ; après, elles adoraient ; cette grande faute et ce grand malheur n'étaient pour elles qu'une raison d'aimer davantage. La reine était devenue pour elles un objet d'idolâtrie. Elles pleuraient sous ses fenêtres ; elles auraient voulu être enfermées avec elle, comme Mme de Lamballe, à qui la reine au retour donna un anneau de ses cheveux, avec cette devise : « Blanchis par le malheur. » La pauvre petite femme, jadis mariée sans mariage, délaissée de son mari, plus tard délaissée de la reine pour la belle Polignac, restait liée à son danger, instrument docile des intrigues politiques, victime désignée de la haine populaire.

Mais le danger aussi était ce qui tentait les femmes. On en vit la preuve au premier jour que la reine put aller au théâtre, jour de lutte entre les loges royalistes et le parterre jacobin. La charmante Dugazon, dans cette arène des partis, humble servante du public et si exposée, osa pourtant profiter d'un mot de son rôle pour épancher son cœur ; elle s'avança sur la scène vers la loge royale, frémissante d'amour et d'audace, et lança ce mot qui bientôt pouvait lui coûter la vie : « Ah ! combien j'aime ma maîtresse ! »

CHAPITRE IV

LA SOCIÉTÉ EN 1791. — LE SALON DE CONDORCET.

Deux religions se posent en face : l'idole et l'idée. — Règne du sentiment, des femmes. — L'amour du réel et de l'idéal confondu. — Tendances élevées des femmes. — Elles se mêlent à la vie politique. — Genlis, Staël, Kéralio, de Gouges, etc. — Le salon de Mme de Condorcet. — Caractère de Condorcet; noble influence de sa femme sur lui. — Son républicanisme. — Juillet 1791. — Sa situation double et contradictoire.

Presque en face des Tuileries, sur l'autre rive, en vue du pavillon de Flore et du salon royaliste de Mme de Lamballe, est le palais de la Monnaie. Là fut un autre salon, celui de M. de Condorcet, qu'un contemporain appelle le foyer de la république.

Ce salon européen de l'illustre secrétaire de l'Académie des Sciences, du dernier des philosophes, vit en effet se concentrer, de tous les points du monde, la pensée républicaine du temps. Elle y fermenta, y prit corps et figure, y trouva ses formules. Pour l'initiative et l'idée première, elle appartenait, nous l'avons vu, dès 1789, à Camille Desmoulins. En juin 1791, Bonneville et les Cordeliers ont poussé le premier cri. Tout à l'heure, nous allons voir Madame Roland donner à l'idée républicaine la force morale de son âme stoïque et son charme passionné.

Nous ne sommes pas de ceux qui s'exagèrent l'influence individuelle. Pour nous, le fond essentiel de l'histoire est dans la pensée populaire. La république, sans nul doute, flottait dans cette pensée. Presque tout le monde en France l'avait, à l'état négatif, sous cette forme : *Le roi est désormais impossible*. Beaucoup d'hommes l'avaient déjà sous la forme positive : *La France désormais doit se gouverner elle-même*. Néanmoins, pour que cette idée, générale encore, arrivât à sa formule spéciale et applicable, il fallait qu'elle fermentât dans un foyer circonscrit, qu'elle y prît chaleur et lumière, que, du choc des discussions, partît l'étincelle.

Ici il faut que je m'arrête et que j'envisage sérieusement la société du temps. Je laisserais cette histoire profondément obscure, si j'en donnais les actes extérieurs, sans en dévoiler les mobiles. A juger seulement ces actes, à voir l'indécision des meneurs politiques, telle qu'on l'a pu voir tout à l'heure, qui soupçonnerait un monde si ardent, si passionné ?

Qu'on me reproche, si l'on veut, ce qu'on appellera une digression, et ce qui est en effet le cœur du sujet et le fond du fond. La première condition de l'histoire, c'est la vérité. Je ne sais trop d'ailleurs si la construction sévèrement géométrique où se plaisent nos modernes est toujours conciliable avec les profondes exigences de la nature vivante. Ils vont par lignes droites et par angles droits; la nature procède par courbes, en toute chose organique. Je vois aussi que mes maîtres, les fils aînés de la nature, les grands historiens de l'Antiquité, au lieu de suivre servilement la droite voie géométrique du voyageur insouciant qui n'a pour but que d'arriver, au lieu de courir la surface aride, s'arrêtent par moments, au besoin même se détournent, pour faire de puissantes et fécondes percées au fond de la terre. Moi aussi, j'y pénétrerai, j'y chercherai les eaux vives qui, remontant tout à l'heure, vont animer cette histoire[1].

Le caractère de 1791, c'est que les partis y deviennent des religions. Deux religions se posent en face, l'idolâtrie dévote et royaliste, l'idéalité républicaine. Dans l'une, l'âme, irritée par le sentiment de la pitié même, rejetée violemment vers le passé qu'on lui dispute, s'acharne aux idoles de chair, aux dieux matériels qu'elle avait presque oubliés. Dans l'autre, l'âme se dresse et s'exalte au culte

---

1. Et c'est ici le moment. Ce n'est pas en 1792, dans le terrible élan de l'action, que je pourrai m'arrêter; la poussière du combat qui s'élève alors m'empêcherait de bien voir. Les salons politiques, celui de Madame de Staël, celui de Condorcet, rayonnent en 1791. C'est alors que commence la toute-puissante action de Madame Roland; elle aura son avènement en 1792, et vers la fin de cette année elle sera déjà dépassée. Donc parlons-en aujourd'hui; saisissons-les vite au passage, le jour même où ils se montrent, ces pauvres acteurs d'un jour; ce serait déjà tard demain; je vois à l'horizon de grandes ombres.

de l'idée pure; plus d'idoles, nul autre objet de religion que l'idéal, la patrie, la liberté.

Les femmes, moins gâtées que nous par les habitudes sophistiques et scolastiques, marchent bien loin devant les hommes, dans ces deux religions. C'est une chose noble et touchante, de voir parmi elles non seulement les pures, les irréprochables, mais les moins dignes même, suivre un noble élan vers le beau désintéressé, prendre la patrie pour une amie de cœur, pour amant le droit éternel.

Les mœurs changent-elles alors? Non, mais l'amour a pris son vol vers les plus hautes pensées. La patrie, la liberté, le bonheur du genre humain, ont envahi les cœurs des femmes. La vertu des temps romains, si elle n'est dans les mœurs, est dans l'imagination, dans l'âme, dans les nobles désirs. Elles regardent autour d'elles où sont les héros de Plutarque; elles les veulent, elles les feront. Il ne suffit pas, pour leur plaire, de parler Rousseau et Mably. Vives et sincères, prenant les idées au sérieux, elles veulent que les paroles deviennent des actes. Toujours elles ont aimé la force. Elles comparent l'homme moderne à l'idéal de force antique qu'elles ont devant l'esprit. Rien peut-être n'a plus contribué que cette comparaison, cette exigence des femmes, à précipiter les hommes, à hâter le cours rapide de notre Révolution.

Cette société était ardente! Il nous semble, en y entrant, sentir une brûlante haleine.

Nous avons vu, de nos jours, des actes extraor-

-dinaires, d'admirables sacrifices, des foules d'hommes qui donnaient leurs vies ; et pourtant, toutes les fois que je me retire du présent, que je retourne au passé, à l'histoire de la Révolution, j'y trouve bien plus de chaleur ; la température est tout autre. Quoi ! le globe aurait-il donc refroidi depuis ce temps ?

Des hommes de ce temps-là m'avaient dit la différence, et je n'avais pas compris. A la longue, à mesure que j'entrais dans le détail, n'étudiant pas seulement la mécanique législative, mais le mouvement des partis, non seulement les partis, mais les hommes, les personnes, les biographies individuelles, j'ai bien senti alors la parole des vieillards.

La différence des deux temps se résume d'un mot : *On aimait*.

L'intérêt, l'ambition, les passions éternelles de l'homme, étaient en jeu comme aujourd'hui ; mais la part la plus forte encore était celle de l'amour. Prenez ce mot dans tous les sens, l'amour de l'idée, l'amour de la femme, l'amour de la patrie et du genre humain. Ils aimèrent et le beau qui passe et le beau qui ne passe point : deux sentiments mêlés alors, comme l'or et le bronze fondus dans l'airain de Corinthe[1].

---

[1]. A mesure qu'on entrera dans une analyse plus sérieuse de l'histoire de ces temps, on découvrira la part souvent secrète, mais immense, que le cœur a eue dans la destinée des hommes d'alors, quel que fût leur caractère. Pas un d'eux ne fait exception, depuis Necker jusqu'à Robespierre. Cette génération raisonneuse atteste toujours les idées, mais les affections la gouvernent avec tout autant de puissance. L'exemple le moins contestable où ce carac-

Les femmes règnent, en 1791, par le sentiment, par la passion, par la supériorité aussi, il faut le dire, de leur initiative. Jamais, ni avant ni après, elles n'eurent tant d'influence. Au dix-huitième siècle, sous les encyclopédistes, l'esprit a dominé dans la société; plus tard, ce sera l'action, l'action meurtrière et terrible. En 1791, le sentiment domine, et par conséquent la femme.

Le cœur de la France bat fort à cette époque. L'émotion, depuis Rousseau, a été croissant. Sentimentale d'abord, rêveuse, époque d'attente inquiète, comme une heure avant l'orage, comme dans un jeune cœur l'amour-vague, avant l'amant. Souffle immense, en 1789, et tout cœur palpite... Puis 1790, la Fédération, la fraternité, les larmes... En 1791, la crise, le débat, la discussion passionnée. — Mais, partout, les femmes, partout la passion individuelle dans la passion publique; le drame privé, le drame social, vont se mêlant, s'enchevêtrant; les deux fils se tissent ensemble; hélas! bien souvent, tout à l'heure, ensemble ils seront tranchés!

tère général du temps éclate en pleine lumière est celui de Necker. Quand Necker, au jour de son triomphe, à la croisée de l'Hôtel de Ville, parut entre Mme Necker et son enthousiaste fille, belle d'amour filial, qui lui baisait les mains et s'évanouit de bonheur, cette scène fit rire et pleurer; on y vit sa vie tout entière. Ce financier avait fait un mariage d'amour, qui resta tel jusqu'à la mort. Il avait épousé une demoiselle pauvre, simple gouvernante vaudoise, un ange de pureté et de charité. Un tel mariage, une telle fille, ardente alors pour la liberté, c'est sans nul doute la cause principale qui mena d'abord Necker si loin dans la voie révolutionnaire, jusqu'au suffrage universel, mesure hardie, par delà son caractère, et peu conforme à ses doctrines. Les femmes le poussèrent ainsi. Puis les femmes le retardèrent. Le salon de Madame de Staël, ses attachements intimes, furent de plus en plus constitutionnels, anti-républicains.

Le commencement fut beau. Les femmes, on l'a trop oublié, entrèrent dans les pensées de la liberté, sous l'influence de l'*Émile*, c'est-à-dire par l'éducation, par les espérances, les vœux de la maternité, par toutes les questions que l'enfant soulève dès sa naissance en un cœur de femme, que dis-je? dans un cœur de fille, bien longtemps avant l'enfant : « Ah! qu'il soit heureux cet enfant! qu'il soit bon et grand! qu'il soit libre!... Sainte liberté antique, qui fis les héros, mon fils vivra-t-il dans ton ombre?... » Voilà les pensées des femmes, et voilà pourquoi, dans ces places, dans ces jardins où l'enfant joue sous les yeux de sa mère ou de sa sœur, vous les voyez rêver et lire... Quel est ce livre que la jeune fille, à votre approche, a si vite caché dans son sein? Quelque roman? L'*Héloïse*? Non, plutôt les *Vies* de Plutarque ou le *Contrat social*.

Une légende anglaise circulait, qui avait donné à nos Françaises une grande émulation politique. Mistress Macaulay, l'éminent historien des Stuarts, avait inspiré au vieux ministre Williams tant d'admiration pour son génie et sa vertu que, dans une église même, il avait consacré sa statue de marbre comme déesse de la Liberté.

Peu de femmes de lettres alors qui ne rêvent d'être la Macaulay de la France. La déesse inspiratrice se retrouve dans chaque salon. Elles dictent, corrigent, refont les discours qui, le lendemain, seront prononcés aux clubs, à l'Assemblée nationale.

Elles les suivent, ces discours, vont les entendre aux tribunes ; elles siègent, juges passionnés, elles soutiennent de leur présence l'orateur faible ou timide. Qu'il se relève et regarde... N'est-ce pas là le fin sourire de Mme de Genlis, entre ses séduisantes filles, la princesse et Paméla ? Et cet œil noir, ardent de vie, n'est-ce pas Madame de Staël ? Comment faiblirait l'éloquence ?... Et le courage manquera-t-il devant Madame Roland ?

Parmi les femmes de lettres, nulle peut-être ne s'avança d'une ardeur plus impatiente qu'une petite dame bretonne, vive, spirituelle, ambitieuse, Mlle Kéralio. Elle avait été longtemps retenue dans une vie de labeur. Formée par un père homme de lettres et professeur à l'École militaire, elle avait beaucoup traduit, compilé, écrit même une grande histoire, celle de l'époque antérieure aux Stuarts de mistress Macaulay, l'histoire du règne d'Élisabeth. Elle épousa un patriote plus ardent que distingué, le Cordelier Robert, et elle lui fit écrire, dès janvier 1791 : *Le Républicanisme adapté à la France*. Elle figurait en première ligne sur l'autel de la Patrie, dans la terrible scène du Champ de Mars que nous devons raconter.

Une autre femme de lettres, la brillante improvisatrice, Olympe de Gouges, qui, comme Lope de Vega, dictait une tragédie par jour, sans savoir, dit-elle, ni lire ni écrire, se déclara républicaine, sous l'impression de Varennes et de la trahison du roi. Avant elle était royaliste, et elle le redevint plus tard dans le péril de Louis XVI; elle s'offrit à le défendre. Elle savait en faisant cette offre où cela devait la conduire. Elle-même avait dit cette belle parole, en réclamant les droits des femmes : « Elles ont bien le droit de monter à la tribune puisqu'elles ont le droit de monter à l'échafaud[1]. »

Cette ardente Languedocienne avait organisé plusieurs sociétés de femmes. Ces sociétés devenaient nombreuses. Au Cercle social, vaste réunion mêlée de femmes et d'hommes, une Hollandaise distinguée, Mme Palm-Aelder, demanda solennellement pour son sexe l'égalité politique. Elle fut soutenue, appuyée dans cette thèse par l'homme certainement le plus grave de l'époque, qui lui-même plus que personne trouvait dans la femme les inspirations de la liberté. Parlons-en avec détail.

Le dernier des philosophes du grand dix-huitième siècle, celui qui survivait à tous pour voir leurs théories lancées dans le champ des réalités, était M. de Condorcet, secrétaire de l'Académie des Sciences, le successeur de d'Alembert, le dernier correspondant de Voltaire, l'ami de Turgot. Son salon

---

[1]. Qui se souviendra des galanteries, des ridicules de cette femme charmante, en présence de sa destinée?... Elle flotta toute sa vie à la merci de son cœur; mais ce cœur était bon et généreux. Elle n'avait que le nécessaire, et pour l'impôt patriotique elle donna le quart de son revenu et le produit d'un de ses drames. Bernardin de Saint-Pierre lui écrit : « Vous êtes un ange de paix. » On frémit au souvenir des insultes que lui firent les barbares de la Terreur. Au tribunal révolutionnaire, chose effroyable, elle fut reniée de son fils. Elle dit sur l'échafaud : « Enfants de la patrie, vous vengerez ma mort ! »

était le centre naturel de l'Europe pensante. Toute nation, comme toute science, avait là sa place. Tous les étrangers distingués, après avoir reçu les théories de la France, venaient là en chercher, en discuter l'application. C'étaient l'Américain Thomas Payne, l'Anglais Williams, l'Écossais Mackintosh, le Genevois Dumont, l'Allemand Anarcharsis Clootz; ce dernier, nullement en rapport avec un tel salon, mais en 1791 tous y venaient, tous y étaient confondus. Dans un coin immuablement était l'ami assidu, le médecin Cabanis, maladif et mélancolique, qui avait transporté à cette maison le tendre, le profond attachement qu'il avait eu pour Mirabeau.

Parmi ces illustres penseurs planait la noble et virginale figure de Mme de Condorcet, que Raphaël aurait prise pour type de la métaphysique. Elle était toute lumière; tout semblait s'éclairer, s'épurer sous son regard. Elle avait été chanoinesse et paraissait moins encore une dame qu'une noble demoiselle. Elle avait alors vingt-sept ans (vingt-deux de moins que son mari). Elle venait d'écrire ses *Lettres sur la sympathie*, livre d'analyse fine et délicate, où, sous le voile d'une extrême réserve, on sent néanmoins souvent la mélancolie d'un jeune cœur auquel quelque chose a manqué[1]. On a supposé vainement qu'elle eût ambitionné les honneurs, la faveur de

---

1. Le touchant petit livre, écrit avant la Révolution, a été publié après 1798; il participe des deux époques. Les lettres sont adressées à Cabanis, le beau-frère de l'aimable auteur, l'ami inconsolable, le confident de la blessure profonde. Elles sont achevées dans ce pâle Élysée d'Auteuil, plein de regrets, d'ombres aimées. Elles parlent bas, ces lettres; la sourdine est mise aux

la cour, et que son dépit la jeta dans la Révolution. Rien de plus loin d'un tel caractère.

Ce qui est moins invraisemblable, c'est ce qu'on a dit aussi : qu'avant d'épouser Condorcet, elle lui aurait déclaré qu'elle n'avait point le cœur libre ; elle aimait et sans espoir. Le sage accueillit cet aveu avec une bonté paternelle; il le respecta. Deux ans entiers, selon la même tradition, ils vécurent comme deux esprits. Ce ne fut qu'en 1789, au beau moment de juillet, que Mme de Condorcet vit tout ce qu'il y avait de passion dans cet homme froid en apparence; elle commença d'aimer le grand citoyen, l'âme tendre et profonde, qui couvait, comme son propre bonheur, l'espoir du bonheur de l'espèce humaine. Elle le trouva jeune, de l'éternelle jeunesse de cette grande idée, de ce beau désir. L'unique enfant qu'ils aient eu naquit neuf mois après la prise de la Bastille, en avril 1790.

Condorcet, alors âgé de quarante-neuf ans, se retrouvait jeune, en effet, de ces grands événements ; il commençait une vie nouvelle, la troisième. Il avait eu celle du mathématicien avec d'Alembert, la vie critique avec Voltaire. Et maintenant il s'embarquait sur l'océan de la vie politique. Il avait rêvé le progrès; aujourd'hui il allait le faire ou du moins s'y dévouer. Toute sa vie avait

cordes sensibles. Dans une si grande réserve néanmoins, on ne distingue pas toujours, parmi les allusions, ce qui est des premiers chagrins de la jeune fille ou des regrets de la veuve. Est-ce à Condorcet, est-ce à Cabanis que s'adresse ce passage délicat, ému, qui allait être éloquent? Mais elle s'arrête à temps : « Le réparateur et le guide de notre bonheur... »

offert une remarquable alliance entre deux facultés rarement unies, la ferme raison et la foi infinie à l'avenir. Ferme contre Voltaire même, quand il le trouva injuste[1], ami des économistes sans aveuglement pour eux, il se maintint de même indépendant à l'égard de la Gironde. On lit encore avec admiration son plaidoyer pour Paris contre le préjugé des provinces, qui fut celui des Girondins.

Ce grand esprit était toujours présent, éveillé, maître de lui-même. Sa porte était toujours ouverte, quelque travail abstrait qu'il fît. Dans un salon, dans une foule, il pensait toujours, il n'avait nulle distraction. Il parlait peu, entendait tout, profitait de tout; jamais il n'a rien oublié. Toute personne spéciale, qui l'interrogeait, le trouvait plus spécial encore dans la chose qui l'occupait. Les femmes étaient étonnées, effrayées de voir qu'il savait jusqu'à l'histoire de leurs modes[2], et très haut en remontant, et dans le plus grand détail. Il paraissait très froid, ne s'épanchait jamais[3]. Ses amis ne savaient son amitié que par l'extrême ardeur qu'il mettait secrètement à leur rendre des services. « C'est un volcan sous la neige », disait d'Alembert. Jeune, dit-on, il avait aimé et, n'espérant

---

1. Lorsque Voltaire voulait qu'on préférât d'Aguesseau à Montesquieu.
2. Voir le portrait de Condorcet, par Mlle de Lespinasse, t. XII des *Œuvres complètes*, publiées par Mme Condorcet O'Connor, avec une Notice de M. Arago, des notes de M. Génin, etc.
3. Sous ces formes sèches et froides, il avait une sensibilité profonde, universelle, qui embrassait toute la nature. Voir dans son testament (t. XII des *Œuvres*), adressé à sa fille, sa touchante réclamation en faveur des animaux.

rien, il fut un moment tout près du suicide. Agé alors et bien mûr, mais au fond non moins ardent, il avait pour sa Sophie un amour contenu, immense, de ces passions profondes d'autant plus qu'elles sont tardives, plus profondes que la vie même, et qu'on ne peut pas sonder.

Sophie en était très digne. Sans parler de l'admiration universelle des hommes du temps, je dirai un fait, mais grand, mais sacré. Quand l'infortuné Condorcet, traqué comme une bête fauve, enfermé dans un asile peu sûr, se dévorait lui-même le cœur des pensées du présent, écrivait son apologie, son testament politique, sa femme lui donna le sublime conseil de laisser là ces vaines luttes, de remettre avec confiance sa mémoire à la postérité et paisiblement d'écrire l'*Esquisse d'un tableau des progrès de l'esprit humain*. Il l'écouta, il écrivit ce noble livre de science infinie, d'amour sans bornes pour les hommes, d'espoir exalté, se consolant de sa mort prochaine par le plus touchant des rêves : que, dans le progrès des sciences, on pourra supprimer la mort !

Noble époque ! et qu'elles furent dignes d'être aimées, ces femmes, dignes d'être confondues par l'homme avec l'idéal même, la patrie et la vertu !... Qui ne se rappelle encore ce déjeuner funèbre, où pour la dernière fois les amis de Camille Desmoulins le prièrent d'arrêter son *Vieux Cordelier*, d'ajourner sa demande du *Comité de la clémence?* Sa Lucile, s'oubliant comme épouse et comme mère, lui jette les bras au col : « Laissez-le, dit-elle, laissez, qu'il suive sa destinée ! »

Ainsi elles ont glorieusement consacré le mariage et l'amour, soulevant le front fatigué de l'homme en présence de la mort, lui versant la vie encore, l'introduisant dans l'immortalité...

Elles aussi, elles y seront toujours. Toujours les hommes qui viendront regretteront de ne point les avoir vues, ces femmes héroïques et charmantes. Elles restent associées, en nous, aux plus nobles rêves du cœur, types et regret d'amour éternel !

Il y avait comme une ombre de cette tragique destinée dans les traits et l'expression de Condorcet. Avec une contenance timide (comme celle du savant toujours solitaire au milieu des hommes), il avait quelque chose de triste, de patient, de résigné.

Le haut du visage était beau. Les yeux, nobles et doux, pleins d'une idéalité sérieuse, semblaient regarder au fond de l'avenir. Et cependant son front, vaste à contenir toute science, semblait un magasin immense, un trésor complet du passé.

L'homme était, il faut le dire, plus vaste que fort. On le pressentait à sa bouche un peu molle et faible, un peu retombante. L'universalité, qui disperse l'esprit sur tout objet, est une cause d'énervation. Ajoutez qu'il avait passé sa vie dans le dix-huitième siècle, et qu'il en portait le poids. Il en avait traversé toutes les disputes, les grandeurs et les petitesses. Il en avait fatalement les contradictions. Neveu d'un évêque tout jésuite, élevé en partie par ses soins, il devait beaucoup aussi au patronage des La Rochefoucauld. Quoique pauvre, il était noble, titré, marquis de Condorcet. Naissance, position, relations, beaucoup de choses le rattachaient à l'ancien régime. Sa maison, son salon, sa femme, présentaient le même contraste.

Mme de Condorcet, née Grouchy, d'abord chanoinesse, élève enthousiaste de Rousseau et de la Révolution, sortie de sa position demi-ecclésiastique pour présider un salon qui était le centre des libres penseurs, semblait une noble religieuse de la philosophie.

La crise de juin 1791 devait décider Condorcet, elle l'appelait à se prononcer. Il lui fallait choisir entre ses relations, ses précédents d'une part, et de l'autre ses idées. Quant aux intérêts, ils étaient nuls avec un tel homme. Le seul peut-être auquel il eût été sensible, c'est que, la république abaissant toute grandeur de convention et rehaussant d'autant les supériorités naturelles, sa Sophie se fût trouvée reine.

M. de La Rochefoucauld, son intime ami, ne désespérait pas de neutraliser son républicanisme, comme celui de La Fayette. Il croyait avoir bon marché du savant modeste, de l'homme doux et timide, que sa famille d'ailleurs avait autrefois protégé. On allait jusqu'à affirmer, répandre dans le public que Condorcet partageait les idées royalistes de Sieyès. On le compromettait ainsi, et en même temps on lui offrait comme tentation la perspective d'être nommé gouverneur du dauphin.

Ces bruits le décidèrent probablement à se déclarer plutôt qu'il n'aurait fait peut-être. Le 1ᵉʳ juillet, il fit annoncer par *la Bouche de fer* qu'il parlerait au Cercle social sur la république. Il attendit jusqu'au 12 et ne le fit qu'avec certaines réserves. Dans un discours ingénieux, il réfutait plusieurs des objections banales qu'on fait à la république, ajoutant toutefois ces paroles qui étonnèrent fort : « Si pourtant le peuple se réserve d'appeler une Convention pour prononcer si l'on conserve le trône, si l'hérédité continue pour un petit nombre d'années entre deux Conventions, *la royauté, en ce cas, n'est pas essentiellement contraire aux droits des citoyens...* » Il faisait allusion au bruit qui courait, qu'on devait le nommer gouverneur du dauphin, et disait qu'en ce cas il lui apprendrait surtout à savoir se passer du trône.

Cette apparence d'indécision ne plut pas beaucoup aux républicains et choqua les royalistes. Ceux-ci furent bien plus que blessés encore, quand on répandit dans Paris un pamphlet spirituel, moqueur, écrit d'une main si grave. Condorcet y fut probablement l'écho et le secrétaire de la jeune société qui fréquentait son salon.

Le pamphlet était une *Lettre d'un jeune mécanicien*, qui, pour une somme modique, s'engageait à fabriquer un excellent roi constitutionnel. « Ce roi, disait-il, s'acquitterait à merveille des fonctions de la royauté, marcherait aux cérémonies, siégerait convenablement, irait à la messe, et même, au moyen de certain ressort, prendrait des mains du président de l'Assemblée la liste des ministres que désignerait la majorité... Mon roi ne serait pas dangereux pour la liberté ; et cependant, en le réparant avec soin, il serait éternel, ce qui est encore plus beau que d'être héréditaire. On pourrait même le déclarer inviolable, sans injustice, et le dire infaillible, sans absurdité. »

Chose remarquable. Cet homme mûr et grave, qui s'embarquait par une plaisanterie sur l'océan de la Révolution, ne se dissimulait nullement les chances qu'il allait courir. Plein de foi dans l'avenir lointain de l'espèce humaine, il en avait moins pour le présent, ne se faisait nulle illusion sur la situation, en voyait très bien les dangers. Il les craignait, non pour lui-même (il donnait volontiers sa vie), mais pour cette femme adorée, pour ce jeune enfant né à peine du moment sacré de juillet. Depuis plusieurs mois, il s'était secrètement informé du port par lequel il pourrait, au besoin, faire échapper sa famille, et il s'était arrêté à celui de Saint-Valery.

CHAPITRE V

MADAME ROLAND.

Voyage des Roland à Paris. — Mérite de Roland. — Sa femme travaille pour lui. — Beauté et vertu de Madame Roland. — Son émotion au spectacle de la Fédération, en juillet 1790. — Sa passion, sa sagesse, octobre 1790. — Sa passion se transforme. — Elle arrive à Paris, février 1791. — Puissance de son impulsion. — Elle trouve la plupart des meneurs poliques déjà fatigués. — Sa fraîcheur d'esprit, sa force et sa foi, juin-juillet 1791.

Pour vouloir la république, l'inspirer, la faire, ce n'était pas assez d'un noble cœur et d'un grand esprit. Il fallait encore une chose... Et quelle? Être jeune, avoir cette jeunesse d'âme, cette chaleur de sang, cet aveuglement fécond qui voit déjà dans le monde ce qui n'est encore qu'en l'âme, et qui, le voyant, le crée... Il fallait avoir la foi.

Il fallait une certaine harmonie, non seulement de volonté et d'idées, mais d'habitudes et de mœurs républicaines; avoir en soi la république intérieure, la république morale, la seule qui légitime et fonde la république politique; je veux dire posséder le gouvernement de soi-même, sa propre démocratie, trouver sa liberté dans l'obéissance au devoir... Et il fallait encore, chose qui semble contradictoire, qu'une telle âme, vertueuse et forte, eût un moment passionné qui la fît sortir d'elle-même, la lançât dans l'action.

Dans les mauvais jours d'affaissement, de fatigue, quand la foi révolutionnaire défaillait en eux, plusieurs des députés et journalistes principaux de l'époque allaient prendre force et courage dans une maison où ces choses ne manquaient jamais; maison modeste, le petit hôtel Britannique de la rue Guénégaud, près le Pont-Neuf. Cette rue, assez sombre, qui mène à la rue Mazarine, plus sombre encore, n'a, comme on sait, d'autre vue que les longues murailles de la Monnaie. Ils montaient au troisième étage, et là, invariablement, trouvaient deux personnes travaillant ensemble, M. et Madame Roland, venus récemment de Lyon. Le petit salon n'offrait qu'une table où les deux époux écrivaient; la chambre à coucher, entr'ouverte, laissait voir deux lits. Roland avait près de soixante ans, elle trente-six, et paraissait beaucoup moins; il semblait le père de sa femme. C'était un homme assez grand et maigre, l'air austère et passionné. Cet homme, qu'on a trop sacrifié à la gloire de sa femme[1], était un ardent

1. On n'en doutera nullement si on lit les *Lettres écrites de Suisse, d'Italie, de Sicile et de Malthe, par M**** (Roland de La Platière), *avocat au Parlement, à Mlle **** (Manon Phlipon, depuis Madame Roland), *en 1776, 1777, 1778.* (Amsterdam, 1780, 6 vol. in-12.) Ce livre, écrit d'une manière inégale, parfois incorrecte et obscure, n'en est pas moins le voyage d'Italie le plus instructif de tous ceux qu'on a faits au dix-huitième siècle. Il témoigne des connaissances infiniment variées de l'auteur, qui embrasse son sujet sous tous les aspects, depuis la musique jusqu'aux plus minutieux détails du

citoyen qui avait la France dans le cœur, un de ces vieux Français de la race des Vauban et des Boisguillebert, qui, sous la royauté, n'en poursuivaient pas moins, dans les seules voies ouvertes alors, la sainte idée du bien public. Inspecteur des manufactures, il avait passé toute sa vie dans les travaux, les voyages, à rechercher les améliorations dont notre industrie était susceptible. Il avait publié plusieurs de ces voyages et divers traités ou mémoires relatifs à certains métiers. Sa belle et courageuse femme, sans se rebuter de l'aridité des sujets, copiait, traduisait, compilait pour lui. L'*Art du tourbier*, l'*Art du fabricant de laine rase et sèche*, le *Dictionnaire des manufactures*, avaient occupé la belle main de Madame Roland, absorbé ses meilleures années, sans autre distraction que la nais-

---

commerce et de l'industrie. Il voyageait ordinairement à cheval ou à pied, ce qui lui permettait d'observer de très près, de s'arrêter, de saisir bien des détails qui échappent à ceux qui vont en voiture. J'y vois entre autres choses curieuses, qui prouvent l'étendue du commerce de la France d'alors, que les gros draps d'Amiens se vendaient à Lugano. Il juge l'Italie religieuse et Rome spécialement au point de vue des philosophes de l'époque, mais souvent avec une douce équité trop rare chez eux, et qu'on s'étonne de trouver chez ce juge sévère. Tout ce qu'un honnête homme peut écrire à un honnête homme, il l'écrit, sans vaine réserve, à sa jeune correspondante, si pure, si forte, si sérieuse; il ne s'aperçoit en rien, dans ce commerce de deux esprits, des différences de sexe et d'âge. Cet homme de quarante-cinq ans n'avait d'ami que cette jeune fille de vingt, que depuis il épousa. Il lui avait laissé ses manuscrits en partant pour ce voyage. Roland était brouillé avec ses parents, dévots et aristocrates. Mlle Phlipon avait été obligée par l'inconduite de son père de se réfugier dans un couvent de la rue Neuve-Saint-Étienne, qui mène au Jardin-des-Plantes; petite rue si illustre par le souvenir de Pascal, de Rollin, de Bernardin de Saint-Pierre. Elle y vivait, non en religieuse, mais dans sa chambre, entre Plutarque et Rousseau, gaie et courageuse, comme toujours, mais dans une extrême pauvreté, avec une sobriété plus que spartiate, et semblant déjà s'exercer aux vertus de la république.

sance et l'allaitement du seul enfant qu'elle ait eu. Étroitement associée aux travaux, aux idées de son mari, elle avait pour lui une sorte de culte filial, jusqu'à lui préparer souvent ses aliments elle-même; une préparation toute spéciale était nécessaire, l'estomac du vieillard était délicat, fatigué par le travail.

Roland rédigeait lui-même et n'employait nullement la plume de sa femme à cette époque; ce fut plus tard, devenu ministre, au milieu d'embarras, de soins infinis, qu'il y eut recours. Elle n'avait aucune impatience d'écrire, et si la Révolution ne fût venue la tirer de sa retraite, elle eût enterré ces dons inutiles, le talent, l'éloquence, aussi bien que la beauté.

Quand ces politiques venaient, Madame Roland ne se mêlait pas d'elle-même aux discussions, elle continuait son ouvrage ou écrivait des lettres; mais si, comme il arrivait, on en appelait à elle, elle parlait alors avec une vivacité, une propriété d'expressions, une force gracieuse et pénétrante, dont on était tout saisi. « L'amour-propre aurait bien voulu trouver de l'apprêt dans ce qu'elle disait; mais il n'y avait pas moyen; c'était tout simplement une nature trop parfaite. »

Au premier coup d'œil, on était tenté de croire qu'on voyait la Julie de Rousseau[1]; à tort, ce n'était

---

[1]. Voir les portraits de Lemontey, Riouffe et tant d'autres; comme gravure, le bon et naïf portrait, mis par Champagneux en tête de la première édition des *Mémoires* (an VIII). Elle est prise peu avant la mort, à trente-

ni la Julie ni la Sophie, c'était Madame Roland, une fille de Rousseau certainement, plus légitime encore peut-être que celles qui sortirent immédiatement de sa plume. Celle-ci n'était pas comme les deux autres une noble demoiselle. Manon Phlipon, c'est son nom de fille (j'en suis fâché pour ceux qui n'aiment pas les noms plébéiens), eut un graveur pour père, et elle gravait elle-même dans la maison paternelle. Elle procédait du peuple, on la voyait aisément à un certain éclat de sang et de carnation qu'on a beaucoup moins dans les classes élevées; elle avait la main belle, mais non pas petite, la bouche un peu grande, le menton assez retroussé, la taille élégante, d'une cambrure marquée fortement, une richesse de hanches et de sein que les dames ont rarement.

Elle différait encore en un point des héroïnes de Rousseau, c'est qu'elle n'eut pas leurs faiblesses. Madame Roland fut vertueuse, nullement amollie par l'inaction, la rêverie où languissent les femmes; elle fut au plus haut degré laborieuse, active; le travail fut pour elle le gardien de la vertu. Une idée sacrée, *le devoir*, plane sur cette belle vie, de la naissance à la mort; elle se rend ce témoignage au dernier moment, à l'heure où l'on ne ment plus :

neuf ans. Elle est forte et déjà un peu *maman,* si on ose le dire, très sereine, ferme et résolue, avec une tendance visiblement critique. Ce dernier caractère ne tient pas seulement à sa polémique révolutionnaire; mais tels sont en général ceux qui ont lutté, qui ont peu donné au plaisir, qui ont contenu, ajourné la passion, qui n'ont pas eu enfin leur satisfaction en ce monde.

« Personne, dit-elle, moins que moi n'a connu la volupté. » — Et ailleurs : « J'ai commandé à mes sens. »

Pure dans la maison paternelle, au quai de l'Horloge, comme le bleu profond du ciel, qu'elle regardait, dit-elle, de là jusqu'aux Champs-Élysées; — pure à la table de son sérieux époux, travaillant infatigablement pour lui; — pure au berceau de son enfant, qu'elle s'obstine à allaiter, malgré de vives douleurs; — elle ne l'est pas moins dans les lettres qu'elle écrit à ses amis, aux jeunes hommes qui l'entouraient d'une amitié passionnée[1]; elle les calme et les console, les élève au-dessus de leur faiblesse. Ils lui restèrent fidèles jusqu'à la mort, comme à la vertu elle-même.

L'un d'eux, sans songer au péril, allait en pleine Terreur recevoir d'elle, à sa prison, les feuilles immortelles où elle a raconté sa vie. Proscrit lui-même et poursuivi, fuyant sur la neige, sans abri que l'arbre chargé de givre, il sauvait ces feuilles sacrées; elles le sauvèrent peut-être, lui gardant sur la poitrine la chaleur et la force du grand cœur qui les écrivit[2].

---

1. Voir la belle lettre à Bosc, alors fort troublé d'elle et triste de la voir transplantée près de Lyon, si loin de Paris : « Assise au coin du feu, après une nuit paisible et les soins divers de la matinée, mon ami à son bureau, ma petite à tricoter, et moi causant avec l'un, veillant l'ouvrage de l'autre, savourant le bonheur d'être bien chaudement au sein de ma petite et chère famille, écrivant à un ami, tandis que la neige tombe sur tant de malheureux, je m'attendris sur leur sort », etc. — Doux tableau d'intérieur, sérieux bonheur de la vertu, montré au jeune homme pour calmer son cœur, l'épurer, l'élever... Demain pourtant le vent de la tempête aura emporté ce nid!...

2. Ce fut lui aussi, l'honnête et digne Bosc, qui, au dernier moment, s'élevant au-dessus de lui-même, pour accomplir en elle l'idéal suprême qu'il y avait toujours admiré, lui donna le noble conseil de ne point dérober sa

Les hommes qui souffrent à voir une vertu trop parfaite ont cherché inquiètement s'ils ne trouveraient pas quelque faiblesse en la vie de cette femme ; et sans preuve, sans le moindre indice[1], ils ont imaginé qu'au fond du drame où elle devenait acteur, à son moment le plus viril, parmi les dangers, les horreurs (après septembre apparemment? ou à la veille du naufrage qui emporta la Gironde?) Madame Roland avait le temps, le cœur d'écouter les galanteries et de faire l'amour... — La seule chose qui les embarrasse, c'est de trouver le nom de l'amant favorisé.

Encore une fois, il n'y a nul fait qui motive ces suppositions. Madame Roland, tout l'annonce, fut toujours reine d'elle-même, maîtresse absolue de ses volontés, de ses actes[2]. N'eut-elle aucune émotion, cette âme forte, mais passionnée? N'eut-elle pas son orage?... Cette question est tout autre, et sans hésiter je répondrai : Oui.

---

mort aux regards, de ne point s'empoisonner, mais d'accepter l'échafaud, de mourir publiquement, d'honorer par son courage la république et l'humanité. Il la suit à l'immortalité, pour ce conseil héroïque. Madame Roland y marche souriante, la main dans la main de son austère époux, et elle y mène avec elle ce jeune groupe d'aimables, d'irréprochables amis (sans parler de la Gironde), Bosc, Champagneux, Bancal des Issarts. Rien ne les séparera.

1. Si vous cherchez ces indices, on vous renvoie à deux passages des *Mémoires de Madame Roland*, lesquels ne prouvent rien du tout. Elle parle des passions, « dont à peine, avec la vigueur d'un athlète, elle sauve l'âge mûr ». Que conclurez-vous de là? — Elle parle des « bonnes raisons » qui, vers le 31 mai, la poussaient au départ. Il est bien extraordinaire et absurdement hardi d'induire que ces bonnes raisons ne peuvent être qu'un amour pour Barbaroux ou Buzot!

2. Les *Lettres de Madame Roland à Buzot*, récemment publiées, ne changent rien à l'opinion que j'exprimais en 1848. L'écrit testamentaire de Buzot, publié par M. Dauban, témoigne par une allusion fort claire que ce sentiment resta toujours dans la plus haute région morale.

Qu'on me permette d'insister. — Ce fait, peu remarqué encore, n'est point un détail indifférent, purement anecdotique de la vie privée. Il eut sur Madame Roland une grande influence en 1791, et la puissante action qu'elle exerça dès cette époque serait beaucoup moins explicable, si l'on ne voyait à nu les causes particulières qui passionnaient alors cette âme, jusque-là calme et forte, mais d'une force tout assise en soi et sans action au dehors.

Madame Roland menait sa vie obscure, laborieuse, en 1789, au triste clos de La Platière, près de Villefranche et non loin de Lyon. Elle entend, avec toute la France, le canon de la Bastille : son sein s'émeut et se gonfle; le prodigieux événement semble réaliser tous ses rêves, tout ce qu'elle a lu des Anciens, imaginé, espéré; voilà qu'elle a une patrie. La Révolution s'épand sur la France; Lyon s'éveille et Villefranche, la campagne, tous les villages. La fédération de 1790 appelle à Lyon une moitié du royaume, toutes les députations de la garde nationale, de la Corse à la Lorraine. Dès le matin, Madame Roland était en extase sur l'admirable quai du Rhône et s'enivrait de tout ce peuple, de cette fraternité nouvelle, de cette splendide aurore. Elle en écrivit le soir la relation pour son ami Champagneux, jeune homme de Lyon, qui, sans profit et par pur patriotisme, faisait un journal. Le numéro, non signé, fut vendu à soixante mille. Tous ces gardes nationaux, retournant chez eux, emportèrent, sans le savoir, l'âme de Madame Roland.

Elle aussi, elle retourna, elle revint pensive dans son désert au clos de La Platière, qui lui parut, plus qu'à l'ordinaire encore, stérile et aride. Peu propre alors aux travaux techniques dont l'occupait son mari, elle lisait le *Procès-verbal* si intéressant *des électeurs de* 1789, la révolution du 14 juillet, la prise de la Bastille. Le hasard voulut justement qu'un de ces électeurs, M. Bancal des Issarts, fût adressé aux Roland par leurs amis de Lyon et passât quelques jours chez eux. M. Bancal, d'une famille de fabricants de Montpellier, mais transplantée à Clermont, y avait été notaire ; il venait de quitter cette position lucrative pour se livrer tout entier aux études de son choix, aux recherches politiques et philanthropiques, aux devoirs du citoyen. Il avait environ quarante ans, rien de brillant, mais beaucoup de douceur et de sensibilité, un cœur bon et charitable. Il avait eu une éducation fort religieuse, et, après avoir traversé une période philosophique et politique, la Convention, une longue captivité en Autriche, il est mort dans de grands sentiments de piété, dans la lecture de la Bible, qu'il s'essayait à lire en hébreu.

Il fut amené à La Platière par un jeune médecin, Lanthenas, ami des Roland, qui vivait beaucoup chez eux, y passait des semaines, des mois, travaillant avec eux, pour eux, faisant leurs commissions. La douceur de Lanthenas, la sensibilité de Bancal des Issarts, la bonté austère mais chaleureuse de Roland, leur amour commun du beau et du bon, leur attachement à cette femme parfaite qui leur en présentait l'image, cela formait tout naturellement un groupe, une harmonie complète. Ils se convinrent si bien qu'ils se demandèrent s'ils ne pourraient continuer de vivre ensemble. Auquel des trois vint cette idée? On ne le sait; mais elle fut saisie par Roland avec vivacité, soutenue avec chaleur. Les Roland, en réunissant tout ce qu'ils avaient, pouvaient apporter à l'association soixante mille livres; Lanthenas en avait vingt mille ou un peu plus, à quoi Bancal en aurait joint une centaine de mille. Cela faisait une somme assez ronde, qui leur permettait d'acheter des biens nationaux, alors à vil prix.

Rien de plus touchant, de plus digne, de plus honnête que les lettres où Roland parle de ce projet à Bancal. Cette noble confiance, cette foi à l'amitié, à la vertu, donne et de Roland, et d'eux tous, la plus haute idée : « Venez, mon ami, lui dit-il. Eh! que tardez-vous?... Vous avez vu notre manière franche et ronde; ce n'est point à mon âge qu'on change, quand on n'a jamais varié... Nous prêchons le patriotisme, nous élevons l'âme ; le docteur fait son métier; ma femme est l'apothicaire des malades du canton. Vous et moi nous ferons les affaires », etc.

La grande affaire de Roland, c'était de catéchiser les paysans de la contrée, de leur prêcher le nouvel Evangile. Marcheur admirable malgré son âge, parfois, le bâton à la main, il s'en allait jusqu'à Lyon avec son ami Lanthenas, jetant la bonne semence de la liberté sur tout le chemin. Le digne homme croyait trouver dans Bancal un auxiliaire utile, un nouveau missionnaire, dont la parole douce et onctueuse ferait des miracles. Habitué à voir l'assiduité désintéressée du jeune Lanthenas près de Madame Roland, il ne lui venait pas même à l'esprit que Bancal, plus âgé, plus sérieux, pût apporter dans sa maison autre chose que la paix. Sa femme, qu'il aimait pourtant si profondément, il avait un peu oublié qu'elle fût une femme, n'y voyant que l'immuable compagnon de ses travaux. Laborieuse, sobre, fraîche et pure, le teint transparent, l'œil ferme et limpide, Madame Roland était la plus rassurante image de la force et de la vertu. Sa grâce était bien d'une femme, mais son mâle esprit, son cœur stoïque était d'un homme. On dirait plutôt, à regarder ses amis, que, près d'elle, ce sont eux qui sont femmes : Bancal, Lanthenas, Champagneux, ont tous des traits assez doux. Et le plus femme de tous par le cœur peut-être, le plus faible, c'est celui qu'on croit le plus ferme, c'est l'austère Roland, faible d'une profonde passion de vieillard, suspendu à la vie de l'autre ; il n'y paraîtra que trop à la mort.

La situation eût été, sinon périlleuse, du moins pleine de combats, d'orages. C'était Volmar appelant Saint-Preux auprès de Julie, c'était la barque en péril aux rochers de Meillerie. Il n'y eût pas eu naufrage, croyons-le, mais il valait mieux ne pas s'embarquer.

C'est ce que Madame Roland écrit à Bancal dans

une lettre vertueuse, mais en même temps trop naïve et trop émue. Cette lettre, adorablement imprudente, est restée par cela même un monument inappréciable de la pureté de Madame Roland, de son inexpérience, de la virginité de cœur qu'elle conserva toujours... On ne peut lire qu'à genoux.

Rien ne m'a jamais plus surpris, touché... Quoi! ce héros fut donc vraiment une femme! Voilà donc un moment (l'unique) où ce grand courage a fléchi. La cuirasse du guerrier s'entr'ouvre, et c'est une femme qu'on voit, le sein blessé de Clorinde.

Bancal avait écrit aux Roland une lettre affectueuse, tendre, où il disait de cette union projetée : « Elle fera le charme de notre vie; et nous ne serons pas inutiles à nos semblables. » Roland, alors à Lyon, envoya la lettre à sa femme. Elle était seule à la campagne; l'été avait été très sec, la chaleur était forte, quoiqu'on fût déjà en octobre. Le tonnerre grondait, et pendant plusieurs jours il ne cessa point. Orage au ciel et sur la terre, orage de la passion, orage de la Révolution... De grands troubles sans doute allaient arriver, un flot inconnu d'événements qui devaient bientôt bouleverser les cœurs et les destinées; dans ces grands moments d'attente, l'homme croit volontiers que c'est pour lui que Dieu tonne.

Madame Roland lut à peine, et elle fut inondée de larmes. Elle se mit à sa table sans savoir ce qu'elle écrirait; elle écrivit son trouble même, ne cacha point qu'elle pleurait. C'était bien plus qu'un aveu tendre. Mais, en même temps, cette excellente et courageuse femme, brisant son espoir, se faisait l'effort d'écrire : « Non, je ne suis point assurée de votre bonheur, je ne me pardonnerais point de l'avoir troublé. Je crois vous voir l'attacher à des moyens que je crois faux, à une espérance que je dois interdire. » Tout le reste est un mélange bien touchant de vertu, de passion, d'inconséquence ; de temps à autre, un accent mélancolique et je ne sais quelle sombre prévision du destin : « Quand est-ce que nous vous reverrons?... Question que je me fais souvent et que je n'ose résoudre... Mais pourquoi chercher à pénétrer l'avenir que la nature à voulu nous cacher? Laissons-le donc sous le voile imposant dont elle le couvre, puisqu'il ne nous est pas donné de le pénétrer; nous n'avons sur lui qu'une sorte d'influence, elle est grande sans doute : c'est de préparer son bonheur par le sage emploi du présent... » — Et plus loin : « Il ne s'est point écoulé vingt-quatre heures dans la semaine que le tonnerre ne se soit fait entendre. Il vient encore de gronder. J'aime assez la teinte qu'il prête à nos campagnes, elle est auguste et sombre, mais elle serait terrible qu'elle ne m'inspirerait pas plus d'effroi... »

Bancal était sage et honnête. Bien triste, malgré l'hiver, il passa en Angleterre, et il y resta longtemps. Oserai-je le dire? plus longtemps peut-être que Madame Roland ne l'eût voulu elle-même. Telle est l'inconséquence du cœur, même le plus vertueux. Ses lettres, lues attentivement, offrent une fluctuation étrange; elle s'éloigne, elle se rapproche; par moments elle se défie d'elle-même, et par moments se rassure.

Qui dira qu'en février, partant pour Paris où les affaires de la ville de Lyon amenaient Roland, elle n'ait pas quelque joie secrète de se retrouver au grand centre où Bancal va nécessairement revenir? Mais c'est justement Paris qui bientôt donne à ses idées un tout autre cours. La passion se transforme, elle se tourne entièrement du côté des affaires publiques. Chose bien intéressante et touchante à observer. Après la grande émotion de la fédération lyonnaise, ce spectacle attendrissant de l'union de tout un peuple, elle s'était trouvée faible et tendre au sentiment individuel. Et maintenant ce sentiment, au spectacle de Paris, redevient tout général, civique et patriotique; Madame Roland se retrouve elle-même et n'aime plus que la France.

S'il s'agissait d'une autre femme, je dirais qu'elle fut sauvée d'elle-même par la Révolution, par la république, par le combat et la mort. Son austère union avec Roland fut confirmée par leur participation commune aux événements de l'époque. Ce mariage de travail devint un mariage de luttes communes, de sacrifices, d'efforts héroïques. Préservée ainsi, elle arriva, pure et victorieuse, à l'échafaud, à la gloire.

Elle vint à Paris en février 1791, à la veille du moment si grave où devait s'agiter la question de la république; elle y apportait deux forces, la vertu à la fois et la passion. Réservée jusque-là dans son désert pour les grands événements, elle arrivait avec une jeunesse d'esprit, une fraîcheur d'idées, de sentiments, d'impressions, à rajeunir les politiques les plus fatigués. Eux, ils étaient déjà las; elle, elle naissait de ce jour.

Autre force mystérieuse. Cette personne très pure, admirablement gardée par le sort, arrivait pourtant le jour où la femme est bien redoutable, le jour où le devoir ne suffira plus, le jour où le cœur, longtemps contenu, s'épandra. Elle arrivait invincible, avec une force d'impulsion inconnue. Nul scrupule ne la retardait; le bonheur voulait que, le sentiment personnel s'étant vaincu ou éludé, l'âme se tournait tout entière vers un noble but, grand, vertueux, glorieux, et, n'y sentant que l'honneur, se lançait à pleines voiles sur ce nouvel océan de la Révolution et de la patrie.

Voilà pourquoi en ce moment elle était irrésistible. Tel fut à peu près Rousseau, lorsque, après sa passion malheureuse pour Mme d'Houdetot, retombé sur lui-même et rentré en lui, il y retrouva un foyer immense, cette inextinguible flamme où s'embrasa tout le siècle; le nôtre, à cent ans de distance, en sent encore la chaleur.

Rien de plus sévère que le premier coup d'œil de Madame Roland sur Paris. L'Assemblée lui fait horreur, ses amis lui font pitié. Assise dans les tribunes de l'Assemblée ou des Jacobins, elle perce d'un œil pénétrant tous les caractères; elle voit à nu les faussetés, les lâchetés, les bassesses, la comédie des constitutionnels, les tergiversations, l'indécision des amis de la liberté. Elle ne ménage nullement ni Brissot, qu'elle aime, mais qu'elle trouve timide et léger, ni Condorcet, qu'elle croit double, ni Fauchet, dans lequel « elle voit bien qu'il y a un prêtre ». A peine fait-elle grâce à Pétion et Robespierre; encore on voit bien que leurs lenteurs, leurs ménagements, vont peu à son impatience. Jeune, ardente, forte, sévère, elle leur demande compte à tous, ne veut pas entendre parler de délais, d'obstacles; elle les somme d'être hommes et d'agir.

Au triste spectacle de la liberté entrevue, espérée, déjà perdue, selon elle, elle voudrait retourner à Lyon, « elle verse des larmes de sang... Il nous faudra, dit-elle (le 5 mai), une nouvelle insurrection, ou nous sommes perdus pour le bonheur et la liberté; mais je doute qu'il y ait assez de vigueur dans le peuple... La guerre civile même, tout horrible qu'elle soit, avancerait la régénération de notre caractère et de nos mœurs... — Il faut être prêt à tout, même à mourir sans regret. »

La génération dont Madame Roland désespère si aisément avait des dons admirables, la foi au progrès, le désir sincère du bonheur des hommes, l'amour ardent du bien public; elle a étonné le monde par la grandeur des sacrifices. Cependant il faut le dire, à cette époque où la situation ne commandait pas encore avec une force impérieuse, ces caractères, formés sous l'Ancien-Régime, ne s'annonçaient pas sous un aspect mâle et sévère. Le courage d'esprit manquait. L'initiative du génie ne fut alors chez personne; je n'excepte pas Mirabeau, malgré son gigantesque talent.

Les hommes d'alors, il faut le dire aussi, avaient déjà immensément écrit, parlé, combattu. Que de travaux, de discussions, d'événements entassés! que de réformes rapides! quel renouvellement du monde!... La vie des hommes importants de l'Assemblée, de la presse, avait été si laborieuse qu'elle nous semble un problème; deux séances de l'Assemblée, sans repos que les séances des Jacobins et autres clubs, jusqu'à onze heures ou minuit; puis les discours à préparer pour le lendemain, les articles, les affaires et les intrigues, les séances des comités, les conciliabules politiques... L'élan immense du premier moment, l'espoir infini, les avaient d'abord mis à même de supporter tout cela. Mais enfin l'effort durait, le travail sans fin ni bornes; ils étaient un peu retombés. Cette génération n'était plus entière d'esprit ni de force; quelque sincères que fussent ses convictions, elle n'avait pas la jeunesse, la fraîcheur d'esprit, le premier élan de la foi.

Le 22 juin, au milieu de l'hésitation universelle des politiques, Madame Roland n'hésita point. Elle écrivit et fit écrire en province, pour qu'à l'encontre de la faible et pâle adresse, les assemblées primaires demandassent une convocation générale : « Pour délibérer par *oui* et par *non* s'il convient de conserver au gouvernement la forme monarchique. »

— Elle prouve très bien, le 24, « que toute régence est impossible, qu'il faut suspendre Louis XVI », etc.

Tous ou presque tous reculaient, hésitaient, flottaient encore. Ils balançaient les considérations d'intérêts, d'opportunité, s'attendaient les uns les autres, se comptaient. « Nous n'étions pas douze républicains en 1789 », dit Camille Desmoulins. Ils avaient bien multiplié en 1791, grâce au voyage de Varennes, et le nombre était immense des républicains qui l'étaient sans le savoir; il fallait le leur apprendre à eux-mêmes. Ceux-là seuls calculaient bien l'affaire, qui ne voulaient pas calculer. En tête de cette avant-garde marchait Madame Roland; elle jetait le glaive d'or dans la balance indécise, son courage et l'idée du droit.

CHAPITRE VI

LE ROI INTERROGÉ. — PREMIERS ACTES RÉPUBLICAINS
(26 JUIN-14 JUILLET 1791).

Le roi et la reine entendus en leurs déclarations, 26-27 juin. — Défi de Bouillé, 29 juin. — Affiche républicaine de Payne et autres amis de Condorcet, 1ᵉʳ juillet. — Tentatives des Orléanistes. — Mesures prises par l'Assemblée. — Les Jacobins. — Pétion contre le roi, 8 juillet; Brissot contre le roi, 13 juillet. — Les comités de l'Assemblée pour le roi, 13 juillet. — Mouvements des Cordeliers et sociétés fraternelles. — Ruses des meneurs de l'Assemblée, 14 juillet. — Agitation croissante pendant la semaine, du 10 au 17. — Triomphe de Voltaire, fêtes, etc.

Nous connaissons maintenant les acteurs, les influences privées et publiques; reprenons le cours des faits.

Il n'est pas difficile de suivre dans ces jours d'orage les mouvements de l'opinion, les pulsations plus ou moins vives de l'esprit public, les battements de cœur de la France.

Au premier moment, 21 juin, on s'indigne, mais on respire. « Voilà le grand embarras parti! »

Au second, le 25 au soir, il revient captif, humilié, tombé du trône à l'état de sujet du dernier sujet. Grand silence, de colère et de reproche, silence aussi de la pitié, qui prend les cœurs à leur insu.

Mais, contre la pitié même, au troisième moment, réagit la défiance, et la colère, quand les renards de l'Assemblée entreprennent d'escamoter et le crime et le coupable (en sorte qu'il ne resterait qu'un roi, tout blanc d'innocence), quand ils entreprennent d'effacer l'histoire, de biffer Varennes, de faire, par une chicane impuissante, ce miracle impossible à Dieu, que ce qui est fait n'ait pas été fait.

Examinons-les à l'œuvre.

Le 26, les comités de constitution et de législation criminelle proposent, par l'organe de Duport : « Que ceux qui accompagnaient le roi soient *interrogés* par les juges naturels, mais que le roi et la reine soient *entendus en leurs déclarations* par trois commissaires de l'Assemblée nationale. »

Quelqu'un demandant que cette *instruction* fût renvoyée à la cour suprême d'Orléans, Duport répondit que ce n'était qu'une *information* première.

« Si c'est une information, répondirent Robespierre, Bouchotte et Buzot, vous ne pouvez la scinder, elle est une et ne peut se faire par des autorités diverses. Le roi n'est qu'un citoyen, un fonctionnaire, comptable à ce titre, soumis à la loi. »

A quoi Duport, reculant dans le vague des vieilles fictions, dit que le roi n'était pas un citoyen, *mais un pouvoir de l'État*. Puis, maladroitement : « Ce n'est pas ici une procédure qui se fasse directement contre le roi; il est de notre prudence de ne pas pénétrer dans l'avenir... Il ne s'agit pas encore ici d'une action criminelle, mais d'une action politique de l'Assemblée contre le roi... »

Malouet éclatait d'indignation et gâtait encore plus les choses. Les légistes et gens d'affaires vinrent au secours, et, laissant là le système de Duport, trop difficile à défendre, ils sautèrent d'un pied sur l'autre. Chabroud, d'André, dirent qu'il n'y avait rien de judiciaire, ni plainte, ni procédure; qu'il s'agissait simplement « de prendre des *renseignements* ».

Sur ce terrain nouveau, Barrère vint finement mettre une pierre pour les faire heurter : « Qu'il y ait ou qu'il n'y ait plainte, qu'importe? C'est un enlèvement; les juges ordinaires peuvent entendre la personne *victime de l'enlèvement*. »

Mais Tronchet vint par-dessus, et, de son autorité supérieure et respectée, ferma la discussion sur le mot *renseignements*. L'Assemblée décrète et nomme commissaires : Tronchet d'abord, à une majorité énorme, pour avoir coupé le fil; puis d'André, qui l'a dévidé; Duport enfin, quoiqu'il ait montré moins de finesse et de ruse.

Les trois, vers sept heures du soir, allèrent jouer chez le roi la comédie d'écouter, de recueillir gravement de sa bouche la déclaration qu'ils avaient, sans doute, avec Barnave et Lameth, minutée et calculée.
— Très habile et très bien faite, elle avait un défaut grave : c'était d'être en contradiction trop évidente avec la protestation que le roi avait laissée en partant. Le soin de sa sûreté, le désir de mettre à

l'abri sa famille, avaient décidé son départ; il partait pour revenir; il n'avait nulle intelligence avec les puissances étrangères, nulle avec les émigrés. S'il avait été près de la frontière, c'était afin d'être plus à portée de s'opposer aux invasions qu'aurait pu faire l'étranger. Son voyage l'avait singulièrement instruit, éclairé; il voyait bien que l'opinion générale était pour la constitution, et revenait converti...

Ce qui faisait peu d'honneur à l'adresse des rédacteurs, ce qui passait toute mesure, c'était de faire dire au roi : « Que, voyant bien qu'on le croyait captif, et que cette opinion pouvait amener des troubles, il avait imaginé ce voyage comme un excellent moyen de détromper le public, de prouver sa liberté. »

Cela semblait dérisoire et fut très mal pris. Ce qui ne le fut pas moins, c'est que la reine, au lieu de répondre, fit dire aux commissaires de l'Assemblée nationale « qu'elle était au bain », et qu'ils devaient repasser. Ainsi, elle se donnait une nuit de plus pour arranger sa déclaration. Arrivée depuis vingt-quatre heures, elle prenait, pour se mettre au bain, le moment où la nation, en ses délégués, venait attendre à sa porte; elle lui faisait faire antichambre, constatant ainsi ce que le roi avait dit lui-même : « Qu'il devait bien être entendu qu'il ne s'agissait pas d'interrogatoire. » C'était une libre conversation, une audience que la reine daignait accorder. « Le roi désirant partir, rien ne m'aurait empêchée de le suivre. Et ce qui m'y décidait, c'était l'assurance positive qu'il ne voulait point quitter le royaume. » Les trois s'inclinèrent profondément et s'en allèrent satisfaits.

Le public ne le fut pas. Il se sentit mortifié qu'on pût le croire dupe d'une comédie si grossière. Les royalistes ne furent pas moins irrités que les autres de voir le roi et la reine dans les mains des constitutionnels. Tout en se lamentant sur la captivité du roi, sur la désobéissance universelle, ils agirent eux-mêmes comme si le roi n'eût point existé, sans s'informer de son avis, sans son autorisation. Les têtes chaudes du parti, d'Espreménil, un fol, Montlosier, jeune, ardent, aveugle dans sa loyauté, rédigèrent une violente protestation contre la suspension du roi, une déclaration qu'ils ne prenaient plus part aux actes de l'Assemblée. Elle fut signée de deux cent quatre-vingt-dix députés. Malouet s'opposa en vain à cet acte insensé, qui annulait les royalistes dans l'Assemblée nationale, au moment où cette Assemblée travaillait à relever le roi. La passion, l'étourderie, y eurent part, sans doute, mais vraisemblablement aussi la rage jalouse de voir le roi se conduire par les avis de ceux qui avaient jusque-là combattu les royalistes.

Les royalistes allaient, tête baissée, dans l'abîme, emportant le roi avec eux. Bouillé, par chevalerie, par dévouement, lui donne encore un coup terrible. Dans une lettre, prodigieusement insolente et ridicule, il déclare à l'Assemblée : « Que si l'on touche au roi, à un cheveu de sa tête, lui, Bouillé, il amènera toutes les armées étrangères ; qu'il ne restera pas pierre sur pierre dans Paris (*Rire inextinguible*). Bouillé seul est responsable ; le roi n'a rien fait que vouloir suspendre la juste vengeance des rois, se porter médiateur entre eux et son peuple. Alors eût été rétabli le règne de la raison *à la lueur du flambeau de la liberté...* » Il finissait cette lettre folle, en disant aux députés : « Que leur châtiment servirait d'exemple, que d'abord il avait eu pitié d'eux, mais, » etc.

Cette lettre était inappréciable pour les partisans de la république. Une insulte solennelle à la nation, le gant jeté à la France par les royalistes, c'est ce qu'ils pouvaient désirer. Sans perdre temps, le lendemain matin, 1er juillet, une affiche hardie, simple et forte, fut placardée à la porte même de l'Assemblée ; cette affiche annonçait la publication du journal le *Républicain*, qu'une société de républicains allait publier. Cette pièce, courte, mais complète, disait toute la situation ; la voici, réduite à deux lignes. « Nous venons d'éprouver que l'absence d'un roi nous vaut mieux que sa présence. — Il a déserté, abdiqué. — La nation ne rendra jamais sa confiance au parjure, au fuyard. — Sa fuite est-elle son fait ou celui d'autrui, qu'importe ? Fourbe ou idiot, il est toujours indigne. — Nous sommes libres de lui, et il l'est de nous ; c'est un simple individu, M. Louis de Bourbon. Pour sa sûreté, elle est certaine, la France ne se déshonorera pas. — La royauté est finie. Qu'est-ce qu'un office abandonné au hasard de la naissance qui peut être rempli par un idiot ? N'est-ce pas un rien, un néant ? »

Cette pièce sortait du cercle de Condorcet, aussi bien que le pamphlet du *Jeune mécanicien* qui parut presque en même temps. L'un et l'autre exprimaient la pensée commune de cette société de théoriciens hardis. Condorcet, toutefois, n'avait tenu la plume que pour le pamphlet, moins compromettant; mais l'affiche fut rédigée, en anglais d'abord, par un étranger, Thomas Payne, qui avait moins à craindre la responsabilité d'un acte si grave. Elle fut traduite par les soins d'un de nos jeunes officiers qui avait fait la guerre d'Amérique, qui afficha hardiment aux portes de l'Assemblée et signa : « Du Châtelet. »

Payne avait en ce moment, à Paris, deux choses qui souvent vont ici d'ensemble, l'autorité et la vogue. Il trônait dans les salons. Les hommes les plus éminents, les plus jolies femmes, lui faisaient la cour, recueillaient ses paroles, s'efforçaient de les comprendre. C'était un homme de cinquante à soixante ans; il avait fait tous les métiers, fabricant, maître d'école, douanier, matelot, journaliste. Il n'avait pas moins de trois patries, l'Angleterre, l'Amérique et la France; il n'en eut qu'une, à vrai dire, le droit, la justice. Invariable citoyen du droit, dès qu'il sentait l'injustice d'un côté de l'Océan, il passait de l'autre. La France gardera la mémoire de ce fils d'adoption. Il avait écrit pour l'Amérique son livre du *Sens commun*, le bréviaire des républicains; et pour la France, il écrivit *Les Droits de l'homme*, pour venger notre pays du livre de Burke. Brûlé à Londres en effigie, il fut nommé citoyen français par la Convention, il en devint membre. Payne semblait dur et fanatique. Ce fut un grand étonnement, au 21 janvier, quand il fit déclarer à la Convention qu'il ne pouvait voter la mort. La sienne faillit s'en suivre. Jeté en prison et pensant qu'il n'avait pas de temps à perdre, il se mit à écrire *L'Age de raison*, un livre pour Dieu contre toutes les religions. Sauvé au 9 thermidor, il resta encore en France, mais il ne put endurer la France de Bonaparte et s'en alla mourir en Amérique.

Revenons à son affiche. Malouet, arrivant le matin, la voit, la lit, est hors de lui-même. Il entre effaré, demande qu'on arrête les auteurs. « Avant tout, lisons l'affiche », dit froidement Pétion. Chabroud et Chapelier, craignant l'effet, et surtout que la lecture ne fût applaudie des tribunes, réclamèrent pour la liberté de la presse, et dirent qu'on devait mépriser l'œuvre d'un insensé et qu'il fallait passer à l'ordre du jour.

L'Assemblée passe, en effet, comme indifférente, et reprend tranquillement les travaux du Code pénal. Mais elle se tient pour avertie.

Le parti d'Orléans aussi comprit mieux, après la terrible affiche, qu'en présence du parti républicain naissant, mais déjà si hardi, il fallait, si l'on pouvait, enlever la régence; que, plus tard, elle serait de moins en moins acceptée. Le difficile était de lancer la chose; on jette d'abord un petit mot dans un journal secondaire. Là-dessus, étonnement, bien joué, du prince; il écrit, magnanimement refuse ce que personne ne lui offre. Et cependant il se fait recevoir membre des Jacobins, se met en vue et se pose. L'un d'eux, faisant feu avant l'ordre, demande si naturellement le prince ne doit pas *présider le conseil* de régence. Le 1ᵉʳ juillet, Laclos va plus loin, il veut *un régent*, il établit la déchéance. Le 3, Réal prouve que le duc est légalement *gardien* du dauphin. Le 4, Laclos voudrait qu'on réimprimât, qu'on distribuât le décret sur la régence. La masse des Jacobins non orléanistes écarte la proposition. Il ne se décourage pas; dans son journal, il prouve, longuement et lourdement, qu'il faut créer un pouvoir nouveau, un protecteur? Non, le mot a été gâté par Cromwell, mais bien un *modérateur*.

Une grande polémique s'engage à ce sujet dans la presse, deux duels philosophiques, sur la thèse de la royauté, entre Laclos et Brissot, entre Sieyès et Thomas Payne. Celui-ci défie Sieyès, à toutes les armes possibles, lui donnant tout avantage, ne demandant que cinquante pages et lui permettant un volume, se faisant fort d'établir que la monarchie n'est rien « qu'une absence de système ». Sieyès déclina le combat avec un mépris peu caché. Il croyait n'en avoir pas besoin.

L'Assemblée nationale voyait venir la lutte et s'y préparait. Déterminée à relever la royauté, elle prend trois sortes de mesures.

Elle affecte d'abord une attitude révolutionnaire;

elle fait des règlements pour favoriser la division et subdivision des biens nationaux. Elle menace les émigrés; s'ils ne rentrent dans un mois, malheur à eux!... Seulement la pénalité est minime et ridicule : leurs biens sont imposés au triple.

L'Assemblée est prise aussi d'un accès inattendu de bonne volonté pour le pauvre; elle fait des petits assignats « pour faciliter le payement des ouvriers ». Elle vote plusieurs millions pour les hôpitaux; elle fait venir la municipalité de Paris, lui ordonne de distribuer des secours, de commencer des travaux, d'aider les ouvriers étrangers à sortir de la ville.

En même temps, au pas de course, on lit, on vote des lois de police qui, sous ce simple titre : Police municipale, tranchent les plus grandes questions; un article, par exemple, défend aux clubs de s'assembler, à moins d'avertir d'avance du jour de réunion. Les habitants de chaque maison sont tenus de donner leur nom, âge, profession, etc. Des pénalités graves sont prononcées contre les voies de fait, les simples paroles; la calomnie peut être punie de deux années de prison.

Tout cela se votait fort vite, à peu près sans discussion. Les séances publiques, si longues jadis, étaient devenues très courtes; vers trois ou quatre heures, tout était fini; et encore, pour remplir ces courtes séances, on suppléait par des affaires étrangères à la grande question, guerre, administration, finances. Les tribunes, ardentes, inquiètes, remplies d'une foule avide, ne voyaient, n'apprenaient rien; la foule retournaît affamée. Tout le fort de la besogne politique se brassait souterrainement dans les comités. Barnave avoue dans ses *Mémoires* qu'il y vivait entièrement. Les comités de législation, de constitution, des recherches, de diplomatie, etc., allaient dans un même sens; ils constituaient la véritable Assemblée. Là s'élaboraient les éléments de la grande et terrible discussion de l'inviolabilité royale, qu'on ne pouvait cependant étrangler à huis clos, qu'il fallait bien tout à l'heure soutenir en pleine lumière; aussi la préparait-on avec d'autant plus de soin, on arrêtait d'avance les points convenus, on distribuait les rôles.

Ce qui faisait tort à ce bel accord, c'est que Pétion était membre du comité de législation. Il porta, le 8, aux Jacobins cette question délicate et sacro-sainte, la mania familièrement, avec une simplicité rude, distinguant l'inviolabilité politique dont le roi jouit dans les actes dont les ministres répondent et l'inviolabilité que l'on voudrait étendre à ses actes personnels. Quant aux dangers de destituer le roi et d'avoir les rois à combattre : « S'ils en ont envie, dit-il, ils y seront bien mieux disposés si le roi est rétabli, s'ils voient replacer dans la main de leur ami les forces de la France qui les auraient combattus. »

Certes, cela était clair. Cette franchise rendit force à la minorité des Jacobins qui était contre le roi. La presse fut enhardie. Brissot, jusque-là très prudent, et dont les lenteurs suspectes étaient déjà accusées de Camille Desmoulins, de Madame Roland, de bien d'autres, Brissot éclata, brûla ses vaisseaux, vint aux Jacobins, traita la même question, mais dans une étendue, une lumière, un éclat extraordinaires; il enleva un moment cette société, généralement contraire à son opinion, et qui, de plus, l'aimait peu lui-même.

Il déclara d'abord qu'il se tenait dans le cercle tracé par Pétion, qu'il examinerait seulement : *Si le roi devait, pouvait être jugé*, ajournant la question de savoir, en cas de destitution, quel gouvernement suppléerait.

S'accommodant habilement aux scrupules des Jacobins, au nom même de leur société (Amis de la constitution) : « Nous sommes tous d'accord, dit Brissot; nous voulons la constitution. Le mot vague de *républicains* ne fait rien ici. Ceux qui sont contraires à ce mot, que craignent-ils? L'anarchie : ceux qu'on appelle républicains ne la redoutent pas moins; les uns et les autres craignent et la turbulence des démocraties de l'Antiquité, et la division de la France en républiques fédérées; ils veulent également l'unité de la patrie. »

Après ces paroles rassurantes, et sans s'expliquer autrement sur le sens du mot *république*, il arrive à la question : « Le roi doit-il être jugé? » Son argumentation, identique à celle de Pétion, à celle des orateurs qui parlèrent plus tard, Robespierre, Grégoire et autres, serait forte, s'ils déclaraient franchement qu'ils rejettent la royauté comme une institution barbare, une absurde religion; elle est faible, parce qu'ils hésitent, reculent, ne vont point jusqu'au bout de leur principe, n'osent donner la conclusion qui est au fond de leurs paroles.

Dans la seconde partie, qui lui est propre, celle où il examine ce que pourrait faire l'Europe si le roi était jugé, Brissot est tout autrement fort. Là il nage en pleine révolution, avec une liberté, une aisance vraiment remarquables ; il fait preuve de connaissances infiniment étendues ; il est plein de faits, de choses ; et tout cela emporté dans un tourbillon rapide qui ressemble à l'éloquence. Il frappe, en passant, des portraits, vifs et satiriques, des puissances de l'Europe, des rois et des peuples, les montre tous faibles, un seul excepté : la France. La France n'a rien à craindre, et c'est aux autres à trembler. Ah! si les rois de l'Europe entendent bien leurs intérêts, qu'ils se gardent de nous attaquer : qu'ils s'éloignent, plutôt, qu'ils s'isolent... qu'ils tâchent, en allégeant le joug, de faire oublier à leurs peuples la constitution française et de détourner leurs regards du spectacle de la liberté !

Un souffle passa sur l'Assemblée, le souffle ardent de la Gironde, ressenti pour la première fois. « Ce ne furent pas des applaudissements, dit Madame Roland qui était présente, ce furent des cris, des transports. Trois fois, l'Assemblée entraînée s'est levée tout entière, les bras étendus, les chapeaux en l'air, dans un enthousiasme inexprimable. Périsse à jamais quiconque a ressenti ou partagé ces grands mouvements et qui pourrait encore reprendre des fers ! »

Quelque légitime que pût être cet enthousiasme, le brillant discours de Brissot, comme celui de Pétion, comme tous ceux qu'on fit en ce sens, péchait en un point. Il supposait qu'on pouvait isoler deux questions inséparables, celle du procès du roi et celle du gouvernement qui pouvait le remplacer. Brissot affectait de croire ce qu'il était impossible qu'il crût en effet, à savoir, qu'on pouvait frapper le roi sans frapper la royauté; que cette institution, jugée elle-même implicitement dans le jugement de l'homme, scrutée, mise à jour dans ses défauts intrinsèques, survivrait à cette épreuve. Il y avait là un défaut de franchise et d'audace, un reste d'hésitation qu'on retrouve dans les discours des principaux meneurs de l'opinion, dans celui que Condorcet fit au Cercle social, dans celui que Robespierre fit aux Jacobins.

Le 13 enfin, l'Assemblée aborde la formidable question; les tribunes soigneusement garnies de gens sûrs, entrés d'avance avec des billets spéciaux, les avenues pleines de royalistes inquiets, de gentilshommes que la foule appelait les *chevaliers du poignard*. Sur la proposition d'un membre, on ferma les Tuileries.

Le rapport solennel qui allait décider de la monarchie, rapport fait au nom de cinq comités, fut présenté par un M. Muguet, député inconnu, de la bande des Lameth. Rien d'habile ni de politique, une plaidoirie d'avocat, qui ne connaît rien hors des textes : 1° la fuite du roi n'est pas un cas prévu dans la constitution; il n'y a rien d'écrit là-dessus; 2° mais son inviolabilité est écrite, elle est dans la constitution. Et alors, ayant trouvé moyen de lâcher le grand coupable, le rapport se dédommage en tombant sur les petits, sur les serviteurs qui ont obéi. Il faut un coupable principal, ce sera Bouillé; les autres seront les complices, Fersen, Mme de Tourzel, les courriers, les domestiques. Robespierre demanda en vain qu'on distribuât ce rapport et qu'on ajournât la discussion. On refusa sèchement. Toute l'Assemblée était visiblement d'accord pour avancer, abréger; les pieds lui brûlaient; elle avait hâte de voter, et de voter pour le roi.

Le soir, aux Jacobins, Robespierre, avec une notable prudence, établit qu'on aurait tort de l'accuser de républicanisme; « que *république* et *monarchie*, au jugement de bien des gens, étaient des mots vides de sens... Qu'il n'était ni républicain ni monarchiste... On peut être libre avec un monarque comme avec un sénat, » etc.

Les Cordeliers, Danton, Legendre, venus ce soir aux Jacobins, ne restèrent pas dans ce vague; ils touchèrent la question même. Danton demanda comment l'Assemblée pouvait prendre sur elle de prononcer, lorsque peut-être son jugement serait réformé par celui de la nation. Legendre fut violent contre le roi, ne ménagea rien; il menaça les comités : « S'ils voyaient la masse, dit-il, les comités reviendraient à la raison; ils conviendraient que, si je parle, *c'est pour leur salut.* »

Voilà le premier mot de Terreur dans les Jacobins. Des constitutionnels sortent indignés. A leur place entrent les députations populaires, la société *Fraternelle des Halles*, la société des *Deux sexes* qui siégeait sous la salle des Jacobins; elles apportent des adresses. Un jeune chirurgien, fort connu, aboyeur et charlatan, lit à la tribune une lettre qu'il vient d'écrire au Palais-Royal pour trois cents personnes. Un évêque député, électrisé par le jeune homme, jure à la tribune de combattre aussi l'avis des comités. L'évêque et le chirurgien se jettent dans les bras l'un de l'autre...

Cependant, le même soir, à l'autre bout de Paris, au fond du Marais, aux Minimes, une société fraternelle d'hommes et femmes, succursale des Cordeliers, rédigeait une autre adresse, audacieuse, menaçante pour l'Assemblée, adresse visiblement calquée sur l'opinion de Danton. Elle était signée : *le Peuple*. Celui qui tenait la plume, Tallien, un tout jeune clerc, était un homme à Danton et sa mauvaise doublure. La parole furieuse de Tallien, sa fausse énergie, plaisaient fort aux hommes, et les femmes croyaient volontiers un orateur de vingt ans.

Le 14, à l'Assemblée, les discours remarquables furent ceux de Duport et de Robespierre. Duport, écouté même des tribunes, dans un silence sombre. Robespierre fut ingénieux et neuf, sur un sujet traité de tant de manières. Il dit, avec une aigre douceur, qu'il apportait les paroles de l'humanité, qu'il y aurait une lâche et cruelle injustice à ne frapper que les faibles, qu'il se ferait plutôt l'avocat de Bouillé et de Fersen. Tout cela à l'adresse des tribunes et du dehors.

L'Assemblée endurait toute parole en ce sens, plus qu'elle ne l'écoutait. Les constitutionnels, qui la sentaient tout entière d'intelligence avec eux, attendaient l'occasion de la compromettre par quelque mesure qui d'avance engageât son jugement. Prieur, de la Marne, ayant cru les embarrasser en leur demandant ce qu'ils feraient si, l'Assemblée mettant le roi hors de cause, on venait demander qu'il fût rétabli dans tout son pouvoir... Desmeuniers saisit effrontément cette prise pour engager l'Assemblée au profit du roi. Il fit du royalisme habile en langage jacobin, parla contre l'inviolabilité absolue du roi, dit : « Que certes le corps constituant avait eu bien droit de suspendre le pouvoir royal, et que la suspension ne serait pas levée *jusqu'à ce que la constitution fût terminée.* » — D'André, un autre tartufe, abonda en ce sens, fut dur pour la royauté, dur en paroles, pour mieux faire avaler la chose au public désorienté. — Alors Desmeuniers reprenant avec naturel : « Puisqu'on me demande (*personne n'avait demandé*) de rédiger mon explication en projet de décret, voici un projet : 1° la suspension durera *jusqu'à ce que* le roi accepte la constitution ; 2° s'il n'acceptait, l'Assemblée le déclarerait déchu. »

Mais Grégoire dit brutalement : « Soyez tranquilles, il acceptera, jurera tant que vous voudrez. » — Et Robespierre : « Un tel décret déciderait d'avance qu'il ne sera pas jugé... » — Les compères, surpris trop visiblement en flagrant délit, n'osèrent insister pour l'instant. L'Assemblée ne vota pas.

En revanche elle refusait d'entendre la pétition signée : *le Peuple*. Barnave insista bravement pour qu'elle fût lue le lendemain, ajoutant ces paroles menaçantes qui disaient assez qu'on était en force : « Ne nous laissons pas influencer par une opinion factice... *La loi n'a qu'à placer son signal*, on verra s'y rallier les bons citoyens. » Ce mot, pris alors au sens général, fut mieux entendu, lorsqu'au dimanche suivant l'autorité, pour signal, déploya le drapeau rouge.

L'agitation de Paris allait augmentant. Le hasard avait voulu que, du dimanche au dimanche, du 10 au 17, la population, pour des causes diverses, fût tenue toujours sur pied, toujours en émoi. Ceux qui ont l'expérience de cette ville savent bien qu'en pareil cas l'agitation prolongée va croissant et qu'infailliblement elle tend à l'explosion. Le dimanche 10, la foule alla au-devant du convoi triomphal de Voltaire ; mais le mauvais temps l'empêcha de traverser Paris ; il s'arrêta à la barrière Charenton. La fête n'eut lieu que le lundi, avec un concours incroyable de peuple. Au quai Voltaire, devant l'hôtel où mourut le grand homme, on fit halte ; on chanta des chœurs à sa gloire ; la famille des Calas, sa fille adoptive, Mme de Villette, vinrent, les yeux mouillés de larmes, couronner le cercueil. Beaucoup, dans cette foule émue, reportaient les yeux en face, sur les Tuileries, sur le pavillon de Flore, morne, fermé et muet, hostile à la fête, et confondaient dans leur haine le fanatisme et la royauté. Et ce n'était pas sans cause. On apprenait, par un rapport lu à l'Assemblée, que les prêtres, dans plusieurs provinces, rassemblaient le peuple le soir, lui faisaient chanter le *Miserere* pour le roi, poussaient à la guerre civile.

Voltaire monte à son panthéon. Mais, le lendemain 13, autre fête, la Révolution même jouée à Notre-Dame dans un drame sacré, la *Prise de la Bastille*, à grands chœurs, à grand orchestre. Le 14, sans respirer, le fameux anniversaire appelle la foule à la Bastille, d'où partent les corps constitués, pour aller, par les boulevards, au Champ de Mars; l'évêque de Paris y dit la messe sur l'autel de la Patrie. Le temps était magnifique, la foule remplissait les rues, Paris était illuminé le soir, et les têtes de plus en plus agitées.

CHAPITRE VII

L'ASSEMBLÉE INNOCENTE LE ROI (15-16 JUILLET 1791).

Les constitutionnels obligés de garder, d'avilir le roi qu'ils veulent relever. — Leur double peur, Marat, etc. — La république moins difficile encore que la restauration de la royauté. — La royauté défendue à l'Assemblée par Salles et Barnave, 15 juillet 1791. — L'Assemblée détourne du roi les poursuites, elle poursuit Bouillé, etc. — Protestation au Champ de Mars. — Manœuvre orléaniste, aux Jacobins, pour faire demander la déchéance. — Les Jacobins constitutionnels se retirent aux Feuillants et préparent la répression, 16 juillet 1791. — L'Assemblée réprimande la municipalité, trop modérée. — Petite terreur constitutionnelle. — La pétition du Champ de Mars devient toute républicaine. — L'Assemblée s'engage pour le roi.

Les constitutionnels ont déployé en quinze jours beaucoup d'adresse et de ruse pour sauver la royauté ; ils vont y mettre de plus une déplorable vigueur. Et avec cela ils sont dupes. Les républicains ont marché plus droit ; ils ont montré, dans leur ignorance, une sorte de seconde vue ; ils eussent été aux Tuileries, dans le cabinet de la reine, qu'ils n'eussent point agi autrement.

Le 7 juillet, la reine a laissé le roi donner des pouvoirs écrits à Monsieur. Déjà Fersen avait été le joindre et les lui avait transmis verbalement.

La reine haïssait Monsieur, l'homme qui avait le plus travaillé, le mieux réussi à la perdre de réputation ; et pourtant elle fait ici cet effort de lui faire donner les pouvoirs du roi. Qui donc a cette puissance de lui faire dominer sa haine? Une haine plus grande encore et le désir de se venger.

A-t-elle trompé Barnave, quand elle semblait, à Meaux, l'écouter docilement? Non, elle était, je crois, sincère ; elle lui reviendra tout à l'heure ; ce qui n'empêche nullement que dans l'intervalle elle ne regarde ailleurs, vers l'émigration et vers l'étranger.

Elle souffrait infiniment de la surveillance vexatoire dont elle était alors l'objet. Les gardes nationaux, qui avaient vu, le 21 juin, l'effrayante responsabilité qu'on prenait devant le peuple en se chargeant de garder la famille royale, fuyaient d'abord les Tuileries et refusaient absolument d'y reprendre ce dangereux poste; ils n'y avaient consenti qu'en obtenant la consigne de *garder à vue, de nuit et de jour*. De là une foule de scènes risibles, si elles n'eussent été cruelles. Leur inquiétude était la reine surtout; ils avaient de ses ruses une idée terrible, ils n'étaient pas éloignés de croire que la fée (elle l'avait dit en riant avant Varennes) pourrait bien partir en ballon. Se souvenant que Gouvion, la nuit du 21 juin, gardait fort inutilement la porte de la chambre à coucher, ils exigèrent que cette porte fût toujours ouverte, de manière à voir la reine à sa toilette et dans son lit. Il n'était pas jusqu'à sa garde-robe où les soldats-citoyens ne prétendissent la conduire, la baïonnette au bout du fusil ; on leur en fit honte. La reine imagina de faire coucher devant son lit une de ses femmes dont les rideaux la garantissent. Une nuit, elle voit le garde national de service tourner cette barrière et venir à elle ; il n'était nullement hostile, au contraire, c'était un bon homme qui aimait la royauté, voulait la sauver et croyait devoir profiter de la circonstance pour donner à la reine de sages avis ; il s'assit, sans autre façon, près de son lit, pour prêcher plus à son aise.

Le roi s'avisa un jour de fermer la porte de la chambre à coucher de la reine. L'officier de garde l'ouvrit, lui dit que telle était sa consigne, que Sa Majesté prenait en la fermant une peine inutile, car il l'ouvrirait toujours.

La situation était vraiment cruelle et baroque. Ceux qui donnaient cette consigne humiliante, La Fayette et les constitutionnels, qui avilissaient le roi à ce point (que dis-je, le roi ? l'époux), n'en voulaient pas moins qu'il fût roi, et travaillaient vigoureusement à cela, et se tenaient prêts à tirer l'épée, au besoin, pour le maintien de cette royauté qu'ils rendaient de plus en plus ridicule et impossible.

Ils croyaient que la France n'avait de salut que dans cette fiction royale, dans cette ombre, ce néant, ce vide. Ils partaient de l'idée très fausse que la royauté était effectivement revenue de Varennes ;

mais elle y était restée; ce qui en était revenu, c'était moins encore que la négation de la royauté, c'en était la parodie, la dérision barbare, la farce, qui était un supplice.

Que voulaient ces étonnants restaurateurs de la royauté? Deux choses contradictoires : qu'elle fût à la fois faible et forte, qu'elle fût et qu'elle ne fût pas. Ils sentaient bien que, captive, liée, garrottée ainsi, elle devait être dans un état permanent de conspiration; donc il fallait d'autant plus serrer le lien. Mais, d'autre part, une autre peur les pressait de lâcher, d'armer cette royauté captive. Des voix souterraines grondaient qui leur dérangeaient l'esprit. Le fantôme de l'anarchie leur apparaissait dans leurs rêves, et ils faisaient ce qu'il fallait pour lui donner corps. La voix caverneuse de Marat leur semblait celle du peuple, et c'étaient eux justement qui le popularisaient.

A cette époque, Marat extravague. N'ayant rien compris à la situation, saisi nulle initiative, il prend sa revanche par la folie atroce de ses imaginations. Tout ce qu'il avait trouvé d'expédients à proposer, le 21 juin, c'était un tyran et un massacre, l'égorgement général de l'Assemblée et des autorités. Puis viennent d'aimables variantes dans les numéros suivants : couper les mains, couper les pouces, tenir trois jours sur le pal, enterrer vivants, etc.[1].

Les constitutionnels reculaient de hideur (pour

---

1. *Ami du peuple*, n° 509, p. 8; n° 512, p. 8; n° 514, p. 4, etc.

parler comme Froissart) devant cette bête sauvage ; mais, en reculant, ils l'autorisaient. Il était trop facile à Marat, à Fréron, le faux Marat, de prédire les pas rétrogrades que faisaient les royalistes bâtards dans leur retraite inconséquente. Alors on criait : « Miracle! Marat l'avait dit! vrai prophète! » — Ainsi le fou furieux semblait être le seul sage.

L'Américain Morris prétend qu'à ce moment toute chose était impossible, et la royauté, et la régence, et la république. Non, tout était difficile. La France avait été dans un moment au moins aussi difficile dans l'hiver de 1789 et 1790; elle fut alors sans lois, ni anciennes ni nouvelles; elle vécut de son instinct. Il pouvait la sauver encore. Le roi, ses frères et d'Orléans, se trouvant également perdus dans l'opinion, la régence n'étant possible que par un conseil de députés, un comité républicain, mieux valait une forme plus franche, point de régence, et la république. Difficulté pour difficulté, la préférence devait être pour le gouvernement qui, après tout, est le seul qui soit naturel, le *gouvernement de soi par soi-même*, celui auquel l'homme arrive dès qu'il échappe à la fatalité, atteint sa libre nature. On sentira de plus en plus, à mesure qu'on avancera dans la longue vie du monde, dans l'expérience politique qui commence à peine, que la monarchie n'a été qu'un gouvernement d'exception, un *provisoire de salut public*, approprié aux peuples enfants.

La presse violente d'une part, les Marat et les

Fréron, l'Assemblée de l'autre, les constitutionnels, parlaient également au nom du *salut public*, de l'intérêt public. Tous, partis d'une même philosophie qui fonde la morale sur l'*intérêt*, y appuyaient leur politique. C'est le *droit* qu'il eût fallu prendre pour point de départ; lui seul aurait mis de la netteté dans cette situation obscure. Le salut public fut invoqué et le sang coula; il fut invoqué pour la royauté qui ne pouvait ni sauver les autres, ni se sauver elle-même. Les moins sanguinaires, chose bizarre, furent justement ceux qui versèrent le sang les premiers, et qui, par cette première effusion, fournirent le prétexte et l'excuse au déluge de sang qui suivit.

Le 15, jour décisif, La Fayette crut prudent de mettre environ cinq mille hommes aux abords de l'Assemblée. Pour mieux contenir la foule, il avait eu soin de mêler à la garde nationale des piques du faubourg Saint-Antoine. L'Assemblée, bien décidée à en finir ce jour-là au meilleur marché possible, eut soin d'abord de perdre une bonne partie de la séance à écouter un rapport sur les affaires militaires des départements. Elle prêta une attention médiocre aux bavardages du vieux Goupil contre Brissot et Condorcet, aux discours qui suivirent de Grégoire et de Buzot. Celui du dernier, fort court, n'en était pas moins remarquable; il donnait précisément des raisons qui, en 1793, l'empêchèrent de juger le roi à mort : « Il s'agit d'un crime contre la nation ; l'Assemblée, c'est la nation ; elle serait juge et partie : donc elle ne peut juger, » etc.

La séance était arrangée d'avance pour deux discours. Les rôles avaient été partagés entre Salles et Barnave : l'un, homme de cœur et chaleureux, devait défendre Louis XVI, l'homme, l'humanité; l'autre, le froid et noble parleur, Barnave, devait prendre la question au point de vue législatif et politique.

Salles, avec une insinuation douce et hardie, ne craignit pas de s'adresser aux secrets sentiments de l'Assemblée. Le roi a protesté, il est vrai, il a dit que la constitution « était inexécutable ». Mais nous l'avons souvent dit nous-mêmes, elle est difficile à exécuter, au moins dans les commencements. L'Assemblée a pu contribuer à l'erreur du roi; elle a été obligée, pour le bien de la chose, de sortir souvent de son rôle d'Assemblée, de juger, de gouverner, etc. — Ainsi l'avocat était si sûr d'être écouté favorablement qu'il cherchait une excuse au coupable dans les fautes mêmes du juge, dans les reproches que l'Assemblée se faisait secrètement, dans le peu de foi qu'elle avait maintenant, blasée et finie, à son œuvre, à ses propres actes.

Barnave s'éleva très haut. Sa froideur ordinaire, froideur feinte ce jour-là, et qui n'était que dans la forme, fit valoir encore le fond, intimement passionné, qui perçait partout, comme en Asie ces terres sèches et froides qui, par places, n'en sont pas moins crevées de sources de feu. On sentait bien qu'il jouait tout, que c'était un moment suprême, et pour lui et pour l'Assemblée. Il la mettait en demeure *de choisir entre la monarchie et le gouvernement fédératif* (il affectait de ne comprendre nulle république que fédérative pour un grand État). La monarchie étant seule possible, disait-il, il faut bien subir l'inviolabilité, qui en est la base. « Mais si le roi fait des fautes?... » Le danger pour la liberté serait qu'il n'en fît aucune. Si vous suivez aujourd'hui le ressentiment personnel en violant la constitution, prenez bien garde un jour de suivre l'enthousiasme. Craignez qu'un jour la même mobilité du peuple, l'enthousiasme d'un grand homme, la reconnaissance des grandes actions (car la nation française sait bien mieux aimer que haïr), ne renversent en un moment votre absurde république... Croyez-vous qu'un conseil exécutif, faible par essence, résistât longtemps aux grands généraux? etc.

« Voilà pour la constitution. Parlons dans la Révolution : après l'anéantissement de la royauté, savez-vous ce qui suivra? *L'attentat à la propriété...* Vous ne l'ignorez pas, la nuit du 4 août a donné plus de bras à la Révolution que tous les décrets constitutionnels. Pour ceux qui voudraient aller plus loin, quelle nuit du 4 août reste-t-il à faire?... »

Ces deux discours, habiles, hardis, auraient entraîné l'Assemblée, si elle en eût eu besoin. Mais elle était toute fixée d'avance sur ce qu'elle voulait. La Fayette demanda la clôture. L'Assemblée, d'après Salles et Barnave, d'après l'avis des comités, adopta : 1° une mesure préventive : si un roi rétracte son serment, s'il attaque ou ne défend point son peuple, il abdique, devient simple citoyen et accusable *pour les délits postérieurs à son abdication ;* 2° une mesure répressive : la poursuite contre Bouillé, comme *coupable principal*, contre les serviteurs, officiers, courriers, etc., complices de l'enlèvement.

Pour voter paisiblement, l'Assemblée s'était entourée de troupes, les Tuileries étaient fermées, la police partout sur pied, l'autorité municipale toute prête, à la place Vendôme, pour faire les sommations. Tout indiquait qu'on voulait emporter l'affaire ce jour-là, et qu'au besoin l'on ne craindrait pas de livrer bataille. Les meneurs connus se le tinrent pour dit et ne parurent pas. La foule ne s'en porta pas moins au Champ de Mars pour y dresser une dernière protestation ; l'un des commissaires rédacteurs était un certain Virchaux, de Neuchâtel. On a vu, par l'affaire de Châteauvieux, que les hommes de la Suisse française, esclaves des Allemands, étaient souvent à l'avant-garde de notre Révolution ; ils y mettaient tout l'espoir de leur propre délivrance ; la Société helvétique des Suisses établis à Paris prenait une part active aux grands mouvements populaires.

Il était facile d'écrire, difficile de faire pénétrer la pétition dans l'Assemblée. La foule trouve Bailly à la place Vendôme. Le bonhomme en grand costume, ceint de l'écharpe tricolore, était là comme un général au milieu des masses armées. C'était par lui que l'Assemblée, fort résolue dans ce jour et présidée alors par un jeune colonel, Charles de Lameth, remuait la force militaire. Le savant, l'académicien, l'homme éminemment pacifique, se voyait, si tard dans la vie, poussé à être le héros involontaire de cette triste guerre entre citoyens qui menaçait d'éclater. Confiant, infiniment sensible à la popularité, faible du souvenir de 1789 et voulant toujours être aimé, il n'était propre en aucun sens à devenir le chef de la résistance. On parlemente avec lui, on lui dit qu'on veut seulement parler à Pétion et Robespierre. Il résiste un peu, mollit, permet enfin le passage pour six hommes seulement. Les deux députés avertis viennent au passage des Feuillants; mais, disent-ils, il est trop tard, le vote est porté.

La foule irritée reflue de l'Assemblée par tout Paris, ferme les théâtres en signe de deuil. L'Opéra seul résista et joua sous la protection des baïonnettes. A un autre théâtre, ce fut le commissaire de police qui lui-même pria de fermer, craignant une collision. L'autorité était flottante, peu d'accord avec elle-même; La Fayette aurait agi, mais il ne pouvait le faire sans autorisation du pouvoir municipal, et Bailly ne voulait rien prendre sous sa responsabilité. On avait arrêté Virchaux, l'un des meneurs du Champ de Mars, à l'entrée de l'Assemblée; il se réclama de Bailly qui avait permis le passage et qui le fit relâcher; il fut arrêté de nouveau dans la nuit.

Une porte restait ouverte aux républicains et Orléanistes. L'Assemblée n'avait rien statué *sur Louis XVI;* elle avait voté des mesures préventives contre une désertion possible *du Roi.* La question personnelle restait tout entière. C'est ce qui fut, le soir, établi aux Jacobins par Laclos, Robespierre et autres. L'homme du duc d'Orléans, Laclos, qui présidait ce jour-là, demanda qu'on fît à Paris et par toute la France une pétition pour la déchéance. « Il y aura, dit-il, j'en réponds, dix millions de signatures; nous ferons signer les enfants mêmes, les femmes... » Il savait bien qu'en général les femmes voulaient un roi, et qu'elles ne signeraient contre Louis XVI qu'au profit d'un nouveau roi.

Danton appuya, Robespierre aussi, mais sans faire signer les femmes. De plus, à cette grande pétition de tout le peuple, il préférait une adresse exclusivement jacobine, envoyée aux sociétés affiliées... Cependant un grand bruit se fait, un grand flot de foule envahit la salle. Madame Roland, qui vit la scène d'une tribune, dit que c'étaient les aboyeurs ordinaires du Palais-Royal avec une bande de filles; probablement une machine montée par les Orléanistes pour mieux appuyer Laclos. Cette foule se mit, sans façon, dans les rangs des Jacobins, pour délibérer avec eux. Laclos monte à la tribune : « Vous le voyez, dit-il, c'est le peuple, voilà le peuple; la pétition est nécessaire. » On arrêta que, le lendemain à onze heures, les Jacobins réunis entendraient lecture de la pétition, qu'elle serait portée au Champ de Mars, là signée de tous, puis envoyée aux sociétés affiliées, qui signeraient à leur tour.

Il est minuit, on s'écoule dans la rue Saint-Honoré. Il ne reste que les commissaires chargés de la rédaction : Danton, Laclos et Brissot. Encore Danton ne reste guère; restent face à face Laclos et Brissot, c'est-à-dire l'orléanisme et la république. Laclos, ayant, dit-il, mal à la tête, laisse la plume à Brissot, qui la prend sans hésiter.

Dans cette pièce, vive et forte, l'habile rédacteur met en saillie les deux points de la situation : 1° le timide silence de l'Assemblée, qui n'a osé statuer sur l'individu royal; 2° son abdication de fait (l'Assemblée en a jugé ainsi, puisqu'elle l'a suspendu et arrêté); enfin la nécessité *de pourvoir au remplacement*... — Arrivé là, Laclos, sortant de son demi-sommeil, arrête un moment la plume rapide : « La Société des Amis de la constitution signera-t-elle, si l'on ajoute un petit mot qui ne gâte rien à la chose : remplacement *par tous les moyens constitutionnels ?* — Ces moyens, qu'était-ce, sinon la régence, le dauphin sous un régent? Les frères du roi étant hors de France, le régent constitutionnel était le duc d'Orléans. Ainsi Laclos trouvait moyen d'introduire implicitement son maître dans la pétition.

Soit légèreté, soit faiblesse, Brissot écrivit ce que Laclos demandait. Peut-être le hardi rédacteur n'était pourtant pas fâché d'atténuer sa responsabilité par ce mot *constitutionnels*, qui rendait la chose légale et éloignait les poursuites.

Traversons maintenant la rue Saint-Honoré et voyons comment, presque en face, les meneurs de l'Assemblée, les royalistes constitutionnels, réunis aux Feuillants dans les bureaux des comités, voyons comme ils emploient leur nuit.

Ils arrêtent deux résolutions :

L'une, celle que Duport, les Lameth, avaient dès longtemps en pensée, de ne plus traverser la rue pour aller aux Jacobins, de rester aux Feuillants mêmes, à l'ombre de l'Assemblée, de former, avec la masse des députés dont ils disposent, un nouveau club des Amis de la constitution, club d'élite où l'on entrera par billets, où l'on ne recevra que les électeurs. Qui restera aux Jacobins? Cinq ou six députés peut-être, la tourbe des nouveaux membres, des intrus, une bande d'aboyeurs, au niveau de ceux qui ont envahi la salle hier soir.

Et l'autre résolution, c'est de tirer de leur torpeur les pouvoirs publics, de mettre le maire de Paris en demeure de montrer s'il est avec l'Assemblée ou avec la populace, de l'admonester vertement pour son hésitation, sa mollesse de la veille, de mander aussi les ministres, les accusateurs publics, de les rendre responsables. L'Assemblée avait déjà La Fayette, l'épée immobile, au fourreau ; par ce reproche et cet appel aux magistrats, au pouvoir municipal, elle allait tirer l'épée...

L'Assemblée était bien vieille pour montrer cette verdeur; vieille d'années, d'événements, finie dans l'opinion. Composée bizarrement au caprice des institutions gothiques, issue en bonne partie de ce Moyen-âge qu'elle avait détruit, elle portait en elle une contradiction intrinsèque qui faisait toujours douter de la légalité de ses actes. Adversaire du privilège, elle n'en était pas moins, pour la moitié de ses membres, la fille du privilège. Trois cents de ces privilégiés qui avaient protesté pour le roi, en même temps que Bouillé, ils siégeaient encore. Une Assemblée formée ainsi, et qui comptait dans son sein ces amis de l'ennemi, était-elle bien cette haute et pure image de la loi, devant laquelle, sous peine de mort, le peuple dût s'incliner?

Il y avait audace, imprudence, mépris de l'opinion, à pousser ainsi des paroles aux actes. Des passions très violentes étaient au fond de tout ceci : l'ulcération des vanités pour Duport, Lameth, pour les constitutionnels; pour Barnave et autres que la reine flattait de l'espoir de sa confiance, une ambition romanesque, quelques idées de jeunesse, que le plus froid, à vingt-huit ans, n'étouffe jamais. Ces hommes, si différents par les formes de ceux de la Convention, se payaient de la même idée, qui tue les scrupules : « La nécessité d'État, le salut public. » — Et cette autre idée d'orgueil : « Le droit est en nous. »

Au matin (le 16 juillet), Pétion et autres, se rendant aux Jacobins pour lire la pétition, trouvent la salle à peu près vide; personne, à peine cinq ou six députés; tous sont restés aux Feuillants. Pétion y court et « fait l'impossible », il le dit ainsi lui-même, pour les ramener; il s'humilie même : « Quand la société aurait eu quelque tort, serait-ce le moment de la quitter? » Mais on ne daigne l'ouïr. Il voit, non sans inquiétude, qu'une adresse est préparée pour annoncer par toute la France aux sociétés affiliées que les Amis de la constitution siègent maintenant aux Feuillants.

Pour terroriser Paris, il fallait d'abord que l'Assemblée fît peur à la municipalité. Des mots durs pouvaient seuls la réveiller de sa langueur de la veille. D'André l'accusa aigrement d'avoir vu les lois violées et de l'avoir souffert. Il demanda et obtint qu'on mandât à la barre la municipalité, et les ministres, et les six accusateurs publics, qu'on les rendît responsables. Quelques membres, suivant la passion qui les entraînait, allaient détourner la colère de l'Assemblée contre Prieur ou Robespierre. D'André, avec fermeté et présence d'esprit, ne leur permit pas d'user leur ardeur dans ces accusations individuelles. Il les ramena aux mesures générales et les fit voter. Le président (c'était Charles de Lameth) adressa des paroles impérieuses et sévères à Bailly, aux municipaux. Le soir, même admonestation aux ministres, aux accusateurs publics. On recommande spécialement de surveiller, au besoin, d'arrêter les étrangers.

Cependant des scènes violentes avaient lieu dans

Paris. Au Pont-Neuf, des hommes ou gardes soldés, rencontrant Fréron, faillirent l'assommer. Il en fut de même d'un personnage équivoque, un Anglais, maître d'italien, nommé Rotondo, meneur bien connu des émeutes, que l'on retrouvait partout. Il fut terrassé, battu et, par-dessus, arrêté.

Cette petite terreur se marqua dans l'Assemblée par un accident comique. Un député, Vadier (depuis trop connu), très âcre et très violent, avait fait, le 13, un discours contre l'inviolabilité royale. Le 16, il en fit un autre pour déclarer qu'il détestait le système républicain. Il fut la risée de tous les partis.

On prit ce moment pour lire à l'Assemblée la pétition de je ne sais quelle ville de province, qui attribuait les troubles aux excitations de Robespierre et n'était pas loin de demander son accusation.

Que faisait-on au Champ de Mars ?

La pétition rédigée par Brissot et Laclos, lue aux Jacobins dans le désert, après qu'on eut attendu en vain si la société serait plus nombreuse, fut portée finalement à l'autel de la Patrie. On avait placé à l'autel un tableau du triomphe de Voltaire, et, sur le tableau, l'affiche des Cordeliers, le fameux serment de Brutus. Les Cordeliers eux-mêmes arrivent, émus et ardents. Puis un groupe peu nombreux, les envoyés des Jacobins; ils lurent leur pétition, avec la phrase orléaniste de Laclos : « Remplacement *par les moyens constitutionnels.* » La phrase passait d'abord. Bonneville, de *la Bouche de fer*, arrêta la chose, et les Cordeliers aussi : « On trompe le peuple, dit Bonneville, avec ce mot *constitutionnels;* voilà une autre royauté, vous ne faites autre chose que remplacer un par un. » — « Prenez garde, disaient les Jacobins, le temps n'est pas mûr pour la république. » — Ils eurent beau dire. On mit la chose aux voix, et le mot *constitutionnels* fut effacé. On ajouta qu'on ne reconnaîtrait plus *ni Louis XVI ni aucun autre roi*. Il fut entendu que le lendemain dimanche, la pétition ainsi amendée serait signée par le peuple à l'autel.

Quelques-uns, pensant bien que cette déclaration de guerre à la royauté ne passerait pas sans orage, avisèrent qu'il fallait s'assurer, à l'Hôtel de Ville, d'une autorisation pour la réunion du lendemain. Plusieurs en effet partirent, Bonneville en était, et (sur la route, ce semble) ils prirent avec eux Camille Desmoulins. Ils ne trouvèrent à la Ville que le premier syndic, qui n'osa pas refuser, donna de bonnes paroles, nul écrit; ils se tinrent satisfaits et se crurent autorisés.

La journée n'était pas finie. L'Assemblée tenait encore; elle fut sans doute avertie et de l'autorisation demandée à l'Hôtel de Ville, et de la pétition « *pour ne reconnaître Louis XVI* ni aucun roi ». Le lendemain, c'était dimanche. Tout Paris, toute la banlieue, émus depuis l'autre dimanche par tant d'événements coup sur coup, allaient se rendre au Champ de Mars. Le peuple souverain allait se lever, comme disaient les journaux, apparaître dans sa force et sa majesté; s'il signait, ce n'était plus une pétition, c'était un ordre qu'il donnait à ses mandataires. L'Assemblée aurait beau objecter que le peuple souverain de Paris n'était pourtant pas, après tout, le souverain de la France; elle n'en serait pas moins emportée dans l'irrésistible flot.

Elle était à temps pour arrêter tout, il était neuf heures du soir; elle pouvait écarter la distinction dans laquelle les Amis de la constitution s'étaient retranchés : *L'Assemblée n'a pas parlé expressément de Louis XVI*. Desmeuniers reproduisit sa proposition du 14, qui, sous une forme rigoureuse, dure au roi, le garantissait, en réalité, lui assurait l'avenir, le recouvrement de l'autorité royale. Il proposa, on vota : « Que la suppression du pouvoir exécutif durerait *jusqu'à ce que* l'acte constitutionnel fût présenté au roi et accepté par lui. »

Ainsi plus d'ambiguïté. La question est préjugée en faveur de Louis XVI; ce n'est pas d'un roi possible, c'est bien de lui, c'est du roi qu'il s'agit. Ce décret ferme le cercle de la loi, ne laisse aucune échappatoire. Tout ce qui sortira de ce cercle peut être légalement frappé.

Reste à régler l'exécution. A neuf heures et demie du soir, le maire et le conseil municipal décident, à l'Hôtel de Ville, que le lendemain dimanche 17 juillet, à huit heures très précises, le décret de l'Assemblée, imprimé et affiché, sera, de plus, à tous les carrefours, proclamé à son de trompe par les notables,

les huissiers de la Ville, dûment escortés de troupes. Nul avertissement plus significatif et plus solennel. L'autorité parle au peuple de sa voix la plus distincte. Malheur à ceux qui s'obstineraient à fermer l'oreille !

CHAPITRE VIII

MASSACRE DU CHAMP DE MARS (17 JUILLET 1791).

Les royalistes avaient besoin d'une émeute. — Fatale espièglerie au Champ de Mars. — Assassinat au Gros-Caillou. — Trois partis au Champ de Mars. — Pétition républicaine qui accuse l'Assemblée. — Le drapeau rouge est arboré. — Aspect pacifique du Champ de Mars. — La garde soldée et les royalistes tirent sur le peuple. — La garde nationale sauve les fuyards.

Tous les décrets de l'Assemblée n'auraient pas suffi à relever la royauté de terre ; il fallait un coup de vigueur qui lui rendît force en la faisant croire forte encore. Cela ne pouvait se faire sans une émeute, sans la victoire sur l'émeute. Les royalistes aux Tuileries, les constitutionnels à l'Assemblée, la désiraient certainement.

L'émeute n'avait qu'à paraître, elle était vaincue. Outre la garde nationale, corps imposant de soixante-mille hommes, organisé, habillé, La Fayette avait une arme infaillible, ce qu'on appelait la troupe du centre, garde nationale soldée de plus de neuf mille hommes, la plupart anciens Gardes-françaises, dont plusieurs sont devenus les officiers, les généraux de la République et de l'Empire.

Mais justement parce que l'émeute voyait en face des forces si redoutables, il y avait à parier qu'il n'y aurait pas d'émeute. Les dogues baissaient la tête. Le fameux brasseur Santerre, qui, par sa voix, sa taille, sa corpulence, avait si grande influence dans le faubourg Saint-Antoine, accepta aux Jacobins l'humble commission d'aller retirer la pétition du Champ de Mars. Les grands meneurs Cordeliers se montrèrent plus prudents encore. Ils sentirent la portée du dernier décret, virent parfaitement que le royalisme avait besoin d'une émeute; les coups donnés à Fréron, à Rotondo, indiquaient assez qu'on serait peu scrupuleux sur les moyens de la provoquer. Ils disparurent. On le leur a reproché. Je crois pourtant que leur présence eût été plutôt un prétexte de dispute et de combat; on n'eût pas manqué de dire qu'ils avaient animé le peuple, et tout l'odieux de l'affaire, qui tomba sur les constitutionnels, eût été pour leur parti. Danton en jugea ainsi. Dès le samedi soir, il s'éclipsa de Paris, fila au bois de Vincennes, à Fontenay, où son beau-père le limonadier avait une petite maison. Le vaillant boucher Legendre, qui n'avait à la bouche que combat, sang et ruine, enleva lui-même Desmoulins et Fréron, qui perdaient le temps à rédiger une pétition nouvelle, les emmena à la campagne, où ils passèrent au frais cette chaude journée et dînèrent avec Danton.

Les royalistes étaient rieurs; au milieu de tous ces grands et tragiques événements, ils se croyaient toujours au temps de la Fronde, chansonnaient leurs ennemis. Jusqu'à la fin de l'Assemblée constituante, leur verve fut intarissable. Chaque jour, enfermés chez les restaurateurs des Tuileries, du Palais-Royal, ils écrivaient, parmi les bouteilles, leurs fameux *Actes des apôtres*. L'affaire de Varennes, qui, parmi ses côtés tristes, en avait de fort ridicules, n'était pas propre à mettre les rieurs de leur côté. Ils furent trop heureux de l'éclipse des fameux meneurs populaires. La nuit même, on fit à Fontenay, à la grille de Danton, une sorte de charivari, accompagné de cris, de défis et de menaces.

Une plaisanterie fatale, et dont l'issue fut terrible, fut tentée au Champ de Mars. Quelque triste et honteux que soit le détail, il est trop essentiel à la peinture des mœurs de l'époque pour que l'histoire puisse s'en taire. La gravité n'est pas son premier devoir; c'est d'abord la vérité.

L'émigration, la ruine de beaucoup qui n'émigraient pas, avaient mis sur le pavé une masse de valetaille, de gens attachés aux nobles, aux riches, à différents titres, agents de mode, de luxe, d'amusement, de libertinage. La première corporation, en ce genre, celle des perruquiers, était comme anéantie. Elle avait fleuri plus d'un siècle, par la bizarrerie des modes. Mais le terrible mot de l'époque : « Revenez à la nature », avait tué ces artistes, coiffeurs et coiffeuses; tout allait vers une simplicité effrayante. Le perruquier perdait à la fois son existence et son importance. Je dis importance, il en avait réellement beaucoup sous l'ancien régime. Le précieux privilège des plus longues audiences, l'avantage de tenir une demi-heure, une heure, sous le fer, les belles dames de la cour, de jaser, de dire tout ce qu'il voulait, c'était le droit du perruquier. Valet de chambre, perruquier ou perruquier-maître, il était admis le matin au plus intime intérieur, et témoin de bien des choses, confident sans qu'on songeât à se confier à lui. Le perruquier était comme un animal domestique, un meuble de dames; il participait fort de la frivolité des femmes auxquelles il appartenait. Ce fut au sieur Léonard, bien dévoué, mais de peu de tête, que la reine confia ses diamants et le soin d'aider Choiseul dans la fuite de Varennes; et tout alla de travers. Il est inutile de dire que de telles gens regrettaient amèrement l'Ancien-Régime. Les plus furieux royalistes n'étaient peut-être ni les nobles, ni les prêtres, mais les perruquiers.

Agents, messagers de plaisirs, ils étaient aussi généralement libertins pour leur propre compte. L'un d'eux, le samedi soir, la veille du 17 juillet, eut une idée qui ne pouvait guère tomber que dans la tête d'un libertin désœuvré; ce fut d'aller s'établir sous les planches de l'autel de la Patrie et de regarder sous les jupes des femmes. On ne portait plus de paniers alors, mais des jupes fort bouffantes par derrière. Les altières républicaines, tribuns en bonnet, orateurs des clubs, les romaines, les dames de lettres, allaient monter là fièrement.

Le perruquier trouvait bouffon de voir (ou d'imaginer), puis d'en faire des gorges chaudes. Fausse ou vraie, la chose, sans nul doute, eût été vivement saisie dans les salons royalistes ; le ton y était très libre, celui même des plus grandes dames. On voit avec étonnement, dans les *Mémoires de Lauzun*, ce qu'on osait dire en présence de la reine. Les lectrices de *Faublas* et d'autres livres bien pires auraient sans nul doute reçu avidement ces descriptions effrontées.

Le perruquier, comme celui du *Lutrin*, pour s'enfermer dans ces ténèbres, voulut avoir un camarade et choisit un brave, un vieux soldat invalide, non moins royaliste, non moins libertin. Ils prennent des vivres, un baril d'eau, vont la nuit au Champ de Mars, lèvent une planche et descendent, la remettent adroitement. Puis, au moyen d'une vrille, ils se mettent à percer des trous. Les nuits sont courtes en juillet, il faisait bien clair, et ils travaillaient encore. L'attente du grand jour éveillait beaucoup de gens, la misère aussi, l'espoir de vendre quelque chose à la foule ; une marchande de gâteaux ou de limonade, prenant le devant sur les autres, rôdait déjà, en attendant, sur l'autel de la Patrie. Elle sent la vrille sous le pied, elle a peur, elle s'écrie. Il y avait là un apprenti, qui était venu studieusement copier les inscriptions patriotiques. Il court appeler la garde du Gros-Caillou, qui ne veut bouger ; il va, tout courant, à l'Hôtel de Ville, ramène des hommes, des outils, on ouvre les planches, on trouve les deux coupables, bien penauds, et qui font semblant de dormir. Leur affaire était mauvaise, on ne plaisantait pas alors sur l'autel de la Patrie ; un officier périt à Brest pour le crime de s'en être moqué. Ici, circonstance aggravante, ils avouent leur vilaine envie. La population du Gros-Caillou est toute de blanchisseuses, une rude population de femmes, armées de battoirs, qui ont eu parfois dans la Révolution leurs jours d'émeutes et de révoltes. Ces dames reçurent fort mal l'aveu d'un outrage aux femmes. D'autre part, parmi la foule, d'autres bruits couraient ; ils avaient, disait-on, reçu, pour tenter un coup, promesse de rentes viagères ; le baril d'eau, en passant de bouche en bouche, devint un baril de poudre ; puis la conséquence : « Ils voulaient faire sauter le peuple... » La garde ne peut plus les défendre, on les arrache, on les égorge ; puis, pour terrifier les aristocrates, on coupe les deux têtes, on les porte dans Paris. A huit heures et demie ou neuf heures, elles étaient au Palais-Royal.

Précisément, à cette heure, les officiers municipaux et notables, avec huissiers et trompettes, proclamaient aux carrefours les décisions de l'Assemblée, le discours sévère du président et les mesures répressives.

Voilà donc, dès le matin, les deux choses en face, qui devaient servir également la cause des royalistes : la menace, le crime à punir ; le glaive levé déjà et l'occasion de frapper.

L'Assemblée se réunissait ; la nouvelle tombe comme la foudre, arrangée, défigurée, comme on la voulait.

Un député effaré : « Deux bons citoyens ont péri... Ils recommandaient au peuple le respect des lois. On les a pendus. » (Mouvement d'horreur.)

Regnault de Saint-Jean-d'Angely : « Je demande la loi martiale... Il faut que l'Assemblée déclare ceux qui, *par écrits* individuels ou *collectifs*, porteraient le peuple à résister, criminels de lèse-nation. » — Ainsi le but était atteint, la pétition et l'assassinat étaient confondus ensemble, et tout rassemblement menacé comme réunion d'assassins.

Puis l'Assemblée, avec une liberté d'esprit étrange dans la situation, s'occupa de tout autre chose. Tout le jour elle resta là, faisant semblant d'écouter des rapports sur les finances, la marine, les troubles suscités par les prêtres, etc. Cependant elle agissait ; son président, Charles de Lameth, avec la violence impatiente de son caractère, envoyait, au nom de l'Assemblée, des messages à l'Hôtel de Ville, et stimulait la lenteur de la municipalité. Celle-ci, chargée d'exécuter, était moins impatiente ; elle prétendit ne savoir qu'à onze heures le meurtre commis entre sept et huit. Les troupes envoyées par elle arrivèrent vers midi au Gros-Caillou et prirent un des meurtriers; il échappa, mais fut repris le lendemain avec un de ses complices.

L'Assemblée, avant midi, avait lancé son décret.

Le mot *écrits collectifs* menaçait précisément la pétition des Jacobins. Robespierre sortit pour aller les avertir du péril et leur faire retirer la pétition du Champ de Mars. Leur salle était déserte; à peine une trentaine de membres. Ces trente dépêchèrent Santerre et quelques autres.

Il n'y avait pas encore beaucoup de monde au Champ de Mars; à l'autel, pas plus de deux cents personnes (Madame Roland, qui y était, le témoigne). Sur les glacis, vers le Gros-Caillou, des groupes épars, des hommes isolés, qui allaient et venaient. Ce petit nombre, perdu dans l'immensité du Champ de Mars, n'avait nul accord. Dès cette heure, s'y manifestaient trois opinions différentes. Les uns, c'étaient les Jacobins, disaient que l'Assemblée ayant décidé pour le roi, il fallait bien changer la pétition, que la société allait en faire une. Les autres, membres des Cordeliers, meneurs secondaires ravis d'agir dans l'absence de leurs chefs, insistaient pour rédiger sur la place même une pétition menaçante; ceux-ci étaient des gens de lettres ou lettrés de divers étages, Robert et sa femme d'abord, un typographe, Brune (depuis général), un écrivain public, Hébert, Chaumette, élève en médecine, journaliste, etc.

Il y avait encore quelques autres Cordeliers, mais hommes de main, et qui ne s'amusaient pas à écrire, ils restaient sur les glacis, avec la populace du Gros-Caillou, irritée de ce que la justice se mêlait de réformer la justice sommaire qu'elle avait

faite le matin des deux hommes pris sous l'autel.
Cette irritation aboutirait-elle à une grande explosion populaire? Il n'y avait nulle apparence. Mais ces furieux Cordeliers le croyaient ainsi. Parmi eux, il y avait des hommes néfastes, qu'on ne voit qu'en de tels jours. Verrières y était, selon toute apparence; Fournier y fut certainement. Le premier, figure fantastique, l'affreux bossu du 6 octobre. Le 16 juillet au soir, ce nain sanguinaire, monté sur un grand cheval, avec de grands gestes effrayants, avait cavalcadé dans Paris, véritable apparition de l'Apocalypse. L'autre n'avait ni mots ni gestes, il ne savait que frapper; c'était un homme déterminé, d'une âme violente, atroce, l'Auvergnat Fournier, dit l'Américain. Piqueur de nègres à Saint-Domingue, puis négociant, ruiné, aigri par un injuste procès, il avait fatigué en vain de ses pétitions l'Assemblée des notables et l'Assemblée constituante : celle-ci, menée par les planteurs, tels que les Lameth, par Barnave, ami des planteurs, avait définitivement repoussé la dernière pétition de Fournier, un mois à peine avant juillet. Dès lors on vit cet homme partout où l'on pouvait tuer; il se mêla aux plus terribles tragédies des rues, sans ambition, sans haine personnelle, mais par haine de l'espèce humaine, et comme amateur du sang. Après la Révolution, il retourna à Saint-Domingue; il continua de tuer, mais des Anglais de préférence, et brilla comme corsaire.

Les premières troupes entraient à peine au Champ

de Mars, vers midi, conduites par un aide de camp
de La Fayette. Des glacis part un coup de feu. L'aide
de camp est blessé. La Fayette, peu après, traverse le
Gros-Caillou avec la masse des troupes et du canon ;
les furieux des glacis, la populace du quartier, étaient
en train de faire une barricade ; ils renversaient des
charrettes ; l'un d'eux, garde national (on croit que
c'était Fournier), tira à bout portant sur La Fayette,
à travers la barricade ; le fusil rata. L'homme fut pris
à l'instant même ; La Fayette, par une générosité peu
raisonnée, le fit relâcher. Il continua jusqu'à l'autel,
où il trouva les orateurs et rédacteurs, peu nombreux, paisibles, qui lui jurèrent qu'il s'agissait
uniquement d'une pétition ; la pétition signée, ils
allaient retourner chez eux.

L'Assemblée sut à l'instant même qu'on avait tiré
sur La Fayette. Le président, en toute hâte, écrit à
l'Hôtel de Ville. On envoie au Champ de Mars deux
municipaux pour sommer l'attroupement. A leur
grande surprise, ils ne trouvent que des gens tranquilles. On leur lit la pétition à eux-mêmes, ils ne
la désapprouvent pas. Elle était toutefois fort vive,
elle faisait ressortir l'audace de l'Assemblée qui avait
préjugé la question en faveur du roi, sans attendre
le vœu de la France ; elle accusait de plus une bien
grave illégalité, soutenant que les deux ou trois
cents députés royalistes qui avaient fait la protestation et ne voulaient plus voter n'en étaient pas
moins, cette fois, venus voter avec les autres.

Cette fameuse pétition (que j'ai sous les yeux) me

paraît, au caractère, avoir été écrite par Robert, dont le nom se trouve au bas, avec ceux de Peyre, Vachart (ou Virchaux?) et Dumont. Elle est toute vive, toute chaude, visiblement improvisée au Champ de Mars. Je la croirais volontiers dictée par Mme Robert (Mlle Kéralio), qui passa tout le jour sur l'autel avec son mari, avec une passion persévérante, à signer et faire signer. Le discours est coupé, coupé, comme d'une personne haletante. Plusieurs négligences heureuses, de petits élans dardés (comme la colère d'une femme ou celle du colibri), me sembleraient volontiers trahir la main féminine [1].

Suivent des milliers de signatures, remplissant plusieurs feuilles ou petits cahiers que l'on a cousus ensemble. Nul ordre. Visiblement chacun a signé à mesure qu'il arrivait, presque tous à l'encre, plusieurs au crayon. Beaucoup de noms sont connus, spécialement ceux de la section du Théâtre-Français (Odéon), qui étaient là en grand nombre : *Sergent* (le

---

1. Spécialement à ce passage : « Mais, Messieurs, mais, représentants d'un peuple généreux et confiant, rappelez-vous », etc. (Voir l'original conservé aux archives de la Seine.) — J'avais cru d'abord voir les premiers cahiers tachés de sang ; mais c'est l'encre jetée par pâtés, qui, en s'évaporant, a laissé des traces d'un jaune rougeâtre. — La signature d'Hébert n'est point du tout en patte d'araignée, comme quelques-uns l'ont dit ; elle est peu allongée, plutôt basse et sans caractère, de tout point commune. — Parmi les signatures, il y a celles d'un ingénieur, de plusieurs mécaniciens, d'un peintre en miniature, celle d'une *marchande de modes*, Mlle *David, rue Saint-Jacques, n° 173* (écriture facile et jolie), celle d'un professeur (bien mal orthographiée) : Vinssent, professeurs de langue. — Autre encore, bizarre, mais énergiquement motivée : *Je renonce au roy je ne le veux plus le conette pour le roy je suis sitoïien fransay pour la patry du bataillon de Boulogne Louis Magloire l'ainé à Boulogne.* — La dernière signature est celle de *Santerre*, écrite à main posée, et probablement ajoutée le soir au faubourg Saint-Antoine, où, selon toute apparence, la pétition fut sauvée et cachée.

graveur?); *Rousseau* (le premier chanteur de l'Opéra?); *Momoro, premier imprimeur pour la liberté et électeur pour la seconde législature; Chaumette, étudiant en médecine, rue Mazarine, n° 9; Fabre* (d'Églantine?); *Isambert*, etc. D'autres qui ne sont point du même quartier, mais membres des Cordeliers : *Hébert, écrivain, rue de Mirabeau; Hanriot, Maillard.* — Ajoutez quelques Jacobins, comme *Andrieux, Cochon, Duquesnoy, Taschereau, David.* — Enfin des noms de toute sorte : *Girey-Dupré* (le lieutenant de Brissot), *Isabey père, Isabey fils; Lagarde, Moreau, Renouard*, etc.

En tête de la feuille 35, je lis cette note touchante : *La poignarderez-vous* (la liberté? ou la patrie?) *dans son berceau, après l'avoir enfantée?*

Beaucoup ajoutent à leur nom : *garde national* ou *soldat-citoyen pour la patrie*. Beaucoup ne savent signer et mettent une croix. Il y a nombre de signatures de femmes et de filles. Sans doute, ce jour de dimanche, elles étaient au bras de leurs pères, de leurs frères ou de leurs maris. Croyantes d'une foi docile, elles ont voulu témoigner avec eux, communier avec eux, dans ce grand acte dont plusieurs d'entre elles ne comprenaient pas toute la portée. N'importe, elles restaient courageuses et fidèles, et plus d'une bientôt a témoigné aussi de son sang.

Le nombre des signatures dut être véritablement immense. Les feuilles qui subsistent en contiennent plusieurs milliers. Mais il est visible que beaucoup ont été perdues. La dernière est cotée 50. Ce prodigieux empressement du peuple à signer un acte si hostile au roi, si sévère pour l'Assemblée, dut effrayer celle-ci. On lui porta, sans nul doute, une des copies qui circulaient, et elle vit avec terreur, cette assemblée souveraine, jusqu'ici juge et arbitre entre le roi et le peuple, qu'elle passait au rang d'accusée. Élue depuis si longtemps, sous l'empire d'une situation si différente, ayant dans tous les sens passé ses pouvoirs, elle se sentait très faible. Elle avait toujours dans son sein trois cents ennemis de la Constitution, qui, tout en protestant qu'ils n'agissaient plus, reparaissaient par moments, se mêlaient aux délibérations, les troublaient, votaient peut-être aux jours où ils pouvaient nuire ; cela seul suffisait pour entacher d'illégalité tous ses actes. Elle qui se croyait la loi et tirait le glaive au nom de la loi, elle se voyait surprise, si l'accusation était vraie, en flagrant délit de crime contre la loi. Il fallait dès lors, à tout prix, dissoudre le rassemblement, déchirer la pétition.

Telle fut certainement la pensée, je ne dis pas de l'Assemblée entière qui se laissait conduire, mais la pensée des meneurs. Ils prétendirent avoir avis que la foule du Champ de Mars voulait marcher sur l'Assemblée, chose inexacte certainement et positivement démentie par tout ce que les témoins oculaires, vivants encore, racontent de l'attitude du peuple. Qu'il y ait eu, dans le nombre, un Fournier ou quelque autre fou pour proposer l'expédition, cela n'est pas impossible ; mais ni lui ni autre n'avait la moindre action sur la foule. Elle était devenue immense, mêlée de mille éléments divers, d'autant moins facile à entraîner, d'autant moins offensive. Les villages de la banlieue, ne sachant rien des derniers événements, s'étaient mis en marche, spécialement la banlieue de l'Ouest, Vaugirard, Issy, Sèvres, Saint-Cloud, Boulogne, etc. Ils venaient comme à une fête ; mais une fois au Champ de Mars, ils n'avaient aucune idée d'aller au delà ; ils cherchaient plutôt, dans ce jour d'extrême chaleur, un peu d'ombre pour se reposer sous les arbres qui sont autour, ou bien au centre, sous la large pyramide de l'autel de la Patrie.

Cependant un dernier, un foudroyant message de l'Assemblée arrive, vers quatre heures, à l'Hôtel de Ville ; et, en même temps, un bruit venu de la même source se répand à la Grève, dans tout ce qu'il y avait là de garde soldée : « Une troupe de cinquante mille brigands se sont postés au Champ de Mars ; ils vont marcher sur l'Assemblée. »

Ceci était tout contraire au rapport de La Fayette, contraire au rapport des deux municipaux revenus plus tard encore à l'Hôtel de Ville, et qui même avaient ramené une députation de ces paisibles brigands, pour obtenir l'élargissement de deux ou trois personnes arrêtées. Le maire, la municipalité, le département, flottent entre ces impressions contraires ; ils voudraient trouver moyen d'ajourner encore. Cependant l'Assemblée commande ; Bailly ne peut qu'obéir. Les gens du département, La Rochefoucauld, Talleyrand, Beaumetz, Pastoret, tremblent d'avoir tant attendu, ils blâment les lenteurs de la municipalité : « Nous voilà, disent-ils, compromis à l'égard de l'Assemblée. »

Cependant la troupe soldée, les Hullin et autres, frémissait dans la Grève. Ces Gardes-françaises, dont beaucoup étaient des vainqueurs de la Bastille, étaient furieux dès longtemps, exaspérés contre les journaux, les agitateurs démocrates, qui les appelaient mouchards de La Fayette. Ils attendaient impatiemment le jour de laver cela dans le sang. Ce fut chez eux un cri de joie, quand ils virent aux fenêtres de l'Hôtel de Ville, qu'ils ne quittaient pas des yeux, arborer le drapeau rouge.

Le pauvre Bailly, fort pâle, descend à la Grève. L'astronome infortuné, après une vie tout entière passée dans le cabinet, se voit, par la nécessité, poussé à mener cette bande furieuse à verser le sang. Image de la fatalité, on voyait pourtant qu'il ne craignait rien; il avait, de longue date, sacrifié sa vie. Au jour même, au jour triomphant du 23 juillet 1789, où il se laissa nommer maire, où Hullin lui donna le bras pour aller à Notre-Dame, Bailly, entouré de soldats, s'était dit : « N'ai-je pas l'air d'un prisonnier qu'on mène à la mort? » Il avait bien l'air d'y aller le 17 juillet 1791. Il portait sur le visage le mot que lui lance un journal du temps : « Ce jour vous versera un poison lent jusqu'au dernier de vos jours. »

Depuis une heure environ, la générale était battue

dans Paris, à l'étonnement de tout le monde ; les gardes nationaux arrivaient de toutes parts. Ils s'acheminaient en longues colonnes, les uns par les Champs-Élysées, les autres par les Invalides ou bien par le Gros-Caillou. Un moment avant d'arriver, on leur faisait charger les armes ; car, disait-on, les brigands étaient maîtres du Champ de Mars ; ils s'y étaient retranchés.

Je copierai textuellement la narration inédite d'un témoin très digne, très croyable ; il était garde national dans le bataillon des Minimes, qui, avec ceux des Quinze-Vingts, de Popincourt et de Saint-Paul, s'alignèrent parallèlement à l'École militaire :

« L'aspect que présentait alors cette place immense nous frappa d'étonnement. Nous nous attendions à la voir occupée par une populace en furie ; nous n'y trouvâmes que la population pacifique des promeneurs du dimanche, rassemblée par groupes, en familles, et composée en grande partie de femmes[1] et d'enfants, au milieu desquels circulaient des marchands de coco, de pain d'épice et de gâteaux de Nanterre, qui avaient alors la vogue de la nouveauté. Il n'y avait dans cette foule personne qui fût armé, excepté quelques gardes nationaux parés de leur uniforme et de leur sabre ; mais la plupart accom-

---

1. Madame Roland y avait été le matin, Mme Robert (Mlle Kéralio) était encore sur l'autel, près de son mari. Mme de Condorcet était dans le Champ de Mars, — il y a du moins lieu de le croire, car Condorcet dit qu'à ce moment même on y promenait son enfant âgé d'un an.

pagnaient leurs femmes et n'avaient rien de menaçant ni de suspect. La sécurité était si grande que plusieurs de nos compagnies mirent leurs fusils en faisceaux, et que, poussés par la curiosité, quelques-uns d'entre nous allèrent jusqu'au milieu du Champ de Mars. Interrogés à leur retour, ils dirent qu'il n'y avait rien de nouveau, sinon qu'on signait une pétition sur les marches de l'autel de la Patrie.

« Cet autel était une immense construction, haute de cent pieds ; elle s'appuyait sur quatre massifs qui occupaient les angles de son vaste quadrilatère et qui supportaient des trépieds de grandeur colossale. Ces massifs étaient liés entre eux par des escaliers dont la largeur était telle qu'un bataillon entier pouvait monter de front chacun d'eux. De la plateforme sur laquelle ils conduisaient s'élevait pyramidalement, par une multitude de degrés, un terre-plein que couronnait l'autel de la Patrie, ombragé d'un palmier.

« Les marches pratiquées sur les quatre faces, depuis la base jusqu'au sommet, avaient offert des sièges à la foule fatiguée par une longue promenade et par la chaleur du soleil de juillet. Aussi, quand nous arrivâmes, ce grand monument ressemblait-il à une montagne animée, formée d'êtres humains superposés. Nul de nous ne prévoyait que cet édifice élevé pour une fête allait être changé en un échafaud sanglant.

« La population qui remplissait le Champ de Mars ne s'était nullement inquiétée de l'arrivée de nos bataillons; mais elle sembla s'émouvoir, quand le bruit des tambours annonça que d'autres forces militaires survenaient encore, qu'elles allaient entrer dans l'enceinte par la grille du Gros-Caillou, ouverte en face de l'autel. Cependant la foule, curieuse et confiante, se précipita à leur rencontre; mais elle fut repoussée par les colonnes d'infanterie, qui, obstruant les issues, s'avancèrent et se déployèrent rapidement, et surtout par la cavalerie, qui, en courant occuper les ailes, éleva un nuage de poussière, dont toute cette scène tumultueuse fut enveloppée[1]. »

La scène était inexplicable, vue de l'École militaire. On peut dire même que peu de gens, dans le Champ de Mars, pouvaient bien s'en rendre compte. Il fallait, pour comprendre, dominer l'ensemble. C'est ce que firent plusieurs royalistes, apparemment bien avertis. L'Autrichien Weber, frère de lait de la reine, prit poste au coin du pont même. L'Américain Morris, familier intime des Tuileries, monta sur les hauteurs de Chaillot. Et c'est de là aussi que nous allons observer la scène; la vue plonge admirablement, rien ne nous échappera; le Champ de Mars est sous nos pieds.

Au fond même du tableau, devant l'École militaire, ce rideau de troupes, c'est la garde nationale du faubourg Saint-Antoine et du Marais. Nul doute que La Fayette se fie peu à ces gens-là. Il leur

---

[1]. Je dois ce beau récit, jusqu'ici inédit, à mon vénérable confrère, M. Moreau de Jonnès.

a adjoint un bataillon de garde soldée pour les surveiller.

Cette garde soldée est sa force. Vous la voyez presque entière, qui entre, bruyante et formidable, par le Gros-Caillou, au milieu du Champ de Mars, près du centre, près de l'autel, près du peuple... Gare au peuple!

Et avec la garde soldée entrent encore par le milieu nombre de gardes nationaux, les uns ardents Fayettistes (indignés qu'on ait tiré sur leur dieu), les autres furieux royalistes, qui viennent tout doucement verser le sang républicain sous le drapeau de La Fayette. Ce sont les officiers surtout de la garde nationale qui ont entendu l'appel; plus d'officiers que de soldats; tous ces officiers sont nobles, presque tous chevaliers de Saint-Louis. Un journal assure qu'à cette époque ces chevaliers sont douze mille à Paris. Ces militaires se faisaient nommer sans difficulté officiers de la garde nationale; citons entre autres un Vendéen, ex-gouverneur de M. de Lescure; Henri de La Rochejaquelein le fut bientôt de même dans la garde constitutionnelle du roi.

Les royalistes ardents, les plus impatients de frapper, ne savaient trop s'ils devaient suivre La Fayette, la garde soldée, ou bien se mettre dans le troisième corps, sous le drapeau rouge. Ce drapeau arrivait par le pont de bois (où est le pont d'Iéna), avec le maire de Paris. Il amenait une réserve de garde nationale, à laquelle s'étaient mêlés quelques dragons (arme connue pour son royalisme) et une bande assez ridicule de perruquiers, qui, outre l'épée qu'ils avaient droit de porter, étaient armés jusqu'aux dents. Ils venaient apparemment venger le perruquier pendu le matin par les gens du Gros-Caillou.

Le drapeau rouge, fort petit, invisible dans le Champ de Mars, entre donc avec le maire du côté du pont. A sa gauche, sur les glacis, se tenaient une masse de polissons du quartier, des vauriens de toute sorte et, sans nul doute aussi, le groupe de Fournier l'Américain. Le maire, se mettant en devoir de faire sa sommation, une grêle de pierres s'élève, puis un coup de feu, qui va, derrière Bailly, blesser un dragon. La garde nationale répondit, mais tira en l'air ou à poudre. Il n'y eut sur les glacis ni mort ni blessé.

La grande masse du peuple, qui était assise au centre, sur les marches de l'autel de la Patrie, vit-elle la scène de si loin? Très confusément sans doute elle entendit les coups de feu et jugea avec raison qu'on tirait à poudre. Elle crut qu'on viendrait aussi lui faire des sommations. Beaucoup d'ailleurs hésitaient à quitter l'autel, voyant de tous côtés des troupes, à l'École militaire, au Gros-Caillou et vers Chaillot. La plaine, envahie rapidement par la cavalerie, tourbillonnait de groupes innombrables qui cherchaient en vain une issue vers Paris. L'autel, après tout, semblait être encore le lieu le plus sûr, surtout pour ceux qui étaient retardés par des femmes ou des enfants; ils croyaient y trouver un asile inviolable. De quelque point de vue qu'on l'envisageât, en effet, de l'ancienne religion ou de la nouvelle, cet autel était sacré. Il n'y avait pas trois jours que le clergé de Paris était venu y dire la messe, et la Liberté elle-même n'y avait-elle pas officié, au jour de la Fédération?

La masse des troupes soldées, entrées par le centre, l'artillerie, la cavalerie, s'alignant dans le Champ de Mars du côté du Gros-Caillou, se trouvaient avoir à dos les glacis où refluaient la canaille, les enfants, les furieux, qui déjà avaient tiré sur Bailly du côté de la rivière, et que la décharge à poudre avait dispersés. Moins effrayés qu'enhardis, pouvant toujours au besoin, si l'on tirait, s'effacer derrière les glacis, ils vociféraient et jetaient des pierres « aux mouchards de La Fayette ». Les meneurs comptaient que ceux-ci piqués des mouches, harcelés, finiraient par perdre la tête et feraient quelque grand malheur, que le peuple alors rentrerait furieux dans Paris, qu'un soulèvement général s'ensuivrait peut-être, comme en juillet 1789.

Le maire et le commandant, deux hommes nullement sanguinaires, n'avaient donné certainement qu'un ordre général d'employer la force en cas de résistance. Ils comptaient, sur le champ de bataille, donner des ordres spéciaux, un signal exprès, dire où et comment la force devait être employée.

Quelle influence meurtrière poussa la troupe du centre à frapper sans rien attendre? Je ne crois pas que les provocations parties des glacis suffisent à expliquer la chose. J'y verrais bien plutôt l'action, l'instigation directe de ceux qui avaient intérêt à détruire la pétition avec les pétitionnaires. Je parle des royalistes. On a vu que les plus violents d'entre eux, nobles ou clients des nobles, perruquiers, dragons, etc., s'étaient réunis ou à la troupe du centre ou à celle de Bailly. Ces derniers, selon toute apparence, voyant que les gardes nationaux de Bailly ne tiraient qu'en l'air, coururent se joindre à la troupe du centre, lui dirent qu'on avait tiré sur le maire, que les sommations étaient impossibles. Les chefs auront pris cet avis pour un ordre du maire lui-même, et suivi leurs furieux guides qui montraient, marquaient le but, l'autel et la pétition.

Si la garde soldée n'eût été ainsi habilement dirigée par ceux qui avaient un but politique, elle eût, on peut l'affirmer, tiré de préférence sur ceux qui lui jetaient des pierres, frappé sur les agresseurs. Tout au contraire, elle laissa les groupes hostiles qui la provoquaient et tira sur la masse inoffensive de l'autel de la Patrie. La cavalerie prit le galop et s'en alla, folle et furieuse, contre cette montagne vivante, toute d'hommes, de femmes et d'enfants qui répondit à la décharge par un effroyable cri...

Chose étrange et pourtant certaine, l'artillerie, restée à sa place, voulant faire aussi quelque chose, allait tirer à mitraille, à travers la plaine, dans un nuage de poussière, parmi la foule qui fuyait, et sur ses propres cavaliers. Il fallut, pour arrêter ces idiots, que La Fayette poussât son cheval à la gueule des canons, qui allaient tirer.

Voyons quelle fut l'impression de cette scène affreuse sur la garde nationale, spécialement du côté de l'École militaire : « Nous ne vîmes ni officiers municipaux ni drapeau rouge, et nous n'avions pas la moindre idée qu'il fût possible de proclamer la loi martiale contre cette multitude inoffensive e désarmée, lorsque des clameurs se firent entendre et furent suivies aussitôt d'un grand feu prolongé. Des cris perçants, que ne purent étouffer ces détonations, nous apprirent que nous assistions non pas à une bataille, mais à un massacre. Au moment où la fumée commença à se dissiper, nous découvrîmes avec horreur que les marches de l'autel de la Patrie et tout son pourtour étaient jonchés de morts et de blessés. Des groupes d'hommes, de femmes, d'enfants, échappant à ce carnage, s'élancèrent vers nous, poursuivis par des cavaliers qui les chargeaient le sabre à la main. Nous ouvrîmes nos rangs pour protéger leur fuite, et leurs ennemis acharnés furent forcés de s'arrêter devant nos baïonnettes et de reculer devant nos menaces et nos malédictions. Un aide de camp qui vint nous apporter l'ordre de marcher en avant pour balayer la place et opérer une jonction avec les autres troupes, fut accueilli avec les mêmes vociférations ; et l'énergie de ces rudes manifestations ne laissa pas douter que cette journée, déjà si sanglante, ne pût le devenir encore plus.

« Sans attendre que ces dispositions éclatassent davantage, le commandant forma son bataillon en colonne, fit sortir des éclaireurs pour en couvrir les flancs. Les autres bataillons imitèrent ce mouvement, et tous ensemble, par une résolution spontanée, nous sortîmes du Champ de Mars, en manifestant notre indignation et notre douleur. »

CHAPITRE IX

LES JACOBINS ABATTUS, RELEVÉS (JUILLET 1791).

Qui fut coupable du massacre? — Impression de l'événement aux Tuileries. — Terreur des Jacobins, 17 juillet. — Madame Roland offre asile à Robespierre. — Hésitation et fausses mesures des constitutionnels. — Démarche humiliante des Jacobins, 18 juillet. — Ils restent maîtres du local et de la correspondance. — Les Feuillants s'annulent eux-mêmes, 17-23 juillet. — Réorganisation des Jacobins, sous l'influence de Robespierre. — Adresses menaçantes des villes à l'Assemblée, fin juillet. — Elle renonce à saisir le gouvernement par ses commissaires, envoyés dans les provinces, 30 juillet.

Bailly, qui, parti du pont, avait à traverser la moitié du Champ de Mars, n'arriva au milieu, devant la garde soldée, qu'après l'affreuse exécution, et dit : « Qu'il était vivement affecté de voir que les imprudents avaient fait feu. » Un journal, qui du reste lui est très hostile, témoigne de cette parole.

Dans le procès-verbal, fait le soir à la municipalité, la chose est présentée de même, comme une imprudence, un désordre advenu malgré les autorités et sans leur signal[1].

---

1. « Le corps municipal employait tous ses efforts pour faire cesser le feu, et M. le commandant général, qui était plus avancé dans le Champ de Mars, était accouru pour rétablir l'ordre. » (*Procès-verbal* aux archives de la Seine.)

Douze morts furent portés à l'hôpital du Gros-Caillou, et l'on prétend qu'on en jeta la nuit beaucoup dans la Seine. Les journaux vont jusqu'à dire, avec une évidente exagération, qu'on en jeta quinze cents.

Les douze dont nous avons les noms, signalements et costumes, sont tous gens obscurs, de pauvres gens de la classe ouvrière : un jeune garçon que son père reconnut le lendemain, une femme du peuple, de cinquante à soixante ans, pauvrement vêtue, lente et lourde, qui ne put pas se sauver, etc.

Quelle fut la part de chacun dans ce malheur et ce crime? — Ni Bailly, ni La Fayette n'ordonna le feu. — On abusa visiblement de l'ordre général, donné en partant, de dissiper l'attroupement par la force, s'il y avait résistance. Cet ordre supposait de plus un signal, qu'on n'attendit pas.

Qui précipita le feu? Qui poussa la garde soldée? Qui la détourna des glacis d'où volaient les pierres, pour la faire tirer sur l'autel inoffensif, sur la pétition *anti-royaliste?* — Le bon sens suffit pour répondre : ceux qui y avaient intérêt, c'est-à-dire les *royalistes*, les nobles ou clients des nobles, qui se trouvaient là comme officiers de la garde nationale ou comme volontaires amateurs, dans cette chasse aux républicains, un chevalier de Malte, par exemple, qui s'en vante dans les journaux quelques jours après.

Des trois corps qui entrèrent dans le Champ de Mars, un seul tira, celui du centre, formé presque en totalité par la garde soldée.

Du côté de la rivière, la garde nationale, conduite par Bailly, tira en l'air ou à poudre, quoiqu'on ait tiré sur elle à balle et blessé un homme.

Du côté de l'École militaire, la garde nationale, loin de tirer, recueillit, protégea ceux qui fuyaient.

Ce dernier corps, nous l'avons dit, était celui du Marais et du faubourg Saint-Antoine. En sortant du Champ de Mars, il rencontra d'autres corps de la garde nationale, qui, par d'unanimes acclamations, le remercièrent et le bénirent pour son humanité.

Le deuil, on peut le dire, fut général pour ce triste événement. Les uns y déploraient le sang versé, les autres, le coup, mortel peut-être, qu'avait reçu la liberté. Un garde national du bataillon de Saint-Nicolas (M. Provant) se brûla la cervelle, laissant ces mots sur sa table : « J'ai juré de mourir libre, la liberté est perdue, je meurs. »

Un bataillon seulement de la garde soldée n'avait pas tiré ; c'était celui qui, se trouvant près de l'École militaire, était tenu en respect par une masse infiniment plus nombreuse de gardes nationaux. La presse révolutionnaire profita de cette circonstance pour féliciter la garde soldée, lui faire croire à son innocence, la retenir dans le bon parti. En réalité, c'était elle qui, seule ou presque seule, avait exécuté le massacre. Ce ménagement politique pour un corps qu'on redoutait eut pour effet de rejeter tout l'odieux de l'affaire sur la garde nationale, qui pourtant, du côté du pont, avait ménagé le peuple, et, du côté de l'École, l'avait couvert et sauvé.

Si l'on eût osé faire une enquête sérieuse sur l'événement, je crois qu'on eût trouvé les gardes soldés pour exécuteurs et les royalistes pour instigateurs.

On s'en garda bien. Pourquoi? Parce qu'à ce moment même les constitutionnels, alliés des royalistes pour relever la royauté, auraient voulu plutôt ensevelir au fond de la terre un acte si malencontreux, si funeste à leurs desseins.

Des deux côtés, véritablement, on dirait qu'il y eut une entente coupable pour obscurcir et embrouiller[1]. L'examen, la comparaison la plus sérieuse des actes et des témoignages, le contrôle des uns par les autres, ont pu seuls cribler les faits, écarter les mensonges hardis de tel ou tel contemporain et nous amener aux résultats plus vraisemblables, j'ose dire à peu près certains, que nous venons d'indiquer.

Voyons quel fut dans Paris l'effet de l'événement.

La terrible fusillade, trop bien entendue, avait serré tous les cœurs. Tous, de quelque parti qu'ils fussent, eurent un pressentiment funèbre, une sorte de frissonnement, comme si, du ciel déchiré, une lueur des futures guerres sociales leur eût apparu.

Mais nulle part l'effet de terreur ne fut plus

---

1. La Fayette, dans ses *Mémoires* (où il parle, en vérité, d'une manière trop dégagée d'un si cruel événement), suppose que deux chasseurs furent tués *avant* le massacre; il est constaté qu'ils le furent *après*, dans la soirée ou dans la nuit. Il n'y eut, avant le massacre, que deux personnes blessées, un aide de camp du général et le dragon près de Bailly.

grand qu'en deux endroits, aux Tuileries, aux Jacobins. Aux premiers coups, la reine reçut le contre-coup au cœur ; elle sentit que ses imprudents amis venaient d'ouvrir un gouffre sanglant qui ne se refermerait plus.

Et les Jacobins comprirent que c'était sur eux, délaissés, réduits à un si petit nombre, que leurs rivaux, les Feuillants, allaient faire porter la responsabilité de tout ce qui avait pu provoquer la terrible exécution.

Ils envoyèrent à l'instant aux informations. Leurs envoyés, aux Champs-Élysées, rencontrèrent une femme éplorée, puis une foule confuse de peuple qui fuyait à toutes jambes. On leur dit qu'il y avait bien des morts, qu'on avait tiré avant la troisième sommation, etc. Sans perdre de temps, la société, pour désarmer l'autorité, déclara qu'elle désavouait « les imprimés *faux ou falsifiés* qu'on lui avait attribués, qu'elle jurait de nouveau fidélité à la constitution, soumission aux décrets de l'Assemblée ».

Cependant on entendait un grand bruit dans la rue Saint-Honoré ; c'étaient les gardes soldés qui revenaient, fort échauffés, du Champ de Mars, et qui, passant devant les Jacobins, criaient qu'on leur donnât l'ordre d'abattre la salle à coups de canon. Au dedans, l'alerte est vive. « La salle est investie ! » crie-t-on. Grand trouble, grande confusion, peur extrême et ridicule. Un des membres perdit la tête, au point de sauter, pour se sauver, dans la tribune des femmes. Madame Roland y était, qui lui en fit

honte et l'obligea d'en sortir comme il y était venu.
Cependant des soldats étaient mis aux portes; on
fermait les grilles pour empêcher d'entrer ceux qui
se présenteraient : on laissait sortir les autres.
Madame Roland sortit des dernières.

La rue était pleine de foule; plusieurs riaient,
huaient les sortants; quelques autres applaudissaient.
Robespierre fut reconnu, applaudi de certains groupes,
honneur bien compromettant dans un pareil jour.
Il descendait la rue pour gagner le faubourg Saint-
Honoré et sans doute se réfugier chez Pétion, qui
y demeurait, lorsque, en face de l'Assomption,
quelques personnes crièrent de nouveau : « Vive
Robespierre! » On assure même qu'un homme se
serait avisé de dire : « S'il faut un roi, pourquoi
pas lui?... » Il était sage évidemment de ne pas
aller plus loin. Par bonheur, un menuisier, nommé
Duplay, qui demeurait en face et se tenait sur sa
porte, vint à lui, le saisit vivement par la main et,
avec une rude bonhomie, le poussa dans sa maison.
Le maître de la maison était Mme Duplay, femme très
vive, énergique, qui le reçut, le caressa, l'enveloppa,
comme un fils ou comme un frère, comme le meilleur
des patriotes, un martyr de la liberté. L'homme,
la femme, la famille, l'entourent, le voilà prisonnier;
on ferme la porte. Il ne s'en ira pas chez lui à
cette heure, dans un jour pareil, au fond du Marais,
dans ce quartier si désert, perdu, dangereux; il
serait assassiné. Il faut qu'il soupe, qu'il couche;
son lit est tout préparé. Le mari le veut, la femme

l'ordonne, les demoiselles Duplay, sans rien dire, priaient aussi de leurs beaux yeux. Robespierre, malgré sa réserve naturelle, vit bien qu'il fallait accepter. Le lendemain il voulut partir, mais son impérieuse hôtesse ne le permit pas. Il finit par demeurer dans cette famille, élut domicile chez le menuisier, sentant que sa popularité ne pouvait qu'y gagner beaucoup. Fortuit ou non, l'événement eut sur la destinée du plus calculé des hommes une notable influence.

Pendant qu'il soupait paisiblement chez Duplay, Madame Roland le cherchait chez lui. On répandait le bruit qu'il allait être arrêté. Par un noble mouvement, elle partit le soir avec son mari, alla chez Robespierre au fond du Marais, pour lui offrir un asile. Déjà elle avait reçu Robert et sa femme, plus directement compromis. Quoiqu'il fût près de minuit, avant de rentrer chez eux, rue Guénégaud, les Roland allèrent chez Buzot, qui demeurait assez près, quai des Théatins (quai Voltaire); ils le conjurèrent d'aller aux Feuillants, d'y défendre Robespierre, avant qu'on y dressât son acte d'accusation qu'eût sans doute voté l'Assemblée. L'ardent intérêt de Madame Roland put donner un peu de jalousie à Buzot, l'un de ses plus passionnés admirateurs; cependant sa générosité naturelle ne lui permit pas d'hésiter : « Je le défendrai à l'Assemblée, dit-il; quant aux Feuillants, Grégoire y est, et il parlera pour lui. » Il ne cacha pas l'opinion peu favorable qu'il avait de Robespierre, dit qu'il le trouvait au fond ambitieux, égoïste : « Il songe trop à lui-même pour aimer la liberté. »

On se trompait en réalité sur l'audace des vainqueurs. On leur attribuait une préméditation, un plan, un calcul, qui leur étaient étrangers. Cette nuit même, ils étaient aux Feuillants et dans les bureaux de l'Assemblée, consternés du pas sanglant qu'ils venaient de faire au profit des royalistes. Un pas de plus, ils se trouvaient, eux, les constitutionnels, avoir brisé la constitution, la Révolution, eux-mêmes. Ce pas, d'André, ingénument, simplement, leur conseillait de le faire ; c'était de fermer les clubs. L'avis un moment prévalut. On cloua la porte des Cordeliers ; on garda celle des Jacobins. Mais Duport, mais La Fayette, réclamèrent au nom des principes. Duport, qui primitivement avait fondé les Jacobins, qui croyait les avoir transférés aux Feuillants, et qui comptait toujours, par cette puissante machine, ramener l'opinion, déclarait ne vouloir nulle force que celle de la raison et de la parole.

Le sang versé embarrassait. Pour atténuer l'effet, on supposa une romanesque conspiration, sans la moindre vraisemblance, qu'auraient formée des étrangers, Rotondo, le maître de langues, un banquier juif, Éphraïm, l'innocent orateur du Cercle social, Mme Palm-Aelder, et quelques autres encore. Le peuple était impeccable ; le bon, l'honnête, le digne peuple de Paris ne pouvait être accusé ; des étrangers seuls avaient pu, etc.

Visiblement, on craignait de rencontrer juste. On aimait mieux frapper à côté.

Le lendemain, lundi 18, l'Assemblée, fort peu nombreuse (en tout deux cent cinquante-trois membres), écouta le rapport du maire de Paris. Ce rapport était un extrait de celui qui avait été fait le soir à l'Hôtel de Ville, extrait peu fidèle. Il est probable que les royalistes avaient bien travaillé le bonhomme dans la nuit, l'avaient encouragé à se compromettre, décidé à prendre une part de la responsabilité qui, véritablement, ne devait pas porter sur lui. Ici l'affaire n'est plus *un désordre*, comme dans le rapport primitif ; c'est une juste répression. Le nouveau rapport s'attache à faire croire que le massacre a été provoqué, et pour cela il rapproche deux choses fort éloignées et parfaitement distinctes, l'assassinat du matin et le carnage du soir ; le premier, commis à sept heures par la populace du Gros-Caillou ; le second, exécuté douze heures après sur des gens qui la plupart ne savaient pas même ce qui s'était fait le matin.

Mais, dans cette séance même, où le président, Charles de Lameth, félicite Bailly sans regret sur le sang versé, où Barnave, se battant les flancs, donne le coup de trompette pour célébrer la victoire ; à ce moment de triomphe, les vainqueurs voudraient avancer ; d'eux-mêmes, ils ont peur, ils reculent. Au premier mot pour profiter de l'avantage, ils trahissent leur hésitation. Regnault de Saint-Jean-d'Angely voulait que l'Assemblée votât trois ans de fers pour quiconque aurait provoqué au meurtre, la prison et des poursuites contre ceux qui, par des écrits ou autrement, auraient provoqué la désobéissance aux lois. — Pétion montra que dès lors c'en était fait de la liberté de la presse. — Alors Regnault s'effaça, amoindrit sa proposition ; il demanda, l'Assemblée vota l'addition d'un mot au mot *provoqué* : *Formellement provoqué*. Ce simple mot ajouté donnait les moyens d'éluder la loi et la rendait impuissante.

Si l'Assemblée voulait obtenir un résultat sérieux, il fallait que le comité des recherches fût autorisé par elle et poussât lui-même l'enquête. Il s'abstint, fit renvoyer la chose aux tribunaux, qui agirent peu, tard et mal. Premièrement ils se gardèrent bien de sonder la part que les agents royalistes devaient avoir à l'affaire ; seulement ils décrétèrent deux journalistes, Suleau et Royou, l'ami du roi, frappant ainsi les écrivains, les parleurs, non les acteurs. Et quant aux républicains que les juges ne ménageaient pas, ils procédèrent cependant contre eux avec lenteur et gaucherie [1]. Ils attendirent au 20 juillet pour faire chercher Fréron, au 4 août pour saisir l'imprimerie de Marat, au 9 pour donner ordre d'arrêter Danton, Legendre, Santerre, Brune et Momoro.

Les Jacobins, qui n'avaient nullement prévu l'hé-

---

1. D'où il résulta que la petite terreur des constitutionnels ne fut que ridicule. Le 18 juillet, Mme Robert, en grandes plumes, M. Robert, en habit bleu céleste, etc., traversaient Paris pour aller dîner chez Madame Roland.

sitation de leurs ennemis, se croyaient perdus le 18 juillet. Ils firent une démarche étrange qui eût pu les perdre en effet dans l'opinion ; ils se mirent, pour ainsi dire, à plat ventre, rampèrent devant l'Assemblée. Robespierre rédigea pour eux une adresse, étonnante d'humilité, qu'ils adoptèrent, envoyèrent. Cette Assemblée nationale, que lui-même, le 21 juin, il avait proclamée un repaire de traîtres, il la loue de ses *généreux efforts, de sa sagesse, de sa fermeté, de sa vigilance, de sa justice impartiale et incorruptible.* Il lui rappelle sa Déclaration des droits, *sa gloire et le souvenir des grandes actions qui ont signalé sa carrière :* « Vous la finirez comme vous l'avez commencée, et vous rentrerez dans le sein de vos concitoyens, dignes de vous-mêmes. Pour nous, nous terminerons cette adresse par une profession de foi dont la vérité nous donne le droit de compter sur votre estime, *sur votre confiance,* sur votre appui : *respect pour l'Assemblée,* fidélité à la constitution, etc. »

Les Jacobins signèrent, envoyèrent à l'Assemblée cette triste palinodie ; mais ils se gardèrent bien de l'insérer au journal de leurs débats. Ce fut Brissot qui, le 24, leur joua le mauvais tour de la publier. Était-ce indiscrétion ? ou bien croyait-il avilir le rédacteur, Robespierre, avec lequel, dès cette époque, il sympathisait très peu [1].

1. En août, Robespierre se relève assez habilement par une longue *Adresse aux Français*, de cinquante pages, expliquant pourquoi il ne s'est pas déclaré plus promptement pour la république : « Quant au monarque, je n'ai point partagé l'effroi que le titre de roi inspire à presque tous les peuples libres », etc.

L'humilité sauva les Jacobins, l'orgueil perdit les Feuillants. En réalité, ces derniers étaient très forts. Ils avaient emmené de l'ancien club à peu près tous les députés, non pas seulement les modérés, les constitutionnels, mais de très fervents Jacobins, comme Merlin de Douai, Dubois-Crancé, etc. Intimement unis à l'Assemblée nationale, établis dans ses bureaux mêmes, ils participaient à sa majesté. Les Feuillants qu'ils occupaient (rue Saint-Honoré, en face de la place Vendôme) était un local immense et magnifique, splendide fondation de Henri III, successivement agrandie par ses successeurs. Le couvent formait un carré énorme, qui communiquait par un couloir avec le Manège, et de là avec les Tuileries, la terrasse des Feuillants.

Et pourtant c'était une faute d'avoir quitté l'ancien local. Celui-ci avait ce qui achalande les vieilles boutiques renommées : il était sombre, laid, mesquin. Sans ostentation, sans emphase, il ne montrait rien qu'une porte basse et un passage assez sale, sur la rue Saint-Honoré. La maison était une réforme des Jacobins; le couvent était triste et pauvre. La bibliothèque, où d'abord s'était tenu le club avant de passer dans l'église, n'avait guère d'autre ornement qu'un curieux petit tableau qui rendait sensible aux yeux le secret mystère de l'association janséniste, le mécanisme ingénieux dont elle s'était servie pour faire circuler, malgré la police, les *Nouvelles ecclésiastiques*, sans jamais être surprise. L'église n'avait aucun monument important, sauf le tombeau de Campanella, une sorte de Robespierre moine, un Babeuf ecclésiastique, qui était venu s'y réfugier au dix-septième siècle. On disait que le cardinal de Richelieu, quand il se sentait mollir et risquait d'être homme, venait là et reprenait, près du Calabrais farouche, quelque chose du bronze italien.

Les modernes Jacobins qui s'assemblaient dans cette église et n'y étaient que locataires[1], avaient laissé ces vieux tombeaux. Ils étaient là pêle-mêle avec les morts. D'autres morts, les derniers moines du couvent, assistaient au club (en 1789 et 1790), comme les derniers Cordeliers au club qui se tenait chez eux. Tout cela composait un ensemble bizarre qui avait pour toujours saisi les têtes, rempli les souvenirs, les imaginations : le puissant *genius loci*, transformé par la Révolution, vivait là, on le sentait. *Quis Deus? Incertum est; habitat Deus.* Les Jacobins disaient aux voyageurs, aux provinciaux, avec le ton mystérieux d'une dévotion bizarre : « C'est la société mère! » Là s'étaient tenus en effet les premiers *sabbats* (mot propre à l'argot jacobin) d'où sortirent les premières émeutes. Là, dans son mémorable duel avec Duport et Lameth, Mirabeau vint tonner, mourir. Et pendant que la chapelle roulait ces grandes voix dans ses voûtes, un autre bruit, strident, barbare, venait s'y mêler parfois, qui partait d'en bas, de

---

[1]. Une partie des bâtiments du couvent était louée, sous-louée à d'autres personnes, à des royalistes entre autres, comme l'historien Beaulieu, qui prenaient un sombre plaisir à épier leurs ennemis, à les tenir sous leurs regards malveillants et curieux, à les maudire à toute heure.

l'église inférieure, où des sociétés ouvrières, des clubs de femmes du peuple, se débattaient violemment.

Ce n'était pas là un local vulgaire qu'on pût impunément quitter. Ce qui prouve que les Feuillants n'étaient point des politiques, c'est qu'ils ne l'aient point senti. Ils pouvaient tout le 17, ils étaient l'Assemblée elle-même. Ils auraient dû à tout prix ou détruire ou occuper le lieu, et cela, le soir, sans autre délai, profiter de la terreur de leurs ennemis.

Ils s'en avisèrent un matin. Feydel, successeur de Laclos dans la rédaction du journal, vint avec lui réclamer le local et la correspondance. Ils alléguaient que les Feuillants, spécialement Duport et Lameth, étaient les fondateurs du club, que tout le comité de correspondance (du moins vingt-cinq membres sur trente) avait passé de leur côté. Ils étaient venus de bonne heure, espérant probablement enlever la chose dans la solitude et le découragement des Jacobins, avant l'arrivée de Pétion et Grégoire, croyant peut-être aussi que Robespierre, menacé, n'oserait venir. Les Jacobins déclarèrent vouloir les attendre. Ils arrivent. Pétion, qui venait de tâter l'Assemblée nationale, qui avait obtenu qu'elle énervât sa loi répressive, c'est-à-dire qu'elle reculât au jour même de la victoire, Pétion n'hésita pas à répondre, pour les députés jacobins, qu'ils étaient, autant que les autres, fondateurs du club, qu'ils garderaient la correspondance et resteraient là; qu'au reste, il allait faire, auprès des Feuillants, une démarche de conciliation. Il y alla, en effet, et reçut cette fière réponse, « qu'ils ne recevraient de Jacobins que ceux qui se conformeraient à leurs nouveaux règlements.

Les Feuillants se montraient bien plus orgueilleux qu'habiles. Leur premier acte, l'adresse du 17 aux sociétés affiliées, avait été en tout sens impolitique et malencontreuse ; adresse *mal datée*, du jour du massacre ; *mal signée*, du nom de Salles, qui avait défendu le roi ; *mal envoyée*, sous le couvert du ministre, et suspecte par cela seul ; enfin, pour que rien n'y manquât, *mal approuvée*, si l'on peut dire ; elle le fut immédiatement de Châlons-sur-Marne, la ville royaliste qui avait si bien reçu le roi au retour.

Dans cette adresse, les Feuillants donnaient pour principal motif de la séparation qu'ils voulaient se borner à *préparer* les travaux de l'Assemblée, ne rien faire que discuter, *sans rien arrêter par les suffrages;* en un mot, parler sans conclure, sans résoudre, sans agir, laisser agir l'Assemblée seule. Ils étaient bien sûrs de déplaire. Le temps avait soif d'agir ; il s'élançait vers l'avenir. Et l'on proposait de s'en tenir à une Assemblée *in extremis* qui déjà était le passé !

Le 23, les Feuillants se portèrent à eux-mêmes le coup fatal, ils se marquèrent du signe de mort, celui de l'inégalité, se posant comme une assemblée distinguée, privilégiée, où l'on n'entrait point, si l'on n'était *citoyen actif* (électeur des électeurs). Beaucoup d'entre eux s'opposèrent à cette déclaration, et, n'étant point écoutés, ils n'attendirent plus dès lors qu'une occasion pour retourner aux Jacobins.

Ceux-ci relevaient la tête. Leur attitude changea le 24. Les Feuillants apportant leur réponse aux Jacobins : « Ne lisons point, dit Robespierre, avant d'avoir déclaré que la véritable Société des Amis de la Constitution est celle qui siège ici. » Précaution d'autant plus sage que la réponse des Feuillants se trouva n'être rien autre chose qu'une nouvelle invitation de se soumettre au règlement aristocratique qu'ils venaient de se donner.

Loin de là, les Jacobins entreprirent d'épurer leur société et de rejeter aux Feuillants les timides et les incertains qui allaient, venaient d'une société à l'autre. La voix honnête et respectée de Pétion proposa l'épuration. Un comité primitif de douze membres (dont six députés) devait former le noyau de la société, composée de soixante membres, lesquels soixante épureraient, élimineraient, présenteraient les candidats purs et dignes. Cette combinaison, en réalité, remettait aux deux membres importants et influents, Pétion et Robespierre, le pouvoir quasi dictatorial de refaire les Jacobins. Je dis deux à tort : Pétion, insouciant, indolent de sa nature, était infiniment peu propre à ce travail d'inquisition sur les personnes, à l'examen minutieux des biographies, des précédents, des tendances, des intérêts de chacun. Le seul Robespierre était apte à cela, et avec lui peut-être un autre membre de ce comité épurateur, Royer, évêque de l'Ain. On peut dire, sans se tromper de beaucoup, que Robespierre reconstitua l'instrument terrible de la société jacobine dont il allait se servir.

Des sociétés de provinces, quatre seulement s'étaient expressément séparées des Jacobins ; encore une se rétracta. Dès le 22 juillet, Meaux, Versailles, Amiens, déclarèrent ne vouloir correspondre qu'avec eux. Onze autres villes les imitèrent avant le 31 juillet, Marseille dès le 27, avec la plus vive énergie. Dans la même séance, les Cordeliers vinrent protester de leur attachement aux Jacobins, ainsi que les sociétés fraternelles.

Les constitutionnels, naguère vainqueurs, en étaient à se défendre. Plusieurs adresses audacieuses, lancées des provinces, leur reprochaient amèrement de tolérer dans l'Assemblée nationale les trois cents royalistes qui avaient protesté. Coup sur coup, Montauban, Issoire, Riom, Clermont, vinrent leur lancer cette pierre.

L'adresse de Clermont fut apportée et probablement rédigée par l'ami de Madame Roland, M. Bancal des Issarts, envoyé tout exprès par sa ville. Elle fut écrite le 19 juillet, évidemment au moment où l'on apprit la décision du 16 qui engageait l'Assemblée en faveur du roi. Nul doute qu'une lettre ardente de Madame Roland à Bancal n'eût contribué aussi à exalter celui-ci au delà de son caractère ordinaire. C'est la lettre où elle lui racontait le prodigieux succès obtenu par Brissot aux Jacobins. Cette lettre, émue et fiévreuse, se terminait par trois lignes d'un pressentiment mélancolique : « Je finirai de vivre quand il plaira à la nature ; mon dernier souffle sera encore le souffle de l'espérance pour les générations qui vont nous succéder. »

Elle se sentait devenir malade, et, en effet, elle tomba. L'excès de la fatigue, la continuité des émotions, l'affreux coup du 17 surtout, la firent succomber; elle désespéra un moment de la liberté. Elle écrivait, le 20, à Bancal que tout était fini, que les Jacobins ne pourraient jamais se soutenir, qu'il était inutile qu'il vînt à Paris, etc. Mais la puissante impulsion qu'elle avait donnée[1] ne s'arrêtait pas ainsi. Au moment même, Bancal allait partir, il tenait la violente adresse des Jacobins de Clermont, qui semble précisément écrite de la main et de la plume de Madame Roland. Il crut ses premiers conseils, ne tint compte des seconds, vola à Paris, se présenta lui-même aux portes de l'Assemblée, le brûlant papier à la main.

Cette adresse, grave dans sa violence, magistrale, tombant d'en haut, du peuple souverain sur ses délégués, les tançait d'avoir deux fois trompé l'espoir de la nation en ajournant la convocation des assemblées électorales; trois fois même, ayant promis que la constitution serait finie le 14 et ne tenant point parole. Elle annonça à l'Assemblée que si, dans la quinzaine, son décret pour suspendre les élections n'était pas révoqué, *on aviserait sans elle.*

Bancal ne put passer les portes; on ne l'admit point à la barre. Son compatriote Biauzat, député d'Auvergne, censura l'adresse avec violence et mépris, cherchant à salir le caractère même de celui

---

1. Elle avoue (*Lettres à Bancal*, p. 272) qu'une grande partie des adresses républicaines des provinces s'étaient écrites à Paris, chez elle.

qui l'apportait. Il obtint qu'elle serait renvoyée au comité des recherches, qui ferait enquête et poursuites, s'il y avait lieu. Loin de s'effrayer, Bancal adressa, le lendemain, à l'Assemblée une apologie très ferme, et osa lui demander une réparation publique. Le soir, aux Jacobins, il offrit mille exemplaires de la pétition de Clermont, cinq cents pour eux, cinq cents pour être envoyés aux sociétés affiliées. Les Jacobins n'acceptèrent pas ces derniers cinq cents, craignant sans doute, par ce pas hardi, de s'aliéner la masse des Feuillants qui songeaient à leur revenir.

Ceux-ci en effet se brisaient en deux moitiés, tout à l'heure. Il était impossible que des Feuillants comme Merlin ou Dubois-Crancé marchassent avec des Feuillants tels que Barnave et les Lameth. Nous ignorons malheureusement leurs débats intérieurs; mais ils ne se révèlent que trop à l'Assemblée nationale. Le 30, sur la plus grave des questions, ils faiblissent, ils s'éparpillent, la majorité leur échappe, le pouvoir aussi pour toujours; car c'était la question même du pouvoir qui s'agitait. L'Assemblée, après Varennes, avait envoyé quelques commissaires dans les départements frontières pour les surveiller et les raffermir. Le bon effet de cette mesure faisait qu'on songeait à l'étendre. C'est-à-dire que l'Assemblée, qui jusque-là parlait, ordonnait de loin, voulait cette fois agir de près, se transporter, en la personne de ses membres les plus énergiques, sur tous les points du territoire, se montrer partout, et, dans cette ubiquité, saisir, serrer d'une main forte la France, avant qu'elle échappât. La vieille Constituante, quasi expirée, rêvait de faire ce que fit à grand'peine la jeune Convention dans l'accroissement prodigieux de force que lui donnaient encore le péril et la fureur.

Tard, bien tard, cette puissance essentiellement législative, cette grande fabrique de lois se mettait à gouverner, à voyager, à agir. Elle était un peu cassée pour gouverner à cheval. Buzot demanda qu'on cessât d'envoyer des commissaires, la présence de tous les députés étant nécessaire, disait-il, au moment de la revision. D'André, organe en ceci des défiances de la cour pour les constitutionnels, au grand étonnement de tous, appuya Buzot. La cour donna ainsi la main aux républicains pour briser son dernier espoir, annuler l'action de l'Assemblée. Celle-ci, lassée d'elle-même, vota sans difficulté comme on voulait qu'elle votât; elle renonça au mouvement, se rassit pour une heure encore, impatiente qu'elle était de jeter un dernier regard sur son œuvre, la constitution, et de n'être plus.

CHAPITRE X

LA REVISION. — ALLIANCE MANQUÉE ENTRE LA GAUCHE
ET LA DROITE (AOUT 1791).

Barnave et les constitutionnels voudraient regagner la droite, fin juillet. — Ils s'accordent avec Malouet. — Ils négocient avec Léopold. — La reine écrit à Léopold pour l'empêcher d'agir, 30 juillet. — La droite rompt l'entente de Malouet avec Barnave et Chapelier, 4 août. — La revision, timidement royaliste, 5-30 août. — La constitution de 1791, ni bourgeoise ni populaire. — Prodigieuse multiplication des sociétés jacobines. — Solennel outrage de Robespierre aux constitutionnels, leur humiliation, 1er septembre.

Le constitutionnel Barnave, le royaliste Malouet, divisés sur beaucoup de choses, avaient un lien commun dans leur opinion sur les colonies : tous deux étaient favorables aux planteurs. Un jour que Barnave avait vivement défendu Malouet dans ce comité, il laissa partir tous les autres, retint Malouet seul à seul et lui fit sa confession : « J'ai dû souvent vous paraître bien jeune, lui dit-il; mais, soyez-en sûr, en peu de mois j'ai beaucoup vieilli... » Puis, après un court silence, dans lequel il semblait rêver : « Est-ce que vous ne voyez pas que, nous tous, députés de la gauche, sauf peut-être une douzaine d'ambitieux ou de fanatiques, nous désirons finir la Révolution ?... Nous sentons bien que nous n'y parviendrons qu'en donnant une forte base à l'autorité royale... Ah! si le côté droit, au lieu d'irriter toujours la gauche en repoussant tout ce qu'elle propose, secondait la revision!... »

Cette ouverture signifiait que les constitutionnels, voyant se briser dans leurs mains la machine des Feuillants, voyant la fraction patriote du nouveau club déjà tournée vers la porte pour retourner aux Jacobins, se jetaient eux-mêmes à droite, s'adressaient aux royalistes.

Et quand je dis les constitutionnels, je parle surtout de Barnave. Lui seul semblait conserver la vie, l'entrain et l'espoir. Rien ne peut exprimer la lassitude des autres, leur ennui, leur dégoût, leur découragement. Ils attendaient impatiemment l'heure bénie qui allait les rendre au repos. Cette Assemblée, en deux ans et demi, avait vécu plusieurs siècles; elle était, si j'ose dire, rassasiée d'elle-même, elle aspirait passionnément à sa fin. Lorsque d'André lui proposa les nouvelles élections qui allaient la délivrer, elle se leva tout entière et salua l'espoir de son anéantissement d'applaudissements frénétiques.

Une lettre confidentielle d'un homme sûr, très instruit de la situation, lettre de M. de Gouvernet à M. de Bouillé, nous révèle cette circonstance romanesque que n'eût point devinée l'histoire : c'est que la vie de l'Assemblée, l'espoir de la monarchie, le désir de la sauver, s'étaient alors réfugiés, au milieu de l'abattement général, dans une tête de vingt-huit ans, celle de Barnave. La ligue, si peu homogène, qui avait rallié les quatre cinquièmes du côté gauche, marié deux ennemis, La Fayette et Lameth, détruit presque les Jacobins, « c'était le plan de Barnave ». — Et comment se jeta-t-il dans cette entreprise? La même lettre dit expressément que ce fut le retour de Varennes, la reconnaissance qu'on lui témoigna, « qui changèrent son cœur ».

Grand changement, en vérité. Barnave ne semblait nullement un homme à se laisser mener par le cœur et l'imagination. Sa suffisance habituelle, sa parole noble, sèche et froide, n'étaient point du tout d'un rêveur. Il ne se piquait aucunement de thèses sentimentales, et donnait plutôt au sens opposé (par exemple, dans l'affaire des noirs). On ne trouve jamais, je crois, dans les discours de Barnave, le mot qui revient si souvent dans tous ceux des hommes de l'époque, depuis Louis XVI jusqu'à Robespierre : « Ma sensibilité, mon cœur. »

On n'en est que plus étonné de le voir, en 1791, si tard dans la Révolution, suivre (dirai-je avec espoir? ou avec une ardeur désespérée?) le leurre qui avait pu tromper Mirabeau au début et quand la situation était tout entière. Le plan de Barnave n'était nul autre que celui de Mirabeau : « Arrêter la Révolution, sauver la royauté, gouverner avec la reine. »

Barnave avait quitté la reine à la porte des Tuileries, le 25 juillet au soir, et il ne la revit qu'après le 13 septembre, lorsque le roi eut accepté la constitution. Il en était resté aux entretiens de Meaux, il voyait la reine confiante et docile, ne voulant être sauvée que par la constitution, par l'Assemblée et Barnave. Bien des choses s'étaient passées depuis ce temps, et dans l'Europe, et dans l'âme de la reine, que le jeune orateur ignorait parfaitement.

Il ne savait pas qu'elle avait agi dans un sens contraire.

Fersen, nous l'avons dit, droit en arrivant de Paris, avait remis à Monsieur le pouvoir verbal du roi, pouvoir qui lui fut envoyé écrit, authentique, le 7 juillet.

Sans même attendre ceci, le 6, l'empereur Léopold, frère de Marie-Antoinette, avait écrit, fait circuler une note à toutes les puissances pour menacer la France et délivrer Louis XVI.

La Prusse, poussée par les princes, était bien autrement animée que Léopold. La Russie et la Suède montraient encore plus d'indignation, d'impatience que la Prusse.

Le 25 juillet, eurent lieu des conférences entre la Prusse et l'Autriche, et là Léopold, contrairement à ce que faisait entendre sa note du 6 juillet, montra des vues pacifiques. Il avait sur les bras sa guerre avec la Turquie, qu'il ne finit qu'au mois d'août. Il avait, à sa porte, la nouvelle révolution de Pologne, l'attente d'une grande guerre du Nord, la probabilité d'une invasion russe en Pologne, peut-être la nécessité de s'enrichir encore par un troisième partage que la Russie imposerait. Celle-ci était alors acharnée sur une autre proie, la Turquie. Les conférences de la Prusse et de l'Autriche avaient pour but principal de bien faire entendre à la Russie que, tant qu'elle n'aurait pas lâché les Turcs, les puissances allemandes resteraient immobiles sous les armes à la regarder, et ne s'en iraient pas courir les aventures à la croisade de France.

Donc, pour le moment, Léopold ne pouvait être que pacifique à notre égard. Malgré la Russie, la Suède et la Prusse, qui auraient voulu l'embarrasser dans les affaires d'Occident, il ne bougeait point. Ses généraux, fort instruits, lui disaient d'ailleurs que ce n'était point une petite affaire de s'engager dans un tel royaume, dans ces masses profondes d'une population innombrable, exaltée par le fanatisme de la liberté. A quoi Léopold ajoutait un sentiment personnel : il craignait pour la vie du roi et de la reine ; à la première nouvelle de l'invasion autrichienne, sa sœur risquait de périr.

Sauver la reine était l'idée qu'on devait naturellement supposer à son frère Léopold. Et c'était bien aussi l'idée de Barnave, celle des constitutionnels, de sauver la reine et la royauté. Sans avoir encore négocié avec l'empereur, ils se sentaient réunis avec lui dans cet intérêt commun. Ils ne désespéraient pas, malgré l'attitude menaçante de la Diète germanique, qui ordonnait l'armement, [d'éviter la guerre européenne ; heureuse ou non, la guerre eût été leur ruine, le triomphe de leurs ennemis.

Pour traiter avec l'Empereur, il fallait avant tout être maître ici, écraser la puissance des clubs ou bien se l'approprier et s'en rendre maître. Les constitutionnels avaient préféré le second moyen, ils avaient cru le trouver dans la création des Feuillants. Mais voilà que les Feuillants leur manquaient, leur échappaient. Perdant cette force qui leur était propre, il leur restait de demander la force à leurs ennemis, à ceux qu'ils avaient persécutés et détruits, je veux dire aux royalistes. Ceux-ci voudraient-ils pardonner? Auraient-ils bien l'intelligence de saisir cette dernière planche jetée sur l'abîme où les constitutionnels voulaient les sauver avec eux? Cela était fort douteux. Il était bien plus probable qu'obstinés dans leurs rancunes et désirant moins encore être sauvés que vengés, ils rejetteraient du pied cette planche de sauvetage, et que tous, constitutionnels et royalistes, s'en iraient ensemble au gouffre profond.

Tel était le moment de crise où Barnave, où le parti constitutionnel, triomphant en apparence depuis l'affaire du Champ de Mars, s'adressa à l'homme qu'il avait toujours repoussé, raillé, à l'homme invariablement hué de la gauche et des tribunes, au royaliste Malouet. C'était le fort qui semblait demander la force au faible, le vainqueur agonisant qui tendait la main au vaincu et criait merci.

Malouet ne ferma nullement l'oreille aux propositions de Barnave. Mais Chapelier qui survint, mais Duport que Malouet alla voir ensuite, firent de graves difficultés. La lettre citée plus haut affirme pourtant que la partie fut liée entre Chapelier et Malouet pour jouer d'accord la comédie de la revision. Malouet devait attaquer la constitution, en démontrer les vices : « Et vous, disait-il, vous me répondrez, vous m'accablerez de votre indignation, vous défendrez les petites choses ; quant aux grandes, qui touchent vraiment l'intérêt monarchique, vous direz que vous n'aviez pas besoin des observations de M. Malouet, que vous entendiez bien en proposer la réforme. Et vous la proposerez. »

Comment pouvaient-ils supposer que cette étrange parade tromperait les yeux du public ? Ils comptaient apparemment sur l'indifférence, l'insouciance, l'abattement général. Il y avait en effet de grands signes de lassitude. L'Assemblée nationale elle-même semblait s'abandonner ; elle ne comptait habituellement pas plus de cent cinquante membres présents ; au jour le plus critique, au lendemain du 17 juillet, elle ne vit siéger dans son sein que deux cent cinquante-trois députés. Les autres étaient ou déjà partis ou bien toujours enfermés au fond des bureaux. Plusieurs, on l'assurait, abattus, corrompus par le découragement même, passaient les nuits et les jours dans les maisons de filles et de jeux ; l'évêque d'Autun, Chapelier, d'autres encore, étaient, à tort ou à droit, accusés d'y avoir élu domicile.

Laclos, Prud'homme, assurent, dans leurs journaux

de juillet, que les sections, les assemblées primaires, étaient devenues désertes. Beaucoup d'hommes évidemment étaient déjà las de la vie publique. En récompense, il faut ajouter que ceux qui persévéraient devenaient plus violents. Si les assemblées légales étaient peu fréquentées, c'est que la vie et l'ardeur se concentraient tout entières dans les sociétés jacobines.

Pour revenir, Barnave, heureux d'avoir ménagé cette entente entre les principaux acteurs de la revision, ne désespérait plus de rendre force à la royauté. Les constitutionnels, dociles à son impulsion, chargèrent M. de Noailles, notre ambassadeur à Vienne, d'en avertir Léopold; et pour mieux le persuader, ils obtinrent de la reine même qu'elle écrirait à son frère, le prierait de ne point agir.

Étrange contradiction! pendant que Monsieur, armé des pouvoirs que la cour des Tuileries lui avait envoyés le 7 juillet, pressait la Prusse d'armer, de se mettre en mouvement, la reine écrivait, le 30, à l'Autriche, de ne point armer, de ne point bouger, de se confier, comme elle, au zèle que les constitutionnels de France montraient alors pour la restauration de la royauté.

La lettre, longue, insinuante, habile, fort éloignée de ce que ferait attendre le caractère ordinairement impétueux de la reine, est très bien calculée pour lui sauver le reproche de versatilité qu'on eût pu faire à ces deux actes contradictoires du 7 et du 30. Cette pièce si politique a été, sinon dictée, au moins préparée, minutée pour le fond par les habiles, Barnave et les amis de Barnave. Et pourtant dans la confiance toute nouvelle que la reine leur témoigne, elle se réserve encore contre eux la possibilité de dire plus tard qu'elle n'a pas été libre ; elle met en tête de sa lettre ce petit mot qui, au besoin, annulerait tout le reste : « *On désire que je vous écrive*, et l'on se charge de vous faire parvenir ma lettre, car *pour moi je n'ai aucun moyen de vous donner des nouvelles* de ma santé. »

Le parti royaliste, ni en France, ni hors de France, ne marchait avec le roi. Ce moment où le roi et la reine se confiaient à l'Assemblée était précisément celui où les émigrés agissaient le plus vivement pour armer l'étranger, où les prêtres non émigrés commençaient à travailler le peuple avec une entente habile, sur un plan systématique qui semblait devoir organiser sur la France une Vendée universelle. En juillet, on apprit que les Deux-Sèvres, que l'Alsace, que Châlons-sur-Marne, allaient prendre feu. En août, le Pas-de-Calais, le Nord et le Calvados annonçaient la guerre civile. Cette dernière nouvelle tomba justement dans l'Assemblée le 4 août, la veille de la revision, au milieu de l'arrangement à peine conclu entre Chapelier et Malouet. Un député proposa, pour le Nord, que les prêtres qui refusaient le serment d'obéissance à la loi fussent éloignés du département. A ce mot, tout le côté droit se lève. M. de Foucault crie joyeusement : « Pillage ! incendie ! guerre civile ! » Tous sortent, l'abbé Maury faisant à l'Assemblée une révérence profonde, comme pour la remercier de donner pour l'appel aux armes une si belle occasion.

Barnave et Chapelier essayèrent sur-le-champ de marcher sur l'étincelle, ils se déclarèrent contre la mesure de rigueur qu'on voulait appliquer aux prêtres, la firent rejeter. Le côté droit rentra aux séances suivantes; on avait lieu de le croire apaisé. Mais, le 8 août, au jour même où s'ouvraient les débats de la revision, d'Espreménil, au nom de ses collègues, déclara qu'ils persistaient dans toutes leurs protestations. Chacun d'eux se leva et dit fermement : « Je le déclare. »

Ainsi fut brisé le pacte plus politique qu'honorable que Barnave avait espéré de faire conclure tacitement entre la droite et les constitutionnels. Malouet, comme il était convenu, entama la critique de la constitution avec beaucoup de finesse et de force. Mais Chapelier l'interrompit. Délié du traité secret par la nouvelle protestation du côté droit, il soutint que Malouet devait parler, non sur le fond, mais seulement sur l'ordre établi entre les divers titres de la constitution.

L'arrangement, la fusion nécessaire pour faire un corps de tant de lois éparses, avaient embarrassé longtemps les comités de constitution et de revision. Ce fut, dit-on, un ami de La Fayette, Ramond, depuis membre de la Législative, qui leur proposa l'ordre auquel ils finirent par s'arrêter; ordre savant, habile, trop habile, qui, sous prétexte de fondre, absorbait, faisait disparaître beaucoup d'articles que l'Assemblée avait votés. De là une vive aigreur entre les constitutionnels eux-mêmes. L'Assemblée plus d'une fois vota contre ses comités. Un député ayant dénoncé « les omissions graves que les vrais amis de la liberté croyaient apercevoir », un orage s'éleva, et Barnave s'exaspéra au point d'offrir sa démission.

La revision devint un spectacle pitoyable. Cette noble Assemblée, qui, malgré toutes ses fautes, n'en reste pas moins si grande dans l'histoire, offrit cet enseignement à l'humanité que vivre au delà de sa vie, c'est une chance terrible de honte, d'inconséquence, de démenti à soi-même.

Surprise en flagrant délit d'aristocratie et de royalisme, tantôt par omission et tantôt par commission, elle constata tristement son envie timide de rétrograder, et le manque de courage qui l'empêchait d'aller en arrière tout aussi bien qu'en avant. L'audace qui parut par moments dans quelques discours de Barnave n'eut pas un heureux succès. Robespierre envisageant le roi comme simple *fonctionnaire* et lui refusant le titre de *représentant* de la nation, Barnave soutint que le fonctionnaire ne pouvait qu'*agir* pour la nation, mais que le représentant de plus pouvait *vouloir* pour elle. De là il déduisait l'inviolabilité du représentant royal. Cette distinction, trop claire, eut précisément le tort de mettre la question à nu, compromit la royauté, rendit les esprits irréconciliables avec un pouvoir *qui voulait à la place de la nation*.

La volonté royale, à vrai dire, était bien impuissante dans la constitution de 1791. Elle n'avait guère d'action que négative; elle ne pouvait que pour empêcher. Le *veto suspensif* dont elle armait le roi pouvait suspendre trois ans l'exécution des décrets; puissance irritante, provocante, qui devait infailliblement amener des explosions. A cela près, la royauté restait une majestueuse inutilité[1], un de ces meubles antiques, magnifiques et surannés, que l'on garde dans une maison moderne, par je ne sais quel souvenir, mais qui gênent, occupent une vaste place inutile, et que l'on se décidera un matin à loger au garde-meuble.

L'Assemblée avait ôté l'action au roi et ne l'avait pas donnée au peuple. Le principe du mouvement manquait partout dans cette vaste machine; l'agitation était partout, nulle part l'action.

La constitution était-elle essentiellement bourgeoise, comme on l'a tant répété? On ne peut le dire. La condition d'élection à laquelle on s'arrêta, deux cent cinquante francs de revenu, était tout à fait illusoire, si l'on voulait fonder un gouvernement bourgeois. Le républicain Buzot s'en moqua lui-même et dit : « A votre point de vue, ce n'est pas deux cent cinquante francs de revenu que vous deviez exiger, mais deux cent cinquante francs de contribution. » C'eût été alors en effet une vraie base

---

[1]. Camille Desmoulins dit très bien : « ..... On a laissé à la France le nom de monarchie, pour ne pas effaroucher ce qui est cagot, idiot, rampant, animal d'habitude.....; mais à part cinq ou six décrets, contradictoires avec les autres, on nous a constitués en république. »

bourgeoise, analogue aux lois électorales qui ont régné de 1815 à 1848.

Les *électeurs* à deux cent cinquante francs de revenu, avec l'adoucissement qu'on donna encore à la loi en faveur des fermiers, étaient dans un nombre immense. Les *citoyens actifs* (électeurs des électeurs, payant trois journées de travail) étaient entre trois et quatre millions.

Les seuls citoyens actifs étaient *gardes nationaux* ; encore une distinction irritante, de plus, à peu près inutile ; la différence était légère entre celui qui payait trois jours de travail et celui qui ne payait rien ; le premier donnait-il beaucoup plus de garanties que l'autre ? Qui pouvait le décider ?

Visiblement l'Assemblée, pendant la revision, se survivait à elle-même, chaque jour moindre de nombre, plus petite d'aspect et de dignité. Elle tarissait misérablement. Ses penseurs illustres se taisaient ou parlaient peu. Généralement ils laissaient l'initiative à un homme de troisième ordre, homme d'affaires et d'expédients, politique industrieux, d'André, dont tout l'art était d'employer les formes jacobines à servir la royauté. Pour mieux désorienter le public, il attaquait volontiers les royalistes, jusqu'à appuyer un jour la proposition de déclarer déchus les trois cents qui protestaient. Sa figure triviale, son costume soigneusement négligé, aidaient à l'illusion. Cependant un je ne sais quoi d'un Frontin de comédie qu'il portait sur son visage (c'est à son ami Dumont que nous devons ce portrait) révélait l'habile acteur. Parfois il lui échappait des paroles inconséquentes; accusé de tel libelle, il avouait que du moins il aurait voulu le faire. Parfois il outrait son rôle; pendant la revision, en septembre, il s'associa à une maison de commerce, croyant se rendre populaire, et s'intitula : « D'André, épicier. » Cela ne plut à personne; on y vit avec raison une imitation maladroite du moyen que Mirabeau aurait employé en 1788 (selon une tradition fausse, mais généralement répandue), ouvrant boutique à Marseille et mettant dessus : « Mirabeau, teinturier. »

Ces parades misérables qui ne trompaient point le public, cet abandon que l'Assemblée faisait d'elle-même à tel intrigant royaliste, rejetaient toute la France du côté des Jacobins. Au commencement de septembre, le secrétaire des Feuillants, Antoine, demande à rentrer; à la fin du mois, leur président, Bouche; une foule d'autres les imitent. Le duc de Chartres y vient chercher une double couronne civique, pour deux hommes à qui, dit-on, il a sauvé la vie. La société de Paris redevient plus nombreuse que jamais. Mais ce qui est véritablement surprenant, effrayant, c'est l'accroissement subit des sociétés de provinces, leur immense multiplication. En juillet, il y avait *quatre cents* sociétés, — en septembre, dit-on, il y en a eu *mille!* — Des anciennes, trois cents correspondaient également avec les Jacobins et les Feuillants, cent avec les seuls Jacobins. Et les *six cents* nouvelles, à qui demandent-elles l'affiliation? *Aux Jacobins* seuls. Ceux-ci sont évidemment vainqueurs, maîtres de la situation, de l'avenir.

Cet immense mouvement de la France, qui semble se précipiter dans une association, ressort à la société mère des Jacobins de Paris. Mais cette société renouvelée, sous quelle influence a-t-elle été récemment recomposée? Nous l'avons vu, sous celle de Robespierre. C'est une société tout autre, plus ardente, plus jeune, où les hommes considérables, les penseurs, les raisonneurs, sont moins nombreux à coup sûr. En récompense, les hommes de passion, de sensibilité, les artistes, les journalistes, la plupart de second ordre, y dominent maintenant. Cette société, tête ardente de l'immense société jacobine répandue sur la France, ira de plus en plus pensant, raisonnant par un seul homme ; j'aperçois au sommet de ce prodigieux édifice de mille associations la tête pâle de Robespierre.

Il a maintenant élu domicile à la porte de l'Assemblée, et il semble en faire le siège. Si vous ne le trouvez aux Jacobins, il est à coup sûr en face de l'Assomption, chez Duplay, le menuisier. Voyez-vous cette porte basse, cette cour humide et sombre, où l'on rabote et l'on scie ; au-dessus, au premier étage, dans une chambre mansardée, Mme Duplay possède le meilleur des patriotes... Ah! quel est le bon citoyen qui, passant devant cette porte, ne sentira mouiller ses yeux!... Les bonnes femmes l'attendent dans la rue ; elles sont trop heureuses de le voir un moment « ce pauvre cher Robespierre », quand il sort propre et décent, dans son habit neuf rayé[1]. Ses lunettes témoignent qu'avant l'âge il a déjà usé ses yeux pour le service du peuple... Que ne peut-on baiser les basques de son habit! On le suit du moins... Il marche, sans reconnaître personne, sec, de pureté civique, et droit, comme la vertu.

Que nous voilà déjà loin du 18 juillet, de cette adresse rampante par laquelle Robespierre a sauvé les Jacobins! Nous avons atteint le 1er septembre. La revision est terminée. Il s'agit de savoir comment la constitution sera présentée à l'acceptation du roi, comment on constatera qu'à ce moment le roi est libre. L'Assemblée lui permettra-t-elle de modifier, d'accepter sous condition? Robespierre apporte un discours bien calculé pour foudroyer l'Assemblée dans son parti dominant, pour l'outrager et l'écraser dans l'homme le plus éminent du parti, Adrien Duport. Cet outrage solennel est une chose politique, pour constater la défaite; un parti vaincu n'est jamais vaincu, aux yeux de la plupart des hommes, que quand il peut être impunément outragé, quand il tombe dans le mépris.

« On doit être content sans doute, dit Robespierre, de tous les changements essentiels qu'on a obtenus de nous. Si l'on peut encore attaquer, modifier une

[1]. C'est vers cette époque, si je ne me trompe, que l'habit olive, le premier habit (au dire de M. Villiers, qui logeait d'abord avec Robespierre), doit avoir un successeur.
En quittant sa solitude, changeant de quartier, de maison, il prit vraisemblablement l'habit rayé qu'on portait beaucoup alors, et qu'on voit dans tous ses portraits.

constitution arrêtée deux fois, que nous reste-t-il à faire que de reprendre ou nos fers ou nos armes?... » Applaudissements violents des tribunes. La gauche s'agite et murmure. — « Monsieur le président, continue Robespierre, je vous prie de dire à M. Duport de ne pas m'insulter... » Il se trouvait justement que Duport n'avait rien dit, ses voisins en témoignèrent. Probablement Robespierre avait d'avance arrêté de le nommer, afin de faire tomber sur ce nom tout le poids de la diatribe qu'il balançait alors à la tribune, comme la pierre d'une fronde, au moment de la lancer.

« Je ne présume pas, dit-il, qu'il existe dans cette Assemblée un homme *assez lâche* pour transiger avec la cour sur un article de notre constitution... » — Et il regardait Duport; les royalistes le regardent aussi, heureux et ravis. Quarante ans encore après, Montlosier tressaille de joie en contant cette fête d'opprobre dont jouit le côté droit, dans l'avilissement de Duport.

Il reprit : « Assez *perfide* pour faire proposer par la cour des changements nouveaux que la pudeur ne lui permettrait pas de proposer lui-même... » — Toute la salle, toutes les tribunes, portèrent d'un regard sur Duport ce mot de *perfide*, et tous applaudirent.

« Assez *ennemi de la patrie* pour décréditer la constitution, parce qu'elle bornerait sa cupidité... » — Nouveaux applaudissements.

« Assez *impudent* pour avouer qu'il n'a cherché

dans la Révolution qu'un moyen de s'agrandir. »
— La droite riait aux larmes.

« Non, dit-il, je ne le crois pas. Je ne veux regarder tel écrit, tel discours qui présenterait ce sens, que comme l'explosion passagère du dépit, déjà expié par le repentir... » Et alors élevant la voix : « Je demande que chacun de nous jure que jamais il ne composera, sur aucun article, avec le pouvoir exécutif, sous peine d'être déclaré traître à la patrie. »

Duport, Barnave et Lameth restèrent cloués à leur banc sous cette parole de plomb. Elle tombait, assénée d'une lourdeur extraordinaire, avec la clameur d'en haut, les cris des tribunes, avec les dérisions infernales des royalistes, comme la joie des damnés, se disant les uns aux autres : « Mort à nous ! mais mort à vous !... » Et le plus tragique encore, c'était l'assentiment tacite de presque toute l'Assemblée, qui, par une malveillance naturelle à qui va périr, s'amusait à voir ses chefs périr d'abord, étouffer, sans pouvoir pousser un cri.

C'est ainsi qu'eux-mêmes, six mois auparavant, ils avaient tué Mirabeau. Aujourd'hui, c'était leur tour.

Mirabeau n'eut pas cette fin désespérée et muette. Ceux-ci, il faut le dire, expiraient sous une bien autre pression. Ils auraient trouvé une voix, ces vaincus, si Robespierre seul, si l'Assemblée seule, avec les tribunes, eût pesé sur eux... En réalité, ce qui les écrasait, leur ôtait la voix et l'haleine, la respiration, la vie, c'était une puissance extérieure qu'on ne voyait pas, puissance énorme, inéluctable ; c'était ce *boa constrictor*, ce prodigieux serpent des mille sociétés jacobines, qui, d'un bout de la France à l'autre, roulant ses anneaux, venait les serrer ensemble sur l'Assemblée défaillante, et sur ce banc même, à cette place, tordait et retordait son nœud. Ils n'avaient garde de bouger; à cette pression extérieure s'ajoutait ce qui ôte les forces dernières, le vertige, la fascination. Leur ennemi avait beau jeu pour examiner froidement où et comment il lui convenait de leur enfoncer le poignard.

En Duport périrent les constitutionnels; en ceux-ci périt l'Assemblée. Ce discours et ce silence d'étouffement, d'asphyxie, semblent appartenir déjà à l'histoire de la Terreur.

CHAPITRE XI

PRÊTRES ET JACOBINS. — VENTE DES BIENS NATIONAUX
(SEPTEMBRE 1791).

Caractère général de l'Assemblée constituante. — Des services qu'elle a rendus au genre humain. — Déclaration de Pilnitz, 27 août, qui tue les constitutionnels. — Le roi accepte la constitution, 13 septembre. — Entrevues de la reine et de Barnave. — La force principale du royalisme était dans l'action du clergé sur le peuple. — Douceur de l'Assemblée à l'égard des prêtres qui refusent le serment. — Intrigues et menées violentes des prêtres réfractaires. — La mécanique du fanatisme. — Sacrements furtifs, enterrements nocturnes. — Il n'eût pas été impossible d'ouvrir les yeux au paysan. — L'Assemblée eût dû préparer les esprits à recevoir et comprendre la loi. — L'intérêt se mêlait au fanatisme. — L'intérêt dut aussi soutenir la foi révolutionnaire. — Premier essor de la vente des biens nationaux. — Huit cents millions en cinq mois, avril-août 1791. — Foi des acquéreurs dans les destinées de la Révolution. — Ils fortifient les sociétés jacobines. — Le paysan sous-acquéreur devient la plus ferme base de la Révolution. — C'est l'ancien mouvement de la France, longtemps interrompu, qui recommença. — Note sur les écrivains qui essayent d'obscurcir ceci. — Solidité de la France des campagnes. — Fin de l'Assemblée constituante, 30 septembre 1791; son impuissance.

Les fautes de l'Assemblée constituante, les voies sinueuses et coupables où s'engageaient ses meneurs, sa punition enfin et son triste abaissement ne doivent point nous faire oublier, à nous, postérité qui jouissons de ses bienfaits, tout ce que cette grande Assemblée a rendu de services au genre humain.

Quel livre il faudrait pour expliquer, apprécier ce corps immense de trois mille lois qu'elle a laissées !... Peut-être essayerons-nous d'en saisir l'esprit, quand nous pourrons les mettre en regard des lois analogues ou contraires de nos autres assemblées. Notons seulement, quant aux lois de la Constituante, que celles même qui sont abolies n'en restent pas moins instructives et fécondes. Cette grande Assemblée semble parler encore à toute la terre. Les solutions générales et philosophiques qu'elle donna à tant de questions sont toujours étudiées avec fruit, consultées avec respect de tous les peuples. Elle n'est pas restée le législateur du monde, elle en est toujours le docteur, elle lui conserve, noblement formulés, les vœux du siècle philosophe, son amour du genre humain.

Dans cette histoire trop rapide, je n'ai pu, sous ce rapport, rendre à l'Assemblée constituante ce qui lui est dû. J'ai été involontairement injuste envers elle, parlant des intrigues et non des travaux, nommant toujours les chefs de parti, les meneurs, fort attaquables, et ne disant rien de cette foule d'hommes éclairés, modestes, impartiaux, qui remplissaient les comités ou dans l'Assemblée votaient avec intelligence et patriotisme, et tant de fois fixaient la majorité du côté de la raison. Une masse flottante d'environ trois à quatre cents députés, dont presque aucun n'a parlé, dont aucun ne marque comme opinion tranchée, a fait peut-être la force réelle de la Constituante, appuyant toujours les solutions élevées, nobles, clémentes, qui font rayonner dans les lois le doux génie de l'humanité.

Si l'Assemblée constituante était l'unique auteur des lois qu'elle a rédigées (malgré leurs défauts, leurs lacunes), ce ne serait pas une couronne que le genre humain lui devrait, mais un autel.

Ses lois, il faut le dire, ne sont pas à elle seule. En réalité, elle a eu moins d'initiative qu'il ne semble. Organe d'une révolution ajournée très longtemps, elle trouva les réformes mûres, les voies aplanies. Un monde d'équité, qui brûlait d'éclore, lui fut remis dans les mains par le grand dix-huitième siècle; restait de lui donner forme. La mission de l'Assemblée était de traduire en lois, en formules impératives, tout ce que la philosophie venait d'écrire sous forme de raisonnement. Et celle-ci, la philosophie, sous quelle dictée avait-elle écrit elle-même? Sous celle de la nature, sous celle du cœur de l'homme étouffé depuis mille ans. En sorte que l'Assemblée constituante eut ce bonheur, cet honneur insigne, de faire que la voix de l'humanité fût enfin écrite et devînt la loi du monde.

Elle ne fut pas indigne de ce rôle. Elle écrivit la sagesse de son époque, parfois elle la dépassa. Les légistes illustres qui rédigeaient pour elle furent, dans leur force logique, conduits à étendre par une déduction légitime la pensée philosophique du dix-huitième siècle; ils ne furent pas seulement ses secrétaires et ses scribes, mais ses continuateurs. Oui, quand le genre humain dressera à ce siècle unique le monument qu'il lui doit, quand, au sommet de la pyramide, siégeront ensemble Voltaire et Rousseau, Montesquieu, Diderot, Buffon, sur la pente et jusqu'au bas siégeront aussi les grands esprits de la Constituante, et à côté d'eux les grandes forces de la Convention. Législateurs, organisateurs, administrateurs, ils ont, malgré toutes leurs fautes, laissé d'immortels exemples. Vienne ici la terre entière, qu'elle admire et qu'elle tremble, qu'elle s'instruise par leurs erreurs, par leur gloire et par leurs vertus.

Mais l'heure sonne, il faut qu'elle périsse, cette grande Constituante. Elle ne peut plus rien pour la France, rien pour elle-même. Il faut que la Convention nous vienne, d'abord sous le nom de Législative. Il faut que l'association jacobine couvre et défende la France. Il faut une conjuration contre la conspiration des prêtres et des rois.

Le 27 août, à Pilnitz, l'Empereur et le roi de Prusse avaient écrit une note menaçante pour la France, vague d'abord. Puis Calonne était accouru. Sous son influence active, au souffle haineux des émigrés, les rois eux-mêmes prirent feu, et, sans bien s'en rendre compte, ils dépassèrent la mesure qu'ils s'étaient prescrite. Ils se laissèrent entraîner à ajouter cette phrase au manifeste : « Qu'ils donneraient ordre pour que leurs troupes fussent à portée de se mettre en activité. »

Ce fut un avantage pour la France d'être avertie ainsi. Les émigrés, avec leur maladresse ordinaire, sonnaient le tocsin avant l'heure. La lettre pacifique de la reine de France fut oubliée un moment de Léopold ; n'ayant encore nulle intention d'agir, il commit la faute de donner l'alarme. Ici ce fut un coup de grâce pour les constitutionnels ; dans leur pénible travail de restaurer la royauté, ils furent frappés à mort par l'émigration. En présence de la guerre qu'on crut imminente, le bon sens national s'éloigna d'eux de plus en plus, les crut incapables ou perfides, dangereux de toute façon dans la crise qu'on voyait venir.

Ils confirmèrent, dans la revision, le sacrifice qu'ils avaient fait déjà, leur exclusion de la députation et de toutes places. On le leur a reproché à tort ; ils n'étaient pas libres d'agir autrement. Ils se voyaient l'objet de la défiance universelle, hors d'état de faire aucun mal, aucun bien.

La constitution, présentée au roi, fut acceptée de lui le 13 septembre. Les émigrés prétendaient que le roi se déshonorait ; Burke écrivit à la reine qu'elle devait refuser et plutôt périr. Elle ressentit vivement la dureté de ces bons amis, de ces serviteurs fidèles, qui, eux-mêmes loin du danger, paisibles dans les salons de Londres ou de Vienne, voulaient qu'elle s'immolât et lui imposaient la mort. Ce n'était nullement l'avis de Léopold ni du prince de Kaunitz. Barnave et les constitutionnels suppliaient aussi le roi d'accepter. Il le fit avec une remarquable réserve, déclarant qu'il ne voyait pas dans cette constitution des moyens suffisants d'action ni d'unité : « Puisque les opinions sont divisées sur cet objet, *je consens que l'expérience en demeure le seul juge.* » C'était approuver sans approuver, se réserver d'attendre, témoin inerte et malveillant, les chocs que subirait la machine prête à se disjoindre.

Il y eut des fêtes dans Paris. La famille royale fut promenée aux Tuileries, aux Champs-Élysées, au théâtre, reçue encore une fois d'une grande partie de la population avec joie et attendrissement. Joie inquiète et mêlée d'alarmes. On lisait une même pensée sur tous les visages : « Ah! si la Révolution finissait! Si nous pouvions voir enfin dans ce jour la fin de nos maux! »

Loin de finir, tout commençait. Pendant que le roi et la reine, plus libres enfin, voyaient secrètement, consultaient Barnave, traitaient, en quelque sorte, avec la Révolution, les prêtres, par toute la France, au nom de Dieu, au nom du roi, avaient organisé le premier acte de la guerre civile.

Je ne sache rien dans l'histoire de plus triste que ces nocturnes entrevues de Barnave avec le roi et la reine, telles que les a racontées la femme de chambre qui ouvrait au député. Elle attendait des heures entières à une petite porte des entre-sols, la main sur la serrure ouverte. La reine, un jour, craignant que Barnave ne gardât moins le secret s'il le voyait partagé avec une femme de chambre, voulut se charger elle-même de ce poste et reprit la faction. Spectacle étrange de voir la reine de France attendre la nuit, la main au loquet!... Et qu'attendait-elle, hélas? Reine déchue, elle attendait le secours de l'orateur non moins déchu, devenu impopulaire, et qui ne pouvait plus rien. La mort attendait la mort, et le néant, le néant[1].

La force du royalisme était ailleurs, dans l'embrasement fanatique que les prêtres, sur un vaste plan d'incendie, allumaient, attisaient partout. Vous auriez dit de la France comme d'une maison fermée qui brûle en dedans; l'incendie se trahit par places, avec des signes différents : ici, une fauve lueur, plus haut la fumée, là-bas l'étincelle.

Dans la Bretagne, par exemple, les curés, presque tous nommés maires en 1789, restaient maires de fait, magistrats de la Révolution contre la Révolution. Nul moyen d'organiser les municipalités nouvelles. Une force immense d'inertie, un vaste et farouche silence sur tout le pays, une attente manifeste.

En Vendée, chaque seigneur s'était fait nommer commandant de la garde nationale, et son régisseur était souvent maire. Le dimanche, après la messe, les paysans leur demandaient : « Quand commençons-nous? » On avait vu, justement en juin, vers l'époque du voyage de Varennes, nombre d'émigrés revenir, sur l'espoir d'un grand mouvement. L'un d'eux, le jeune et dévot Lescure, avait cru venir se battre pour le roi et la religion; sa famille le maria. Il se trouva fort à point que la tante de Mme de Lescure

---

1. Et le pis, c'est que Barnave, qui se dévouait pour la reine, se défiait d'elle et craignait sa duplicité; il exigeait qu'elle lui montrât toutes ses lettres. (Voir Mme Campan.) Avait-il tort? Je ne le sais. Le roi de Suède, qui probablement savait bien la pensée des Tuileries, écrit peu après à Bouillé (décembre) que tout ce qu'on veut, c'est « d'endormir l'Assemblée ».

(depuis La Rochejaquelein) avait envoyé de Rome une dispense nécessaire. La dispense disait que le mariage ne pouvait être célébré que par un prêtre qui eût refusé ou rétracté le serment. Ce fut l'un des premiers actes écrits dans lesquels le pape exprima sa décision. Nombre de prêtres qui avaient juré se rétractèrent sur-le-champ.

Mais bien avant que le pape se fût ainsi déclaré, sa pensée était connue et comprise ; les agents du clergé agissaient avec adresse et mystère ; ils remuaient le peuple en dessous. Dans la Mayenne, par exemple, rien ne paraissait encore ; mais parfois, dans les clairières des bois, on trouvait de grands rassemblements de mille ou deux mille paysans. Pour quelle cause ? Personne n'aurait su le dire.

Le sabotier Jean Chouan ne sifflait pas encore ses oiseaux de nuit. Bernier ne prêchait pas encore la croisade dans l'Anjou. Cathelineau était encore un bon voiturier, honnête et dévot colporteur, qui doucement menait d'ensemble son petit commerce et les affaires du parti. Cependant, dans cette douceur, malgré les recommandations d'ajourner, d'attendre, il y avait des hommes impatients, des mains imprudentes, des vivacités irréfléchies. Près d'Angers, par exemple, un prêtre assermenté fut tué à coups de couteau. A Châlons des furieux escaladèrent le presbytère pour assassiner le curé. En Alsace, on n'employait pas le fer contre les prêtres citoyens ; on lâchait sur eux des dogues, pour les dévorer. Tous les soirs, dans les églises obscures, on chantait, cierges éteints, à une foule palpitante, le *Miserere* pour le roi, avec un cantique où l'on promettait à Dieu de recevoir les intrus à coups de fusil. Le cantique et tous les ordres auxquels obéissait le clergé d'Alsace venaient de l'autre bord du Rhin, où le *cardinal-collier*, le fameux Rohan, devenu saint et martyr, sans danger, tout à son aise, travaillait la guerre civile.

Fauchet, dans le Calvados, avait été cruellement puni de son effort insensé pour réconcilier la Révolution et le christianisme ; sa parole éloquente ne trouva qu'insulte et risée. A Caen, l'audace des prêtres et des femmes, leurs fidèles alliées, alla à ce point que celles-ci, furieuses, en plein jour, dans une ville pleine de troupes et de gardes nationales, entreprirent de mettre à mort le curé de Saint-Jean, descendirent la corde de la lampe du chœur pour le pendre sur l'autel.

Quelle était la persécution qui excitait de telles fureurs ? Où donc était le tyran, le Néron, le Dioclétien contre lequel on s'insurgeait ? Les rôles étaient intervertis depuis le temps des martyrs ; les saints d'alors savaient mourir, mais ceux-ci savaient tuer.

Il faut qu'on sache :

1° Que l'Assemblée n'avait exigé *nul serment des prêtres sans fonctions*, qui faisaient une bonne moitié du clergé. Moines, chanoines, bénéficiers simples, abbés de toutes les espèces, ils touchaient leurs pensions ; l'État ne leur demandait rien.

2° Le serment qu'on demandait aux prêtres en

fonctions n'était *nullement un serment spécial à la constitution civile du clergé*, mais un serment général « d'être fidèle à la nation, à la loi et au roi, et de maintenir la constitution ». Ce serment, *purement civique*, était celui que l'État peut demander à tout fonctionnaire, celui que la patrie a droit d'exiger de tout citoyen.

Il est vrai que sous ces mots généraux : la *loi*, la *constitution*, la constitution civile du clergé était comprise implicitement, ainsi que toute autre loi. Qu'ordonnait cette constitution du clergé ? Rien de relatif au dogme, rien autre chose qu'une meilleure division des diocèses et le rétablissement de l'élection dans l'Église[1] le retour à la forme antique. L'opposition du pape et du clergé était celle de la nouveauté contre l'Antiquité chrétienne, que l'Assemblée renouvelait.

Et cette Assemblée, ce tyran, quelle torture infligeait-elle aux prêtres qui refusaient le serment civique, qui déclaraient ne point vouloir obéir aux lois ? La peine unique était d'être payés sans rien faire, elle leur conservait leur traitement; oisifs et malveillants, elle ne les pensionnait pas moins.

Ce n'est pas tout, par un respect excessif pour la liberté des consciences, elle laissait à ces ennemis

1. Relativement à l'élection, la véritable pensée du clergé d'alors, plus sincère que celui d'aujourd'hui, est parfaitement exprimée dans l'article *Pie VI* (*Biographie universelle* de Michaud, t. XXXIV, p. 310) : « La constitution civile du clergé livrait *à tout ce qu'il y a de plus vil et de plus abject dans l'ordre social* l'élection de ce qu'il y a de plus élevé et de plus pur dans le sacerdoce. »

de la loi l'accès de l'autel, elle leur laissait toujours ouverte l'église qu'ils avaient voulu quitter, leur permettait d'y dire la messe, de sorte que les ignorants, les simples, les esclaves de l'habitude ne fussent point troublés de scrupule et pussent chaque matin entendre leur prêtre maudire la loi qui le payait et la trop clémente Assemblée.

Il faut le dire, les prêtres citoyens montrèrent, pendant longtemps, à l'égard de ceux qui prêchaient contre eux l'émeute et le meurtre, une patience plus qu'évangélique. Non seulement ils leur ouvraient l'église, mais partageaient avec eux les ornements, les vêtements sacerdotaux. Le savant et modeste d'Expilly, évêque de Quimper, les encouragea lui-même à continuer le culte. Grégoire, à Blois, les couvrait d'une protection magnanime. Un autre évêque, nous le verrons tout à l'heure, les défendit à l'Assemblée législative avec une admirable charité. Un de ces vrais prêtres de Dieu écrivait, le 12 septembre, pour prévenir les mesures de rigueur que l'on craignait dans l'Ouest : « Les plaies de la religion saignent... Point de violence, je vous prie. La douceur et l'instruction sont les armes de la vérité. »

Ces vertus devaient être inutiles. Il fallait que l'opposition des deux systèmes apparût dans tout son jour. Quelle que soit l'élasticité du christianisme à suivre extérieurement les formes de la liberté, son principe intime, immuable, c'est celui de l'autorité. Le fond du fond, en sa légende, c'est la liberté perdue dans la grâce, le libre arbitre de l'homme et la justice de Dieu noyés en même temps dans le sang de Jésus-Christ[1].

L'Église de 1791 s'avouait nettement ce qu'elle était, le représentant de l'autorité, l'adversaire de la liberté, et, comme telle, elle demandait aussi le rétablissement complet de l'autorité royale. On surprit, on imprima une lettre de Pie VI, où, croyant Louis XVI échappé, il le félicitait de rentrer dans la plénitude du pouvoir absolu.

C'était le crime de l'Assemblée d'avoir méconnu à la fois les deux lieutenants de Dieu, ses vicaires, le roi et le pape, d'avoir nié sous les deux formes l'infaillibilité papale et royale, la double incarnation, pontificale et monarchique.

Là était le fond de la question, question une, identique, si bien que ceux qui travaillaient le mieux pour le roi étaient encore ceux qui ne croyaient travailler que pour les prêtres.

Rien ne peut donner une idée de la sourde et violente persécution dont la Révolution qui semblait maîtresse, était réellement victime. C'est alors que l'on put voir combien le domaine de l'action légale est resserré, en comparaison des mille activités diverses qui échappent aux regards, aux prévisions de la loi. La société royaliste et dévote semblait en tout et partout dire tacitement au partisan des idées

---

[1]. MM. de Maistre et de Bonald ont solidement établi qu'il n'y a nul accord possible entre la liberté et l'Église, entre la Révolution et le christianisme.

nouvelles : « Eh bien, qu'elles te protègent... La loi est pour toi, garde-la! » — Au travailleur sans ouvrage : « A toi la loi, mon ami! puisse la loi te nourrir! » — Au pauvre : « Que la loi t'assiste! » — Au marchand : « Que la loi achète!... Elle te laisse mourir? Eh bien, meurs! »

Que de mariages, tout prêts, furent violemment rompus! que de familles brouillées à mort, et combien de fois l'histoire renouvelée des Montaigu et des Capulet, l'éternel obstacle des haines entre Roméo et Juliette!... Les mariages étaient des divorces. La femme, au milieu de la nuit, s'en allait pieds nus, fuyait le lit, que dis-je? le toit conjugal. Les enfants en larmes avaient beau courir après...

Le dimanche, elle s'en allait, pendant que l'église était tout ouverte, chercher à deux ou trois lieues son église à elle, une grange, une lande, où devant quelque vieille croix le prêtre rebelle disait sa messe de haine. On ne peut pas se figurer combien l'imagination de ces pauvres créatures devenait exaltée, parfois furieuse, au souffle du démon du désert. Dans je ne sais quel village du Périgord, une bande de ces femmes, un matin, s'arme de haches, court à une des églises supprimées, brise les portes, sonne le tocsin. La garde nationale accourut, les désarma; on les traita doucement; sur treize qu'on avait arrêtées, douze étaient enceintes.

Une instruction habile (du 31 mai 1791), qui, de la Vendée, courut toute la France, enseignait aux prêtres la mécanique du fanatisme pour brouiller les têtes, pour faire des folles et des fous. Cette instruction fut colportée partout discrètement par les sœurs grises du pays, les *Filles de la sagesse*, dangereux agents, qui, d'hôpital en hôpital, et tout en soignant les malades, répandaient cette horrible maladie de la guerre civile. Le point principal de l'instruction était d'établir un sévère *cordon sanitaire* entre les assermentés et les non assermentés, une séparation qui donnât au peuple peur de gagner la peste spirituelle. C'était aux enterrements surtout que la mise en scène était dramatique. Dans la maison mortuaire, portes, croisées, volets fermés, le saint prêtre entrait vers le soir, disait la prière des morts, bénissait le défunt, au milieu de la famille à genoux. Celle-ci, on le lui permettait, portait le mort à l'église; pleine de répugnance et d'horreur, elle s'arrêtait avant le seuil, et dès que les prêtres constitutionnels venaient pour introduire le corps, les parents fuyaient en larmes, laissant avec désespoir leur mort livré aux prières maudites.

Plus tard, l'instruction secrète ne leur permit plus même de l'amener à l'église. « Si l'ancien curé ne peut l'enterrer, dit-elle, que les parents ou amis l'enterrent en secret. » Dangereuse autorisation, impie et sauvage! L'affreuse scène d'Young, obligé d'enterrer lui-même sa fille, pendant la nuit, d'emporter le corps glacé dans ses bras tremblants, de creuser pour elle la fosse, de jeter la terre sur elle (ô douleur!), cette scène se renouvela bien des

fois dans les landes et dans les bois de l'Ouest...
Et elle se renouvelait avec un surcroît d'horreur.
Ils tremblaient, ces hommes simples, que le pauvre
mort, ainsi mis en terre par des mains laïques
et sans sacrement, ne fût à jamais perdu pour
l'éternité, et que par delà cette nuit ne s'ouvrît
pour l'âme infortunée la nuit de la damnation.

Qui accuser de ces horreurs? La dureté de la
loi? L'intolérance de l'Assemblée? Nullement. Elle
n'avait imposé aucun sacrifice des croyances religieuses.

Non, ce n'est pas l'intolérance qu'on peut reprocher à cette grande Assemblée. Ce qu'on doit
blâmer en elle, c'est d'avoir, en donnant la loi,
négligé tous les moyens d'éducation, de publicité,
qui pouvaient la faire comprendre, qui pouvaient
dans l'esprit des populations, dissiper la nuit d'ignorance, de malentendus, qu'on épaississait à plaisir,
éclaircir les fatales équivoques qui furent partout
l'arme du clergé.

Le plus ordinaire était de confondre les deux
sens du mot *constitution*, de supposer que le serment
d'obéissance à la *constitution de l'État* était un serment religieux d'obéir à la *constitution civile du
clergé*. En confondant habilement les deux choses,
le clergé accusait l'Assemblée d'une barbare intolérance. Aujourd'hui encore, beaucoup de personnes
ne savent pas distinguer et font de ce mot mal
compris un grief essentiel contre la Révolution.

Les paysans de la Vendée et des Deux-Sèvres

furent bien surpris, lorsque la chose leur fut expliquée par les commissaires civils en mission, MM. Gensonné et Gallois, en juillet et août 1791. Ces pauvres gens n'étaient nullement sourds à la voix de la raison. Ils furent tout heureux d'entendre les commissaires leur répéter les instructions de l'Assemblée : « La loi ne veut nullement tyranniser les consciences; chacun est le maître d'entendre la messe qui lui convient, d'aller au prêtre qui a sa confiance. Tous sont égaux devant la loi; elle ne leur impose d'autre obligation que de supporter mutuellement la différence de leurs opinions religieuses et de vivre en paix. » Ces paroles attendrirent la foule honnête et confiante; ils avouèrent avec repentir les infractions à la loi qu'ils pouvaient se reprocher, promirent de respecter le prêtre autorisé par l'État et quittèrent les commissaires civils « l'âme remplie de paix et de bonheur », se félicitant de les avoir vus.

Hélas! ce peuple excellent ne demandait que des lumières. Ce sera un reproche éternel au clergé de l'avoir barbarement environné de ténèbres, de lui avoir donné pour une question religieuse une question extérieure au dogme, toute de discipline et de politique, d'avoir torturé ces pauvres âmes crédules, endurci, dépravé par la haine une des meilleures populations, de l'avoir rendue meurtrière et barbare!

Et c'est un reproche pour l'Assemblée constituante de n'avoir pas su qu'un système de législation est toujours impuissant, si l'on ne place à côté un système d'éducation. Je parle, on le comprend assez, de l'éducation des hommes, autant et plus que de celle des enfants.

L'Assemblée constituante, dernière expression du dix-huitième siècle et dominée comme lui par une tendance abstraite et scolastique, s'est trop payée de formules et n'a pas eu notion de tous les intermédiaires qui séparent l'abstraction de la vie. Elle a toujours visé au général, à l'absolu; elle a été dépourvue entièrement de cette qualité essentielle du législateur que j'appellerais volontiers *le sens éducatif*. Ce sens donne l'appréciation des degrés, des moyens variés, par lesquels on peut rendre la population apte à recevoir la loi. Sans ces moyens préalables, celle-ci ne fait que révolter les âmes; la loi ne peut rien sans la foi, elle la suppose. Mais la foi, qui la sème, la prépare et la fait d'avance? C'est l'éducation.

Qu'il me soit permis de reproduire ici ce que j'ai dit et imprimé dans mon Cours (3 et 10 février 1848) : « Nos législateurs regardèrent l'éducation comme un complément des lois, ajournèrent à la fin de la Révolution cette fondation dernière; c'était justement la première par où il fallait commencer. — Le symbole politique, la *Déclaration des droits* étant une fois posé, il fallait, pour base aux lois, mettre dessous des hommes vivants, faire des hommes, fonder, constituer le nouvel esprit par tous les moyens différents, assemblées populaires, journaux, écoles, spectacles, fêtes, augmenter la Révolution dans leur cœur, créer ainsi dans tout le peuple le sujet vivant de la loi, en sorte que la loi ne devançât pas la pensée populaire, qu'elle n'arrivât point, comme une étrangère, inconnue et incomprise, qu'elle trouvât la maison prête, le foyer tout allumé, l'impatiente hospitalité des cœurs prêts à la recevoir.

« La loi n'étant nullement préparée, nullement acceptée d'avance, sembla, cette fois encore, comme les anciennes lois qu'elle remplaçait, tomber durement d'en haut. Cette loi, tout humaine qu'elle fût, se présenta comme un joug, une nécessité, aux populations surprises. Elle voulut entrer de force dans un terrain où elle n'avait pas préalablement ouvert le sillon; elle resta à la surface. »

Non seulement elle resta stérile, mais elle opéra justement le contraire de ce qu'elle se proposait. Non seulement il n'y eut pas d'éducation, mais il y eut une *contre-éducation*, une éducation en sens inverse, qui eut deux effets déplorables :

Ces âmes crédules, effarouchées par les terreurs du monde à venir, devinrent inhumaines, en proportion de leurs craintes. Elles s'endurcirent, comptèrent pour rien la vie de l'homme, l'effusion du sang. La mort! ce n'était pas assez pour se venger d'un ennemi qui faisait courir aux âmes la chance d'un enfer éternel!

Puis l'exaltation fanatique, qui semblait devoir rendre les consciences scrupuleuses et méticuleuses, eut, au contraire, l'effet bizarre de leur ôter tout scrupule, leur faisant perdre de vue les motifs intéressés, personnels, qui les rendaient souvent hostiles à la Révolution, en sorte qu'ils crurent la haïr d'une haine désintéressée, non pour tel tort matériel qu'elle leur faisait, mais uniquement pour Dieu. Le Vendéen, par exemple, qui plaçait chez son seigneur tout l'argent qu'il retirait de l'élève des bestiaux, qui voyait son noble débiteur ou ruiné ou émigré, il prenait son fusil, pourquoi? Pour cette perte d'argent? Non, mais (disait-il) *pour qu'on lui rendît ses bons prêtres*. Le Breton, qui comptait placer dans le clergé un ou plusieurs de ses enfants, avait bien contre la Révolution un motif temporel de haine; mais sa sombre exaltation religieuse lui persuadait qu'il n'en voulait à l'ordre nouveau que pour l'outrage fait à l'Église, pour son Dieu en fuite, exilé aux landes désertes et sans abri que le ciel.

Voilà comment l'esprit de résistance, ne se connaissant pas bien lui-même, était mêlé fortement de fanatisme et d'intérêt. Un seul de ces deux mobiles aurait pu céder, le fanatisme, eût disparu à la longue devant les lumières nouvelles, l'intérêt parfois peut-être se fût immolé à la conscience. Mais, ainsi mêlés, confondus, se trompant mutuellement, se donnant le change, ils étaient indestructibles.

L'enthousiasme révolutionnaire semblait devoir moins durer que le fanatisme catholique et royaliste. Il avait pour objet des idées nouvelles, et ne se liait pas comme l'autre à tout un système d'habitudes et de routines, anciennement envieilli dans l'homme, passé dans la vie, dans le sang. Plusieurs générations déjà, plusieurs classes d'esprits divers (et dans l'Assemblée et dans la nation tout entière), avaient eu leurs moments d'enthousiasme plus ou moins longs, et puis elles étaient retombées. Plusieurs persistaient sans doute, des hommes d'ardeur inextinguible, d'indomptable fermeté ; et ceux-là devaient glorieusement persister jusqu'à la fin. Toutefois de tels caractères sont toujours en petit nombre. Une révolution qui s'appuierait uniquement sur une élite héroïque serait certes bien compromise.

Il fallait que la Révolution, si elle voulait durer, s'appuyât, comme faisait la contre-révolution, non exclusivement sur les sentiments, qui sont si mobiles en l'homme, mais sur l'engagement fixe des intérêts, sur la destinée des familles compromises par leur fortune dans la cause révolutionnaire, décidément et sans retour.

C'est à quoi l'Assemblée constituante avait visé par la vente des biens nationaux. Ces biens d'abord étaient censés acquis de l'État par les municipalités, qui les revendaient aux particuliers. Mais l'opération se faisait avec une extrême lenteur. Au commencement, on avait, peut-être dans l'idée malveillante d'éloigner les acquéreurs, mis en vente d'énormes immeubles, comme les bâtiments des couvents, peu propres aux usages des particuliers. Ce ne fut que plus tard qu'on vendit les parties les plus vendables, les plus désirées, les bois et les terres.

En général, le paysan, craintif et rusé, ne voulait point acheter directement de la commune. Il allait, avec un voisin ou plusieurs, trouver quelque procureur de l'endroit, un homme d'affaires, parfois ex-intendant ou régisseur : « Eh bien, Monsieur un tel, pourquoi n'achetez-vous pas? Achetez donc ! Nous voilà tous, qui sommes prêts à racheter de vous quelques morceaux de terre. »

Ce qui, traduit librement, selon l'idée réelle du paysan, signifiait : « Achetez. Si les émigrés reviennent, vous serez pendu. Mais l'on ne pourra pas pendre la foule des sous-acquéreurs. Et ce sera un grand hasard si l'on peut reprendre à des bandes si nombreuses un bien disséminé en parcelles imperceptibles. »

L'ex-intendant ou régisseur ne répondait rien, il hochait la tête. Généralement il achetait, sans se trop hâter de revendre; il voulait voir venir les choses. Si la Révolution triomphait, il gardait ou vendait, détaillait et faisait fortune, et si c'était la contre-révolution qui prévalût, il avait son excuse prête : « J'ai acheté le bien pour le sauver, pour le conserver à son maître légitime. »

Mais les hommes plus hardis, plus indépendants, et c'était le plus grand nombre, les hommes lancés sans retour dans la Révolution, n'hésitaient pas à jouer tout sur ce coup de dé. Une seule chose les arrêtait, c'est que, malgré toutes les facilités que donnait aux acquéreurs l'Assemblée nationale, le terme des premiers payements était rapproché; ils n'avaient pas le temps de faire les trois opérations qu'ils avaient en vue : acheter, trouver des acquéreurs, leur revendre et déjà *recevoir d'eux quelque portion du prix* qui pût aider l'acquéreur au premier payement.

C'était un sujet de joie pour les contre-révolutionnaires de voir que la grande opération, avec tant de facilités offertes, trainait, avortait. Un jour qu'ils disaient à Mirabeau : « Vous ne les vendrez jamais, vos biens nationaux... », on assure qu'il leur répliqua : « Eh bien, nous les donnerons. »

Au 24 mars 1791, il ne s'en était encore vendu que pour *cent quatre-vingts millions* à peu près. L'Assemblée avait donné un délai aux acquéreurs jusqu'en mai. Délai insuffisant; elle le sentit le 27 avril, et elle étendit le délai de huit mois entiers, jusqu'en janvier 1792. Cette mesure habile eut un effet incalculable; aucune à cette époque ne contribua davantage à sauver, à affermir la Révolution. *En cinq mois*, chose prodigieuse! la vente fut de *huit cents millions;* en sorte que le 26 août, le comité, dans son rapport à l'Assemblée, déclare qu'on a adjugé, en tout, des biens nationaux pour la valeur de UN MILLIARD!

Aucun des avantages offerts jusque-là ne les faisait acheter. Ils étaient affranchis de toute hypothèque légale, francs de toute redevance, de tout droit de mutation, libres de toutes dettes, rentes constituées, fondations. Tout cela n'avait pas suffi pour donner l'essor à la vente. La *mainmorte*, ce charme fatal qui tant de siècles rendit ces biens *morts*, en effet, inertes, souvent improductifs[1], semblait peser sur eux encore. Une chose rompit le charme, leur rendit le mouvement, les fit partir, s'écouler, circuler de main en main ; ce fut *le délai de neuf mois*, lequel entraînait la facilité de sous-vendre et de détailler, donnait le temps de tirer déjà quelque chose des sous-acquéreurs, etc.

La déclaration de Pilnitz, la solennelle menace des rois à la Révolution, est datée du 27 août 1791. Et le 26 du même mois, le rapport du comité d'aliénation, annonçant ce fait si grave que la vente a pris l'essor, qu'elle est déjà de un milliard, fait prévoir que la Révolution est maintenant lancée sans retour, qu'elle ne sera pas violente seulement, mais ferme et profonde, qu'elle ne touche pas la surface du pays, mais le fonds et le tréfonds ; quoi que veuillent ou fassent les rois, elle sera à jamais irrévocable, invincible.

---

1. Le soin intelligent avec lequel le clergé faisait cultiver certaines vignes de luxe, tel et tel clos célèbres, a donné à ses cultures une réputation bien peu méritée. L'administration ecclésiastique avait à la fois deux défauts qui semblent s'exclure : la *mobilité* et l'*inertie*. — La *mobilité* : les mutations continuelles de bénéfices et le changement de bénéficiers mettaient dans l'existence du fermier une incertitude fâcheuse ; la mutation, en certain cas, pouvait le déposséder inopinément. — L'*inertie* : l'activité, le progrès, n'étaient nullement encouragés par un corps dont les revenus dépassaient infiniment les besoins ; les constructions immenses, et souvent sans utilité, que firent au dix-huitième siècle, les corporations monastiques, montrent que, positivement et à la lettre, elles ne savaient plus que faire de leurs revenus. Dans plusieurs, le nombre des moines était réduit presque à rien ; Saint-Vandrille, par exemple, fondé pour mille moines, n'en nourrissait plus que quatre. Comment s'étonner si l'administration de ces maisons était inerte et négligente, les cultures peu encouragées ? etc.

Car enfin que signifiait cette vente? Qu'une foule d'hommes venaient d'engager *leur fortune* dans la cause révolutionnaire; plus que leur fortune peut-être, *leur vie*, et plus encore que leur vie, *la destinée de leurs familles.*

Ce n'était pas une chose sans péril, en 1791, pour eux et les leurs, d'acheter ces biens. Les sarcasmes, les injures, les menaces secrètes, ne manquaient point à l'acquéreur. Il en souffrait moins dans les grandes villes, où l'on connaît peu son voisin; mais, dans les petites, sa situation était presque intolérable. La superstition, la haine, la malice universelle, l'enfermaient, pour ainsi dire, d'un cercle maudit. Tout ce qui pouvait lui arriver de fâcheux était un châtiment du ciel. Son enfant était malade? Châtiment. Sa femme avortait? Châtiment. S'il avait quelque accident, tout le monde en louait Dieu. Dans une ville éloignée de trente et quelques lieues de Paris, la flèche de la cathédrale branlait depuis longtemps, au grand péril des maisons voisines; un maçon l'achète pour la démolir; peu après il tombe d'un échafaudage et se tue : la ville en fait des feux de joie.

Au milieu de la malveillance universelle, les acquéreurs se rapprochaient les uns les autres et se tenaient fortement. Cela seul d'avoir acquis des biens de la nation, c'était un signe certain auquel les amis de la Révolution se reconnaissaient, ceux qui avaient embarqué leur bien et leur vie sur le vaisseau de la République, se remettant à sa fortune, voulant prospérer avec elle, ou avec elle périr.

Le choc du 21 juin, l'affaire de Varennes, les menaces de l'étranger, éprouvèrent leur foi robuste aux destinées de la Révolution. Ils ne bronchèrent pas, ne sourcillèrent pas. Le 21 même, on l'a vu, ils achetèrent, et fort cher, trois maisons du chapitre de Notre-Dame de Paris. Ainsi les Romains assiégés mirent en vente et vendirent aussi cher qu'en pleine paix le champ sur lequel Annibal était campé aux portes de Rome.

Les meneurs de l'Assemblée, dans le mouvement royaliste qu'ils s'efforçaient de lui imprimer, virent sans doute avec inquiétude cet élan populaire des ventes, que leur révélait à l'improviste le rapport du 26 août.

Le comité d'aliénation, qui avait fait ce rapport, s'en effraya lui-même, recula devant son succès. Il déclara abdiquer ses fonctions et demanda qu'elles fussent transférées au pouvoir exécutif. Proposition naïvement contre-révolutionnaire. Confier à un roi dévot le soin de vendre les biens du clergé, en charger un ministère inactif et paralytique, c'était annoncer assez qu'on ne se souciait nullement désormais d'accélérer l'opération.

Ce pas subitement rétrograde du comité, de l'Assemblée, leur effort pour s'arrêter court ou tirer à reculons, qu'indique-t-il? La frayeur. Ils auront rencontré quelque objet terrible; sur la route où ils cheminaient en sécurité, ils ont vu se dresser contre eux la pointe de l'invisible glaive.

Leur frayeur s'explique d'un mot : les Jacobins se font acquéreurs, les acquéreurs se font Jacobins.

Et dans quel progrès rapide s'opère cette double action !... Rapprochons les chiffres.

D'avril en août, vente des biens nationaux pour huit cents millions. La vente totale est de un milliard.

En août et septembre, création de six cents nouvelles sociétés jacobines. Ajoutez les quatre cents anciennes, elles sont, dit-on, mille en tout à la fin de septembre.

Et ces sociétés sont moins redoutables encore par leur multiplication que par leur nouveau caractère. Elles perdent ce qu'elles avaient d'abord, si j'ose dire, d'académique, de vaguement philosophique ; elles deviennent sérieuses, âpres, violemment tendues vers le but. Elles rejettent les modérés, les demi-révolutionnaires, les hommes déjà las de la Révolution. Et à leur place elles mettent deux classes d'hommes très ardents.

Des hommes d'affaires et d'intérêt, engagés à mort dans cette dangereuse exploitation des biens nationaux, se relevaient à leurs propres yeux par le fanatisme, surveillaient d'un œil de lynx la trame embrouillée de la Révolution, mettaient au service de la cause des idées l'âpreté persévérante du spéculateur en péril.

D'autre part, de purs, d'ardents patriotes, en qui les idées avaient précédé l'intérêt et le dominèrent toujours, subissaient les conditions hors desquelles la Révolution eût péri. Contre l'immense et ténébreuse intrigue des prêtres, ils acceptaient la nécessité de l'*inquisition* jacobine, — et en même temps l'autre moyen de salut, l'*acquisition* des biens ecclésiastiques. Acheter, diviser, subdiviser les biens du clergé, c'était faire à la contre-révolution la plus mortelle guerre. Beaucoup achetaient avec fureur et se croyaient d'autant meilleurs citoyens qu'ils achetaient davantage. Le danger de l'opération les séduisait, et l'odieux même qu'on s'efforçait d'y jeter. Ils voulaient périr, s'il le fallait, avec la Révolution, et ils s'y enrichissaient; ils se précipitaient, nouveaux Curtius, au gouffre de la fortune.

Plusieurs achetaient par devoir. L'honnête et austère Cambon établit, en 1796, qu'entré aux affaires avec six mille livres de rentes, il en sort avec trois mille. Il avait cru faire acte de patriote en achetant un domaine national, près de Montpellier. Il se maria à Paris et il épousa une femme dont la dot était aussi un bien national.

Ainsi se formait une base solide pour le système nouveau, une masse d'hommes liés par le dogme et par l'intérêt, fondant leur patriotisme dans la terre et dans l'idée, ayant leur double vie dans la Révolution, tout en elle et rien hors d'elle. Noyau fixe et ferme, autour duquel l'homme d'imagination, l'homme de sensibilité, l'enthousiaste mobile, allaient et venaient. Tel était six mois fanatique, tel un an; tel s'arrêtait et tel autre allait plus loin.

Ceux-ci flottaient comme la vague; mais ceux-là étaient le vaisseau. Ils savaient bien qu'ils n'avaient pas d'autre port que celui où aborderait la Révolution. De là l'ensemble qu'ils montrèrent, leur docilité extrême pour ceux qui prirent le gouvernail. Ce grand corps, hétérogène, mené à la fois par la passion, l'exaltation, l'intérêt, n'en fut pas moins, dans sa violence, étonnamment disciplinable. L'individu s'y conduisit comme fait, dans la tempête, celui qui est là pour sa vie et veut se sauver, il croit tout, fait tout, ne discute point la manœuvre, ne raisonne pas avec le pilote.

Le moment précis où nous sommes, l'automne de 1791, c'est le moment décisif où la grande association des acquéreurs et des patriotes va agir sur les campagnes.

Moment grave. En 1790, le paysan a reçu le premier bienfait révolutionnaire, l'abolition des dîmes et des droits seigneuriaux, reçu avec une joie vive et sans réserve.

En 1791, la Révolution vient à lui et lui offre les biens de l'Église. — Il hésite ici, regarde, sa femme a peur et n'en dort pas; un dialogue entre eux s'engage le jour et la nuit. Lui, ce brave laboureur, bien plus scrupuleux en général qu'on ne croit, il n'eût jamais pris de lui-même; il l'a bien montré, bon Dieu! par sa longue et miraculeuse patience pendant tant de siècles! Mais enfin, ici, il raisonne, il comprend que ce bien, donné jadis pour le pauvre à l'Église, peut (en tout ce que ne réclame pas l'entretien de l'Église) faire retour au pauvre, si la loi le veut ainsi. Retour non gratuit d'ailleurs, ce bien ne se donne pas, il se vend, et le prix sert au plus sacré des usages, à combler le déficit, à remplir les engagements de l'État, à défendre et sauver la France.

Ceci n'est point un acte tout nouveau et inouï. C'est le recommencement légitime du grand mouvement, parti du plus profond du Moyen-âge : *le persévérant achat de la terre par celui qui la travaille*, l'hymen sacré, légitime, de la terre et du laboureur. Je dis légitime. Ah! que ce mot est ici d'une propriété profonde!... Jamais il n'a demandé que cette terre lui vînt gratis ; constamment, par des efforts obstinés et surhumains, il l'a gagné de son épargne, cet objet de tous ses vœux, de sa passion fidèle. Il a mis à l'obtenir la constance du patriarche, servant sept ans pour Lia, pour Rachel sept ans encore.

Ce progrès vers l'acquisition honnête et légitime de la propriété a été, nous l'avons remarqué ailleurs, barbarement rompu plusieurs fois, au seizième siècle par les seigneurs de la seconde féodalité, au dix-septième par les seigneurs d'antichambre. Grâce à Dieu, la Révolution, la bonne mère du paysan, vient de rompre la barrière, le grand mouvement recommence et il ne s'arrêtera plus.

En 1738, un philosophe français, ayant consulté

à ce sujet plusieurs intendants, remarque que dans nos provinces « les journaliers ont presque toujours un jardin ou quelque morceau de vigne ou de terre ».

Eh bien, le premier but de la Révolution, c'est de l'étendre, ce jardin, de le leur continuer; c'est d'en faciliter l'acquisition à l'honnête travailleur. C'est par là qu'elle est à la fois la bienfaitrice, l'amie et le sauveur de tous, n'agitant passagèrement le monde que pour lui fonder la paix.

En invitant le paysan à l'acquisition, en le mariant à la terre, la Révolution lui fonda la vie encore d'autre sorte. La manière la plus générale, la plus naturelle, dont il se procura l'argent nécessaire, ce fut de chercher une dot et de prendre femme. Le mariage est l'occasion unique où le jeune paysan oblige le vieux à ouvrir son épargne, à chercher quelque écu caché. C'est là le commencement d'un grand nombre de familles agricoles; commencement respectable, puisqu'il fut fondé par la foi que le paysan mit dans la Révolution, dans la solidité du gage qu'elle lui livrait.

Et voilà comment elle est devenue, notre Révolution, solide, durable, éternelle; ralentie plusieurs fois, elle reprend toujours, continue son mouvement. C'est qu'elle ne s'assit pas seulement sur le sol mobile des villes, qui monte et qui baisse, bâtit et démolit. Elle s'engagea dans la terre et dans l'homme de la terre. Là est la

France durable, moins brillante et moins inquiète, mais solide, la France *en soi*. Nous changeons, elle ne change pas. Ses races sont les mêmes depuis bien des siècles; ses idées semblent les mêmes; ce qui est plus vrai, c'est qu'elles avancent par un travail insensible et latent, comme se fait tout changement dans les grandes forces de la nature, non surexcitées par la passion qui use et dévore. Cette France, dans cent ans, dans mille ans, sera toujours entière et forte; elle ira, comme aujourd'hui, songeant et labourant sa terre, lorsque depuis longtemps nous autres, population éphémère des villes, nous aurons enfoui dans l'oubli nos systèmes et nos ossements.

Un mot, un dernier mot sur l'Assemblée constituante. Nous l'avions presque oubliée. Elle semble, en ses derniers moments, s'oublier, s'abandonner elle-même.

Elle déclare ajourner les deux fondations profondes, essentielles, sans lesquelles son œuvre politique reste en l'air, branlante, prête à choir demain : l'Éducation, — la Loi civile.

Elle n'ose prendre aucun parti à l'égard des prêtres et n'écoute même pas le rapport, instructif et sage, que ses commissaires viennent lui faire sur la Vendée. Elle fait contre le pape ce que nos rois ont fait plusieurs fois : elle réunit Avignon (13 septembre). Nous y reviendrons tout à l'heure.

Dans son avant-dernière séance (29 septembre),

elle veut sévir contre les clubs. Elle leur défend les pétitions en nom collectif, leur permet de discuter, « sans prétendre inspection sur les autorités légales ». Vaine défense; ces autorités, hésitantes et impuissantes, à l'image de l'Assemblée, n'opposaient nulle résistance aux ennemis de la Révolution: il fallait la laisser périr ou bien la laisser sauver par les clubs.

L'instruction réservée, timide, pleine d'éloges, pour les clubs, qu'on joint au décret, exprime le vœu qu'ils n'aient point de correspondance, que leurs actes ne sortent point de leur enceinte. Mais le décret n'ose dire qu'il leur défend les affiliations. Or c'était justement alors que s'affiliaient ensemble les mille sociétés jacobines, dont six cents venaient de naître!

Ainsi l'Assemblée n'ose rien de décisif contre les deux grandes conjurations qui divisent la France, celle des prêtres, celle des Jacobins. Elle se tait sur la première, gronde l'autre bien doucement, la menace en la flattant, timidement, à voix basse. Elle parle déjà, ce semble, de la faible voix des morts.

Le 30 septembre, le roi ayant clos la session en exprimant le vain regret qu'elle ne pût durer encore, le président Thouret adressa cette parole au peuple assistant : « L'Assemblée constituante déclare qu'elle termine ses séances et qu'elle a rempli sa mission. »

LIVRE VI

CHAPITRE PREMIER

LE PREMIER ÉLAN DE LA GUERRE.
L'OUVERTURE DE L'ASSEMBLÉE LÉGISLATIVE (OCTOBRE 1791).

Le premier élan de la guerre. — Hésitation des politiques et des militaires. — Le monde appelait la France. — Haine des rois pour la France. — Mme de Lamballe en Angleterre. — L'Angleterre et l'Autriche voulaient endormir, énerver la France. — Suicide universel des rois au dix-huitième siècle. — L'intime pensée de l'Autriche, l'intime pensée de la reine. — Règne et chute de Barnave, septembre-novembre 1791. — Violence intérieure du roi, de sa sœur et de sa fille. — Le roi aimait peu l'émigration. — Il appartenait aux prêtres. — Leur impuissance. — Les prêtres, menacés à Paris, tout-puissants en province. — La France comprend que le roi, c'est l'ennemi.
Ouverture de l'Assemblée législative. — Apparition des Girondins. — Discussion du trône et du fauteuil. — Discussion relative aux prêtres et aux émigrés. — Réponses hostiles des puissances. — Nouvelle du désastre de Saint-Domingue. — Nouvelle du massacre d'Avignon.

La pensée de ce livre, c'est la guerre, l'élan national contre l'ennemi du dedans, du dehors.

La nouvelle Assemblée, élue sous l'impression du danger public, devrait s'appeler non la Législative, mais l'Assemblée de la guerre.

Le sujet propre du livre, c'est la découverte progressive de cette vérité trop certaine : *Que le roi, c'est l'ennemi*, le centre (volontaire ou involontaire) de tous les ennemis, intérieurs, extérieurs.

Et le but où ce livre marche, c'est le salut de la France, au 10 août, par le renversement du trône.

La France qui lit, jase et discute, s'était déjà bien dépensée en paroles; elle se souciait peu d'agir, elle aimait mieux ne pas voir les dangers de la situation; ingénieuse à se tromper, elle parvenait à croire que la guerre ne viendrait pas.

Mais la France qui ne lit point (c'est à peu près tout le monde), celle qui parle moins, qui travaille, n'ayant pas les mêmes moyens de se faire illusion, n'imagina pas que la chose pût être mise en question; elle croyait depuis longtemps à la guerre, elle y crut plus fermement encore et s'y prépara. Depuis Varennes, elle demandait universellement des fusils; au défaut, elle se mit, dès janvier, à forger des piques.

L'impression de la fuite du roi, sa désertion à l'ennemi, ce grand fait, ce fait capital, d'une signification décisive, put s'obscurcir pour le public oisif et causeur qui se repaît chaque jour de petites nouveautés. Mais pour la grande France, travailleuse et silencieuse, le même fait resta tout nouveau, présent, menaçant. Cette France, en faisant sa moisson, son labour, n'eut rien autre chose à l'esprit, et si une pierre heurta le soc, arrêta parfois la charrue, ce fut toujours cette pierre dressée sur chaque sillon.

Ils n'étaient pas assez savants pour se dire :

« L'Empereur est un philanthrope, Catherine est philosophe », et autres vaines raisons, accidentelles et personnelles, qui ne changent rien à la nature des choses, aux nécessités profondes de la situation. Ce qu'ils savaient, c'est que la France se trouvait, par sa Révolution, seule de son espèce en ce monde, un miracle, un monstre que l'on regardait avec terreur ; que cette créature nouvelle, entre les rois frémissants de haine et de peur, et les peuples à peine éveillés, se trouvait profondément seule, et devait regarder tout d'abord quelle défense elle avait en soi.

C'est justement ce qu'elle fit. Dès 1789, au moment de sa naissance, elle sauta sur ses armes. Le premier instinct lui dit qu'elle avait un ennemi, quelque chose d'inconnu qui la menaçait ; elle l'appela *les brigands* et se mit à chercher les brigands de village en village.

En 1790, aux fédérations, dans son armement pacifique, elle commença à rêver la délivrance des peuples, leur fédération générale sur les trônes brisés des rois.

En 1791, elle connut l'entente profonde du roi et des rois de l'Europe. Elle comprit son double danger. Elle arma, à bon escient.

« Car enfin (c'était là le raisonnement, bien simple, mais sans réplique, du dernier des paysans), est-ce que les rois oublieront que nous avons mis la main sur la royauté, arrêté le roi à Varennes ? Est-ce qu'ils ne se sont pas trouvés tous captifs en Louis XVI ?... Le peuple, par toute la terre, est serf et prisonnier des rois; le roi, dans la France seule, est prisonnier du peuple. Il n'y a pas de traité possible... Ils grondent encore sans mordre, comme le dogue qui va s'élancer; bien sot qui voudrait attendre que le dogue le tînt à la gorge. »

A cette voix intérieure du bon sens répondit admirablement la déclaration de Pilnitz. Les rois disaient à la France : « Oui, vous ne vous trompez pas; c'est bien là notre pensée. » — Et cette déclaration ne circula pas dans les termes ambigus de la diplomatie; elle courut la campagne, sous la forme insolente et provoquante de la lettre de Bouillé. Elle tomba comme un défi; comme tel, elle fut saluée d'une longue clameur de joie.

« Eh! c'est ce que nous demandions! » Tel fut le cri général. Marseille demandait, dès mars 1791, à marcher au Rhin. En juin, tout le Nord, tout l'Est, de Givet jusqu'à Grenoble se montre, à un même moment, hérissé d'acier. Le centre s'ébranle. A Arcis, sur dix mille mâles, trois mille partent. Dans tel village, Argenteuil, par exemple, tous partent sans exception. L'embarras fut seulement qu'on ne savait où les diriger. Le mouvement n'en gagnait pas moins, comme les longues vibrations d'un immense tremblement de terre. La Gironde écrit qu'elle n'enverra pas, qu'elle ira; elle s'engage à marcher tout entière, en corps de peuple, tous les mâles, quatre-vingt-dix mille hommes; le commerce de Bordeaux, que ruinait la Révolution, le vigneron qu'elle enrichissait, s'offraient unanimement.

Une chose suffit pour caractériser cette époque, un mot d'éternelle mémoire. Dans le décret du 28 décembre 1791, qui organise les gardes nationaux volontaires et les engage pour un an, la peine dont on menace ceux qui quitteraient avant l'année, c'est que, « pendant dix ans, ils seront *privés de l'honneur d'être soldats* ».

Voilà un peuple bien changé. Rien ne l'effrayait plus, avant la Révolution, que le service militaire. J'ai sous les yeux ce triste aveu de Quesnay (*Encycl.*, art. Fermiers, page 537) : « Que les fils de fermiers ont tellement l'horreur de la milice, qu'ils aiment mieux quitter les campagnes, et vont se cacher dans les villes. »

Qu'est devenue maintenant la race timide et servile qui portait la tête si bas, la bête encore à quatre pattes? Je ne peux plus la trouver. Aujourd'hui, ce sont des hommes.

Il n'y eut jamais un labour d'octobre comme celui de 1791, celui où le laboureur, sérieusement averti par Varennes et par Pilnitz, songea pour la première fois, roula en esprit ses périls et toutes les conquêtes de la Révolution qu'on voulait lui arracher. Son travail, animé d'une indignation guerrière, était déjà pour lui une campagne en esprit. Il labourait en soldat, imprimait à la charrue le pas militaire, et, touchant ses bêtes d'un plus sévère aiguillon, criant à l'une : « Hu ! la Prusse ! » à l'autre : « Va donc, Autriche ! » Le bœuf marchait comme un cheval, le soc allait âpre et rapide, le noir sillon fumait, plein de souffle et plein de vie.

C'est que cet homme ne supportait pas patiemment de se voir ainsi troublé dans sa possession récente, dans ce premier moment où la dignité humaine s'était éveillée en lui. Libre et foulant un champ libre, s'il frappait du pied, il sentait dessous une terre sans droit ni dîme, qui déjà était à lui ou serait à lui demain... Plus de seigneurs! tous seigneurs! tous rois, chacun sur sa terre, le vieux dicton réalisé : « Pauvre homme, en sa maison, roi est. »

Et en sa maison et dehors. Est-ce que la France entière n'est pas sa maison maintenant? Hier, il venait, tremblant, mendier la justice par-devant *Messieurs*, comme si c'était une grâce; il lui fallait payer d'abord, puis l'on se moquait de lui. Lui-même aujourd'hui est juge, et il rend gratis la justice aux autres. Le voilà, ce paysan, assesseur du juge de paix, membre du conseil municipal, l'un des treize cent mille nouveaux magistrats, électeur (il y en avait entre trois et quatre millions) s'il paye trois journées par an. Et qui ne les payera pas, qui ne sera propriétaire, au prix où la terre se donne, s'offrant avec des délais si faciles, venant dire en quelque sorte : « Prends-moi; tu payeras quand tu pourras. » La première récolte suffisait souvent pour payer, ou la première coupe, ou quelques pierres qu'on revendait, ou quelque plomb pris d'un toit.

Mais ce n'est pas tout, mon ami, te voilà un homme public, un citoyen, un soldat, un électeur; te voilà bien responsable. Sais-tu que tu as une conscience qu'il te faut interroger? Sais-tu que ce grand nombre de magistrats, incessamment renouvelés, oblige tout le monde à son tour à devenir magistrat? C'est là, en effet, la grandeur de la constitution de 1791; laissant la puissance publique très faible, il est vrai, serrant très peu le lien politique, restreignant peu, contraignant peu, elle fait par cela même un appel immense à la moralité individuelle. Loi aimable et confiante, elle somme tous les hommes d'être bons et sages, elle compte sur eux. Par son imperfection même et par son silence, la loi dit à l'homme : « N'as-tu pas, dans ta raison, déjà une loi intérieure ? Sers-t'en pour me suppléer, au besoin, et deviens ta loi... Tu n'es plus un malheureux serf, qui peut renvoyer à son maître le soin de la chose publique; elle est tienne, c'est ton affaire. A toi de la défendre et la gouverner ; à toi d'être, selon ta force, la providence de l'État. »

Cet appel muet fut bien entendu. Ce ne fut pas moins que l'éveil de la conscience publique dans l'âme de l'individu. Une inquiète sollicitude de l'intérêt de la patrie, de celui du genre humain, remplit tous les cœurs. Tous se sentirent responsables pour la France, et elle-même pour le monde. Tous furent prêts à défendre, en la Révolution, au prix de leurs vies, le trésor commun de l'humanité.

Voilà la pensée, sainte et guerrière, des élections de 1791. Elles furent le fait de la France, et non pas spécialement le résultat des intrigues jacobines, comme on l'a tant répété. Les résultats le montrent assez. L'Assemblée, comme la France, se déclara pour la guerre. Les Jacobins (du moins la plupart d'entre eux, les meneurs) furent partisans de la paix.

Non, ni la presse ni les clubs n'eurent l'influence principale dans ce mouvement immense, tout naïf et tout spontané. S'il fut puissant, ce fut surtout chez le peuple qui ne lit pas, dans les populations dispersées, isolées par la nature de leurs travaux. Tous le trouvèrent en eux-mêmes, dans le sentiment de leur dignité nouvelle, dans leur jeune foi. La pensée qui roulait dans les carrefours des villes, elle surgit aussi du sillon, elle se retrouva la même dans le labour solitaire, et là, peut-être n'ayant à qui s'exprimer, elle couva avec plus de force. Elle alla toujours fermentant, à mesure que les travaux cessèrent, et qu'on commença, vers novembre, à se rassembler souvent sous les porches de l'église ou bien le soir aux veillées. Quand on avait parlé deux fois, trois fois de ces choses, tel jeune homme disparaissait, puis tel autre. Ils s'en allaient, malgré la saison, sur la neige, se faire inscrire au district, pour partir le plus tôt possible. « Pas d'armes », leur disait-on. Ils revenaient alors et se mettaient à en faire. En janvier 1792, un district de la Dordogne députa à l'Assemblée pour déclarer qu'il avait forgé trois mille piques et qu'il ne comprenait pas qu'on ne le fît pas partir.

Ainsi l'automne, ainsi l'hiver roula par toute la France, contenu et comme à voix basse, un gigantesque *Ça ira!* Chant vraiment national qui, changeant aisément de rythme, répondit toujours à merveille aux émotions de nos pères. Fraternel en 1790, il avait remué le Champ de Mars, bâti l'autel de la Patrie. En 1791, il tint compagnie aux jeunes volontaires qui, allant demander des armes, le chantaient pour s'encourager dans les mauvaises routes d'hiver. Si le sifflement des vents, le bruissement des clubs, ne vous empêchent d'entendre, vous distinguerez ces premières notes, basses et fortes, du chant héroïque. Il est déjà rapide, ce chant, tout gaillard et tout guerrier; 1792 y va joindre l'élan pressé de la colère. Tout à l'heure il éclatera avec le fracas des tempêtes.

Le monde commençait à l'entendre, depuis la fuite de Varennes, comme un vaste et profond murmure. L'Assemblée y fermait l'oreille. Les meneurs mêmes de la presse et des clubs n'en avaient pas l'intelligence; plongés dans ce bruit général, prolongé, sourd et monotone, ils ne l'entendaient pas, justement parce qu'ils l'entendaient toujours. Ils ne devinaient nullement la grande chose, fatale, invincible, qui était au fond de ce bruit : l'ébranlement du grand océan révolutionnaire qui allait franchir son rivage.

Chose étrange et ridicule ! ils disputaient avec l'océan ! ils trouvaient de petites raisons à lui objecter. Ils se disaient gravement : « L'arrêterons-nous ? Ne l'arrêterons-nous pas ?... » Ils pouvaient le retarder un moment peut-être, mais, en accumulant les vagues, ils accumulaient les périls.

Les politiques disaient : « Attendons, la situation intérieure n'est pas assez sûre... » Et les militaires disaient : « Attendons, formons une armée; on ne fait pas la guerre avec des hommes, mais bien avec des soldats... »

L'Assemblée constituante, qui rétablissait le roi et tâchait d'apaiser les rois, n'avait garde d'écouter le mouvement populaire. Elle eût craint ses défenseurs tout autant que l'ennemi. Le 21 juin, au jour du péril, elle avait décrété la levée de trois cent mille gardes nationaux; mais, dès le 23 juillet, elle les réduisit à quatre-vingt-dix-sept mille. Ce nombre l'effrayant encore, elle prit un bon moyen pour le réduire, ce fut de renvoyer aux directoires de département le soin et la dépense d'équiper ceux qui ne pouvaient le faire eux-mêmes (4 septembre). Le 8, le ministre écrivit à l'Assemblée qu'il n'avait d'armes que pour les quarante-cinq mille volontaires qu'on envoyait à la frontière du Nord, et ceux-là mêmes en obtenaient à grand'peine. Ils ne trouvaient à la frontière ni vivres ni gîtes. Les officiers aristocrates se moquaient de leur misère, de leur triste équipement; les bretailleurs les défiaient; en certains lieux, on parlait de mener des régiments contre eux, de les écharper.

La Législative elle-même montra beaucoup de lenteur; elle ne se fit donner un projet d'organisation pour les volontaires que le 22 novembre, et ne rendit son décret que le 28 décembre.

Ces retards, qui semblaient prudents, étaient d'une

haute imprudence. Plus on attendait, plus il était à craindre que le moment ne passât, moment sacré, irréparable, où la guerre n'eût pas été une guerre. Le monde alors, nous le savons maintenant par l'aveu de nos ennemis, le monde appelait la France. Pourquoi? Elle était pure encore. Quelques violences partielles avaient eu lieu. Mais l'Europe les regardait comme des crimes individuels, des excès locaux, tels que tout grand changement en entraîne toujours. Jusqu'aux massacres de septembre 1792, on n'intentait à la France nulle accusation nationale. Jamais révolution, on l'avouait, n'avait moins coûté de sang.

La France, en 1791, apparaissait jeune et pure, comme la vierge de la liberté. Le monde était amoureux d'elle. Du Rhin, des Pays-Bas, des Alpes, des voix l'invoquaient, suppliantes. Elle n'avait qu'à mettre un pied hors des frontières, elle était reçue à genoux. Elle ne venait pas comme une nation, elle venait comme la Justice, comme la raison éternelle, ne demandant rien aux hommes que de réaliser leurs meilleures pensées, que de faire triompher leur droit.

Jour sacré de notre innocence, qui ne vous regrettera! La France n'était pas encore entrée dans la violence, ni l'Europe dans la haine et l'envie. Tout cela va changer dès la fin de 1792, et les peuples alors tourneront contre nous, avec les rois. Mais alors, en 1791, sous l'apparence d'une guerre imminente, il y avait au fond, dans la grande âme européenne, une attristante concorde. Souvenir doux et amer! il a laissé une larme jusque dans les yeux secs de Goethe, du grand moqueur, du grand douteur, qui lui-même s'intitule « l'ami des tyrans ». Cette larme, nous aussi, nous l'aurons toujours au cœur; elle nous revient souvent, éveillé ou endormi, avec un mortel regret pour la fortune de la France; nous la retrouvons souvent au matin, cette larme, sur l'oreiller.

Les misérables défiances que nous avons vues de nos jours (*l'Italie veut agir seule*, — *l'Allemagne veut agir seule*), elles n'auraient tombé alors à personne dans l'esprit. La France ne faisait point un pas dans la liberté qui ne pénétrât l'Allemagne d'amour et de joie. Elle disait, garrottée : « Oh! si la France venait! » Au fond du Nord, une invisible main écrivit ces mots sur la table de Gustave : « Point de guerre avec la France. » Tous savaient bien alors qu'elle faisait l'affaire de tous, qu'elle ne voulait la guerre qu'afin de fonder la paix. Ils se confiaient à elle. Et combien ils avaient raison! combien peu elle songeait à ses intérêts! Elle n'en avait qu'un seul, le salut des nations. Hors ses annexes naturelles, Liège et la Savoie, deux peuples de même langue et qui sont nous-mêmes, la France ne voulait rien. Pour rien au monde, elle n'eût pris un pouce de terre aux autres. Personne, on l'ignore encore, n'est moins conquérant que la France dans ces moments sacrés. Il faut du temps, des obstacles, la tentation du péril, pour qu'elle retombe aux intérêts et devienne injuste.

La France avait ce sentiment en 1791, le sentiment de sa virginité puissante ; elle marchait la tête haute, le cœur pur, sans intérêt personnel ; elle se savait adorable et, dans la réalité, adorée des nations.

Elle jugeait parfaitement que l'amour des peuples lui assurait pour toujours l'invariable haine des rois, des rois même qui auraient pu trouver leur compte à la Révolution. Elle sentait, d'instinct, cette vérité, si peu connue des diplomates, qui voient tout dans l'intérêt : « Les hommes, *même contre l'intérêt, suivent leur nature*, leurs habitudes ; et les suivant, ils s'imaginent consulter l'utilité. »

La seule différence qu'il y eût entre les rois, relativement à la Révolution, c'est que les uns auraient voulu l'égorger ; les autres, plus dangereux, arrivaient tout doucement pour l'étouffer, comme sous l'oreiller d'Othello.

Deux personnes haïrent la France nouvelle d'une haine profonde et féroce, la grande Catherine et M. Pitt.

On a beau dire que la première était trop loin pour prendre intérêt à la chose. Personne n'y mit plus de passion. Jusque-là, cette femme allemande, usant, abusant du grand peuple russe[1], marchait

---

1. Grand peuple ! pauvre peuple !... On plaint toujours la Pologne ; pourquoi ne plaint-on la Russie ? Cette race bonne et douce, docile, plus tendre aux affections domestiques qu'aucune nation du monde, est barbarement menée depuis un siècle par le bâton allemand ; elle obéit à l'étranger (tout comme la Pologne), à une dynastie allemande, à la bureaucratie militaire de l'Allemagne, éminemment dure et pédantesque. Nul mystère plus sombre, plus triste pour celui qui interroge les voies de la Providence !

sans contradiction. Brillante, spirituelle et rieuse, de l'assassinat de Pierre III aux massacres immenses d'Ismaïl et de Praga, qu'elle ordonna elle-même [1], elle allait riant de Dieu. La terrible Pasiphaé (dirai-je Pasiphaé ou le Minotaure?), qui eut une armée pour amant, allait s'assouvissant sur tout peuple et sur tout homme. Il n'est besoin de rien dire, quand on a vu les portraits de cette vieille, sa grecque de cheveux blancs dressée vers le ciel, le sein nu, l'œil lubrique et dur, fixe vers la proie, l'insatiable abîme qui ne dit jamais : « Assez. »

Elle se sentit, au 14 juillet 1789, frappée à la face; l'éloignement n'y fit rien, ni la séparation des intérêts. Elle sentit sa barrière au bout de l'Occident, et que la tyrannie mourrait en ce monde, et que la liberté était son héritière. Elle commença de souffrir. Elle tenait la Turquie, et elle allait dévorer la Pologne. Elle poussait les Allemands à l'Ouest; elle avait l'air de leur dire : « Allez, je vous le permets; je vous ai donné la France. » Les forts ne rougissent point; elle osa, dans une lettre effrontée, faire honte à Léopold de son inaction, de son mauvais cœur, lui demandant comment il pouvait délaisser sa sœur Marie-Antoinette. Pour un léger déplaisir fait à la sœur du roi de Prusse, ce prince chevaleresque avait envahi la Hollande; n'était-ce pas un exemple qui dût faire rougir l'Empereur?

Elle renvoya, sans l'ouvrir, la lettre par laquelle

---

1. C'est l'excuse que donnent les biographes de Souwarow : « Il suivit les ordres exprès de sa cour. »

Louis XVI annonçait aux puissances qu'il acceptait la constitution.

Elle envoya un ambassadeur aux émigrés de Coblentz. Elle flattait Gustave III de l'espoir qu'avec les subsides de l'Espagne et de la Sardaigne, elle lui donnerait une flotte et le lancerait ainsi en Normandie, en Bretagne. Le 19 octobre, elle conclut avec lui un traité exprès pour cet armement.

M. Pitt et Léopold montraient moins d'impatience. Ce n'était pas que le premier haït moins la Révolution. De ses dunes, jetant sur la France un regard en apparence distrait, Pitt jouissait profondément. L'immense affaire de la conquête de l'Inde que faisait alors l'Angleterre, ne lui permettait pas d'agir. Mais quelle jouissance intime, exquise et délicieuse n'était-ce pas pour cet Anglais, de voir, sans qu'il en eût la peine, descendre au fond de l'abîme le roi qui avait sauvé l'Amérique? La reine avait une peur effroyable de M. Pitt : « Je n'en parle pas, disait-elle naïvement, que je n'aie la petite mort. » Elle envoya, en août, à Londres, Mme de Lamballe pour intéresser et demander grâce. La reine comprenait si peu la grandeur de la Révolution, qu'elle était toujours tentée d'y voir une vengeance des Anglais, un complot du duc d'Orléans, soutenu par eux. Dans la réalité, la grande majorité des Anglais redevenait favorable à Louis XVI. L'influence du livre de Burke avait été immense sur eux. L'affaire de Varennes les toucha vivement. Les Anglais, dans leur *loyalisme* féodal et monarchique, s'indignaient de voir la France non pas décapiter son roi, comme ils avaient fait du leur, mais, ce qui était plus fier, l'absoudre et lui pardonner. Cette indignation, en réalité, couvrait une crainte secrète : la France gravitait à la république. Que serait-ce de la vieille Europe, en présence de ce phénomène, une république colossale, jeune, audacieuse, qui voudrait faire le monde semblable à soi ? Les constitutionnels qui dirigeaient alors la reine se faisaient fort, près des Anglais, d'empêcher cet événement. L'amie de la reine venait dire à l'Angleterre que toute l'ambition de la France était de la copier; que la Révolution française, amendée et repentante, allait, dans la revision, marcher en arrière et rapprocher sa constitution de l'éternel modèle, la sage constitution anglaise. Pitt répondit à ces avances, avec une sincérité farouche, que certes l'Angleterre ne souffrirait pas que la France devînt république, *qu'elle sauverait la monarchie*. Rien au monde ne put lui faire dire *qu'il sauverait le monarque*.

Ce qui convenait à l'Angleterre ainsi qu'à l'Autriche, c'était que la France fût faible, impuissante, flottante dans l'état bâtard d'une monarchie quasi anglaise. Sous un despote, elle était forte ; et république, elle était forte. Avec l'unité de principe, la simplicité de gouvernement, elle devenait formidable. C'est ce qui faisait croire aux constitutionnels (Barnave le dit expressément) que la France constitutionnelle, comme ils la voulaient, tout occupée à l'intérieur de chercher un balancement impossible entre la vieille fiction royale et la réalité nouvelle, entre la vie et le songe, serait tolérée de l'Europe. Et il aurait fallu être bien méchant en effet pour se fâcher contre un vieux jeune peuple imbécile, qui serait resté bégayant, dans un radotage éternel, oscillant et branlant la tête, dans les limbes des petits enfants.

Cela allait à M. Pitt. Et cela ne pouvait déplaire à la vieille Autriche, au vieux prince de Kaunitz, âgé de quatre-vingt-deux ans, et plus jeune encore que son maître, Léopold, qui en avait quarante-quatre. Celui-ci, déjà caduc, parmi son sérail italien, qu'il avait transporté à Vienne, n'avait qu'un vœu : jouir encore, en dépit de la nature. Il avait quelques mois à vivre et les mettait à profit, réveillant, usant ses facultés défaillantes par des excitants meurtriers qu'il se fabriquait lui-même. Tel Empereur, tel Empire. L'Autriche aussi était malade, et si, dans sa dernière crise, elle s'était remise sur pied, elle le devait à l'usage d'excitants non moins funestes.

L'acharnement au plaisir n'est pas un trait particulier à Léopold. Il est commun à tous les princes du dix-huitième siècle. Partagés entre des idées contradictoires, moitié philosophes, moitié rétrogrades, fatigués du divorce qui travaillait leur esprit, ils se détournaient volontiers des idées et cherchaient dans l'abus des sens l'oubli, la mort anticipée. De là les étranges caprices de Frédéric et de Gustave, renouvelés de l'Antiquité, de là les trois cents religieuses du roi de Portugal, le Parc-aux-

Cerfs de Louis XV, les trois cent cinquante-quatre bâtards d'Auguste de Saxe, etc. Le gouvernement d'un seul devenant de plus en plus contre nature, en Europe, n'étant même qu'une fiction (le roi moderne, c'est la bureaucratie), qu'auraient fait la plupart des princes de leur énergie personnelle? On leur disait encore qu'ils étaient dieux; mais cette divinité, l'exerçant peu dans l'action, ils allaient incessamment la chercher dans la passion, dans l'épilepsie du plaisir. Le dix-huitième siècle, observé dans les mœurs de ses rois et la destruction de corps et de cœur qu'ils s'infligeaient eux-mêmes, peut être considéré comme le suicide de la monarchie.

L'Autriche, qui politiquement est un monstre, un Janus de races et d'idées, l'Autriche dévote et philosophe, imposait à ses princes une fatalité d'hypocrisie, un masque pesant, qu'ils étaient d'autant plus pressés de déposer en cachette. Le mortel ennui les plongeait au mortel abîme des sens. Quelque décence à la surface; mais un trait permanent trahit le dessous, un signe éminemment sensuel, la lèvre autrichienne. La prude Marie-Thérèse se révéla dans ses enfants, contenue et gracieuse encore dans Marie-Antoinette, libertine en Léopold, hardie, débordée dans la reine de Naples, dans sa bacchanale au pied du Vésuve.

L'Autriche, énervée ainsi, ne pouvait conseiller à la reine, par la voix du vieux Kaunitz, rien autre chose que la politique expectante que lui conseillaient Barnave et les constitutionnels. L'intention, à coup sûr, était différente ; mais les mots étaient les mêmes. Barnave, je pense, était loyal ; il ne croyait pas que la France pût supporter un gouvernement plus démocratique. Il n'avait pas pour idéal une constitution tout anglaise, ne voulant point de chambre haute, ni confier aux mains du roi le pouvoir qu'il a en Angleterre de dissoudre l'Assemblée. C'est ainsi qu'il s'en explique lui-même dans ses derniers écrits, qui ont l'autorité d'un testament de mort.

Que voulaient Kaunitz et Léopold ? Nous le savons maintenant. D'abord tenir la France bien fermée d'un bon cordon sanitaire, qui irait se resserrant, l'environner peu à peu d'un mur épais de baïonnettes, *d'un cercle de fer*, c'est leur mot. Pendant ce temps, le roi à l'intérieur exécuterait à la lettre la constitution, de manière à bien montrer qu'elle était inexécutable. La constitution étouffée par cette littéralité même, *exécutée* au sens propre, comme le patient par le bourreau, les Français s'en dégoûteraient : « Ils ont la tête légère. » Ils se feraient quelque autre mode ; la liberté *passerait* (comme le café et Racine, selon Mᵐᵉ de Sévigné). C'était tout de gagner du temps, de laisser la France se refroidir et s'ennuyer d'une révolution impossible, de lui faire perdre le premier moment de la *furie française*, qui est toujours dangereux. Fascinée alors de négociations captieuses, menaçantes tour à tour, éblouie et comme hébétée des tours, passes et détours que joueraient autour d'elle les singes de la diplomatie, elle tomberait la tête en bas, comme un oiseau étourdi, dans les pattes des renards. Engourdie, peureuse, énervée de corruption et de mensonges, elle finirait par se laisser faire. Et alors, insinuaient finement les Kaunitz et les Mercy, on pourra faire davantage. La révolution de Pologne sera écrasée alors ; la Russie, ayant la proie dans les dents, ne mordra pas l'Allemagne. L'empereur et le roi de Prusse seront bien à même d'agir plus directement.

Ceci fait comprendre à merveille les contradictions apparentes. La reine, à Kaunitz, à Barnave, répondait également : *Oui*. Tous deux disaient : *Constitution*. Seulement, pour le second, la constitution était le but où la France devait s'asseoir dans la liberté ; pour Kaunitz, c'était le circuit par lequel elle devait se promener, se fatiguer, pour arriver, lasse et rendue, au repos du despotisme.

Cette équivoque explique tout. Le ministère de la marine se trouvant vacant, la cour choisit pour ministre un contre-révolutionnaire hypocrite, Bertrand de Molleville ; et le roi, la reine, à sa première audience, lui déclarèrent qu'il fallait suivre la constitution, rien que la constitution. Dumouriez ayant cependant envoyé un mémoire au roi dans ce sens, le mémoire fut mal reçu. Le frère de Mme Campan, agent français à Pétersbourg, écrivant à sa sœur qu'il était vraiment constitutionnel, la reine, qui vit la lettre, dit que « ce jeune homme était *égaré* », que sa sœur devait lui répondre avec d'adroits ménagements. La pensée réelle de la cour, ici trahie par un mot, se révéla par un acte : lorsque, en juillet, l'Assemblée songeait à envoyer des commissaires dans les provinces avant les élections, le Jacobin Buzot s'y opposa, et l'on eut le surprenant spectacle de voir Buzot appuyé par l'homme de la cour, d'André. Plus tard, aux élections municipales, le constitutionnel La Fayette se présentant en concurrence du Jacobin Pétion, la reine dit aux royalistes de voter pour le Jacobin, pour celui dont la violence devait pousser la Révolution plus vite à son terme, en fatiguer bientôt la France.

Cela eut lieu en novembre, et c'est le terme où Barnave dut comprendre enfin, où il dut pénétrer le vrai sens des paroles qu'elle lui donnait. Elle n'avait osé le revoir qu'au 13 septembre, le jour de l'acceptation. Depuis elle le reçut, mais toujours avec mystère, de nuit souvent, se tenant elle-même à la porte pour ouvrir, ainsi que nous l'avons dit. Louis XVI était-il toujours en tiers? On est tenté de le croire; la femme de chambre toutefois ne le dit point expressément. Septembre, octobre, en tout deux mois, ce fut le règne de Barnave, qu'il a payé de sa vie. En novembre, convaincue du peu d'action qu'il conservait sur l'opinion et sur l'Assemblée, la reine ne le ménagea plus, ni les constitutionnels; elle fit voter les royalistes contre eux, contre ceux qu'appuyait Barnave. Courte faveur, retirée brusquement, sans égards ni respect humain; il retourna, brisé, dans son désert de Grenoble.

Le roi, malgré son éducation jésuitique et la

duplicité ordinaire aux princes, avait un fonds d'honnêteté qui l'empêchait de bien comprendre le plan, trop ingénieux, de détruire la Révolution par la Révolution même. La seule personne qu'il aimât, la reine, n'avait sur lui qu'une influence extérieure, superficielle en quelque sorte. De cœur, il appartenait aux prêtres, ainsi que Madame Élisabeth. On pouvait bien tirer de lui quelques mensonges politiques, quelques faux dehors, lui faire faire gauchement quelques pas dans l'imitation de la royauté constitutionnelle; au fond, il était toujours le roi d'avant 1789. Il avait ses rapports directs avec l'émigration, avec les puissances. En 1790, il avait Flachslanden, à Turin, auprès du comte d'Artois. Jusqu'en 1791, Breteuil négociait pour lui avec l'Empereur et les autres princes. En juillet, quoiqu'il eût donné ses pouvoirs écrits à Monsieur, il ne s'en rapportait pas aux agents de Monsieur; il tenait près du roi de Prusse, à côté de l'ambassadeur constitutionnel, son ministre à lui, le vicomte de Caraman. Ces agents, la plupart fort indiscrets, étaient connus de tout le monde, si bien qu'en 1790 M. de Ségur, nommé à l'ambassade de Vienne, déclara que M. de Breteuil ayant déjà dans ce poste la confiance personnelle du roi, il ne pouvait accepter.

Louis XVI n'avait nullement l'adresse que sa situation aurait demandée. Allemand et de la maison de Saxe par sa mère, il n'avait pas seulement l'obésité sanguine de cette maison, il tenait aussi de sa race de violentes échappées de brusquerie allemande; sa sœur les avait aussi et plus fréquentes, étant moins habituée à se contenir, plus naïve et plus sincère.

Le plan modéré, constitutionnel de Dumouriez, un autre d'un secrétaire de Mirabeau, ne réussirent pas auprès du roi. Il accueillit au contraire un discours hautain, véhément, que l'Américain Morris avait fait pour lui et que Bergasse avait corrigé pour le style ; il n'osa pas s'en servir, mais il fit dire à l'auteur qu'il en ferait plus tard la règle de sa conduite. Chose bizarre, Morris, homme d'affaires et banquier, plus tard ministre des États-Unis, homme, ce semble, positif et grave, fit communiquer cette pièce à une enfant, Madame, fille du roi, âgée de treize ou quatorze ans. Passionnée, violente, hautaine, vivement impressionnée de l'humiliation de sa famille, et surtout depuis Varennes, cette enfant devait exercer déjà quelque influence sur son père et sur sa tante, auxquels elle ressemblait bien plus qu'à sa mère.

Cette préférence diverse pour les moyens de ruse ou de violence qui se prononçait au sein de la famille royale, le combat des influences intérieures, les plans contradictoires qu'on apportait du dehors, tiraillaient l'âme du roi, lui brouillaient l'esprit. Il sentait bien d'ailleurs qu'il y avait en sa conscience tel point délicat où il lui deviendrait impossible de feindre davantage, et alors, sans doute, il serait brisé. Lui-même il en jugeait ainsi. Le 8 août 1791, il disait à M. de Montmorin, qui le redit à Morris : « Je sais bien que je suis perdu.

Tout ce qu'on fera maintenant, qu'on le fasse pour mon fils. »

Il jugeait beaucoup mieux que la reine de l'impuissance des constitutionnels, et considérait la constitution de 1791 comme l'anéantissement de la monarchie. Une circonstance d'étiquette, en apparence peu grave, lui représenta sa propre pensée d'une manière si expressive qu'il ne put se contenir; son cœur déborda. Le jour de l'acceptation de la constitution, 13 septembre 1791, le président (c'était Thouret), se levant pour prononcer son discours et voyant que le roi l'écoutait assis, crut devoir s'asseoir. Thouret était, comme on sait, un homme fort modéré, mais, dans cette grave circonstance qui n'était pas moins qu'une sorte de contrat entre le roi et le peuple, il avait voulu, par ce signe, constater l'égalité des deux parties contractantes.

« Au retour de la séance, dit Mme Campan, la reine salua les dames avec précipitation et rentra fort émue. Le roi arriva chez elle par l'intérieur; il était pâle, ses traits extrêmement altérés. La reine fit un cri d'étonnement en le voyant ainsi. Je crus qu'il se trouvait mal. Mais quelle fut ma douleur quand je l'entendis s'écrier, en se jetant dans son fauteuil et mettant le mouchoir sur ses yeux : « Tout « est perdu... Ah! Madame! Et vous avez été témoin « de cette humiliation!... Quoi! vous êtes venue en « France pour voir... » Ces paroles étaient coupées par des sanglots. La reine se jeta à genoux devant lui et le serra dans ses bras. — Une demi-heure après, la reine me fit appeler. Elle faisait demander M. de Goguelat pour lui annoncer qu'il partirait, la nuit même, pour Vienne. Le roi venait d'écrire à l'Empereur. La reine ne voyait plus d'espoir dans l'intérieur, » etc.

Ce jour même (13 septembre) ou le lendemain, la reine revit Barnave pour la première fois depuis le retour de Varennes. Son courage fut un peu relevé. Elle replaça quelque espérance dans l'influence que les chefs de la Constituante auraient sur l'Assemblée nouvelle.

Qu'avait écrit Louis XVI à l'Empereur? On peut le deviner sans peine : l'expression de son dépit, le récit de son humiliation, l'outrage fait à la royauté.

Ainsi, avant que ne partît la notification officielle où le roi annonçait son acceptation, partait la lettre personnelle qui en était le démenti. L'Europe était avertie de ce qu'elle devait penser de la comédie constitutionnelle ; dans l'acte même du contrat solennel entre le roi et le peuple, elle trouvait l'injure prétendue qui rendait le contrat nul. Il ne faut pas s'étonner si les puissances firent des réponses insolentes et dérisoires, ou du moins affectèrent de répondre personnellement à Louis XVI, nullement à la France.

Le roi s'adressait aux rois plus qu'aux émigrés. Il se fiait peu à ses frères. Il connaissait bien, surtout depuis l'affaire de Favras, l'ambition personnelle de Monsieur, les conseils qu'il recevait de faire prononcer la déchéance de Louis XVI. Ce fut à Monsieur, comme régent de France, que l'impératrice de Russie envoya un ministre en 1791. Ce qui peut-être blessait le roi encore plus, c'était la légèreté cruelle des émigrés, qui, hors de France, en sûreté, avaient plaisanté du malheur de Varennes, chansonné « le cocher Fersen ». Ces plaisanteries revenaient au roi par les journaux de Paris.

Les émigrés ne se contentaient pas de l'avoir abandonné; ils augmentaient ses périls par leurs démarches irréfléchies. Ils demandèrent ainsi, brusquement, à l'étourdie, au général patriote qui commandait à Strasbourg, qu'il leur livrât cette place. L'intérêt du roi était que les maladroits champions de sa cause, qui, sans souci de son danger, prétendaient travailler pour lui, fussent éloignés de la frontière. Ce fut, je crois, sincèrement qu'il signa la lettre que ses ministres, Duport-Dutertre et Montmorin, écrivaient en son nom pour rappeler les émigrés, et celle où il priait les puissances de dissoudre l'armée de l'émigration (14 octobre 1791).

Le point réel où le roi était dans un désaccord profond, irréconciliable avec la Révolution, c'était la question des prêtres. La vente des biens ecclésiastiques, la réunion d'Avignon, le serment civique exigé, c'étaient les trois questions qui lui pesaient sur le cœur. Très probablement, si l'on savait l'histoire de sa conscience, de ses confessions, de ses communions, on saurait qu'il avait plus de mal encore avec ses directeurs qu'avec toute l'Assemblée et toute la Révolution. Comment lui mesurait-on la faculté de tromper, de mentir sur tel ou tel point? A quel prix payait-il au confessionnal la duplicité de ses démarches quasi révolutionnaires? Tout ce qu'on sait, c'est qu'au moins sur l'article des biens des prêtres, sur celui de la répression des prêtres rebelles, les prêtres étaient inflexibles auprès de leur pénitent.

L'Assemblée constituante avait pourtant fait plusieurs choses pour les regagner. Son dernier acte fut d'assurer la pension de ceux qui n'auraient aucun traitement public. Ses mesures à l'égard des réfractaires furent très généreuses. Un grand nombre d'églises leur étaient ouvertes pour y dire librement la messe; dans une seule paroisse de Paris, celle de Saint-Jacques-du-Haut-Pas, ils en avaient sept. Le clergé constitutionnel les recevait parfaitement dans ses églises. Il ne tenait qu'à eux d'accepter le partage, comme il a eu lieu si longtemps sur le Rhin, entre deux communions bien autrement différentes, les protestants et les catholiques, une même église étant desservie à des heures différentes par les uns et par les autres. Pourquoi donc ici, où c'étaient des catholiques des deux parts, divisés non sur le dogme, mais sur une question de police et de discipline, pourquoi ce divorce obstiné? Les prêtres citoyens du moins n'en furent pas coupables; plusieurs poussèrent aux dernières limites la déférence fraternelle, l'abnégation et l'humilité. On vit à Caen le curé constitutionnel offrir de servir la messe au réfractaire, et celui-ci, abusant de l'humilité de son rival, le tenir ainsi à ses pieds, le montrer avec insolence, donner cet acte chrétien comme une pénitence, une expiation.

Les prêtres réfractaires, étroitement liés avec le roi, avec l'émigration, avec les nobles non émigrés, avec les magistrats constitutionnels et fayettistes qui avaient pour eux d'infinis égards, tenaient le haut du pavé. Leur attitude était celle d'un grand parti politique, et elle ne trompait pas. Ils étaient, en réalité, le cœur et la force, toute la force populaire de la contre-révolution.

Redoutables dans les campagnes, ils étaient faibles à Paris. Paris ruiné par le départ des nobles et des riches, Paris sans travail ni ressources, à l'entrée d'un cruel hiver, imputait l'interminable durée de la Révolution à la résistance des prêtres. Il commençait à les regarder comme des ennemis publics. Le faubourg de la famine, le pauvre quartier Saint-Marceau, perdit le premier patience. On attendit aux portes d'un couvent, pour les insulter, les dévotes qui allaient aux sermons des réfractaires. La municipalité réprima ces désordres, en exigeant toutefois que le culte réfractaire eût lieu dans les églises ordinaires, et non dans les chapelles des couvents, que l'imagination du peuple envisageait comme les mystérieux foyers de la contre-révolution. Le directoire du département, au contraire, somma la municipalité, au nom de la tolérance religieuse, de laisser aux prêtres rebelles la plus complète liberté de tenir leurs conciliabules partout où il leur plairait. Le jeune poète André Chénier, organe en ceci des Feuillants, des royalistes en général, réclama aussi la tolérance au nom de la philosophie. Il fut égalé, dépassé par l'évêque constitutionnel Torné, qui plaida pour ses ennemis devant l'Assemblée législative, avec une charité vraiment magnanime.

A ces apôtres de la tolérance, il y avait malheureusement une réponse à faire; non un argument, mais un fait. Si les rebelles voulaient de la tolérance à Paris, ils n'en voulaient pas en France. Ils entendaient non pas être tolérés, mais régner et persécuter. Ils exerçaient une sorte de terreur sur les prêtres constitutionnels. Toutes les nuits on tirait des coups de fusil autour de leurs presbytères, et parfois dans leurs fenêtres. Le 16 octobre, en Beaujolais, le nouveau curé d'un village vit l'ancien, à la tête de cinq cents montagnards qu'il avait été chercher, envahir l'église et le chasser de l'autel. Ce vaillant prêtre s'empara de la caisse des pauvres, que le curé constitutionnel avait mise dans les mains de la municipalité. Beaucoup de prêtres effrayés, des magistrats municipaux même, donnaient leur démission. Ces derniers n'avaient aucun moyen d'assurer la paix publique, parmi ces foules furieuses qui confondaient le nouveau clergé et ses défenseurs dans les mêmes menaces de mort. Dans tels villages de l'Ouest, les paysans commençaient à désarmer les gardes nationaux qui tenaient pour le clergé constitutionnel. Trois villes, dans la Vendée, se voyaient comme assiégées par ces paysans fanatiques, dont les anciens prêtres étaient en quelque sorte les capitaines et les généraux.

Il n'était pas facile de ne rien faire, comme le demandaient froidement les Sieyès et les Chénier, lorsque les voies de fait avaient commencé, lorsque les prétendues victimes commençaient la guerre civile.

Les philosophes, uniquement préoccupés de Paris, ne voyaient en ce parti que quelques prêtres isolés, quelques pauvres femmes crédules. Pour celui qui voyait la France, ce grand parti sacerdotal, ravivé de sa longue mort par la haine de la Révolution, effrayait par sa violence, par la puissance et la variété de ses moyens. Il trônait dans la chaumière, il trônait aux Tuileries. Il exploitait le roi de deux manières à la fois, comme pénitent au confessionnal, comme martyr, comme légende, dans les prédications populaires. C'est en larmoyant toujours *sur le pauvre roi, le bon roi, le saint roi*, qu'il saisissait le cœur des femmes, opposant au règne de la justice et de la Révolution une révolte, la plus redoutable : la révolte de la pitié.

C'est par l'intime union du roi et du prêtre que la France finit par comprendre que le roi c'était l'ennemi.

Ennemi de nature, de tempérament, par accès

brusques et colériques. Nous l'avons vu, le jour même où il accepta la constitution, lorsque l'Assemblée venait, par le massacre du Champ de Mars et par la revision, de relever le trône en s'immolant elle-même, le roi pleura pour l'étiquette, et le soir, *ab irato*, écrivit à l'Empereur.

Ennemi d'éducation et de croyance. Le roi, élevé par La Vauguyon, le chef du parti jésuite, eut toujours, et de plus en plus, à mesure qu'il fut malheureux, son cœur dans la main des prêtres.

Enfin, fatalement ennemi, comme centre naturel, involontaire et nécessaire, de tous les ennemis de la liberté. Sa situation le posait comme tel, invinciblement; quoi qu'il dît ou fît, absent ou présent, il était le chef obligé de la contre-révolution. Louis XVI, sans vouloir suivre les plans de l'émigration, était avec elle à Coblentz. Louis XVI était en Vendée dans tous les sermons des prêtres, et partout ailleurs où le fanatisme dressait ses machines. Dans tous les conseils des prêtres ou des nobles, absent, il n'en siégeait pas moins; c'était pour lui, par lui, ce fatal martyr de la royauté, que tous les rois de l'Europe rêvaient d'exterminer la France.

Jamais il n'y eut assemblée plus jeune que la Législative. Une grande partie des députés n'avaient pas encore vingt-six ans. Ceux qui venaient de voir sortir la Constituante, qui l'avaient encore dans les yeux, harmonique et variée d'âges, de positions, de costumes, furent saisis, presque effrayés à l'entrée de cette assemblée nouvelle. Elle apparut comme un bataillon uniforme d'hommes presque de même âge, de même classe, de même langue et de même habit. C'était comme l'invasion d'une génération entièrement jeune et sans vieillards, l'avènement de la jeunesse, qui, bruyante, allait chasser l'âge mûr, détrôner la tradition. Plus de cheveux blancs; une France nouvelle siège ici en cheveux noirs.

Sauf Condorcet, Brissot, quelques autres, ils sont inconnus. Où sont ces grandes lumières de la Constituante, ces figures historiques qui se sont associées pour toujours dans la mémoire des hommes au premier souvenir de la liberté? Les Mirabeau? les Sieyès? les Duport? les Robespierre? les Cazalès? Leurs places, bien connues, ont beau être remplies maintenant; elles n'en semblent pas moins vides. Nous n'essayerons pas, pour leurs successeurs, de les caractériser d'avance, comme individus. Leur air impatient, inquiet, la difficulté qu'ils ont de tenir en place, nous répondent qu'ils ne tarderont pas à se révéler par leurs actes. Qu'il suffise, pour le moment, de montrer là-bas, en masse, la phalange serrée des avocats de la Gironde.

Un témoin fort respectable, nullement enthousiaste, Allemand de naissance, diplomate pendant cinquante ans, M. de Reinhart, nous a raconté qu'en septembre 1791 il était venu de Bordeaux à Paris par une voiture publique qui amenait les Girondins. C'étaient les Vergniaud, les Guadet, les Gensonné, les Ducos, les Fonfrède, etc., la fameuse pléiade en qui se personnifia le génie de la nouvelle Assemblée. L'Allemand, fort cultivé, très instruit des choses et des hommes, observait ses compagnons et il en était charmé. C'étaient des hommes pleins d'énergie et de grâce, d'une jeunesse admirable, d'une verve extraordinaire, d'un dévouement sans bornes aux idées. Avec cela il vit bien vite qu'ils étaient fort ignorants, d'une étrange inexpérience, légers, parleurs et batailleurs, dominés (ce qui diminuait en eux l'invention et l'initiative) par les habitudes du barreau. Et toutefois le charme était tel qu'il ne se sépara pas d'eux. « Dès lors, disait-il, je pris la France pour patrie, et j'y suis resté. » Je n'en tirai pas davantage; la voix du vieillard changea quelque peu, il se tut et regarda d'un autre côté. Je respectai ce silence d'un homme infiniment réservé; mais je ne pus m'empêcher de croire qu'il se défiait de son cœur et craignait de sortir de sa froideur obligée, sous l'impression puissante de ce trop poignant souvenir.

Jeunesse aimable et généreuse qui devait vivre si peu!... La plupart d'entre eux étaient nés pour les arts de la paix, pour les douces et brillantes muses. Mais ce temps était la guerre même. Eux, qui arrivaient alors à la vie politique, ils naissent d'un souffle de guerre. La Gironde, qui parlait alors de marcher tout entière au combat, les envoyait comme avant-garde. La situation leur donna je ne sais quoi d'inquiet, de trouble, d'aveuglément polémique, qui les jeta dans bien des fautes, et les diminuerait beaucoup dans l'histoire, s'ils ne se relevaient majestueux des grandes ombres de la mort.

Si l'on veut mesurer l'intervalle entre la nouvelle Assemblée et l'ancienne, qu'on observe une seule chose : ici, plus de côté droit. La droite aristocratique a disparu tout entière. L'Assemblée semble d'accord contre l'aristocratie; elle arrive spécialement animée contre les nobles et les prêtres, son mandat est précisément d'annuler leurs résistances. Quant au roi, on va le voir, elle est encore flottante, peu sympathique, il est vrai, pour le roi des prêtres et des nobles, irritable à son égard, sans avoir contre lui de plan déterminé de guerre. Au reste, la royauté, même avant d'être attaquée, a baissé encore depuis la Constituante. Les seuls défenseurs qu'ait le roi dans l'Assemblée législative l'appellent habituellement *le Pouvoir exécutif*, oubliant eux-mêmes la part qu'il a au pouvoir législatif, avouant tacitement que l'Assemblée, seul représentant du peuple souverain, a seule aussi le droit de faire les lois auxquelles obéira le peuple.

Le premier coup d'œil de l'Assemblée sur la salle où elle entrait ne lui fut point agréable. On avait d'avance, et sans attendre qu'elle eût un avis là-dessus, réservé deux grandes tribunes où devaient siéger seuls les députés sortants de la Constituante. On remarqua amèrement qu'ils semblaient une chambre haute, pour dominer l'Assemblée. On se demanda quel était ce comité censorial qui se tenait là pour juger, noter les actes et les paroles, diriger par des signaux, intimider par des regards, que sait-on? se charger peut-être, en cas de doute, d'interpréter la constitution, avec l'autorité de ceux mêmes qui l'avaient faite. Un tel comité eût, au besoin, appuyé d'une protestation le veto royal, donné au roi un faux droit d'agir contre l'Assemblée. Les constituants eux-mêmes fortifièrent ces hypothèses, en manifestant dans une question grave leur dissentiment du haut de leurs tribunes. Ils firent si bien que l'Assemblée décréta qu'il n'y aurait point de privilège, que toute tribune serait ouverte au public. Devant l'invasion d'une foule turbulente et familière, l'ombre intimidée de la Constituante s'évanouit et ne reparut plus.

Son œuvre cependant, la fameuse constitution, faisait, le 4 octobre, son entrée solennelle dans l'Assemblée législative, entourée, gardée de douze députés des plus âgés, « les douze vieillards de l'Apocalypse ». Camus, l'archiviste, n'avait pas même voulu leur confier ce trésor; il ne le lâchait pas, le tenait dans ses pieuses mains; il l'apporta à la tribune, le montra au peuple, comme un autre Moïse.

A ce moment, les curieux observent malicieusement comment l'Assemblée va jurer la constitution, que plusieurs de ses membres ont attaquée, et qu'elle va briser tout à l'heure. Elle jure froidement, tristement, et n'en hait que davantage la puissance défunte qui lui arrache encore cette cérémonie peu sincère.

Le roi débuta avec l'Assemblée par une étrange maladresse. Quand on alla lui demander l'heure où il recevrait la députation, il ne répondit pas lui-même, mais par un ministre; il fit dire qu'il ne recevrait pas de suite, mais à trois heures. A la députation il dit qu'il n'irait pas de suite à l'Assemblée, mais qu'il attendrait trois jours. L'Assemblée crut voir dans ces retards affectés une insolente tentative de la cour pour constater la supériorité de celui des deux pouvoirs qui ferait attendre l'autre. Plusieurs députés, entre autres Couthon, demandèrent et firent décréter que l'on supprimerait le titre de Majesté; qu'on s'en tiendrait au titre de *Roi des Français;* qu'à l'entrée du roi on se lèverait, mais qu'ensuite *on pourrait s'asseoir et se couvrir;* enfin, qu'au bureau il y aurait sur la même ligne *deux fauteuils semblables*, et que celui du roi serait à la gauche du président. C'était supprimer le trône et subordonner le roi.

Le ciel eût tombé sur la terre que les constitutionnels n'auraient pas été plus frappés qu'ils ne le furent par cette suppression du trône. Ils étaient devenus des gardiens plus inquiets de la royauté que les royalistes eux-mêmes.

Les banquiers, non moins effrayés, traduisirent leurs craintes par une baisse énorme de fonds. C'était du quartier de la Banque, du bataillon des

Filles-Saint-Thomas, qu'étaient sortis la plupart des gardes nationaux qui, joints à la garde soldée, avaient tiré au Champ de Mars ; ces gardes nationaux étaient des agioteurs ou des fournisseurs du château, des gens de la maison du roi, des officiers nobles. Tous ces gens-là, fort compromis, commençaient à craindre. Le 9 octobre, l'armée parisienne, qui faisait leur force, venait de perdre son chef, celui qui depuis si longtemps en était l'âme et l'unité morale ; je parle de La Fayette. Aux termes de la loi nouvelle, il avait dû donner sa démission ; il n'y avait plus de commandant général ; chacun des six chefs de division commandait à tour de rôle.

Royalistes et fayettistes, tous alarmés, s'agitaient, se multipliaient, travaillaient Paris, au point de faire croire qu'il allait se faire dans l'opinion une vraie réaction royaliste. Plusieurs même y étaient trompés dans la presse, dans les hommes qui observaient de plus près d'où soufflait le vent populaire. Hébert, l'infâme Père Duchesne, cet excrément du journalisme, toujours bassement occupé à chercher, à servir toute mauvaise passion du peuple, crut qu'il tournait au royalisme et se mit pendant quelques jours à royaliser sa feuille, jurant, sacrant contre l'émeute. Que dis-je ? par une indigne capucinade, cet athée parlait de Dieu, menaçait les méchants de Dieu et de l'autre monde.

L'Assemblée, naïve encore, se trompa aussi, crut Paris plus royaliste qu'il n'était en réalité, craignit d'avoir été trop loin. Toute la nuit, du 5 au 6, les députés, pris un à un, entourés, priés, séduits par les femmes, par les intrigants, par les hommes de réputation et d'autorité, leurs aînés de la Constituante, furent tournés et convertis. On leur dit que le roi, si l'on maintenait le décret, n'ouvrirait point la session, qu'il enverrait ses ministres. Fallait-il devant l'Europe laisser paraître d'une manière si éclatante la discorde des pouvoirs publics? L'Assemblée, toute changée au matin, défit son œuvre de la veille. Elle ne rapporta pas le décret, mais en décréta l'ajournement.

Grande joie chez les royalistes, insolente. Ils passent tout à coup de la crainte à la menace. Royou, dans l'*Ami du Roi*, fit ressortir avec dédain l'inconséquence de l'Assemblée, lui donna une leçon dont elle profita depuis : « Toute autorité qui mollit est perdue. On ne peut ni respecter ni craindre un pouvoir qui retire aujourd'hui la loi qu'il a faite hier. »

Ce fol esprit de provocation ne s'en tint pas aux paroles. Il y avait alors dans les officiers nobles de la garde nationale, dans la garde constitutionnelle du roi qu'on travaillait à former, beaucoup de bretteurs, des gens qui, sûrs de leur adresse, allaient insultant tout le monde. La cour aimait beaucoup cette espèce d'hommes, qui lui faisait chaque jour une quantité d'ennemis. L'un d'eux, un M. d'Ermigny, officier de la garde nationale, fit un acte infiniment grave. Le 7, jour de la séance royale, au matin, il entre dans la salle : il y avait encore peu de députés;

il marche au hasard vers l'un d'eux, Goupilleau, qui, le 5, s'était prononcé nettement dans la question du trône. Il lui met le poing sous le nez et dit : « Nous vous connaissons bien... Prenez garde ! Si vous continuez, je vous fais hacher à coups de baïonnettes !... » Des huissiers accourent, indignés : mais le président, Pastoret, ne s'indigne pas ; il refuse la parole au député insulté, qui veut dénoncer le fait. Plusieurs députés insistent ; d'Ermigny, cité à la barre, en est quitte pour quelques excuses.

Cependant les royalistes, fort nombreux dans les tribunes, repaissaient leurs yeux et leur cœur de ce trône disputé, que l'Assemblée leur paraissait avoir concédé à la peur, et qui leur semblait le symbole prophétique de la défaite prochaine de la Révolution. Ils applaudissaient ce morceau de bois, sans s'inquiéter si leur joie ne devait pas être prise par l'Assemblée pour une nouvelle insulte. Un député y répondit. Le paralytique Couthon, montrant une vigueur d'initiative que son état impotent et sa figure douce ne faisaient nullement attendre, souleva la question la plus personnelle au roi, celle qui lui touchait au cœur, autant et plus que le trône ; il demanda et obtint qu'on examinât bientôt les mesures à prendre à l'égard des prêtres, relativement à la terreur que les prêtres réfractaires faisaient peser sur le clergé soumis à la loi.

Le roi entre. D'unanimes applaudissements s'élèvent. L'Assemblée crie : « Vive le roi ! » Les royalistes des tribunes, pour faire dépit à l'Assemblée, crient : « Vive Sa Majesté ! » Dans un discours touchant, habile, ouvrage de Duport-Dutertre, le roi énumérait les lois nouvelles que l'Assemblée allait donner à la France, dans l'esprit de la constitution. Il supposait la Révolution finie. Mais lui-même, comme roi des prêtres, comme chef volontaire ou involontaire de l'émigration, de tous les ennemis de la France, il était justement l'obstacle contre lequel la Révolution devait poursuivre sa lutte, si elle ne voulait périr.

L'Assemblée, toute jeune encore, ne s'expliquait pas bien ceci ; elle ne prévoyait rien de ce qu'elle allait faire elle-même. Elle fut émue, tout entière, quand le président, Pastoret, faisant allusion à un mot du roi qui disait avoir besoin d'être aimé : « Et nous aussi, nous avons besoin, Sire, d'être aimés de vous. »

Même impresion le soir, au théâtre où le roi alla avec sa famille ; il fut applaudi par les hommes de tous les partis, et beaucoup pleuraient. Lui-même versa des larmes.

Les faits sont les faits cependant ; les difficultés de la situation restaient tout entières. Le rapport, sage et modéré, de MM. Gallois et Gensonné, sur les troubles religieux de la Vendée, fit, par sa modération même, une impression profonde (9 octobre). Nul soupçon d'exagération. Le rapport avait été écrit, en [grande partie, sous l'inspiration d'un politique très clairvoyant, le général Dumouriez, qui commandait dans l'Ouest, homme d'autant plus tolérant qu'il était très indifférent aux questions religieuses. De son avis, les deux commissaires avaient modifié la décision sévère des directoires de ces départements, qui ordonnaient aux prêtres réfractaires de quitter les villages qu'ils troublaient et de se rendre au chef-lieu.

Ce rapport ouvrit les yeux de la France. Elle se vit amenée par le fanatisme au bord de la guerre civile.

Les premières mesures proposées furent néanmoins assez douces. Fauchet demanda seulement que l'État cessât de payer les prêtres qui déclaraient ne point vouloir obéir à la loi de l'État, en donnant toutefois des pensions et des secours à ceux des réfractaires qui seraient vieux et infirmes. L'Assemblée arrivait si neuve encore, si attachée aux principes absolus, que plusieurs des députés les plus révolutionnaires, le jeune et généreux Ducos entre autres, réclamèrent contre Fauchet au nom de la tolérance. Mais personne ne le fit avec plus de chaleur que l'évêque constitutionnel Torné, qui, justifiant ses ennemis, autant qu'il était en lui, déclara « que leur refus tenait à de grandes vertus », qu'il fallait moins s'en prendre à eux qu'à la mauvaise volonté du pouvoir exécutif, qui, sous main, encourageait les résistances. Ce dernier mot était exact. On en eut bientôt les preuves pour le Calvados, où le ministre Delessart avait encouragé vivement les adversaires de Fauchet à travailler contre lui.

Voilà le début de la guerre intérieure; l'affaire des prêtres en était le côté le plus redoutable. La question de la guerre extérieure se posa en même temps, d'abord à l'occasion des mesures à prendre contre les émigrés. L'émigration, pour laquelle on demandait la tolérance, aussi bien que pour les prêtres, prenait, comme eux, l'offensive; une offensive qui, pour n'être pas toujours directe, n'en était que plus irritante. Les émigrés faisaient par tout le royaume un vaste travail d'embauchage, essayant de gagner les troupes, recrutant parmi les nobles de gré ou de force, menaçant les gentilshommes ou leurs clients qui ne partaient pas. Les routes étaient couvertes de voitures qui allaient à la frontière, emportant des masses d'argent, réalisées à tout prix. La frontière était bordée de ce peuple d'émigrés qui s'agitaient sur l'autre rive, appelaient ou faisaient signe, se créaient des intelligences, tâtaient les places fortes, frétillaient d'entrer. Les ministres de Louis XVI, les administrations centrales ou départementales, fermaient les yeux ou aidaient. Telle administration financière, par exemple, multipliait, entassait ses employés les plus actifs sur la frontière même, les approchant de la tentation, les tenant prêts ou à passer ou à recevoir les émigrés qui passeraient et à leur prêter main-forte.

La France était comme un malheureux qu'on tient immobile, pendant qu'une nuée d'insectes le harcèle, cherchant la partie tendre à l'aiguillon, l'inquiète, le chatouille et l'agace, le pique ici et là, boit sa vie et pompe son sang.

Brissot entama la question (20 octobre 1791) d'une

manière élevée, humaine, qui donne même aujourd'hui le principe selon lequel l'histoire doit la juger encore. Il demanda qu'on distinguât entre l'émigration de la haine et l'émigration de la peur, qu'on eût de l'indulgence pour celle-ci, de la sévérité pour l'autre. Il déclara, conformément aux idées de Mirabeau, qu'on ne pouvait enfermer les citoyens dans le royaume, qu'il fallait laisser les portes ouvertes. Il rejeta également toute mesure de confiscation. Seulement il demanda que l'on fît cesser l'abus ridicule de payer encore des traitements à des gens armés contre nous, à un Condé, à un Lambesc, à un Charles de Lorraine, etc. Il proposa d'exécuter le décret de la Constituante qui mettait sur les biens des émigrés triple imposition. Il voulait qu'on frappât surtout les émigrés fonctionnaires, les chefs, les grands coupables; il parlait des frères du roi.

Puis, derrière les émigrés, il atteignit leurs protecteurs, les rois de l'Europe, montra l'orage à l'horizon. L'alliance imprévue, monstrueuse, de la Prusse et de l'Autriche, tout à coup amies. La Russie insolente, violente, défendant à notre ambassadeur de se montrer dans les rues, envoyant un ministre russe à nos fuyards de Coblentz. Les petits princes flattant les grands avec des outrages à la France. Berne punissant une ville pour avoir chanté les airs de la Révolution. Genève armant ses remparts, dirigeant contre nous la gueule de ses canons. L'évêque de Liège ne daignant recevoir un ambassadeur français.

Brissot ne dit pas tout encore sur la haine furieuse

des puissances contre la Révolution. Il ne dit pas qu'à Venise on trouva un matin sur la place un homme étranglé, la nuit, par ordre du conseil des Dix, avec ce laconique écriteau : « Étranglé comme franc-maçon. » En Espagne, un pauvre émigré français, royaliste, mais voltairien, fut saisi par l'Inquisition, comme philosophe et déiste. Il était déjà revêtu de l'horrible *san benito;* on voulait lui arracher une honteuse confession, contraire à sa conscience. L'infortuné aima mieux se donner la mort. Nous tenons ce fait lamentable d'un agent des inquisiteurs, qui vit, entendit, écrivit tout, du greffier même, Llorente (1791).

Brissot indiqua avec précision ce que voulaient nos ennemis, le genre de mort qu'ils réservaient à la Révolution : le fer ? Non, mais l'étouffement, « la médiation armée », pour parler le doux langage de la diplomatie. Et il ajouta, avec la même netteté, que l'on nous prierait, l'épée à la main, de nous faire Anglais, d'accepter la constitution anglaise, leurs pairs, leur chambre haute, leurs vieilleries aristocratiques. Qu'on lise aujourd'hui les Mémoires, alors inédits, soit des ministres étrangers, soit de nos constitutionnels; on y apprend peu de choses qui n'aient été devinées par la pénétration de Brissot, dans ce remarquable discours.

« Eh bien! dit-il, si les choses en viennent là, vous n'avez pas à balancer, *il faut attaquer vous-mêmes.* » Un applaudissement immense partit des tribunes et de la majorité de l'Assemblée.

Les événements se chargèrent d'applaudir et confirmer avec une bien autre force. Des désastres, des mécomptes, des mouvements audacieux de la contre-révolution venaient, de moment en moment, frapper l'Assemblée, et, comme autant de messagers de guerre, jeter le gant à la France.

Vers la fin d'octobre, on apprit comment toutes les puissances avaient reçu la lettre du roi qui annonçait son acceptation. Pas une ne parut croire à sa sincérité. La Russie et la Suède renvoyèrent la dépêche non ouverte, et le 29, elles conclurent un traité pour un armement naval, une descente sur nos côtes. L'Espagne répondit qu'elle ne répondrait pas, ne recevrait rien de la France. L'Empereur et d'après lui la Prusse se montrèrent peut-être plus menaçants en réalité sous forme plus douce (23 octobre), la menace pour la France, la douceur pour Louis XVI : « Nous désirons, disait l'Empereur, *que l'on prévienne la nécessité de prendre des précautions* sérieuses contre le retour des choses qui donnaient lieu à de tristes augures... » Quelles précautions ? Il éclaircissait ce mot obscur dans une circulaire aux Puissances, où il les avertissait qu'il fallait rester en observation, et déclarer à Paris *que la coalition subsistait.*

Il ne convenait pas aux rois d'attaquer encore. Ils attendaient que la guerre civile ouvrît la France et la livrât. Deux faits effroyables que l'Assemblée apprit coup sur coup, vers la fin du même mois, pouvaient leur en donner l'espoir.

On vit, pour ainsi parler, une affreuse colonne de

flamme s'élever sur l'Océan. Saint-Domingue était en feu.

Digne fruit des tergiversations de la Constituante, qui, dans cette question terrible, flottant du droit à l'utilité, semblait n'avoir montré la liberté aux malheureux noirs que pour la leur retirer ensuite et ne leur laisser que le désespoir. Un mulâtre, un jeune homme héroïque, Ogé, député des hommes de couleur près de l'Assemblée, ayant emporté de France les premiers décrets, les décrets libérateurs, avait sommé le gouverneur d'appliquer la loi. Poursuivi, livré par les autorités de la partie espagnole de Saint-Domingue, il fut barbarement roué vif. Une sorte de Terreur suivit; les planteurs multiplièrent les supplices. Une nuit, soixante mille nègres se révoltent, commencent le carnage et l'incendie, la plus épouvantable guerre de sauvages qu'on ait vue jamais.

L'autre événement, moins grave matériellement, mais terrible, tout près de nous, contagieux pour le Midi, et qui pouvait commencer l'éruption d'un vaste volcan, fut la tragédie d'Avignon.

La contre-révolution venait d'y frapper le coup le plus audacieux. Le dimanche (16 octobre 1791), elle fit assommer par la populace, au pied de l'autel, Lescuyer, un Français, le chef du parti français contre les papistes. Le crime de cet homme, nullement violent et le plus modéré de son parti, était d'avoir commencé la vente des biens des couvents, et, comme magistrat, demandé aux prêtres le serment civique. Un miracle de la Vierge avait poussé le peuple à cet acte horrible. Les hommes lui avaient écrasé le ventre à coups de bâton. Les femmes, pour punir ses blasphèmes, avaient découpé, *festonné* ses lèvres à coups de ciseaux. Les papistes s'étaient un moment rendus maîtres des portes de la ville. Mais le parti révolutionnaire, ayant repris le dessus, avait, la nuit même, vengé Lescuyer par le massacre de soixante personnes, qui furent égorgées au palais des papes et jetées au fond de la tour de la Glacière.

La contre-révolution, vaincue à Avignon, avait néanmoins tiré de sa tentative impuissante un grand avantage, celui d'avoir poussé à bout le parti révolutionnaire, de sorte qu'aveugle et furieux, par ces représailles horribles, il se rendit exécrable.

CHAPITRE II

RÉVOLUTION D'AVIGNON, EN 1790 ET 1791. — MEURTRE DE LESCUYER
(16 OCTOBRE 1791).

Comment le parti français d'Avignon, en 1790, sauva le Midi. — Du droit du pape. — Le règne des prêtres. — Irritation de la bourgeoisie. — Révolution du 11 juin 1790. — Le parti français puni du service qu'il a rendu à la France. — Avignon entreprend, pour la France, la conquête du Comtat. — Duprat, Rovère et Mainvielle. — Leur première expédition à Carpentras, janvier 1791 ; leur échec. — Meurtre de La Villasse, avril 1791. — Seconde expédition de Carpentras. — Jourdan coupe-tête. — La France envoie des médiateurs, mai 1791. — Influence des dames d'Avignon sur eux. — Le médiateur Mulot est séduit. — Il est obligé de fuir Avignon, août. — Le peuple dégoûté de la Révolution. — L'Assemblée décrète la réunion, 15 septembre. — Mulot relève le parti français royaliste. — Les papistes reprennent courage. — La Vierge fait des miracles. — Lescuyer assassiné dans l'église, 16 octobre 1791.

La fatale affaire d'Avignon, toute locale qu'elle paraît, eut sur la Révolution en général, on va le voir, une très grave influence. Il faut bien s'arrêter ici.

Avignon fut le point où les deux principes, le vieux, le nouveau, se trouvant tout d'abord face à face et violemment contrastés, montrèrent, dès le commencement, l'horreur d'une lutte furieuse. Elle produisit d'avance, en petit, comme en un miroir magique, l'image des scènes sanglantes que la France allait présenter. Septembre était en ce miroir, la Vendée et la Terreur.

Et non seulement Avignon, sur son étroit théâtre, montra et prédit ces horreurs; mais ce qui est terrible à dire, c'est qu'elle les autorisa d'avance, en quelque sorte, les conseilla de son exemple, donna, pour une grande partie des actes les plus barbares, un modèle que le crime inepte imita servilement. Avignon elle-même avait imité, et elle le fut à son tour. Nous expliquerons tout à l'heure cette génération du mal, sa hideuse fécondité.

Mais, avant de raconter les crimes de ce peuple infortuné, qui furent en partie ceux de sa situation, de la triste fatalité de ses précédents, il est bien juste de dire aussi tout ce que lui dut la France.

On se rappelle que les premières tentatives de la contre-révolution furent faites en Languedoc, sur la trace, brûlante encore, des vieilles guerres religieuses. Des millions de catholiques se trouvant là en présence de quelques cent mille protestants, si l'on pouvait identifier la Révolution et le protestantisme, la Révolution, comme protestante, risquait fort d'être égorgée. Cette combinaison ingénieuse échoua par l'attitude des catholiques du Rhône, spécialement d'Avignon, qui, se montrant aussi révolutionnaires que les protestants du Languedoc, démentirent ce beau système; la guerre resta toute politique, elle ne devint point une guerre religieuse; elle fut violente et sanglante, mais sans pouvoir entièrement se greffer sur les vieilles racines maudites, qui se sont l'une sur l'autre enfouies dans la terre, des Albigeois à la Saint-Barthélemy, aux massacres des Cévennes. Si l'épilepsie fanatique, cette maladie éminemment contagieuse, qui, dans la guerre des Cévennes, frappa tout un peuple, le fit délirer et prophétiser, si par malheur elle eût repris, nous aurions eu un spectacle étrange, horriblement fantastique, tel que la Terreur elle-même n'en a pas offert.

En deux mots : la question s'embrouillait en Languedoc d'un élément très obscur, infiniment dangereux. Le jour se fit sur le Rhône, un jour terrible, qui pourtant diminuait le péril.

Le parti français d'Avignon se fit Français, il faut le dire, sans la France et malgré la France. Il lui rendit, en dépit d'elle, un service signalé. Il avait contre lui, généralement, les autorités royalistes, fayettistes, constitutionnelles. Il trouva en lui toutes ses ressources, naquit de lui-même, vécut de lui-même. Renié cruellement de la France, sans se rebuter, il se jetait dans les bras de cette mère, si peu sensible, qui le rejetait toujours. Il ne l'en servit pas moins d'un dévouement obstiné. Que serait-il arrivé, en juin 1790, si l'homme de Nîmes, Froment, qui avait semé partout sa traînée de poudre, qui, par Avignon et les Alpes, se rattachait aux émigrés, que serait-il advenu s'il eût pu choisir son heure? Avignon ne le permit pas. La contre-mine, allumée, éclata le long du Rhône. Froment fut obligé d'agir trop tôt et à contretemps; tout le Midi fut sauvé.

Ce fut cet infortuné Lescuyer qui, dans ce jour mémorable, arracha des murs d'Avignon les décrets pontificaux. Lescuyer était un Français, un Picard, ardent, et avec cela réfléchi, plus capable d'idées suivies que ses furieux associés. Il n'était pas jeune. Établi depuis longtemps à Avignon en qualité de notaire, il n'avait aucun préjugé contre le gouvernement pontifical; il adressa, dans une occasion publique, des vers spirituels au légat (1774). Mais, quand il connut l'horreur de ce gouvernement vénal, de la tyrannie des prêtres et des maîtresses des prêtres, de leurs agents italiens, de leurs courtiers de justice, qui vendaient aux débiteurs le droit de ne pas payer, qui même, à un prix convenu, s'engageaient à faire rendre telle ordonnance pour faire gagner tel procès, quand il vit l'absence absolue de garantie, les procédures d'inquisition, la torture et l'estrapade, etc., alors il retourna les yeux vers sa patrie, la France, il appela le jour où la France, affranchie, affranchirait Avignon.

Cent fois le parlement d'Aix avait rappelé à nos rois la nullité du titre des papes. Ce malheureux pays avait été non vendu, mais donné par Jeanne de Naples, une toute jeune femme mineure, pour l'absolution d'un assassinat qu'avaient commis ses amants. Devenue majeure, elle réclama contre la cession et affirma qu'elle était involontaire, arrachée à sa faiblesse.

Qu'importait, d'ailleurs, cette vieille histoire? Ce droit eût-il été bon, le pape devait encore le perdre,

« pour cause d'indignité ». Dans quel état de corruption et de barbarie avait-il laissé ce peuple? L'abominable guerre civile dont l'expulsion du pape fut l'occasion, est elle-même une accusation contre lui. Cette Provence, jadis policée, cette terre adorée de Pétrarque, autrefois l'une des grandes écoles de la civilisation, qu'était-elle devenue dans les mains des prêtres?

Depuis longtemps Avignon avait la guerre en elle-même, avant qu'elle n'éclatât. Dans son peuple de trente mille âmes, il y avait deux Avignon, celle des prêtres, celle des commerçants. La première, avec ses cent églises, son palais du pape, ses cloches innombrables, la *ville carillonnante*, pour l'appeler comme Rabelais. La seconde, avec son Rhône, ses ouvriers en soierie, son transit considérable; double passage, de Lyon à Marseille, de Nîmes à Turin.

La ville commerçante, en rapport avec le commerce protestant du Languedoc, avec Marseille et la mer, l'Italie, la France et le monde, recevait de tous les côtés un grand souffle qu'on lui défendait d'aspirer. Elle gisait, étouffée, asphyxiée, mourante. Ile infortunée au sein de la France, comme les morts de Virgile, elle regardait à l'autre bord, brûlant de désir et d'envie.

La pire torture qu'ils éprouvaient, ces pauvres Français d'Avignon, c'était d'être une terre de prêtres, d'avoir le clergé pour seigneur. C'était pour eux un constant serrement de cœur de voir ces prêtres de cour, oisifs, élégants, hardis, rois du monde et des salons, sigisbées des belles dames, selon la mode italienne, maîtres chez la femme du peuple qui les recevait à genoux et baisait leur blanche main. L'original de ces prêtres italo-français du Comtat fut le bel abbé Maury, fils d'un cordonnier, plus aristocrate que les grands seigneurs ; Maury l'étonnant parleur, le libertin, l'entreprenant, orgueilleux comme un duc et pair, insolent comme un laquais. Le masque de ce Frontin reste précieux pour les artistes, comme type de l'impudence et de la fausse énergie.

Nulle part ailleurs que dans les villes de prêtres on n'apprend à bien haïr. Le supplice de leur obéir créa dans Avignon un phénomène qui ne s'est jamais vu peut-être au même degré : un noir enfer de haine, fort au delà de tout ce qu'a rêvé Dante. Et, chose étrange, cet enfer se trouva dans des jeunes cœurs. Sauf le notaire et un greffier, tous les meneurs ou acteurs principaux des Saint-Barthélemy d'Avignon furent des jeunes gens sortis de familles commerçantes. Il est rare de naître haineux, furieux ; ceux-ci apportaient de loin, dans le souffle et dans le sang, dans le plus profond du cœur, le diabolique héritage des longues inimitiés. Au moment où ils virent en face éclater du sein de la France ce divin flambeau de justice qui jugeait leurs ennemis, ils crurent toutes leurs vieilles haines autorisées par la raison nouvelle, et, violemment épris de la ravissante lumière, ils se mirent à haïr encore en proportion de leur amour.

Quel que fût le parti qui l'emportât, des amis de la liberté ou de la contre-révolution, on pouvait s'attendre à d'affreux forfaits. Les uns et les autres avaient un terrible instrument tout prêt dans la populace, mobile et barbare, une race métis et trouble, celto-grecque-arabe, avec un mélange italien. Nulle n'est plus inquiète, plus bruyante, plus turbulente. Ajoutez une organisation de confréries, de corporations, infiniment dangereuse, des bandes de mariniers, d'artisans, de portefaix, les plus violents des hommes. Et si cela ne suffit, les rudes vignerons de la montagne, race âpre et féroce, viendront frapper au besoin.

Éléments vraiment indomptables, qu'on lâchait fort aisément; mais qui les eût dirigés? On dirige le Rhône encore et les torrents qui déchirent les âpres vallées du Comtat; mais les tourmentes subites qui tout à coup, noires et terribles, flottent autour du Ventoux, qui pourra les arrêter? Il faut, quand elles descendent, qu'elles hachent, brisent, déracinent, emportent tout devant elles.

Dans un pays ainsi préparé, tout devait tourner en fureurs. Le beau moment de juin et juillet 1790, celui des fédérations, à Avignon, fut marqué de sang. La ville, ralliée à la France, avait, pacifiquement, avec égards et respect, prié le légat de partir. Elle créait des magistrats; elle fondait, dans la ferveur d'une foi jeune et touchante, son autel de la liberté. Une raillerie, une insulte fit passer le peuple, en un moment, au plus épouvantable orage. Les papistes ayant la nuit pendu un mannequin décoré des trois couleurs, Avignon sembla se soulever de ses fondements; on arracha de leurs maisons quatre papistes soupçonnés de ce sacrilège (deux marquis, un bourgeois, un ouvrier); ils furent eux-mêmes pendus à la place du mannequin, avec des risées féroces (11 juin 1790). Les meneurs révolutionnaires, qu'ils le voulussent ou non, n'auraient jamais pu les soustraire à la vengeance du peuple.

Leur situation était véritablement difficile, entre ce peuple, ingouvernable dans sa liberté nouvelle, et la France qu'ils appelaient et qui ne leur répondait pas. Elle les mettait dans cette alternative ou de périr ou de se sauver par l'emploi de la violence. Ils se jetaient dans ses bras, et elle les renvoyait au crime ou aux supplices.

C'était la foire de Beaucaire; tout le Midi y était, attiré par le commerce et par la fédération. Les libérateurs d'Avignon vinrent fraterniser avec ceux qu'ils appelaient leurs concitoyens, ceux qu'ils avaient si bien servis, par la diversion d'Avignon, au moment terrible de Nîmes. Quel triste désappointement! Ils trouvèrent les autorités malveillantes, le peuple, tout occupé d'affaires, médiocrement sympathique, ouvrant l'oreille aux mensonges de l'aristocratie.

L'Assemblée constituante poussa l'indifférence pour eux jusqu'à la barbarie. Elle ménageait le pape dans la grande question du clergé, elle ménageait le roi; les scrupules de sa conscience, mais elle ne ménageait pas le sang et la vie de ceux qui venaient de se dévouer pour nous, de ceux qui donnaient au royaume la moitié de la Provence, qui lui restituaient le Rhône, lui assuraient le Midi. C'était alors le premier essai de réaction; l'Assemblée remerciait Bouillé pour le massacre de Nancy. Elle *ajourna* l'affaire d'Avignon (28 août 1790) et par là donna au parti anti-français un funeste encouragement, d'insolentes espérances. La réaction eut son cours. Le pape écrivit hardiment qu'il ordonnait d'annuler tout ce qui s'était fait dans le Comtat, de rétablir les privilèges des nobles et du clergé, *de relever l'Inquisition* dans la plus grande rigueur. Ceci daté du 6 octobre 1790, du même jour où Louis XVI écrivait au roi d'Espagne sa première protestation, celle qu'il adressa ensuite à tous les rois de l'Europe.

Avignon se trouvait dans une position intolérable, isolée, comme assiégée. A sa porte, à la distance qu'on peut voir du haut de ses tours, les petites villes, Lisle, Cavaillon, qui avaient un moment voulu arborer les armes françaises, reprenaient celles du pape. Le mot d'ordre leur était donné par la vieille rivale d'Avignon, l'orgueilleuse et imperceptible Carpentras, le nid de l'aristocratie. Les Avignonnais ayant fait sur Cavaillon une entreprise pour y relever le parti patriote, ils y trouvèrent quinze ou vingt maires de communes françaises, gentilshommes du voisinage, qui étaient là pour le pape et contre le parti français. Carpentras avait dans ses prisons les meilleurs amis de la France, qu'elle avait enlevés de Cavaillon et de Lisle.

L'Assemblée constituante, suppliée d'intervenir, en octobre 1790, avait envoyé à Avignon le régiment de Soissonnais et quelques dragons de Penthièvre. Ce fut un merveilleux encouragement pour l'aristocratie. Nos officiers, pour la plupart, étaient de cœur pour elle. Carpentras crut, en ce moment, avoir mis garnison dans Avignon même. Elle fit, à Cavaillon, et partout, renouveler le serment au pape (20 décembre 1790). Par représailles, Duprat et les autres chefs du parti français allèrent à Aix, à Toulon, à Marseille, demander appui. Ils se rendirent à Nîmes et firent aux protestants les offres les plus tentantes, demandant à les établir, en masse, en grande colonie, au sein de la ville papale. Ils furent écoutés froidement. Un riche marchand toutefois leur fit secrètement un don de quelques milliers de cartouches.

Pour l'argent, ils en avaient, ayant commencé, dès octobre, à prendre l'argenterie des couvents et des églises. Ils tirèrent de fortes recrues des petites villes et de Carpentras même, d'où la minorité patriote était obligée de fuir. Ils en trouvèrent enfin jusque dans ce régiment français qui avait donné tant de confiance à l'aristocratie. Ils caressèrent, gagnèrent une partie des soldats, les rendirent favorables ou neutres. Tout cela fait, ils éclatèrent, reprirent leur hôtel de ville, leur arsenal, leurs portes. Les officiers aristocrates étaient trop peu sûrs des soldats pour livrer bataille.

Ce n'est pas tout : avec une audace incroyable, la nuit du 10 janvier, sans s'inquiéter de ces officiers ni des soldats fidèles au parti des officiers, ni d'une grande population encore papiste qu'ils laissaient dans Avignon, ils partirent pour ramener dans Cavaillon les patriotes de cette ville. Ils avaient avec eux cent soixante soldats français qui marchaient devant, afin que leur uniforme intimidât l'ennemi. Les hardis meneurs de l'entreprise, les chefs réels de l'armée, étaient deux jeunes gens, Duprat, de vingt-neuf ans, et Mainvielle, de vingt-cinq. Pour ménager les amours-propres, ils avaient pris pour général, selon les usages italiens, un étranger, le chevalier de Patrix, Catalan établi à Avignon. La ville, peu fortifiée, fut attaquée et défendue avec beaucoup de courage, d'obstination, d'acharnement. Elle fut prise et pillée. La terreur de ce pillage fut telle, dans Carpentras, qu'elle arbora sur-le-champ les armes françaises, comme une sorte de paratonnerre, sans toutefois changer de parti, sans relâcher les patriotes qu'elle avait dans ses prisons.

Les Avignonnais étaient ivres de leur succès de Cavaillon. C'étaient donc eux, Français d'hier, non acceptés de la France, qui venaient de porter le premier coup à la contre-révolution. Ce grand mouvement de guerre qui commençait à agiter le royaume, il en était encore aux parades, aux vaines paroles ; mais ici l'on agissait. Avec combien peu de ressources ! quels faibles moyens ! N'importe. La petite Rome du Rhône se mettait, pour son coup d'essai, à l'avant-garde du monde dans la guerre de la liberté.

C'étaient des jeunes gens surtout, on n'a pas besoin de le dire, qui parlaient ainsi; c'étaient spécialement ceux que nous avons déjà nommés, Duprat aîné, Mainvielle, et Rovère, trois hommes qui frappaient tout d'abord par la beauté, l'énergie, la facilité méridionale. Seulement ils avaient quelque chose d'étrange et de discordant. Tous trois, outre leur violent fanatisme, étaient furieux d'ambition, mais chacun à leur manière. Duprat, sous formes modérées, ex-secrétaire de M. de Montmorency, habitué à se contenir; mais il avait un besoin terrible de pouvoir, une âme de tyran, impérieuse, au besoin atroce. Tout ce qu'il avait au dedans, les autres l'avaient en dehors. Rovère était le mouvement, Mainvielle la tourmente et l'orage. Le premier, d'une figure noble et militaire, actif, intrigant, avait fait son chemin sous l'ancien régime; garde du pape, il s'était dit des illustres Rovère d'Italie, avait fait un riche mariage, acheté un marquisat; la Révolution venue, il avait prouvé que son grand-père était boucher. Aidé d'abord des Girondins, il quitta bientôt la Gironde; ardent Montagnard, puis Thermidorien et zélé réactionnaire, il fut victime en fructidor de ses variations rapides et alla mourir au désert de Sinamary.

Des trois le plus jeune, Mainvielle, était peut-être le plus sincère, le plus violemment convaincu. En revanche, c'était le plus furieux. Il était très beau, d'une molle figure de femme, et il faisait peur. Bouleversé à chaque instant par son orage intérieur, on reconnaissait en lui un homme tragique et fatal, un de ceux qu'une violence innée semble vouer aux furies. Cruel par accès, il ne portait pas le signe ignoble de la barbarie; sa tête avait plutôt la beauté des Euménides.

Mainvielle n'exprimait que trop la jeunesse d'Avignon. Fils d'un riche marchand de soie, nourri dans les mœurs galantes et féroces de son étrange pays, il avait, pour achever de brouiller son âme trouble, deux amours, tous deux adultères, la femme de son ami Duprat, et la Révolution française, dont il fut l'un des plus funestes, des plus illégitimes amants. Du moins, il mourut pour elle, avec un bonheur frénétique, le jour où périt la Gironde. Dans ce temps où tout le monde mourait en héros, il effraya l'assistance par la sauvage ardeur dont il chanta la *Marseillaise* sur la guillotine et sous le couteau.

Tels furent les trois audacieux qui, sans ressources, n'ayant ni finances ni armée, entreprirent de conquérir le Comtat au profit de la France. Ils appelaient le ban et l'arrière-ban des proscrits du parti français qui de toute la province refluaient vers Avignon, et ils réunirent jusqu'à six mille hommes. D'argent ils n'eurent que celui qu'ils avaient pu tirer de l'argenterie des couvents. Si Lescuyer et les autres qui réglaient le matériel parvinrent à leur équiper tellement quellement cette armée, il est bien visible que, loin de profiter du pillage, comme on le leur a reproché, ils durent faire, la plupart, des sacrifices personnels, et combattre de leur fortune aussi bien que de leur vie.

Ils partirent en plein janvier, Patrix et Mainvielle en tête, celui-ci sur un fougueux cheval blanc, qui semblait souffler la victoire. Toutes les femmes sur les portes, les dames aux fenêtres, regardant défiler cette armée bizarre, mêlée d'hommes de toutes sortes; fort peu d'uniformes; tel brillant, tel en guenille. Beaucoup de sourires aux fenêtres et de blancs mouchoirs agités, peu de vœux sincères.

Le 20, près de Carpentras, l'armée rencontra les magistrats français d'Orange, qui, par humanité, peut-être aussi par sympathie pour la vieille aristocratie, essayaient d'intervenir. Il était bien tard. Mainvielle s'opposa à la conférence avec beaucoup de hauteur, d'impatience; il brûlait d'en venir aux mains.

A peine en vue de Carpentras, on mit les canons en batterie et l'on tira quelques coups. Mais voici que, du Ventoux, descendent des nuages noirs, le vent, la pluie et la grêle, une pluie froide et glacée, une grêle acérée, violente. Ces bandes peu aguerries, gens de ville pour la plupart, commencent à s'étonner. Ils courent chercher des abris et finissent par tomber dans un désordre complet. Ce n'est point un rapide orage d'été, c'est une longue tempête d'hiver; les plaines sont inondées, les torrents grossis. Peu à peu, en grelottant, nos gens reviennent à toutes jambes.

Qui avait vaincu? La Vierge. C'est elle, les dames de Carpentras l'assurèrent ainsi, qui, sensible à leurs prières, se chargea seule de répondre à cette farouche armée, et sans arme qu'un peu de pluie jetée aux visages les renvoya pour être chansonnés des femmes et des petits enfants. Une table de bronze éternisa la mémoire de ce miracle; une fête votive dut reproduire d'année en année le triomphe de la Vierge, l'humiliante déconfiture des sacrilèges d'Avignon.

Ceux-ci, rentrés à petit bruit, eurent cruellement à souffrir de la joie des aristocrates. On n'osait les railler en face; mais de loin, mille petites flèches leur étaient lancées qui leur revenaient par voies indirectes. Les demi-sourires des femmes, les plaisanteries que des amis charitables s'empressent toujours de rapporter à ceux qui en sont l'objet, les remplissaient de fureur. Ils commencèrent à se sentir tout entourés d'ennemis; pleins de défiance et de crainte, ils se tournèrent vers leur adversaire naturel, le clergé, exigèrent de lui le serment civique. Mais leur échec de Carpentras les avait fait baisser dans l'opinion. Le fanatisme, enhardi, tenta un coup désespéré, qui, s'il restait impuni, brisait le parti français. Les magistrats patriotes de la ville de Vaison, Anselme et La Villasse, leur avaient demandé d'envoyer d'Avignon un curé constitutionnel, l'ancien ayant émigré. Ce fut l'arrêt de leur mort. On lança les paysans; l'assemblée aristocratique les autorisa au crime. Ils s'emparèrent de Vaison, égorgèrent dans leurs maisons La Villasse et Anselme (23 avril 1791). Cet assassinat, autorisé, légalisé, cet essai pour terroriser les magistrats patriotes, fut pour tout le Rhône un coup électrique. Le maire d'Arles, Antonelle, noble patriote, militaire philosophe, qui avait quitté les lettres pour se précipiter dans la Révolution, vint s'offrir aux Avignonnais avec des troupes et du canon; il monta en chaire à la cathédrale et somma le peuple de venger le sang de ses magistrats, indignement égorgés.

Duprat et Mainvielle partirent immédiatement d'Avignon avec trois mille hommes, sans argent, sans vivres, se fiant au brigandage, aux contributions forcées. Mais, quelque diligence qu'ils fissent, Carpentras était préparée. On n'avait pas résolu le meurtre de La Villasse sans se mettre d'abord en défense. Toute l'aristocratie française, royaliste et fayettiste, semblait s'être entendue ici pour faire éprouver au parti français d'Avignon un honteux échec. Ce n'étaient pas des secours officiels qu'avait reçus Carpentras. Tout avait été hasard : c'est par hasard que des officiers français, allant en Italie, s'arrêtèrent à Carpentras; par hasard, que des artilleurs de Valence vinrent servir les pièces; par hasard que des fondeurs lorrains vinrent fondre de l'artillerie. Il en était venu aussi de Provence, que Carpentras disait avoir achetée. Celle des Avignonnais, mal servie par des artilleurs novices, ne fit aucun mal à la place. La population assiégée, quand elle vit l'innocence de ces boulets impuissants, allait avec des risées les ramasser dans la campagne. Pour comble d'humiliation, des femmes avaient pris les armes, une dame noble du Dauphiné entre autres ; de sorte que les infortunés Avignonnais entendaient dire que les femmes suffisaient pour leur résister.

L'inexpérience et l'indiscipline expliquaient assez ce revers. Duprat et Mainvielle l'attribuaient à la trahison. Ils soupçonnaient le chevalier Patrix, ce Catalan qu'ils avaient fait général. Il avait fait évader un prisonnier considérable. Lui-même, ils le firent tuer. Ils le remplacèrent par un homme illettré, grossier, tout à fait à eux. Pour conduire ces bandes mal disciplinées, mêlées de portefaix, de paysans, de déserteurs français, il fallait un homme du peuple. Ils choisirent un certain Mathieu Jouve, qui se faisait appeler Jourdan. C'était un Français, né dans un des plus rudes pays de France, pays de glace et de feu, terre volcanique, éternellement rasée par la bise, les hauteurs quasi désertes qui entourent le Puy-en-Velay. Il était d'abord muletier, puis soldat, puis cabaretier à Paris. Transplanté à Avignon, il y vendait de la garance. Bavard et vantard, il faisait croire au petit peuple que c'était lui qui avait coupé la tête au gouverneur de la Bastille, puis coupé encore la tête aux gardes du corps du 6 octobre. A force de le lui entendre dire, on l'appelait Jourdan *coupe-tête*. La sienne était fort burlesque, par un mélange singulier de bonhomie et de férocité. Entre autres singularités, cet homme, très cruel dès qu'il avait vu le sang, n'en avait pas moins les larmes faciles; il s'attendrissait sans peine, parfois pleurait comme un enfant.

Le siège fut changé en blocus. L'armée vécut comme elle put, par des contributions forcées. Pour tout ce qu'elle prenait, elle donnait des bons à payer sur les biens nationaux d'Avignon. Il y eut d'affreux désordres. Après une petite bataille où les Avignonnais vainquirent, le malheureux village de Sarrians, qui s'était défendu contre eux, fut traité comme il l'eût été par des Caraïbes. Des femmes suivaient l'armée qui se faisaient gloire de manger de la chair humaine.

Ces atrocités rendirent force au parti papiste. Il créa à Sainte-Cécile une assemblée fédérative des communes, en face de celle que le parti français avait formée à Avignon. Celle-ci, chassée d'Avignon même par une réaction violente, se trouva errante, siégeant tantôt à l'armée, tantôt à Sorgues ou à Cavaillon. Pour comble, l'Assemblée constituante, réactionnaire elle-même, déclara, le 4 mai, qu'elle n'acceptait pas Avignon. Ceci semblait le coup de grâce. La France exterminait d'un mot ceux qui s'étaient perdus pour elle. L'armée qui bloquait Carpentras se révolta contre ses chefs, réclama sa solde; Jourdan montra les caisses vides et pleura devant ses soldats. Tout était perdu; déjà de soi-disant constitutionnels d'Avignon avaient, dans leur club des Amis de la constitution, déclaré les chefs du parti français « traîtres à la patrie ».

Tout ce parti n'avait qu'une chose à attendre, d'être partout massacré. Une scène immense d'assassinats allait s'ouvrir, par le décret de la Constituante. Elle-même frémit devant son œuvre, recula. Le 24 mai, elle accorda, par humanité, l'envoi de quelques troupes et de trois médiateurs pour désarmer les partis.

Les médiateurs n'étaient nullement les hommes imposants qui, jetés dans cette tempête, en auraient dominé les flots. C'étaient trois hommes de lettres, écrivains agréables de l'ancien régime, connus par des productions légères et galantes : l'un par ses *Amours d'Essex*, l'autre par ses *Poésies fugitives*, l'abbé par une traduction gracieuse de *Daphnis et Chloé*. Loin de pouvoir rien arrêter, ils furent emportés, comme paille, dans le brûlant tourbillon. Les dames d'Avignon les saisirent sans difficulté et s'en emparèrent. Sans être belles comme celles d'Arles, elles sont diaboliquement vives, adroites et jolies. Nulle part, ni en France ni en Italie, la physionomie n'est si expressive, la passion si impétueuse. Ce sont les filles du Rhône; elles en ont tous les tourbillons; comme lui elles sont à la fois tyranniques et capricieuses. Ce sont les filles de l'air, du vent, qui rase la ville, ce vent fixe à l'agitation, mais tantôt vif, sec, agaçant et crispant les nerfs, tantôt lourd, fiévreux, portant avec lui un trouble passionné. Une tête étrangère résiste peu au triple vertige des eaux, du vent, des regards ardents et mobiles. Une chose aussi l'enivre et l'hébète, c'est ce qu'on entend toujours aux rues d'Avignon, l'éternel *zou! zou!* qui siffle, et ce sifflement, ce bruit de vertige, imité par l'homme du peuple, c'est pour lui le cri de l'émeute, le signal de mort.

Les dames Duprat et Mainvielle (celle-ci choisie plus tard pour déesse de la Liberté) exercèrent, dit-on, sur tels des médiateurs une influence irrésistible, les rallièrent à leur devoir, à l'intérêt de la France et de la Révolution. L'abbé Mulot, qui venait dans des intentions non moins bonnes, dévia bientôt de l'autre côté. C'était un homme faible et doux, de cette génération plus passionnée que forte des électeurs de 1789, un collègue des Bailly, des Fauchet, des Bancal, etc. Il connaissait, aimait déjà un jeune homme d'Avignon, fils d'un imprimeur de cette ville, qui était venu à Paris se perfectionner dans son art. Ce jeune homme ou cet enfant, charmant de cœur et de figure, s'empara de Mulot, au débarquer, et le mena chez sa mère. Mme Niel, c'était son nom, jeune encore, aussi belle que son fils, était, dans son imprimerie, une dame tout à fait de cour, élégante et gracieuse; toute la noblesse d'Avignon ayant émigré, Mme Niel et quelques autres de sa classe se trouvaient l'aristocratie. Le pauvre abbé Mulot crut voir Laure et se crut Pétrarque. Mais cette Laure, plus impérieuse, plus passionnée que l'ancienne, une Laure toute politique, était violemment royaliste. Elle était naturellement reine, il lui fallait une cour. Mme Niel exerça une domination souveraine sur tous les nouveaux venus, non seulement sur l'ordonnateur, mais sur les exécuteurs, je veux dire sur les officiers, plus ou moins aristocrates, qui amenaient les troupes françaises. Une municipalité royaliste fut constituée sous cette influence.

Le point capital de la situation était de savoir si, dans l'extrême pénurie où se trouvait la ville, abandonnée de tous les gens riches, on toucherait aux biens ecclésiastiques. Les médiateurs licenciaient l'armée de Vaucluse, mais il fallait la payer. Ce licenciement, brusque, immédiat, ressemblait à l'ingratitude ; brigands ou non, ces gens-là avaient combattu pour la France. On les renvoyait dispersés chez eux, et presque partout ils étaient reçus à coups de fusil. Faute de solde, il leur avait bien fallu vivre de pillages, de violences ; voilà qu'on leur demandait compte. Les vengeances exercées sur eux furent atroces ; elles ont été obscures : on ne sait pas le nombre des morts. Ce qui porte à le croire très grand, c'est que, dans un seul village, il y eut onze hommes de tués. La garde nationale d'Aix fut si indignée de voir égorger impunément les alliés de la France qu'elle vint en masse à ce village, exhuma les corps et força les aristocrates de leur demander pardon à genoux.

Ces gens, repoussés de partout, refluèrent dans Avignon. Lescuyer, Duprat, se retrouvèrent maîtres. La municipalité leur refusait le payement des troupes, qui ne pouvait s'opérer que par la vente des ornements d'église, des cloches, des biens ecclésiastiques. La foule furieuse des soldats s'empara de la municipalité, la jeta prisonnière dans le palais des papes, avec la dame Niel et son fils, en tout une quarantaine de personnes. Mulot, obligé de sortir d'Avignon, réclama en vain pour eux. Il parla comme médiateur, il pria comme homme, demanda comme justice ou comme faveur qu'on les lui rendît. Dans le pressentiment sinistre qui le torturait, il alla jusqu'à avouer l'intérêt passionné qu'il portait à tels des captifs : « Quoi ! disait-il dans sa lettre, je n'aurais eu qu'un ami en arrivant à Avignon et je le verrais dans les fers ! » Douze prisonniers lui furent rendus, des étrangers, des indifférents ; on garda les autres, la mère surtout et le fils.

La municipalité nouvelle procéda à la grande et nécessaire opération de la vente des biens d'église. On décida que les petites communautés, où il y avait moins de six religieux, seraient tout d'abord supprimées, que toutes donneraient état de leurs biens. On commença à fondre les cloches, à réunir les ornements d'église, à les mettre en vente. Ces opérations étaient menées par Duprat et les violents à grand bruit, sans ménagement pour les croyances du peuple. Lescuyer leur remontrait en vain qu'il fallait procéder d'une manière régulière et dans les formes légales. Il ne voulait rien que la loi. Ce fut en son nom qu'il se présenta au chapitre d'Avignon, somma les chanoines d'élire un chef constitutionnel du clergé, et leur déféra le serment civique, qu'ils ne voulurent point prêter.

Tout annonçait un orage. L'opinion populaire avait tout à fait changé. La solitude et l'abandon de la ville, la cessation du commerce et des travaux, la misère croissante, l'attente d'un rude hiver, assombrissaient Avignon. « Comment, disaient-ils, s'étonner si l'on meurt de faim maintenant, quand les églises sont violées, le saint-sacrement arraché de l'autel et vendu aux juifs!... » Ce qui les blessait le plus, c'était de voir briser les cloches ; il n'y avait pas un coup de marteau frappé sur elles qui ne frappât au cœur des femmes ; la ville, tout à coup muette, leur semblait condamnée de Dieu.

La position du parti français, réduit à un petit nombre, devenait fort dangereuse. Il fit un nouvel effort près du Conseil de Louis XVI ; les ministres proposèrent la réunion à l'Assemblée constituante. Le rapporteur, Menou, la demanda. « Au nom de l'humanité... n'exposez pas, dit-il, cent cinquante mille individus à s'égorger en maudissant la France. »

La réunion fut décrétée le 13 septembre, et le roi la sanctionna le lendemain. Comment s'était-il décidé à ce sacrilège énorme d'accepter la terre papale ? C'est ce qui n'est pas expliqué. Un article du décret accordait indemnité au pape pour ses domaines *utiles*, mais non pour la *souveraineté*. Très probablement on fit entendre au roi que, le décret de réunion entraînant la dissolution de l'armée de Jourdan qui tyrannisait le pays, le parti français apparaîtrait dans sa minorité minime, la masse délivrée rétracterait le vote en faveur de la France qu'on lui avait extorqué et rétablirait le pape. La cour était si bien informée qu'elle comptait qu'une fois quitte de la Constituante, elle allait avoir dans la Législative une assemblée royaliste, qu'elle mènerait aisément. Cette assemblée n'aurait garde de repousser Avignon, qui, au nom de son indépendance nationale et de la souveraineté du peuple, redemanderait son maître; le décret de réunion serait aisément révoqué.

C'était là le roman des prêtres, et celui du roi, sans nul doute. Il n'était pas invraisemblable. Le peuple d'Avignon, sous le pape, ne payait aucun impôt; par vexation, extorsion, à peu près comme en Turquie, on rançonnait non le peuple, mais les riches, ceux qui avaient. Le commerce, serré et gêné, étouffait entre les douanes de France; mais cela même, empêchant les denrées de se vendre hors du pays, les faisant consommer sur place, mettait tous les vivres à vil prix. Pour un sol ou deux, m'ont dit les vieillards, « on avait pain, vin et viande ». Tout cela était cruellement changé depuis la Révolution. La culture se trouvant presque interrompue par la guerre civile, les vivres s'écoulant au dehors, la cherté était grande. Le peuple, on pouvait le prévoir, allait, comme Israël au désert, regretter les oignons d'Égypte; il aimerait mieux retourner en arrière, et renoncer pour toujours à cette terre promise de la liberté qu'il lui fallait acheter par l'abstinence et le jeûne.

Que fallait-il faire? Rien qu'attendre, envoyer peu de troupes, et les plus aristocrates, empêcher surtout les directoires des départements voisins de laisser partir les vaillantes gardes nationales de Marseille, d'Aix et de Nimes, qui ne demandaient qu'à soutenir les patriotes d'Avignon. Ces directoires agirent parfaitement dans la pensée de la cour.

Les commissaires nommés pour exécuter le décret furent retenus à Paris. Des médiateurs anciens, deux revinrent, Verninac, Lescène; un seul resta, le royaliste, l'abbé Mulot, qui, ayant laissé aux prisons du palais des papes un trop cher otage, voulait à tout prix l'en tirer.

Mulot ne pouvait agir directement sur Avignon. Il ne disposait pas de troupes. Les officiers étaient aristocrates, ainsi qu'une partie des soldats, surtout les hussards; mais le général était Jacobin. Il lui fallait une occasion pour forcer celui-ci d'agir, pour frapper, au nom de la France, un coup assez fort, qui terrifiât les patriotes, encourageât contre eux le petit peuple d'Avignon et délivrât les prisonniers. L'occasion se présenta le jour même où l'on reçut la nouvelle de la réunion. La petite ville de Sorgues, frappée de rudes contributions par les patriotes, en avait égorgé, mutilé plusieurs. Elle avait été désarmée, et le parti patriote y avait repris le dessus. A la nouvelle de la réunion, les papistes de Sorgues, sûrs désormais de l'appui de nos troupes aristocrates, voulurent reprendre leurs armes. L'abbé Mulot, appelé par eux, obligea le général d'envoyer des troupes; une mêlée s'ensuivit, nos troupes tirèrent et tuèrent entre autres un officier municipal du parti des patriotes, qui se sauvait sur son toit.

L'abbé Mulot, vainqueur à Sorgues, ne résista pas à la tentation d'instruire la belle prisonnière du coup de vigueur qu'il avait frappé. Il lui écrivit ce billet : « Nous venons de porter le coup que nous devions porter au nom de la France ; j'en attends tout ; *n'en voulez point* à l'ami de votre fils. » Ce dernier mot était écrit sans doute pour que, si le billet était surpris en chemin, on n'accusât point Mme Niel d'avoir conseillé cette répression violente. Peut-être aussi cette dame, qui avait bien plus que l'abbé d'esprit et de sens, l'avait-elle détourné d'un acte odieux, dangereux, qui ne la délivrait point, irritait ses ennemis et pouvait la perdre. Le parti réellement fort dans Avignon, le parti papiste, celui des confréries et du petit peuple, travaillait à part, par ses voies à lui, et n'obéissait nullement au signal des royalistes constitutionnels, tels que les Niel et Mulot.

Le fatal billet fut surpris. Les patriotes d'Avignon écrivirent au médiateur des reproches amers, ces paroles entre autres, ironiquement copiées de son billet même : « Nous ne croyons pas que vous vouliez *porter, au nom de la France, un coup* dans le seul dessein de délivrer celui que vous croyez votre ami. »

Autre imprudence encore plus grave. Un autre admirateur de Mme Niel, M. de Clarental, capitaine de hussards, hasarda de lui écrire : « Du calme, ma belle dame, du secret, et voilà tout. Armez-vous de patience, leur règne ne sera plus long ; ils jouent de leur reste, *ils seront punis.* »

Ces menaces, surprises par les meneurs d'Avignon, les rendaient d'autant plus furieux qu'elles n'étaient que trop vraisemblables. Le parti français, réduit à un petit nombre [1], à ses soldats licenciés qui restaient pour se faire payer, était assis sur un volcan. Ce n'était pas seulement Mulot et les royalistes constitutionnels qu'il avait à craindre, mais bien les papistes. Les premiers, sans trop s'entendre avec les seconds, leur rendaient pourtant le service d'empêcher les patriotes des départements voisins de venir à leur secours. Les prêtres, enhardis de se retrouver peu à peu à la tête d'un grand peuple, commençaient à conter ou faire des miracles. Ils contèrent d'abord ceci : un patriote, enlevant d'une église un ange d'argent, lui cassa le bras ; sa femme peu après accouche d'un enfant sans bras. Les esprits ainsi préparés, on fit jouer le grand ressort.

La Vierge, depuis 1789, se montrait fort aristocrate. Dès 1790, elle s'était mise à pleurer, dans une église de la rue du Bac. Vers la fin de 1791, elle commença d'apparaître derrière un vieux chêne, au fond du Bocage vendéen. Tout juste à la même époque, elle

1. Et c'est ce qui prouve invinciblement que Duprat et autres chefs du parti violent ne furent point les auteurs du meurtre de Lescuyer, comme les meurtriers papistes les en accusent effrontément, leur renvoyant leur propre crime. Jouer un tel jeu, dans l'état de faiblesse extrême où se trouvait le parti français (qui ne put, on va le voir, réunir au moment du danger que trois cent cinquante hommes dans une ville de trente mille âmes), risquer, dis-je, une telle chose, c'était courir volontairement une chance presque infaillible de mort. Cette histoire a toujours été arrangée par les ennemis du parti français, comme Commin, Soullier, etc. M. André lui-même, qui affecte souvent les dehors de l'impartialité, adopte et copie, les yeux fermés, les traditions mensongères de la contre-révolution.

effraya le peuple d'Avignon d'un signe terrible : son image, dans l'église des Cordeliers, se mit à rougir, ses yeux s'allumèrent de pourpre sanglante, elle semblait entrer en fureur. Les femmes y venaient en foule, peureuses et curieuses, pour voir, et elles n'osaient regarder.

Les hommes, moins superstitieux, auraient peut-être laissé la Vierge rougir à son aise. Mais un bruit se répandit qui les émut davantage. Un grand coffre d'argenterie d'église avait passé dans la ville. On le dit, on le répéta, et ce ne fut plus un coffre, ce furent dix-huit malles toutes pleines, qui, la nuit, avaient été transportées hors de la ville. Et que contenaient ces malles ? Les effets du Mont-de-piété, que le parti français, disait-on, allait emporter avec lui. L'effet fut extraordinaire. Ces pauvres gens, qui, dans une si grande misère, avaient engagé tout ce qu'ils avaient, petits joyaux, meubles, guenilles, se crurent ruinés. « Il n'y a qu'une chose à faire, leur dit-on, c'est de s'emparer des portes de la ville et des canons qui s'y trouvent, d'arrêter, s'ils veulent sortir, Lescuyer, Duprat, Mainvielle et tous nos voleurs. » C'était le dimanche matin (16 octobre), une foule de paysans étaient venus dans Avignon, tous armés ; on ne marchait pas autrement dans ces campagnes. La chose fut faite à l'instant, les portes occupées ; les royalistes constitutionnels, profitant de ce grand mouvement papiste, prirent les clés de la ville et coururent à Sorgues les porter à l'abbé

Mulot, supposant apparemment qu'il allait leur donner des troupes.

La foule cependant affluait aux Cordeliers, femmes et hommes, artisans des confréries, portefaix et paysans, les blancs et les rouges, tous criant qu'ils ne s'en iraient jamais tant que la municipalité, son secrétaire Lescuyer, ne leur auraient rendu compte.

Il y avait dans l'église douze ou quinze soldats de l'armée de Jourdan, qui avaient cru probablement empêcher le trouble, qui regardaient et ne bougeaient; leur vie tenait à un fil. La foule en envoya quatre pour appréhender Lescuyer, le forcer de venir; on le trouva dans la rue, qui allait se réfugier à la municipalité, et on l'amena au peuple. Il monta en chaire, ferme et froid d'abord : « Mes frères, dit-il, avec courage, j'ai cru la Révolution nécessaire; j'ai agi de tout mon pouvoir... » Il allait confesser sa foi. Peut-être sa contenance digne, sa probité visible en son visage, en ses paroles, aurait ramené les esprits. Mais on l'arracha de la chaire, et dès lors il était perdu. Jeté à la meute aboyante, on le tira vers la Vierge, vers l'autel, pour qu'il y tombât comme un bœuf à assommer aux pieds de l'idole. Le cri meurtrier d'Avignon, le fatal *zou! zou!* sifflait de toute l'église sur le malheureux. Il arriva vivant au chœur et là se dégagea encore; il s'assit, pâle, dans une stalle; quelqu'un qui voulait le sauver lui donna de quoi écrire. Suspendre la rupture des cloches, ouvrir et montrer le Mont-de-piété, satisfaire le peuple, c'était le sens du billet. Mais jamais on ne put le lire ; ceux qui voulaient sa mort le couvraient de leurs huées.

Un voyageur, un étranger, un gentilhomme breton, M. de Rosily, allant, dit-on, à Marseille[1], était entré dans l'église avec la foule. Il essaya, avec un extrême péril, de sauver le malheureux. Il se jeta devant lui : « Messieurs, au nom de la loi !... » Mais on ne l'entendait plus... « Au nom de l'honneur, de l'humanité !... » Les sabres se tournaient vers lui ; d'autres le couchaient en joue ; d'autres le tiraient pour le pendre. On ne le sauva qu'en disant qu'il était juste de tuer Lescuyer d'abord.

Le pauvre Lescuyer, misérable objet du débat, n'espérant rien et voyant son avocat même en si grand danger, se lève brusquement de la stalle, court à l'autel... Un homme compatissant lui montrait derrière une porte où s'échapper. Mais, à ce moment, un ouvrier taffetassier lui assène un coup si raide que le bâton fut brisé et vola en deux. Il tomba juste où l'on voulait, au marchepied de l'autel.

Le trompette de la ville entrait au moment même, sonnait pour faire faire silence, publier

---

[1]. Ce Breton du Morbihan, qui se trouve là *par hasard allant à Marseille*, comme au siège de Carpentras les officiers français se trouvent là *par hasard, en passant vers l'Italie*, était-il un agent des prêtres et nobles de la Bretagne, lequel, toutefois, prévoyant l'effet terrible de la mort de Lescuyer, voulait en le sauvant sauver son propre parti ? — Ou bien sa présence fût-elle vraiment fortuite, son intervention un pur effet d'une humanité généreuse ? Il est impossible de voir clair dans cette question obscure.

une proclamation. Le formidable *zou! zou!* crié par des milliers d'hommes fit taire le trompette. Cette foule énorme, serrée sur un point, était comme suspendue sur le corps gisant : les hommes lui écrasaient le ventre à coups de pieds, à coups de pierres ; les femmes, de leurs ciseaux, pour qu'il expiât ses blasphèmes, découpèrent avec une rage atroce les lèvres qui les avaient prononcés.

Dans cette torture épouvantable, une voix faible sortit encore de ce je ne sais quoi sanglant qui n'avait plus forme humaine ; il priait humblement qu'on lui accordât la mort. Un terrible éclat de rire s'éleva, et on ne le toucha plus, pour qu'il savourât la mort tout entière.

CHAPITRE III

VENGEANCE DE LESCUYER, MASSACRE DE LA GLACIÈRE
(16-17 OCTOBRE 1791).

Duprat et Jourdan reprennent l'avantage. — Essai informe de jugement. — Le massacre est décidé. — La tour Trouillas ou de la Glacière. — Ce qu'elle dut être pour l'Inquisition. — De quelles classes et quelles opinions étaient les victimes. — Le massacre. — Les meurtriers veulent s'arrêter. — On les oblige de continuer. — Enterrement de Lescuyer, 17 octobre. — Fin du massacre. — Suites fatales qu'il a eues pour la France.

Il était une heure de l'après-midi à peu près, et depuis longtemps Duprat et Jourdan étaient avertis, mais leurs hommes étaient dispersés. Ils s'avisèrent, pour les réunir, de sonner au château la fameuse cloche d'argent, qui ne sonnait jamais qu'en deux occasions solennelles, le sacre ou la mort d'un pape. Ce son étrange, mystérieux, que plusieurs n'avaient jamais entendu une seule fois en leur vie, frappa les imaginations, glaça les cœurs d'un froid subit. Ce fut très probablement ce qui hâta l'écoulement de la foule venue des campagnes; elle s'en alla, dans l'attente que quelque événement terrible allait avoir lieu dans la ville.

L'effet fut moindre, à ce qui semble, sur les

soldats de Jourdan : si braves pour réclamer la solde, ils se montrèrent fort lents ici; on ne pouvait les retrouver. Jourdan en réunit à grand'peine trois cent cinquante, avec lesquels il reprit les portes de la ville. Les portes assurées, il n'avait plus que cent cinquante hommes pour marcher aux Cordeliers; il traînait deux pièces de canon, assez inutiles dans les rues sinueuses, étroites; mais leur bruit, leur retentissement formidable sur le pavé ne laissait pas de faire effet. Grâce au retard, le rassemblement était à peu près dissipé; il restait des badauds, des femmes. Il tira tout au travers, tua, blessa au hasard. Dans l'église il ne trouva plus que la Vierge et Lescuyer; le malheureux, après un si long temps, agonisait encore, noyé dans son sang, et ne pouvait pas mourir. On l'emporta avec des cris de fureur, étalant cet objet horrible et ses habits tout sanglants. Chacun fuyait, fermait portes et fenêtres.

On profita de la terreur. Le petit nombre reprit l'avantage sur le plus grand. Ces quelques centaines d'hommes, maîtres de trente mille âmes, firent, tout le jour, dans Avignon une barbare razzia. Tous ceux qu'on prenait soutenaient qu'ils n'étaient point entrés aux Cordeliers. Cependant une douzaine d'hommes de Jourdan, qui avaient été dans l'église, pouvaient bien les reconnaître. Plusieurs furent arrêtés par leurs ennemis personnels, plusieurs par leurs amis, tant le fanatisme était atroce des deux parts.

Le jour baisse vite en octobre, il était déjà fort noir. Les amis des prisonniers étaient parvenus à franchir les portes et couraient à Sorgues avertir Mulot et le général Ferrier. Celui-ci recevait aussi les envoyés de Duprat; il avertissait Ferrier que le moindre mouvement de sa part allait relever les aristocrates, détruire la seule force du parti français, la Terreur; Avignon allait se souvenir qu'elle avait trente mille hommes, écraser Jourdan. Quoi que pût dire l'abbé Mulot, le général s'obstina à répondre qu'il n'était pas en force. Mulot, désespéré, envoya un tambour, puis un trompette à la ville; on n'y fit nulle attention.

Il paraît qu'à cette heure même il y avait hésitation, division entre les meneurs. Les hommes de plume voulaient un massacre général, les militaires un jugement. Jourdan, sur qui l'exécution devait retomber, semblerait avoir été du dernier avis. Il était un peu étonné de sa solitude; il n'avait pu encore réunir que cent cinquante hommes pour garder l'immense étendue du palais des papes. Le bruit du massacre n'allait-il pas attirer sur le palais tout le peuple réveillé de sa stupeur? Parmi les gens arrêtés, il y avait un certain Rey, un membre de la corporation redoutable des portefaix d'Avignon, homme populaire, aimé, connu par sa force singulière. Et les autres, ces aristocrates, d'entre eux tous pas un n'était noble; la femme d'un imprimeur, celle d'un apothicaire, un curé, un maître menuisier, qui était officier municipal en août : c'étaient les plus distingués ; les autres étaient gens de petits métiers, ouvriers, ouvrières en soie, des boulangers, des tonneliers, des couturières ou blanchisseuses, deux paysans, un manœuvre, un mendiant même. Des femmes, il y en avait deux enceintes.

On s'arrêta à l'idée de jugement ; on fit siéger dans une salle du palais les administrateurs provisoires de la ville pour juger les prisonniers. C'est à eux que Jourdan envoyait ceux qu'on arrêtait encore, une femme, par exemple, qu'il sauva, à un coin d'une rue, de ceux qui voulaient la tuer.

Ces administrateurs étaient, outre le greffier Raphel, un prêtre de langue populacière, grand braillard de carrefour, Barbe Savournin de la Rocca, auquel on avait adjoint trois ou quatre pauvres diables, un boulanger, un charcutier, qui n'avaient osé refuser. Duprat était là, menaçant et sombre, pour les surveiller et voir comment ils marcheraient. La première personne qu'on leur amena, une femme, la Auberte, la femme d'un menuisier, fut interrogée doucement, et en l'envoyant en prison ils recommandèrent qu'on eût bien soin d'elle. Si la chose allait ainsi, Duprat et les autres, qui voyaient dans le massacre et la terreur la seule voie de salut, n'avaient rien à espérer. L'un d'eux, un moment après (il était neuf heures du soir), entre furieux, du sang au front, il frappe sur la table et crie : « Cette fois-ci, il ne faut pas qu'il s'en sauve un seul ; le sang doit couler; mon ami Lescuyer est mort; toute cette canaille mourra, et si quelqu'un s'y oppose, nous ferons faire feu sur lui... » Les autres baissaient la tête. Les seuls Raphel et Jourdan répétèrent, lâchement, comme un chœur : « Oui, il nous faut venger la mort de notre ami Lescuyer. »

L'homme qui se lançait ainsi à travers le jugement et commandait le massacre n'était autre que Mainvielle.

Ce qui n'influa pas peu sur Duprat, Mainvielle et ceux qui résolurent le massacre, ce fut l'exemple de Nîmes. L'idée malheureuse et fausse que le massacre de 1790 y avait fondé la Révolution était prêchée par des Nîmois dans une auberge, la nuit même du 16 octobre.

Effroyable génération de crimes, des Albigeois à la Saint-Barthélemy, et de là aux dragonnades, aux carnages des Cévennes. Nîmes se souvint des dragonnades. Avignon imita Nîmes. Paris imita Avignon.

Rien de plus imitateur, rien de moins original, on peut l'observer, que le crime.

Le lieu même où ce nouveau crime va s'exécuter dit ceci bien haut. On y voit le sang du 16 octobre, la trace des fureurs d'une nuit. *Mais* on y voit, lentement accumulée, aux chambres sépulcrales de l'Inquisition, au savant bûcher intérieur (si habilement construit, pour étouffer les morts secrètes), on y voit la grasse suie que laissa la chair brûlée. Le mobilier de l'Inquisition est là, heureusement conservé, la chaudière est prête encore, le four attend, dans lequel rougissait le fer des tortures, les souterrains, les oubliettes, les sombres passages cachés dans l'épaisseur des murs, ce qu'on a ailleurs caché et nié, tout cela se voit ici; on n'y a pas plaint la dépense, ni le soin, ni l'art. La torture y est artiste. On voit bien que ce n'est point barbarie, fureur passagère; c'est une guerre systématique contre la pensée humaine, savamment organisée, triomphalement étalée.

Tout cela c'est le palais. Au dehors, tout est informe, c'est un monstrueux château fort. Une gigantesque tour, qui n'est ni bien carrée ni ronde, *Trouillas* ou la Glacière, s'allonge pour voir au loin. Babel affreuse que bâtit, dans son orgueil, le pape qui, le premier, n'ayant ni sujet ni terre, se donna la triple couronne. *Trouillas*, c'est la *Tour du Pressoir;* peut-être dans l'origine fut-elle le pressoir féodal. Mais, de bonne heure, elle fut un pressoir d'hommes, une prison à presser la chair humaine. Au plus haut et au plus bas, comme dans tout ancien château fort, on mettait des prisonniers. L'ami de Pétrarque, le tribun de Rome, Rienzi, enfermé au sommet, parmi le sifflement de l'éternelle bise, put à loisir méditer sur sa folle confiance au pape. Le fond, l'abîme de la tour, sans autre ouverture qu'une trappe à l'étage du milieu, fut-il un vaste cachot? un charnier? On doit le croire, c'est l'opinion du pays. Une tradition d'Avignon, que j'ai recueillie de la bouche des personnes âgées, dit que, quand on exhuma les victimes des fureurs révolutionnaires, on trouva plus bas encore quantité d'autres ossements jetés là par l'Inquisition. La chose paraît bien vraisemblable, quand on sait que ses victimes ne pouvaient pas être enterrées. Les jeter aux champs, c'eût été les rendre aux mains pieuses des familles, leur sauver la partie du supplice qui effrayait le plus peut-être les faibles imaginations. Ne rentrer jamais dans la terre, ne reposer jamais au sein maternel de la nourrice commune, c'était, pour ainsi parler, la damnation du corps, ajoutée à celle de l'âme. Cette âme, non calmée au cercueil, errait, larve infortunée, pour l'épouvante des vivants; elle se traînait, le soir, et, dans l'ombre, venait avertir ses parents du redoublement de supplice attaché par la vengeance de l'Église à ceux qu'elle avait condamnés.

L'exemple le plus célèbre est celui de l'empereur Henri IV, qui, comme excommunié et souillant les éléments, ne put, à sa mort, rester ni sur terre ni dans la terre. Son corps gisait, longues années, caché, mais non inhumé, dans une profonde cave de Worms.

Tout grand centre d'inquisition devait avoir un tel charnier pour ceux que la sentence condamnait à rester sans sépulture. Lieu de mort, lieu de supplice. Le plus terrible, sans nul doute, pour les âmes de fer que rien ne pouvait dompter, qui riaient de la torture, c'était d'être jeté vivant dans la grande chambre des morts, d'y marcher sur les ossements, de voir, au faible jour qui pouvait pénétrer au fond de l'abîme, la grimace des squelettes, leur rire ironique. Du haut, on jetait un peu de pain à la bête, on l'observait vivante dans la terrible compagnie, on mesurait les degrés de son affaiblissement, l'alanguissement de sa fermeté, le point où le corps, sans défaillir tout à fait, a déjà paralysé l'âme. On pouvait alors le reprendre, idiot, et en tirer quelque signe qui le démentît lui-même, le produire au jour, le lugubre oiseau de nuit, clignotant, ignoble, éteint, dire à la pensée humaine : « Voilà ton héros !... » De sorte qu'en ce duel barbare de la force contre une âme, le simple peuple pût croire que celle-ci était vaincue et que la force des tyrans était celle même de Dieu.

Voilà le lieu du massacre. Maintenant examinons ceux sur qui il va tomber.

Les soixante ou quatre-vingts qu'on allait tuer pêle-mêle n'étaient pas du même parti. Les quarante derniers arrêtés appartenaient presque tous au petit peuple papiste des confréries d'Avignon. C'étaient de pauvres gens, aveugles, qui, poussés par leurs meneurs, n'avaient su ce qu'ils faisaient. Peu, très peu avaient agi, la plupart crié. Quant aux trente arrêtés en août, ce n'étaient point des fanatiques, ni même, vraiment, des aristocrates. C'étaient, comme les Niel, le parti français, royaliste-constitutionnel, la nuance de Mulot.

Les Machiavels qui crurent frapper ici un grand

coup de politique, n'avaient pas la tête à eux. Ils prirent des mesures tout à fait contradictoires.

D'une part, voulant donner au massacre l'aspect d'une vengeance du peuple, d'une invasion fortuite, ils firent pratiquer un trou au mur des prisons, de manière que le concierge, les geôliers, pouvaient dire qu'ils n'avaient pas ouvert les portes. Elles furent ouvertes toutes grandes.

D'autre part, plusieurs des chefs vinrent expressément donner l'ordre du massacre.

L'un d'eux, le major Peytavin, se présentant dans la cour, avec le commis du journaliste Tournal, aux hommes qu'on avait rassemblés, leur dit : « Au nom de la loi, nous avons décidé d'être Français, nous le sommes ; faites votre devoir. »

Ils avaient l'air hébété et ne semblaient pas comprendre. Le commis du journaliste, pour mieux expliquer la chose, leur crie aux oreilles : « Il nous faut les tuer tous ; s'il s'en sauvait un seul, il servirait de témoin. »

Il n'y avait qu'une vingtaine d'hommes dans la cour, tous du petit peuple d'Avignon, un perruquier, un savetier, un cordonnier pour femmes, un jeune ouvrier menuisier, un maçon, etc. Sauf quelques-uns qui avaient servi quelques mois dans l'armée de Jourdan, ils n'avaient jamais eu d'armes dans les mains. Plusieurs se trouvaient là par hasard, en quelque sorte, parce qu'ils avaient aidé à amener des prisonniers. Ils étaient fort mal armés : tel avait une barre de fer, tel un sabre, un bâton durci au feu.

Pour mettre en mouvement cette belle troupe, il fallait des moyens extraordinaires. On en trouva un, exécrable. Le beau-frère de Duprat, l'apothicaire Mende, s'établit dans la cour avec des liqueurs préparées exprès. Quels furent ces horribles breuvages ? On l'ignore ; les effets ne furent que trop visibles. A mesure qu'ils burent, ils devinrent exaltés, furieux, ils se ruèrent à la sanglante besogne. Il y en eut pourtant qui, les premiers coups portés, défaillirent et se trouvèrent mal. Ils redescendaient dans la cour, et l'apothicaire leur versait une dose nouvelle d'ivresse et de fureur.

Personne ne les conduisit, ne les dirigea, ne les surveilla. Duprat, l'âme de l'entreprise, ne parut nulle part. Jourdan s'enferma chez lui, avec son énorme dogue, qui ne le quittait jamais. Il était ivre tous les soirs, et, ce soir-là, il but encore plus qu'à l'ordinaire. Il voulut tout ignorer ; seulement, à travers l'ivresse, il entendit (dit-il plus tard) *quelque tapage* aux prisons.

Le massacre, livré ainsi au hasard, à l'inexpérience de gens si mal armés et qui ne savaient pas tuer, fut infiniment plus cruel que s'il eût été fait par des bourreaux. Il n'eut pas lieu à une même place. Les uns furent tués à l'entrée même des prisons, d'autres dans une des cours, d'autres encore dans un escalier. Les portes étaient ouvertes. Il venait des gens de la ville, les uns pour réclamer tel ou tel, d'autres attirés par les cris, par une invincible curiosité ; mais ils ne pouvaient rester, le cœur leur manquait ;

quelques-uns pourtant parvinrent à obtenir quelques prisonniers. Un de ces hommes, qui venait pour en sauver un, perdit la tête dès qu'il vit le sang, et se mit, sans savoir pourquoi, à tuer avec les autres.

Il n'y eut aucune espèce d'ordre, tout fut laissé au caprice de ces brutes que l'on avait, par une effroyable ivresse, poussés au premier degré de l'aliénation d'esprit. Quelques soldats de Jourdan espéraient d'abord leur faire faire distinction entre les personnes arrêtées le jour même et les prisonniers du 21 août, qui, se trouvant enfermés depuis cette époque, n'avaient pu certainement tremper dans la mort de Lescuyer. Ils n'obtinrent rien : hommes, femmes, tout y passa pêle-mêle. Si la seule prison des hommes eût été envahie d'abord, on aurait plus aisément peut-être sauvé celle des femmes, les bourreaux étant lassés. Malheureusement, plusieurs femmes, pour certaines haines locales, certains propos injurieux, paraissent avoir été les objets voulus, prémédités, du massacre.

Dès neuf heures et demie du soir, lorsqu'il n'y avait encore que très peu d'hommes tués, on vint à la prison des femmes; on en tira la dame Crouzet, femme d'un apothicaire, et, dans cette même cour où le beau-frère de Duprat, l'apothicaire Mende, versait les liqueurs, elle fut barbarement assommée. C'était une toute jeune femme, des plus jolies d'Avignon, très vivante et très parlante, très attachée à la vie. Elle fit des supplications déchirantes, elle dit (ce qu'on voyait bien) qu'elle était enceinte, supplia pour son enfant; elle n'en fut pas moins frappée, égorgée, puis traînée à un escalier obscur, livrée à la curiosité infâme de ses bourreaux.

La petite couturière Marie Chabert, qui n'était pas moins jolie, avait inspiré à plusieurs le désir de la sauver; mais pas un n'osa. Elle avait pourtant réussi à se réfugier au bas d'un escalier obscur, où elle s'était assise, enveloppée et cachée dans un grand manteau d'indienne. Un homme la désigna à un autre, qui la reconnut, tomba sur elle à coups de sabre et la massacra.

Une autre périt encore. Mais il semble que ces morts de femmes, cruellement pathétiques, ralentissaient les bras et troublaient les cœurs. On n'en tua plus jusqu'à minuit. Les meurtriers, à cette heure, un peu moins ivres déjà, n'étaient guère en train de tuer, mais ils ne savaient pas trop où ils pouvaient s'arrêter; ils se défiaient les uns des autres. Mainvielle leur avait dit que, si quelqu'un voulait arrêter la chose, il fallait faire feu sur lui. Ils avaient parmi eux un enfant ivre, d'une férocité singulière, le fils de Lescuyer, âgé de quinze ou seize ans. Il mettait une horrible ostentation à venger son père, à en faire plus que les hommes.

A cette heure de minuit, où les femmes vivaient encore presque toutes, plusieurs des bourreaux cherchèrent Duprat et Jourdan. Ils étaient allés souper avec Mainvielle et Tournal, le journaliste, à une auberge voisine, et mangeaient tranquillement le mets du pays, la soupe au fromage. Les bourreaux entrèrent, tout couverts de sang, contant à grand bruit leurs prouesses; il y en avait un qui montrait un fusil qu'il avait brisé en deux à force de frapper, disait-il, sur la tête des prisonniers. — L'un d'eux : « Il y en a beaucoup de tués! » — Un autre : « Ils sont tous expédiés. » — Un autre : « Il ne reste qu'une femme enceinte, c'est la Ratapiole... » En réalité, il restait encore onze femmes et deux hommes, tous deux aimés, populaires, le prêtre Nolhac et le portefaix Rey. Le major Peytavin avait expressément demandé, obtenu des massacreurs la vie de Rey et celle de la Ratapiole; mais il voulait apparemment avoir l'assentiment des chefs, et il leur envoyait cet homme, qui n'osa parler de Rey, mais seulement de la femme. Duprat ne répondant rien, Jourdan comprit sa pensée et dit : « Il faut l'expédier. » Là-dessus, silence. Un autre s'avance, se hasarde à dire : « Et pourtant elle est enceinte. — Enceinte ou non, dit Jourdan, il faut qu'elle y passe. »

Les meurtriers retournèrent, mais ils ne tuèrent ni Rey ni Nolhac. Ils se mirent à tuer des femmes. Trois furent d'abord prises au hasard, une blanchisseuse et deux ouvrières en soie. A mesure qu'elles passaient, elles donnaient leurs bijoux ou on les leur arrachait; ils étaient remis au geôlier. Une des ouvrières opposa une résistance désespérée : « Personne, disaient-ils, ne fut plus dur à mourir. » Ils rentrèrent ensuite et appelèrent Mme Niel; elle était déjà avertie par les cris affreux qu'elle venait d'entendre. Malade, elle était sur son lit. L'un d'eux lui dit durement : « Levez-vous; vos amis sont morts, et votre fils, tous les prisonniers; c'est maintenant votre tour... Où sont vos bijoux? » Elle se leva, s'habilla, remit ses boucles d'oreilles, ses anneaux. Elle reconnut parmi eux un jeune menuisier, Belley, et le supplia, lui disant que s'il voulait la sauver, elle lui ferait des rentes, à lui et aux autres. A quoi Belley répondit : « Je ne veux pas me faire pendre pour vous. » On la fit descendre à la cour et on lui porta un coup... « Va trouver ton abbé Mulot. — Seigneur! miséricorde, mon Dieu! » criait-elle. — Puis, tout à coup, elle vit un corps à la lueur des torches : « Ah! mon bel enfant! » C'était le corps de son fils. Elle fut tuée très cruellement.

Les femmes, pour la plupart, étaient jetées, râlantes et mourantes, sur l'escalier que j'ai dit. Mais tous les hommes, immédiatement traînés par les pieds, furent précipités, à mesure qu'on les tuait, au fond de la tour Trouillas. Plusieurs d'entre eux, blessés, meurtris par une chute de soixante pieds, y arrivaient encore vivants. Neuf femmes, précipitées à quatre heures par-dessus les hommes, durent les assommer dans leur chute.

Les cris entendus la nuit, les bruits qui se répandaient sur l'affreuse exécution, avaient glacé de stupeur. On commença à croire les meurtriers bien nombreux, puisqu'ils avaient osé cela; ils le devinrent en effet. Tous les soldats de Jourdan reparurent en foule. Une cérémonie lugubre, l'enterrement de Lescuyer, qui eut lieu dans l'après-midi, leur donna occasion de se montrer dans les rangs. Ce fut une armée entière qui traversa Avignon.

On fit parcourir au convoi une grande partie de la ville. Malgré l'état repoussant, impossible à regarder, où se trouvait le cadavre, n'offrant qu'une masse sanglante, on l'enterra à visage découvert. L'abbé Savournin marchait à côté, avec toutes les contorsions d'un capucin frénétique, pleurant et criant vengeance. Mainvielle était effrayant; sa douleur mélodramatique semblait mendier du sang. A chaque halte, il soulevait la tête du cadavre pour montrer ses lèvres hideusement découpées, puis s'échappait en sanglots et le laissait retomber.

Cette terrible fête de mort où figuraient, bien lavés, proprement vêtus de noir, les exécuteurs de la dernière nuit, semblait en promettre une autre. La ville était dans une affreuse prostration d'horreur et de peur, chacun s'attendait à tout, et disant : « N'est-ce pas moi? » On fut trop heureux quand on sut que le nouveau massacre se bornait aux quatre personnes qui vivaient encore aux prisons. Il y avait deux hommes et deux femmes. L'un, l'abbé Nolhac, était un prêtre estimé, charitable, chez qui beaucoup de personnes mettaient de l'argent en dépôt; c'est peut-être ce qui le perdit. L'autre était Rey, le portefaix, l'un de ceux qui avaient poussé au mouvement contre le pape. Il était d'une force et d'une adresse extraordinaires; seul et sans armes, il lutta contre six hommes armés; la lumière s'éteignit dans la lutte et les assassins faillirent se tuer eux-mêmes. Il échappa, se réfugia dans la conciergerie, où la lutte recommença; enfin il eut le ventre décousu d'un coup de sabre : il fut emporté à quatre et jeté vivant dans la tour; trois quarts d'heure après, il appelait encore tous ses meurtriers par leurs noms et demandait la charité d'une pierre ou d'un coup de fusil.

Deux femmes restaient seulement, la Auberte ou Mme Aubert, et la Ratapiole. La première, femme d'un menuisier, avait eu chez elle pour apprenti l'un des meurtriers, le jeune Belley. Dès le commencement du massacre, elle l'avait prié de la sauver. La chose était bien difficile. La Auberte était la sœur d'un maçon du parti papiste qui s'était signalé en juin et que le parti français avait mis à mort. Belley se frappa le front de la main et se frappa deux ou trois fois la tête contre le mur. « J'ai sauvé votre mari, lui dit-il, mais vous, comment puis-je le faire?... Cachez-vous là (il la poussa au fond de la prison et derrière les bancs). Si vous passez cette nuit, vous serez sauvée. » Elle l'avait passée, cette première nuit. Mais, dans celle du lundi, elle était encore en plus grand péril.

L'autre femme, la Ratapiole, tout au contraire de la Auberte, s'était montrée très ardente pour la Révolution; elle s'était fort remuée, en juin, de la langue et autrement. Au 16 octobre, elle avait été enlevée au hasard dans cette aveugle razzia; elle n'avait pas d'autre crime, disait-elle, que de s'être moquée de Mme Mainvielle.

N'osant sauver les deux femmes et voulant à tout prix sauver l'aristocrate, Belley avait bien envie d'égorger la patriote.

Vers minuit, suivi de deux autres meurtriers, des plus féroces, il entre dans la prison et dit à la Ratapiole que le frère de M. Duprat est arrivé de Paris, qu'il est chez le général Jourdan, qu'il faut venir lui parler, qu'elle en sera quitte pour quelques excuses. La Ratapiole se mit à pleurer bien fort, à lui dire qu'elle était enceinte, qu'il eût pitié de son enfant. Ils insistaient pour l'emmener. Mais elle avait avec elle une petite fille de neuf ans, qui, le dimanche, quand on enleva sa mère de chez elle, se prit à ses jupes; on ne put jamais l'en détacher, il fallut les traîner ensemble. Cette petite, ici encore, se pendit à sa mère pour l'empêcher de marcher. Puis elle sauta sur Belley, l'embrassa; il la repoussa et la jeta à dix pas. Elle revint, d'un même bond, lui serra les bras au col : « Je veux que tu sauves maman. » Il commença d'être bien embarrassé. Les autres aussi perdaient contenance. « Et moi, dit naïvement Belley, qu'est-ce que je vais donc dire aux Mainvielle qui m'avaient tant recommandé de vous tuer? Nous serons obligés de dire que vous y avez passé avec les autres. »

Ces deux femmes et un vieux frère convers de quatre-vingt-dix ans qui se retrouva encore furent sauvés effectivement. Jourdan mit des sentinelles à la porte des prisons pour que personne ne pût y monter.

Cependant une odeur affreuse commençait à s'élever des profondeurs de la Glacière. Elle indiquait assez la décomposition rapide des tristes débris. Une seule des victimes respirait peut-être encore, le portefaix Rey, qui fut si dur à mourir. Jourdan, le mardi 18, sans s'occuper d'éclaircir qui était mort ou en vie, fit jeter par le trou au fond de la tour, sur cette montagne de chair, plusieurs baquets de chaux vive.

On eut beau verser partout des torrents d'eau pour laver les traces; jamais on ne put faire disparaître l'horrible traînée de sang qui marque encore les arêtes du mur intérieur de la tour; chaque corps lancé par le trou avait frappé là et laissé sa trace, sa réclamation éternelle. Le sang resta pour témoigner. — Et, non loin, reste de même, dans ce lugubre palais, la trace des forfaits, plus anciens, que l'aveugle fureur révolutionnaire crut venger par un forfait : c'est la noire et dégoûtante suie du bûcher pyramidal que l'Inquisition si longtemps engraissa de chair humaine.

Pourquoi me suis-je longuement arrêté, malgré l'horreur et le dégoût, sur cette abominable histoire? Hélas! je l'ai déjà dit, c'est qu'elle est un commencement. L'atrocité même du crime, l'ébranlement qu'en reçurent les imaginations, le rendirent contagieux. Les soixante victimes d'Avignon remuèrent tous les esprits, que les trois cents morts de Nîmes avaient laissés froids. Le théâtre solennel du crime, l'horreur de cette affreuse tour, cet abîme où tombaient pêle-mêle les morts et les vivants, leurs longues plaintes et la pluie de feu qui leur fut versée dessus, tout cela prêta à l'événement une exécrable poésie. Il entra dans les mémoires par la voie la plus sûre, la peur. Il y fut ineffaçable. La tour de la Glacière s'inscrivit au souvenir effrayé des hommes près de la tour d'Ugolin.

Qu'il y reste, ce fait maudit, pour être à jamais déploré. C'est la première de ces hécatombes humaines où tombèrent sans distinction les révolutionnaires modérés et les adversaires de la Révolution, les amis de la liberté pêle-mêle avec ses ennemis.

Le massacre du 16 octobre est le hideux original des massacres de septembre. Ceux-ci, qui, un an après, semblent sortis d'un élan de fureur toute spontanée, n'en furent pas moins, pour les Méridionaux qui eurent tant de part à l'exécution, une imitation en grand du carnage de la Glacière. Plusieurs des bourreaux disaient être venus exprès pour enseigner leur méthode aux massacreurs de Paris.

Les suites de ces événements ont été incalculables. Ils ont créé contre la France innocente une cruelle objection. La Révolution allait au monde, les bras ouverts, naïve, aimante et bienfaisante, désintéressée, vraiment fraternelle. Le monde se reculait, le monde la repoussait d'un mot, toujours Septembre et la Glacière.

Qu'on ne nous accuse donc pas d'avoir fait trop longue halte à ce tragique moment. Une sombre carrière commence d'ici; nous nous sommes assis un moment sur cette pierre de douleur qui marque l'effrayante entrée. Ceci est la porte d'enfer, la porte sanglante. La voilà maintenant ouverte, et le monde y passera.

CHAPITRE IV

DÉCRETS CONTRE LES ÉMIGRÉS ET LES PRÊTRES. — RÉSISTANCE DU ROI (NOVEMBRE-DÉCEMBRE 1791).

Inertie calculée du pouvoir. — Débats sur les émigrés. — Début de Vergniaud et d'Isnard. — Vergniaud et Mlle Candeille. — Décret contre les émigrés, 8 novembre 1791. — Veto du roi, 12 novembre. — Décret contre les prêtres, 29 novembre. — Veto du roi, 19 décembre. — La question de la guerre, novembre-décembre 1791.

On est étonné, effrayé presque, du peu de traces qu'on trouve dans les monuments contemporains de l'affreuse affaire d'Avignon. Visiblement il y a là-dessous, dans la presse et dans le public, un silence de stupeur. On se tait, on détourne la tête, plutôt que de regarder.

Qui accuser de ce désastre? On le savait trop. Ce n'étaient pas seulement les furieux qui firent les crimes. C'était aussi la fausse et perfide politique qui avait différé les mesures de pacification, de réunion à la France, c'étaient la cour et le ministère. La réunion à la France, qui devait tout arrêter, fut votée par l'Assemblée constituante le 14 septembre, et le ministère, pour nommer les nouveaux commissaires, attendit jusqu'en octobre. Ils n'arrivèrent à

Avignon que vers le milieu de novembre, si longtemps après le crime !

Le retard était visiblement calculé par la cour dans l'idée et dans l'espoir d'une réaction papiste, qui ferait croire à l'Assemblée que le peuple d'Avignon ne voulait point être français.

Dans tous les malheurs de l'époque, on retrouve comme cause principale l'inertie calculée de la cour et du ministère.

Qui accuser encore des désastres de Saint-Domingue, sinon la réaction, et Malouet, et Barnave ? Ne résultaient-ils pas de l'ajournement arbitraire des décrets libérateurs ?

Mêmes retards dans l'organisation des volontaires qui allaient à la frontière.

Le 29 octobre, l'Assemblée manda le ministre Duportail et le somma de s'expliquer sur ce dernier point. Il répondit assez brusquement « qu'il avait donné des ordres ». Était-ce assez pour décharger sa responsabilité ? Ne devait-il pas encore surveiller l'exécution ? On allègue, en faveur de Louis XVI et de ses ministres, que, dans l'affaiblissement du pouvoir, dans le relâchement de tout lien hiérarchique, la volonté la plus sincère donnait peu de résultats. Il est bien permis de douter de cette bonne volonté, quand la simple acceptation des décrets les plus urgents, sans autre peine que de prendre la plume et signer *Louis*, entraînait de longs retards, souvent n'était décidée que par les plaintes menaçantes qui s'en faisaient dans l'Assemblée.

Le 2 novembre, sur des plaintes nouvelles, le jeune et ardent Ducos demanda, obtint que l'Assemblée déclarât qu'elle ne regardait pas les réponses du ministre comme suffisantes et qu'elle voulait *que tous les huit jours il lui rendît compte.* L'administration de la guerre allait se trouver bientôt transportée du cabinet et du conseil dans les comités de l'Assemblée.

Les deux grandes discussions sur les émigrés et les prêtres se ressentirent fort de cet état de méfiance et d'irritation croissante. Le *crescendo* est curieux, facile à marquer.

Le 20 octobre, on l'a vu, Brissot se contentait encore d'une triple imposition sur les biens des émigrés. Le 25, Condorcet, plus sévère, voulait qu'on mît un séquestre universel sur leurs biens et qu'on exigeât d'eux le serment civique. Mais Vergniaud, Isnard, répondant mieux à la pensée du moment, déclarèrent ces mesures insuffisantes. Que signifiait, en effet, de demander un serment légal à des ennemis armés?

Ce fut le premier jour où ces puissantes voix, organes magnifiques et terribles de l'indignation publique, commencèrent à maîtriser l'Assemblée. Elle retrouva dans Vergniaud les moments nobles et solennels de Mirabeau, la majesté de son tonnerre, sinon les éclats de sa foudre. Mais si l'accent de Vergniaud était moins âpre et moins vibrant, la dignité, l'harmonie de sa parole, exprimaient celles d'une âme bien autrement équilibrée et qui toujours habita les hautes et pures régions. Noble de nature, au-dessus de tout intérêt et de tout besoin, personne n'a plus que lui honoré la pauvreté. C'était un enfant de Limoges, très heureusement né, doux et un peu lent, qui fut distingué entre tous par le grand Turgot, alors intendant du Limousin, et envoyé par lui aux écoles de Bordeaux. Il justifia à merveille cette sorte de paternité. Au barreau, à l'Assemblée, parmi des crises si violentes, Vergniaud garda une âme profondément humaine. Il avait beau être orateur, il fut toujours homme; dans ses sublimes colères de tribune, on entend toujours quelque accent de nature ou de pitié. Au sein d'un parti violent, aigri, disputeur, il resta étranger à l'esprit de dispute qui rabaisse tout. On accusa son indécision, une sorte de mollesse et d'indolence dont son caractère n'était pas exempt. On disait que son âme semblait souvent errer ailleurs. Ce n'était pas sans raison. Cette âme, il faut l'avouer, dans le temps où la patrie l'eût réclamée tout entière, elle habitait dans une autre âme. Un cœur de femme, faible et charmant, tenait comme enfermé ce cœur de lion de Vergniaud. La voix et la harpe de Mlle Candeille, la belle, la bonne, l'adorable, l'avaient fasciné. Pauvre, il fut aimé, préféré de celle que la foule suivait. La vanité n'y eut point part, ni les succès de l'orateur, ni ceux de la jeune muse dont une pièce obtenait cent cinquante représentations. Ils furent liés d'un lien indissoluble par leur attribut commun, la bonté. Et ce lien fut si fort, que Vergniaud le

préféra à la vie. Il aima mieux mourir près d'elle
que de s'en éloigner un instant. Lorsque la mort se
présenta, il pouvait bien s'y soustraire; il semble
avoir dit tranquillement : « Mourir tout à l'heure?
Volontiers. Mais je veux aimer encore. »

Ce doux sujet m'a mené un peu loin de la bataille;
j'y reviens. La nécessité de proposer des mesures
efficaces et fortes contre les émigrés dicta à Vergniaud un discours sévère, mais qui ne confirme pas
moins ce que nous venons de dire du caractère
profondément humain du grand orateur. Dans cette
dure circonstance où le roi allait avoir à sanctionner
une loi qui menaçait ses frères d'un châtiment
capital, Vergniaud seul posa l'objection du cœur et
de la nature. Il s'adressa au roi lui-même et s'efforça de le transporter dans la région héroïque de
ces antiques pères du peuple qui immolèrent la
nature à la patrie. Il dit noblement : « Si le roi a le
chagrin de ne pas trouver en ses frères l'amour et
l'obéissance, qu'ardent défenseur de la liberté, il
s'adresse au cœur des Français, il y trouvera de quoi
se dédommager de ses pertes. »

Ce discours, noblement équilibré de qualités si
contraires, posant fortement la justice, mais nullement oublieux de l'humanité, laissa beaucoup d'admiration, peu d'entraînement. L'orateur établissait
les principes. Quant au succès, insoucieux, dans la
majesté du courage, il s'en remettait au destin.
L'Assemblée salua son grand orateur, en le portant
le lendemain à la présidence. Elle n'adopta pas ses

conclusions sévères et donna la priorité au projet de Condorcet; projet faible, un peu ridicule, si l'on ose dire; il déférait le serment à des ennemis armés, s'en rapportait à leur parole, continuait le payement des pensions et traitements à ceux qui, sans respect du serment, n'hésitaient point de jurer. Au contraire, les gens d'honneur, qui aimeraient mieux sacrifier leurs traitements que leur conscience, Condorcet les punissait par le séquestre de leurs biens.

Il fut combattu (31 octobre) par un député provençal, Isnard, qui changea violemment les dispositions de l'Assemblée. Jamais on ne vit mieux à quel point la passion est contagieuse. Au premier mot, la salle entière vibra, sous une impression électrique; chacun se crut personnellement interpellé, sommé de répondre, quand ce député inconnu, débutant par l'autorité et presque la menace, lança cet appel à tous : « Je demande à l'Assemblée, à la France, à vous, Monsieur (désignant un interrupteur), s'il est quelqu'un qui, de bonne foi et dans l'aveu secret de sa conscience, veuille soutenir que les princes émigrés ne conspirent pas contre la patrie? Je demande, en second lieu, s'il est quelqu'un, dans cette Assemblée, qui ose soutenir que tout homme qui conspire ne doive pas être au plus tôt accusé, poursuivi et puni? S'il en est quelqu'un, qu'il se lève!... »

Vergniaud lui-même, qui présidait, fut si surpris de cette forme impérieuse et violente qu'il arrêta l'orateur et lui fit observer qu'il ne pouvait procéder ainsi par interrogation.

« Tant qu'on n'aura pas répondu, continua Isnard, je dirai que nous voilà placés *entre le devoir et la trahison*, entre le courage et la lâcheté, entre l'estime et le mépris... Nous reconnaissons bien tous qu'ils sont coupables; si nous ne les punissons pas, est-ce donc parce qu'ils sont princes?... Il est temps que le grand niveau de l'égalité passe enfin sur la France libre... C'est la longue impunité des grands criminels qui rend le peuple bourreau. Oui, la colère du peuple, comme celle de Dieu, n'est trop souvent que le supplément terrible du silence des lois... Si nous voulons être libres, il faut que la loi seule gouverne, que sa voix foudroyante retentisse également au palais, à la chaumière, qu'elle ne distingue ni rangs, ni titres, inexorable comme la mort quand elle tombe sur sa proie... »

Un frisson passa sur la foule, et, après un court silence, s'éleva un applaudissement terrible. Une sombre ivresse de colère remplit l'Assemblée, les tribunes. Par un mouvement machinal, tous suivaient ce brûlant parleur, cette sauvage parole africaine; tous étaient devenus le même homme, emportés de son tourbillon et ne touchant plus la terre.

Il ajouta alors, avec une violence extraordinaire de voix et de gestes : « On vous a dit que l'indulgence est le devoir de la force, que certaines puissances désarment... Et moi, je dis qu'il faut veiller, que le despotisme et l'aristocratie n'ont ni mort ni sommeil, que, si les nations s'endorment un instant, elles se réveillent enchaînées... Le moins pardonnable des crimes est celui qui a pour but de ramener l'homme à l'esclavage ; si le feu du ciel était au pouvoir des hommes il faudrait en frapper ceux qui attentent à la liberté des peuples. »

Ce discours désordonné, comme une trombe du Midi, enleva tout sur son passage. Condorcet essaya de répondre et personne n'écouta. On décréta, séance tenante, pour première mesure : « Que si Louis-Stanislas-Xavier, prince français ne rentrait pas dans deux mois, il abdiquait son droit à la régence. » — Le 8 novembre, décret général contre les émigrés, d'après Vergniaud et Isnard : « S'ils ne rentrent au 1er janvier, coupables de conjuration, poursuivis, punis de mort. — Les princes, les fonctionnaires, sont spécialement coupables. — Les revenus des contumaces perçus au profit de la nation, sauf les droits des femmes, des enfants, des créanciers. — Les officiers punis comme le soldat déserteur. — L'embauchement puni de mort. — Dans les quinze premiers jours de janvier, pourra être convoquée la haute cour nationale. »

On apprit le surlendemain la tentative de la contre-révolution à Caen, qui avait failli renouveler sur un curé constitutionnel l'horrible scène de Lescuyer, égorgé dans l'église d'Avignon. Ici, les nobles armés, avec leurs domestiques armés, étaient venus soutenir le curé réfractaire ; ils avaient menacé la garde nationale, frappé, tiré sur elle jusqu'à ce qu'elle les désarmât. Le plus grave, c'est que la commune et le district, pour prévenir le renouvellement de ces collisions, ayant voulu fermer l'église aux réfractaires jusqu'à la décision de l'Assemblée, les administrateurs du département refusèrent d'en signer l'ordre. Tel était le funeste esprit de ces administrations, leur connivence avec les factieux aristocrates, que partout elles paralysaient l'action des lois, les mesures les plus indispensables de police et de salut public. Cambon demanda que l'on convoquât immédiatement la haute cour nationale. On fit venir le lendemain le ministre Delessart, pour avoir des explications; on le soupçonnait à bon droit d'avoir contribué lui-même à troubler le Calvados, en travaillant contre l'évêque Fauchet et encourageant contre lui ces coupables administrateurs.

Pourquoi ce zèle du ministre contre les prêtres citoyens? Le roi était reconnaissable ici, comme le centre et le chef de la résistance dévote. Ne l'était-il pas aussi de l'émigration armée? On le crut, le 12 novembre, lorsqu'on apporta le veto qu'il opposait au dernier décret de l'Assemblée.

Il alléguait que les articles rigoureux de ce décret lui semblaient « ne pouvoir compatir avec les mœurs de la nation et les principes d'une constitution libre ». Il présentait les lettres qu'il avait lui-même écrites à ses frères et aux émigrés pour les décider à revenir. Il y disait, entre autres choses, « que l'émigration s'était ralentie », ce qui était visiblement faux; « que plusieurs émigrés étaient rentrés », ce qui n'était que trop vrai. En juin, M. de Lescure et autres Vendéens étaient rentrés avec l'espérance de commencer la guerre civile. Le roi réclamait la confiance ; et au même moment, son ministre confident, Bertrand de Molleville, était convaincu d'avoir caché l'émigration des officiers de marine. Bertrand affirmait hardiment qu'ils étaient tous à leur poste ; et plus de cent étaient absents par congé ; près de trois cents sans congé. La chose fut établie par le conseil général du Finistère.

Les frères du roi répondirent bientôt à ses proclamations qu'elles n'étaient pas l'expression sincère de sa pensée. Monsieur, de plus, fit à l'Assemblée qui représentait la France une réponse dérisoire, une parodie indigne de la réquisition qui lui avait été faite de rentrer : « Gens de l'Assemblée française se disant nationale, la saine raison vous requiert, en vertu du titre I, chapitre I, section I, article I, des lois du sens commun, de rentrer en vous-mêmes », etc.

La question la plus personnelle au roi, celle des prêtres, fut bientôt tranchée, et rien n'y contribua davantage qu'un discours d'Isnard, le formidable interprète du ressentiment national. Parleur violent plus que profond, il trouva cependant dans la passion même qui était en lui cette juste et profonde parole qui montrait la véritable portée de la question religieuse : « Il faut un dénouement à la Révolution française. »

Le dénouement politique est dans la question sociale ; mais celle-ci elle-même n'a le sien, on le verra de plus en plus, que dans la question religieuse. Dieu seul sait trancher de tels nœuds. C'est dans un changement profond des cœurs, des idées, des doctrines, dans le progrès des volontés, dans l'éducation douce et tendre qui ramène l'homme à sa meilleure nature, que se font les vrais changements. Des lois coactives y font peu. Si le vrai concile de l'époque, l'Assemblée, ne voulait pas toucher au dogme, elle pouvait du moins, dans une question de discipline, le mariage des prêtres, amener à la nature, à la douce humanité, à l'esprit nouveau, une grande partie de ses adversaires. Elle ne s'expliqua pas nettement sur cette question si grave, qui lui fut présentée le 19 octobre, et dès lors elle s'ôta la plus forte prise qu'elle eût eue sur le clergé.

Isnard avait droit d'invoquer la loi contre les factieux, contre le prêtre rebelle qui voulait du trouble et du sang; mais, dans son emportement, il semblait près de confondre le crime avec l'innocence. « S'il existe des plaintes, le prêtre rebelle doit sortir du royaume. *Il ne faut pas de preuves* contre lui, car vous ne le souffrez que par un excès d'indulgence. »

Terrible ivresse! qui lui faisait, au nom du droit, oublier le droit et le juste. Tous la gagnaient en l'écoutant. L'Assemblée parut tout obscure, les ténèbres s'épaissirent, quand ce furieux fanatique se mit à crier : « Les factieux, je les combattrai tous; je ne suis d'aucun parti. *Mon dieu, c'est la loi;* je n'en ai pas d'autre! »

Isnard avait le tempérament d'un sombre et violent dévot. Il l'était alors à la Loi, à la Raison, qui elle-même est bien Dieu aussi. Tout à l'heure, sous l'impression de la terreur, nous verrons le même homme, environné de la mort, s'affaisser au mysticisme, puis, farouche dans la réaction, furieux dans le repentir, attiser les flammes civiles par des paroles meurtrières qui ajoutèrent cruellement à toutes les fureurs du Midi.

L'Assemblée hésita à décréter l'impression de ce malencontreux discours et finalement la refusa. Mais, peu après, l'on put voir qu'elle en avait reçu l'esprit. Le 22 novembre, elle nomma quatre grands juges pour l'affaire de Caen; le 25, elle créa un comité de surveillance; les noms furent significatifs : d'abord Isnard et Fauchet, Goupilleau (de la Vendée), Antonelle (des Bouches-du-Rhône), des Jacobins violents, Grangeneuve et Chabot, Bazire et Merlin, Lecointre, Thuriot, etc.

Ce choix fait pressentir assez le décret qu'on va porter (29 novembre 1791); décret violent, passionné, qui fut reçu comme un défi du parti qu'il voulait frapper et n'eut d'autre effet que celui d'un appel à la résistance.

Ses considérants, remarquables par un grand appareil logique, partent du *Contrat social*, « qui protège, mais qui lie tous les membres de l'État ». Le serment, *purement civique*, est la caution que tout citoyen doit donner de sa fidélité à la loi. — Si le ministre d'un culte refuse de reconnaître la loi (qui lui assure la liberté religieuse, sans autre condition que le respect pour l'ordre public), il annonce par ce refus même que son intention n'est pas de respecter la loi.

Le serment civique sera exigé sous le délai de huit jours. — Ceux qui refuseront seront tenus *suspects* de révolte et recommandés à la surveillance des autorités. — S'ils se trouvent dans une commune où il survient des troubles religieux, le directoire du département peut les éloigner de leur domicile ordinaire. — S'ils désobéissent, emprisonnés pour un an au plus. S'ils provoquent la désobéissance, deux ans. — La commune où la force armée est obligée d'intervenir en supportera les frais. — Le magistrat qui refuse ou néglige de réprimer sera poursuivi. — Les églises ne serviront qu'au culte salarié par l'État. Celles qui n'y sont pas nécessaires pourront être achetées par un autre culte, mais non pour ceux qui refusent le serment. — Les municipalités enverront aux départements, et ceux-ci à l'Assemblée, les listes des prêtres qui ont juré et de ceux qui ont refusé, avec des observations sur leur coalition entre eux et avec les émigrés, de sorte que l'Assemblée avise aux moyens d'extirper la rebellion. — L'Assemblée regarde comme un bienfait les bons ouvrages qui peuvent éclairer les campagnes sur les questions prétendues religieuses ; elle les fera imprimer et récompensera les auteurs.

Ce décret était fondé en droit *à l'égard des prêtres*,

qui ne sont nullement des citoyens ordinaires, qui ont un privilège énorme et se trouvent bien plus responsables, exerçant une magistrature, et la plus autorisée. Si vous dites qu'elle est antérieure, extérieure à l'action de l'État, voyez ce qui en résulte : c'est que cette autorité extérieure, placée aux fondements mêmes de la société, peut les ruiner à son aise et se trouver un matin avoir renversé l'État. Le partage entre l'État et le prêtre a ce résultat étrange; l'État dit à l'autre : « Prends l'âme, moi je garderai le corps, je gouvernerai ses mouvements ; à toi la volonté, à moi l'action. » Division puérile, impossible : l'action dépend de celui dont dépend la volonté.

Le décret avait un grand défaut, c'était de faire porter justement la répression sur un point où tout le monde se ferait honneur de la mériter. Dans une question de conscience, elle portait une peine d'*argent!* Quel avantage elle donnait là à l'ennemi ! Au défaut de fanatisme, l'honneur seul, l'honneur du gentilhomme, la noble folie de la vieille France, allait, à coup sûr, faire oublier toute considération de devoir public, d'amour de la paix. Ceux même qui, au nom du salut commun, du vrai christianisme, se seraient soumis, on les ramenait, par cette pénalité basse, à la question du point d'honneur et de la dignité personnelle.

Il ne fallait point de décret, point de mesure générale. Il fallait des hommes, — des hommes dans la main de l'Assemblée, agissant sous la direction vigoureuse de ses comités, mais d'une manière très diverse, selon l'état moral des provinces, qui différait infiniment.

Ces hommes ne se trouvaient guère, il est vrai, dans l'administration départementale, ni dans le pouvoir judiciaire, tous deux faibles, détendus, remis au hasard des élections, des influences locales. Spectacle étrange de ce grand corps de la France, non organisée encore, non centralisée. Le centre organique (je parle de l'Assemblée) pensait, voulait, menaçait ; mais, du centre aux extrémités qui devaient exécuter, il n'y avait qu'un lien incertain et infidèle ; l'Assemblée, dans son décret, disait bien qu'elle voulait lever le glaive ; pour lever, il faut une main ; or elle n'en avait pas.

C'était le triste spectacle d'un pauvre paralytique qui crie, menace de sa chaise, sans pouvoir bouger de là. S'il sortait de son impuissance, ce ne pourrait être que par une étrange révolution, un terrible accès de fureur.

La force manquant, la fureur vint au secours. N'ayant ni administration ni tribunaux à elle, la Révolution agit par les clubs, par l'appel à la violence, et elle réussit à agir, — en brisant tout et se brisant.

Tel est le sort d'un État imprévoyant qui n'a su organiser ni l'action ni la répression. Celui qui, n'ayant ni le commencement ni la fin, n'ayant point l'initiation morale et religieuse, la laissant au prêtre, n'a pas non plus dans sa main ce qui corrige et remédie, le pouvoir judiciaire, un tel État, dis-je, est perdu. Malheur à ceux qui, comme l'Assemblée constituante, abdiquent le glaive de justice! Malheur à ceux qui, comme nous, par un respect superstitieux pour l'inamovibilité, le laissent à leurs ennemis! La Révolution, jugée chaque jour par la contre-révolution, périrait dans un temps donné.

Le décret fait, bon ou mauvais, il restait de le respecter. Peut-être eût-il fait peu de mal si on en eût modifié, ralenti l'application, spécialement dans l'Ouest. Mais il provoqua dans Paris une fatale résistance de la part de la cour et des constitutionnels. Ceux-ci, exclus de toute action, même indirecte, sur l'Assemblée, furent ravis de lui faire obstacle. Ils étaient réfugiés dans un corps et dans un club, le club des Feuillants, le corps du département de Paris. L'un prépara, l'autre signa une protestation adressée au roi, où on le priait d'apposer son veto au décret relatif aux prêtres. Ne tenant nul compte des circonstances, restant dans les principes abstraits, paraissant croire qu'il s'agissait d'hommes inoffensifs et paisibles, faisant partout la confusion du prêtre et du simple citoyen, n'ayant pas l'air de soupçonner que le premier, investi d'une si dangereuse autorité, est plus responsable que l'autre, le directoire de Paris invoquait le veto du roi, comme si le roi, à cette époque, eût été vraiment une force. Mettre le roi devant les prêtres contre le courant qui venait, c'était vouloir que prêtres, roi et directoire de Paris, tout fût brisé du même coup.

Les signataires de cet acte insensé étaient pourtant des gens d'esprit, des Talleyrand, des Beaumetz, etc. Voilà à quoi l'esprit sert, l'habitude de saisir finement les petits rapports des choses, de regarder à la loupe, de manier avec dextérité le monde et l'intrigue. Il ne faut pas de finesse en révolution. Le génie, pour embrasser les grandes masses, doit être grand, simple, grossier, si j'ose parler ainsi.

Une réponse, bien autrement spirituelle, aiguë et perçante (la pièce la plus française qui ait été écrite depuis la mort de Voltaire), leur fut lancée par Desmoulins, sous forme de pétition à l'Assemblée nationale. Lui-même l'apporta à la barre, et, se défiant de son organe embarrassé, il la fit lire par Fauchet. L'originalité de cette pièce, c'est que, dans une grande question politique et d'équité, le malicieux basochien n'attestait que le droit strict, le texte des lois, de ces mêmes lois que les membres du directoire avaient faites, comme membres de l'Assemblée constituante; il les battait de leurs armes, les perçait de leurs propres flèches. La loi contre ceux *qui avilissent les pouvoirs publics*, celle qui punit *les pétitions collectives*, il montrait parfaitement qu'ici elles tombaient d'aplomb sur leurs propres auteurs, qu'ils étaient coupables d'avoir tenté d'avilir le premier pouvoir, l'Assemblée, et concluait à ce que le directoire fût mis en accusation.

Il qualifiait la pétition du directoire comme « le premier feuillet d'un grand registre de contre-révolution, une souscription de guerre civile, envoyée à la signature de tous les fanatiques, de tous les idiots, de tous les esclaves permanents, de tous les ci-devant voleurs », etc.

Le plus grave en cette pièce, ce qui porta coup, ce fut la tranchante ironie par laquelle il arracha le voile de la situation, formula en pleine lumière ce qui nageait obscur dans tous les esprits ; formule d'une netteté terrible, qui frappait le roi en l'innocentant ; elle reste le jugement de l'histoire :

« Nous ne nous plaignons ni de la constitution qui a accordé le veto, ni du roi qui en use, nous souvenant de la maxime d'un grand politique, de Machiavel :

« Si le prince doit renoncer à la souveraineté,
« la nation serait trop injuste, trop cruelle, de
« trouver mauvais qu'il s'opposât constamment à
« la volonté générale, parce qu'il est difficile et
« contre nature de tomber volontairement de si
« haut. »

« Pénétrés de cette vérité, prenant exemple de Dieu même, *dont les commandements ne sont point impossibles*, nous n'exigerons jamais du ci-devant souverain un amour impossible de la souveraineté nationale, et nous ne trouvons point mauvais qu'il appose son veto, précisément aux meilleurs décrets. »

C'était toucher le fond du fond. L'Assemblée en fut frappée, reconnut son propre sentiment, adopta la pièce comme sienne, décréta l'insertion au procès-verbal et l'envoi du procès-verbal aux départements.

Le lendemain, les membres qui appartenaient aux Feuillants, étant arrivés de bonne heure, au nombre de deux cent soixante, firent une majorité contraire, annulèrent le décret de la veille, à la grande indignation des tribunes et du public. Dès lors, une guerre commença contre leur club; placé à la porte de l'Assemblée et dans ses bâtiments mêmes, l'affluence des deux foules devait y causer du tumulte, peut-être des collisions.

Cette lutte intérieure, qui ne laissait pas que d'agiter Paris, éclatait au moment même où l'autorité était désarmée, et par la retraite de La Fayette qui quittait le commandement, et par son échec aux élections municipales (17 novembre 1791). La reine, nous l'avons dit, en haine de La Fayette, fit voter les royalistes pour le jacobin Pétion, qui eut six mille sept cents voix contre les trois mille de son concurrent. La reine avait dit : « Pétion est un sot, un homme incapable de faire ni bien ni mal. » Mais, derrière lui, venait Manuel, comme procureur de la commune; derrière Manuel, son substitut, le formidable Danton. La reine, en favorisant le succès de Pétion, ouvrit la porte à celui-ci.

La guerre intérieure, contre les prêtres et le roi qui les défend, la guerre extérieure, contre les émigrés et les rois qui les protègent, se prononcent de plus en plus, non dans les actes encore, mais dans les paroles, les menaces, le bouillonnement visible des cœurs.

Le 22 novembre, l'Assemblée écouta un rapport de Koch sur l'état menaçant de l'Europe, sur les vexations dont les citoyens français de l'Alsace étaient l'objet de la part des émigrés et des princes qui toléraient leurs rassemblements. Ces vexations, dénoncées à M. de Montmorin, l'avaient médiocrement ému; il avait répondu en termes vagues et n'avait rien fait. L'Assemblée ne pouvait imiter cette indifférence. Le comité diplomatique demandait qu'on rappelât aux princes la constitution germanique, qui leur interdit tout ce qui peut entraîner l'Empire dans une guerre étrangère, et que le pouvoir exécutif prît des mesures pour les forcer à dissoudre ces rassemblements armés.

La question, resserrée par Koch, fut étendue par Isnard, replacée dans sa grandeur. C'était la question de la guerre. Il établit hardiment tout l'avantage qu'il y avait pour la France à forcer ses ennemis de se déclarer, et, s'il le fallait, à frapper les premiers coups.

« Élevons-nous dans cette circonstance à toute la hauteur de notre mission; parlons aux ministres, au roi, à l'Europe, avec la fermeté qui nous convient. Disons à nos ministres que jusqu'ici la nation n'est pas très satisfaite de la conduite de chacun d'eux. Que désormais ils n'ont à choisir qu'entre la reconnaissance publique et la vengeance des lois, et que par le mot responsabilité nous entendons la mort. — Disons au roi que son intérêt est de défendre la constitution; que sa couronne tient à ce palladium sacré; qu'il ne règne que par le peuple et pour le peuple; que la nation est son souverain, et qu'il est sujet de la loi. Disons à l'Europe que le peuple français, s'il tire l'épée, en jettera le fourreau; que si, malgré sa puissance et son courage, il succombait en défendant la liberté, ses ennemis ne régneraient que sur des cadavres. Disons à l'Europe que si les cabinets engagent les rois dans une guerre contre les peuples, nous engagerons les peuples dans une guerre contre les rois. (On applaudit.) Disons-lui que tous les combats que se livreront les peuples par ordre des despotes... (Les applaudissements continuent.) N'applaudissez pas, n'applaudissez pas, respectez mon enthousiasme, c'est celui de la liberté.

« Disons-lui que tous les combats que se livrent les peuples par ordre des despotes ressemblent aux coups que deux amis, excités par un instigateur perfide, se portent dans l'obscurité; si la clarté du jour vient à paraître, ils jettent leurs armes, s'embrassent et châtient celui qui les trompait. De même, si, au moment que les armées ennemies lutteront avec les nôtres, le jour de la philosophie frappe leurs yeux, les peuples s'embrasseront, à la face des tyrans détrônés, de la terre consolée et du ciel satisfait. »

Cette puissante colère d'Isnard était véritablement divinatrice et prophétique. Tout ce qu'il disait, le 29 novembre, sur la perfidie des rois et le besoin de les prévenir, commença à éclater bien peu après. Le 3 décembre, Léopold écrivait à Vienne un acte, modéré dans la forme, mais qui, posant la question sur un point vraiment insoluble, annonçait assez l'intention de se ménager une querelle éternelle et la pensée ultérieure d'agir, quand il serait prêt.

Sa conduite était évidemment double. Comme Léopold et comme Autrichien, il était ami de la France; il réprimait les insultes faites dans ses États aux Français qui portaient la cocarde nationale. Mais, comme empereur, il empêchait les princes possessionnés en Alsace d'accepter les dédommagements que la France leur offrait; il rompait même et annulait les arrangements qu'ils avaient pu prendre déjà, voulait les forcer à obtenir leur réintégration entière, annonçant la résolution *de les soutenir et de leur donner secours.* Et le motif qu'il alléguait était de ceux qui rendent la guerre inévitable, fatale : la question même de la souveraineté. Les terres en question, disait-il, n'étaient *pas tellement soumises à la souveraineté* du roi qu'il pût en disposer en indemnisant les propriétaires. Donc il y voyait des enclaves purement germaniques de l'Empire au milieu de la France; la France sans le savoir avait l'Empire dans ses flancs, l'ennemi dans ses positions les plus dangereuses, derrière ses lignes les plus exposées. La question présentée ainsi, il était facile à prévoir qu'on ne voulait point la dénouer, mais la garder comme un *en-cas* de guerre et la trancher par l'épée.

Le 14 décembre, le roi vint déclarer à l'Assemblée qu'il ne verrait qu'un ennemi dans l'électeur de Trèves, si, avant le 15 janvier, il n'avait dissipé les rassemblements armés. Il fut applaudi, mais sa popularité y gagna peu. Il ne s'expliquait pas sur l'étrange message de l'Empereur, qui occupait les esprits. Il annonçait qu'il ne s'écarterait jamais de la constitution, mais à l'instant il l'appliquait de la manière la plus propre à soulever l'indignation publique, en opposant son veto au décret rendu contre les prêtres (19 décembre 1791). L'indignation publique se tourna contre les Feuillants, dont les chefs conseillaient la cour. Des scènes violentes eurent lieu à leur club, et l'Assemblée décida qu'aucun club ne pourrait se réunir dans les bâtiments où elle siégeait.

Le décret contre les prêtres, le veto du roi, ce n'est pas moins que la guerre. C'est le point où la conscience rencontrant la conscience, le roi se posant juste à l'encontre du peuple, l'un ou l'autre sera brisé.

Et sur cet orage bas, lourd, sombre, de la lutte intérieure, plane l'orage lumineux, grandiose, de la guerre européenne qui se prépare en même temps. Il détone de moment en moment, avec des éclats sublimes.

Il éclate, aux Jacobins, le 18 décembre, d'une manière originale, fantastique et sauvage, à laquelle cette société politique, mieux disciplinée qu'on ne croit, n'était guère habituée. Elle était présidée, ce jour-là, par le prophète de la guerre, le violent prédicateur de la croisade européenne : on voit que je parle d'Isnard. Une scène infiniment touchante (que j'ai contée au long plus haut) venait d'avoir lieu; on avait, en présence d'un député des sociétés anglaises, intronisé dans la salle des drapeaux des nations libres, française, anglaise, américaine. Le député, accueilli comme on n'accueille qu'en France, entouré de jeunes et charmantes femmes qui apportaient en présent pour leurs frères anglais les produits de leur travail, venait de répondre avec l'embarras d'une vive émotion. Un autre présent fut apporté, celui d'un Suisse de Neuchâtel, de ce Virchaux qui, en juillet, écrivit, au Champ de Mars, la pétition pour la République. C'était une épée de Damas, qu'il offrait pour le premier général français qui vaincrait les ennemis de la liberté. Cette épée donnée par la Suisse, esclave encore et suppliante, à la Révolution française qui allait la délivrer, c'était un touchant symbole. Quarante Suisses, les pauvres Vaudois du régiment de Châteauvieux, étaient sur les galères de France, comme pour nous mieux rappeler le monde enchaîné qui espère en nous.

Isnard fut saisi d'un transport extraordinaire. Il embrassa cette épée, et, la brandissant bien haut, il parla mieux qu'Ézéchiel : « La voilà !... Elle sera victorieuse... La France poussera un grand cri, tous les peuples répondront. La terre se couvrira de combattants, et les ennemis de la liberté seront effacés de la liste des hommes! »

CHAPITRE V

SUITE DE LA QUESTION DE LA GUERRE. — MADAME DE STAËL ET NARBONNE AU POUVOIR (DÉCEMBRE 1791-MARS 1792).

Opposition de Madame Roland et de Robespierre. — Il est pour la guerre au 28 novembre; depuis, pour la paix. — Madame de Staël fait M. de Narbonne ministre de la guerre, 7 décembre. — Vues diverses de la cour, des Feuillants, des Girondins. — La cour craignait la guerre. — Robespierre suppose qu'elle veut la guerre, qu'elle conspire avec les Feuillants et la Gironde. — Les Girondins ne peuvent répondre nettement à Robespierre. — Leur conduite double. — Impuissance de Narbonne, janvier 1791. — Vague et nullité des moyens que propose Robespierre. — L'Europe veut ajourner la guerre, la Gironde la décider. — Louvet contre Robespierre, Desmoulins contre Brissot. — Défiance et inertie des Jacobins. — La cour et les prêtres organisent la guerre intérieure. — La Gironde confie les armes au peuple. — Piques et bonnet rouge, janvier-février 1792. — La Gironde frappe la cour par l'accusation des ministres, 18 mars 1792. — La cour accepte le ministère girondin.

Au moment où Isnard brandit l'épée de la guerre, où toute la salle, illuminée par cette lueur d'acier, croulait presque d'applaudissements, Robespierre monta, d'un air sombre, à la tribune, et dit froidement, lentement : « Je supplie l'Assemblée de supprimer ces mouvements d'éloquence matérielle, ils peuvent entraîner l'opinion, qui a besoin, en ce moment, d'être dirigée par l'exemple d'une discussion tranquille. »

Il descendit, et un froid pesant retomba sur l'Assemblée. Le paralytique Couthon, se soulevant de sa place, demanda l'ordre du jour. La société était si docile, si parfaitement disciplinée, qu'au grand étonnement de la Gironde, elle vota l'ordre du jour.

C'était ce dernier parti qui, trois mois durant, avait presque toujours, par Brissot, Fauchet, Condorcet, Isnard, Grangeneuve, présidé les Jacobins. Sa chaleur et son élan avaient, en quelque sorte, ravi la société hors d'elle-même. En réalité, il lui était extérieur et étranger, d'un génie essentiellement contraire; il n'y pouvait avoir racine.

La dissidence profonde éclata sur la question de la guerre. La Gironde voulait la guerre extérieure; les Jacobins, la guerre aux traîtres, aux ennemis du dedans. La Gironde voulait la propagande et la croisade; les Jacobins, l'épuration intérieure, la punition des mauvais citoyens, la compression des résistances par voie de terreur et d'inquisition.

Leur idéal, Robespierre, exprimait parfaitement leur pensée quand il dit, ce même soir (18 décembre 1791) : « La défiance est au sentiment intime de la liberté ce que la jalousie est à l'amour. »

Nous avons perdu de vue, depuis quelque temps, ce sombre personnage. Membre de la Constituante, il se trouvait par cela même exclu de la Législative. Il venait de passer deux mois à Arras. Dans ce court voyage, le seul moment de rafraîchissement d'esprit qu'il ait eu avant la mort, Robespierre avait été vendre le foyer de sa famille. Il voulait, avant les grandes luttes qu'il prévoyait, ramasser son existence, la concentrer toute *chez lui;* chez lui, c'est-à-dire à Paris, rue Saint-Honoré, aux Jacobins, au sein de la société que nous avons vue, en septembre, réorganisée par lui, et dont, en décembre, nous le voyons toujours, en dépit de la Gironde, le dominateur.

Tout le voyage avait été un triomphe. Sorti de l'Assemblée constituante, presque sur les bras du peuple, Robespierre vit, de ville en ville, les sociétés patriotiques venir au-devant de lui. Son rôle dans l'Assemblée, cette position de défenseur unique du principe abstrait de la démocratie, l'avait mis bien haut. Il apparaissait déjà, aux regards des plus pénétrants, comme le premier homme, le centre et le chef probable des associations jacobines qui couvraient la France. Madame Roland en avait jugé ainsi, et de son désert où elle était retournée, elle lui avait écrit (13 septembre) une lettre très digne, mais flatteuse et bien calculée. Nous ne voyons pas qu'il ait répondu à ces avances. Du Girondin au Jacobin, il y avait différence, non fortuite, mais naturelle, innée, différence d'espèce, haine instinctive, comme du loup au chien. Madame Roland, en particulier, par ses qualités brillantes et viriles, effarouchait Robespierre. Tous deux avaient ce qui semblerait pouvoir rapprocher les hommes, et qui, au contraire, crée entre eux les plus vives antipathies : *avoir un même défaut*. Sous l'héroïsme de l'une, sous la persévérance admirable de l'autre, il y avait un défaut commun, disons-le, un ridicule. Tous deux, ils écrivaient toujours, *ils étaient nés scribes.* Préoccupés, on le verra, du style autant que des affaires, ils ont écrit la nuit, le jour, vivant, mourant; dans les plus terribles crises et presque sous le couteau, la plume et le style furent pour eux une pensée obstinée. Vrais fils du dix-huitième siècle, du siècle éminemment littéraire et *bellétriste*, pour dire comme les Allemands, ils gardèrent ce caractère dans les tragédies d'un autre âge. Madame Roland, d'un cœur tranquille, écrit, soigne, caresse ses admirables portraits, pendant que les crieurs publics lui chantent sous ses fenêtres : « La mort de la femme Roland. » Robespierre, la veille du 9 Thermidor, entre la pensée de l'assassinat et celle de l'échafaud, arrondit sa période, moins soucieux de vivre, ce semble, que de rester bon écrivain

Comme politiques et gens de lettres, dès cette époque, ils s'aimaient peu. Robespierre, d'ailleurs, avait un sens trop juste, une trop parfaite entente de l'unité de vie nécessaire aux grands travailleurs, pour se rapprocher aisément de cette femme, de cette reine. Près de Madame Roland, qu'eût été la vie d'un ami? Ou l'obéissance ou l'orage. L'humble maison des Duplay lui allait bien mieux. Là il était roi lui-même, que dis-je? dieu plutôt, l'objet d'une dévotion passionnée. Toutefois, revenant d'Arras, il ne put y rentrer encore; il ramenait sa sœur, la fière demoiselle Charlotte de Robespierre, qui n'était nullement d'humeur à céder son frère à personne. Il fallut qu'il s'établît avec elle, rue Saint-Florentin, au grand déplaisir de Mme Duplay, qui, dès lors, entra avec la sœur en état de guerre, attendant impatiemment le moment de reconquérir Robespierre, et rôdant autour, comme une lionne dont on a volé les petits.

Robespierre, qui venait de traverser toutes ces campagnes guerrières, la Picardie émue et ne voulant que combats, s'était montré d'abord, en arrivant (le 28 novembre), aussi guerrier que personne. Il était même sorti de sa voie ordinaire, de son respect affecté pour la constitution, pour hâter les mesures décisives. Il voulait que l'Assemblée, *au lieu de s'adresser au roi* pour qu'il parlât à l'Empereur, allât tout droit à celui-ci, sommât Léopold de disperser les émigrés, sinon *qu'elle lui déclarât la guerre*, au nom de la nation, des nations ennemies des tyrans. « Traçons autour de l'Empereur le cercle que Popilius traçait autour de *Mithridate* » (il veut dire Antiochus), etc.

Il eut bientôt quelque sujet de regretter sa précipitation. De graves considérations le rejetèrent brusquement au parti de la paix, qu'il ne quitta plus :

1° Pendant son absence, ses rivaux, les Girondins, s'étaient emparés de l'idée populaire de la guerre, s'étaient placés comme à la proue de ce grand vaisseau de la France, au moment où une impulsion énormément puissante qu'il contenait en ses flancs allait le lancer sur l'Europe. Ces hommes, la plupart légers, les Brissot et les Fauchet, disputeurs comme Guadet, aveuglément violents comme Isnard, tous peu capables à coup sûr de diriger la machine, siégeant à la proue, non au gouvernail, n'en faisaient pas moins l'effet de pilotes, revendiquant pour eux-mêmes tout ce qu'allait faire la fatalité. Se décider pour la guerre, si Robespierre l'avait fait, c'était se mettre à leur suite et favoriser sans doute l'illusion publique qui leur en donnait tout l'honneur.

2° Le 5 décembre, la cour, au grand étonnement de tout le monde, reçut des mains des Feuillants, qu'elle haïssait et méprisait bien plus que les Jacobins, un ministre de la guerre. Les Feuillants, maltraités par la cour, pour qui ils avaient tant fait, La Fayette repoussé par elle des élections municipales, s'étaient coalisés pour lui imposer comme ministre M. de Narbonne, amant de Madame de Staël. Celle-ci, depuis le départ de Mounier et de Lally, représentait par le talent le parti anglais, semi-aristocratique, celui qui voulait les deux chambres. — Robespierre, avec son imagination prodigieusement défiante et crédule à force de haine, s'empressa de croire que ses rivaux, les Girondins, étaient en accord avec le parti feuillant et anglais. L'un et l'autre parti, il est vrai, voulaient la guerre, mais avec cette différence : les Feuillants pour relever le trône, la Gironde pour le renverser.

3° Le troisième point, qui peut sembler hypothétique et conjectural, mais qui pour moi n'est pas douteux, c'est que les sociétés jacobines des provinces, composées en partie d'acquéreurs de biens nationaux et influencées par eux, ne voulaient nullement la guerre. Robespierre, en la repoussant, fut leur très fidèle organe.

Distinguons entre les acquéreurs. Le paysan qui achetait quelque parcelle minime avec ses épargnes, une dot récemment reçue, ou, comme nous l'avons dit, avec les premiers fruits du bien, n'était pas embarrassé; n'ayant pas affaire au crédit, il ne craignait point le resserrement des capitaux, il ne redoutait point la guerre.

Mais l'acquéreur en grand, le spéculateur des villes, n'achetait généralement qu'au moyen de quelque emprunt. La proposition de la guerre lui sonnait mal aux oreilles; elle le surprenait dans une opération délicate, où, malgré les délais et le bon marché, il pouvait trouver sa ruine, si la banque tout à coup lui fermait ses coffres. Il ne faut pas demander si cet homme embarrassé se jetait aux Jacobins, il remplissait la société de sa ville de cris, de plaintes, de défiances, d'accusations de toute sorte, pour entraver le mouvement. Il ne se bornait pas à crier, il écrivait, il faisait voter, écrire, à qui? A la société mère, aux Jacobins de Paris, au pur, à l'honnête, à l'irréprochable Robespierre. On le priait, on le chargeait d'arrêter ce funeste élan qui, dans le hasard d'une guerre, pouvait mettre la France aux mains des traîtres, livrer ses armées, ouvrir ses frontières, anéantir sa révolution.

Robespierre, désintéressé lui-même (sinon de haine et d'orgueil), défendit ces intérêts.

D'abord favorable à la guerre, il avait paru sentir qu'elle était le mouvement naturel et spontané de la Révolution. Puis, sous une autre influence, il parvint à se persuader que cette grande chose était l'effet d'une intrigue.

Voici, en réalité, la part exacte que l'intrigue avait en ceci.

Madame de Staël, fille de Necker, née dans cette maison de sentimentalité, de rhétorique et d'emphase, de larmes faciles, avait de grands besoins de cœur, en proportion de son talent. Elle cherchait d'amour en amour, parmi les hommes du temps, à qui elle donnerait ce cœur; elle aurait voulu un héros; n'en trouvant pas, elle compta sur le souffle puissant, chaleureux, qui était en elle, et elle entreprit d'en faire un.

Elle trouva un joli homme, roué, brave, spirituel, M. de Narbonne. Qu'il y eût peu ou beaucoup d'étoffe, elle crut qu'elle suffirait, étant doublée de son cœur. Elle l'aimait surtout pour les dons héroïques qu'elle voulait mettre en lui. Elle l'aimait, il faut le dire aussi (car elle était une femme), pour son audace, sa fatuité. Il était fort mal avec la cour, mal avec bien des salons. C'était vraiment un grand seigneur, d'élégance et de bonne grâce, mais mal vu des siens, d'une consistance équivoque. Ce qui piquait beaucoup les femmes, c'est qu'on se disait à l'oreille qu'il était le fruit d'un inceste de Louis XV avec sa fille. La chose n'était pas invraisemblable. Lorsque le parti jésuite fit chasser Voltaire et les ministres voltairiens (les d'Argenson, Machault encore qui parlait trop des biens du clergé), il fallait trouver un moyen d'annuler la Pompadour, protectrice de ces novateurs. Une fille du roi, vive et ardente, Polonaise comme sa mère, se dévoua, autre Judith, à l'œuvre héroïque, sanctifiée par le but. Elle était extraordinairement violente et passionnée, folle de musique où la dirigeait le peu scrupuleux Beaumarchais. Elle s'empara de son père et le gouverna quelque temps, au nez de la Pompadour. Il en serait résulté, selon la tradition, ce joli homme, spirituel, un peu effronté, qui apporta en naissant une aimable scélératesse à troubler toutes les femmes.

Madame de Staël avait une chose bien cruelle pour une femme : c'est qu'elle n'était pas belle. Elle avait les traits gros, et le nez surtout. Elle avait la taille assez forte, la peau d'une qualité médiocrement attirante. Ses gestes étaient plutôt énergiques que gracieux; debout, les mains derrière le dos, devant une cheminée, elle dominait un salon, d'une attitude virile, d'une parole puissante, qui contrastait fort avec le ton de son sexe et parfois aurait fait douter un peu qu'elle fût une femme. Avec tout cela elle n'avait que vingt-cinq ans, elle avait de très beaux bras, un beau col à la

Junon, de magnifiques cheveux noirs qui, tombant en grosses boucles, donnaient grand effet au buste, et même relativement faisaient paraître les traits plus délicats, moins hommasses. Mais ce qui la parait le plus, ce qui faisait tout oublier, c'étaient ses yeux, des yeux uniques, noirs et inondés de flammes, rayonnants de génie, de bonté et de toutes les passions. Son regard était un monde. On y lisait qu'elle était bonne et généreuse entre toutes. Il n'y avait pas un ennemi qui pût l'entendre un moment, sans dire en sortant, malgré lui : « O la bonne, la noble, l'excellente femme! »

Retirons le mot de génie pourtant; réservons ce mot sacré. Madame de Staël avait, en réalité, un grand, un immense talent, et dont la source était au cœur. La naïveté profonde et la grande invention, ces deux traits saillants du génie, ne se trouvèrent jamais chez elle. Elle apporta, en naissant, un désaccord primitif d'éléments qui n'allait pas jusqu'au baroque, comme chez Necker, son père, mais qui neutralisa une bonne partie de ses forces, l'empêcha de s'élever et la retint dans l'emphase. Ces Necker étaient des Allemands établis en Suisse. C'étaient des bourgeois enrichis. Allemande, Suisse et bourgeoise, Madame de Staël avait quelque chose, non pas lourd, mais fort, mais épais, peu délicat. D'elle à Jean-Jacques, son maître, c'est la différence du fer à l'acier.

Justement parce qu'elle restait bourgeoise, malgré son talent, sa fortune, son noble entourage, Madame de Staël avait la faiblesse d'adorer les grands seigneurs. Elle ne donnait pas l'essor complet à son bon et excellent cœur, qui l'aurait mise entièrement du côté du peuple. Ses jugements, ses opinions, tenaient fort à ce travers. En tout, elle avait du faux. Elle admirait, entre tous, le peuple qu'elle croyait éminemment aristocratique, l'Angleterre, révérant la noblesse anglaise, ignorant qu'elle est très récente, sachant mal cette histoire dont elle parlait sans cesse, ne soupçonnant nullement le mécanisme par lequel l'Angleterre, puisant incessamment d'en bas, fait toujours de la noblesse. Nul peuple ne sait mieux faire du vieux.

Il ne fallait pas moins que le grand rêveur, le grand fascinateur du monde, l'amour, pour faire accroire à cette femme passionnée qu'on pouvait mettre le jeune officier, le roué sans consistance, créature brillante et légère, à la tête d'un si grand mouvement. La gigantesque épée de la Révolution eût passé, comme gage d'amour, d'une femme à un jeune fat! Cela était déjà assez ridicule. Ce qui l'était encore plus, c'est que cette chose hasardée, elle prétendait la faire dans les limites prudentes d'une politique bâtarde, d'une liberté quasi anglaise, d'une association avec les Feuillants, un parti fini, avec La Fayette, à peu près fini. De sorte que la folie n'avait pas même ce qui fait réussir la folie parfois, d'être hardiment folle. Un homme d'esprit, qu'on a de nos jours ridiculement exagéré comme prudence et prévoyance, Talleyrand s'était aussi, à l'étourdie, embarqué dans cette sottise. A la légère, il se laissa envoyer en Angleterre par la petite coalition. Il fut à peine reçu : partout on lui tourna le dos.

Qui ne voyait derrière ce parti mixte, impuissant, venir l'ardente Gironde? Celle-ci n'avait pas eu la peine de rêver, d'inventer la guerre. Elle était fille de la guerre, c'est la guerre qui l'avait nommée. Elle arrivait bouillonnante, sur la vague belliqueuse du grand océan de la Révolution, impatient de déborder. Madame de Staël avait son talent et son intrigue, son salon européen, et surtout anglais, les débris de la Constituante et feu M. de La Fayette. La Gironde avait l'élan, l'impulsion immense des six cent mille volontaires qui allaient se mettre en marche; elle avait ses machines populaires dont elle battait à la fois les Feuillants et les Jacobins; je parle surtout de la fabrication des piques, et du bonnet rouge, qu'elle inventa en décembre.

La Gironde laissait aller les Feuillants, Madame de Staël et Narbonne; elle les favorisait de ses vœux, trouvait très bon qu'ils travaillassent pour elle. Cette épée, une fois tirée, qui la manierait, sinon la Gironde? Elle comptait en faire double usage, contre le roi, contre les rois, d'un revers abattre le trône, et la pointe, la porter à la gorge de l'ennemi du dehors, qui par derrière à ce moment verrait les peuples soulevés.

La cour avait une peur effroyable de la guerre, nous le savons maintenant de la manière la plus certaine. Et quand nous ne le saurions pas, l'effort ne serait pas grand pour en faire la conjecture, quand on voit la désorganisation croissante où elle laissait l'armée, non le personnel seulement qui était indiscipliné, mais le matériel même pour lequel l'Assemblée votait toujours en vain des fonds. On a vu comment, sous l'influence de la cour, la Constituante réduisit ses trois cent mille volontaires à moins de cent mille, dont le ministre déclara ne pouvoir armer que quarante-cinq mille, lesquels ne furent pas armés.

Ces faits étaient connus, palpables. Et cependant un témoin fort attentif, Robespierre, semble ne les avoir pas vus ; encore moins la presse et les clubs, qui le suivirent en ceci. Tous, sur sa trace, se lancèrent à l'envi dans le champ des conjectures, des vagues accusations, sans daigner relever les faits qui se trouvaient sous leurs pieds.

Robespierre partait d'un point de départ excellent et judicieux ; mais son imagination, sombre et systématique dans les déductions de la haine, en tirait un vaste ensemble de conjectures erronées.

Le point de départ très vrai, c'est que Narbonne et sa muse, les Feuillants, etc., ne pouvaient inspirer confiance, ni comme caractère ni comme parti, qu'il était très hasardeux de commettre à de telles mains la guerre de la liberté.

Robespierre n'en savait pas plus. Voici ce qu'il y ajoutait de conjectural :

« Il est bien vraisemblable qu'il y a un accord

profond, un complot bien arrêté, entre la cour, d'une part, et, de l'autre, les Feuillants, Staël, Narbonne et La Fayette. Ils veulent compromettre les armées de la France, les amener mal organisées devant les cent mille vieux soldats allemands qui bordent nos frontières, simuler quelque opération, se faire battre, ou bien encore, par quelque petit avantage arrangé et convenu, se porter pour nos sauveurs et revenir nous imposer leur constitution anglaise, pairie, aristocratie », etc. — Cela était spécieux, et pourtant cela était faux, quant à l'accord avec la cour; Narbonne lui était imposé. Elle haïssait les Feuillants bien plus que les Jacobins; et pour La Fayette, bien loin de lui désirer un succès, elle venait de lui faire éprouver le plus humiliant échec aux élections de Paris.

« Il est bien vraisemblable encore, disait Robespierre, que Brissot et la Gironde s'entendent avec la cour, les Feuillants, Narbonne et La Fayette. Brissot n'attaque pas Narbonne », etc. — Cela était faux encore. Brissot, qui, jusqu'au massacre du Champ de Mars, espérait dans La Fayette, Brissot ne le revit plus depuis cette époque, et, sans l'attaquer vivement, il lui fut hostile, appartenant sans retour au parti qui, malgré La Fayette, malgré les Feuillants, voulait renverser le trône.

Robespierre était à la fois trop méfiant et trop subtil pour trouver la vérité. Le réel (aujourd'hui évident, incontestable) était que la cour, les Feuillants, les Girondins, n'étaient nullement dans l'association intime qu'il supposait, que la cour haïssait Narbonne et frémissait de ce projet aventureux de la guerre où on voulait la lancer; elle pensait avec raison que, le lendemain, au premier échec, accusée de trahison, elle allait se trouver dans un péril épouvantable, que Narbonne et La Fayette ne tiendraient pas un moment, que la Gironde leur arracherait l'épée, à peine tirée, pour la tourner contre le roi.

« Voyez-vous, disait Robespierre, que le plan de cette guerre perfide, par laquelle on veut nous livrer aux rois de l'Europe, sort justement de l'ambassade du roi qui serait le général de l'Europe contre nous, de l'ambassade de Suède. » C'était supposer que Madame de Staël était véritablement la femme de son mari, qu'elle agissait pour M. de Staël et d'après les instructions de sa cour; supposition ridicule, quand on la voyait si publiquement éperdue d'amour pour Narbonne, impatiente de l'illustrer. La pauvre Corinne, hélas! avait vingt-cinq ans, elle était fort imprudente, passionnée, généreuse, à cent lieues de toute idée d'une trahison politique. Ceux qui savent la nature, et l'âge, et la passion, mieux que ne les savait le trop subtil logicien, comprendront parfaitement cette chose, fâcheuse, à coup sûr, immorale, mais enfin réelle : elle agissait pour son amant, nullement pour son mari. Elle avait hâte d'illustrer le premier dans la croisade révolutionnaire et s'inquiétait médiocrement si les coups ne tomberaient pas sur l'auguste maître de l'ambassadeur de Suède.

Le 12 décembre, le 2 janvier, le 12, et plus tard encore, Robespierre exposa, avec une autorité extraordinaire, le vaste système de défiance et d'accusation où il mêlait tous les partis; une foule de rapprochements, plus ou moins ingénieux, venaient étayer, d'une manière souvent heureuse, cet édifice d'erreur. Tout cela reçu à merveille des Jacobins, dont le génie propre était la défiance même, et qui écoutèrent, accueillirent avidement des pensées qui étaient les leurs, s'en pénétrèrent, en imbibèrent profondément leurs esprits.

Le moment y prêtait aussi : un Paris triste, trouble, sinistrement orageux, une misère profonde, sans espoir, sans fin ni terme. Un sombre hiver. Partout des ombres, des ténèbres, des brouillards. « Voyez-vous là-bas cette ombre qui file, cette figure fantastique, ce chevalier du poignard enveloppé d'un manteau?... Hier on a vu partir un fourgon des Tuileries... Il y a quelque chose là-dessous », etc. Tout cela pris avec une crédulité extrême; l'ombre, on la voyait; le conte, on le croyait sans peine. Celui qui osait en douter était mal vu dans les groupes; on s'éloignait de lui, parfois on le menaçait.

Il faut voir comme la presse est ardente, aveugle et crédule. Rien d'absurde que n'admettent Fréron et Marat. « Pauvre peuple, dit celui-ci, te voilà trahi, livré par la guerre! lorsque, pour tout terminer, des poignards, des bouts de corde auraient été suffisants. »

Desmoulins, qui a tant d'esprit, n'en a plus la disposition. Il va, il vient, il croit, il doute, selon Danton, selon Robespierre; selon lui-même, jamais.

Le plus original, comme toujours, c'est Danton. Parlant devant les Jacobins, il craint de ne pas paraître partager toute leur défiance. Il craint, il le dit lui-même, qu'on ne l'accuse d'être contre le parti de l'énergie. Il tourne, se répand en vaines et retentissantes paroles, disant que, certes, il veut la guerre, mais qu'auparavant il veut que le roi agisse contre les émigrés, etc.

Brissot répondit plusieurs fois aux arguments de Robespierre, sans jamais pouvoir ébranler l'autorité de celui-ci près des Jacobins. Outre leur infatuation, qui leur faisait d'avance prendre en mauvaise part ce qui lui était contraire, ils avaient une bonne raison de moins écouter Brissot. Robespierre disait toute sa pensée, Brissot la moitié de la sienne. Le premier montrait à merveille que la cour, les Feuillants, Narbonne, étaient trop suspects pour leur confier la guerre. Mais Brissot, se répandant en généralités que l'on ne contestait pas, ne disait pas, ne pouvait dire sa pensée intime, à savoir :

« Que la Gironde, maîtresse du mouvement qui montait, était sûre d'écarter Narbonne, de saisir l'épée elle-même, et, renversant l'ennemi du dedans, le roi, de marcher avec unité contre l'ennemi du dehors. »

Ainsi la partie entre eux n'était pas égale, Brissot ne pouvant employer qu'une partie de ses moyens.

Robespierre le serrait de près, disait, redisait ce mot, visiblement juste : « Le pouvoir exécutif est suspect, comment exécuterez-vous ? Ce pouvoir est le danger, l'obstacle, et qu'en faites-vous ? » — Brissot ne pouvait répondre sa pensée : « Nous le renversons. »

Cet état de ménagement, de réserve, de duplicité, faisait la faiblesse de la Gironde, d'ailleurs si forte en ce moment. Il y avait dans son fait, à l'égard du roi, une sorte d'hypocrisie qui lui faisait tort. Elle l'admettait, ce roi, elle ne l'attaquait pas encore de front. Elle le sommait d'être roi, d'agir comme un pouvoir constitué, mais, en même temps, par l'irritation de vexations successives, elle l'induisait en tentation, si je puis parler ainsi. Elle comptait le pousser jusqu'à ce qu'il fît quelque faute décisive, qui, le mettant en face du courroux de la nation, le ferait tomber en poudre.

Le 11 janvier, Narbonne, ayant, dans un voyage rapide, parcouru les frontières, vint rendre compte à l'Assemblée. Vrai compte de courtisan. Soit précipitation, soit ignorance, il fit un tableau splendide de notre situation militaire, donna des chiffres énormes de troupes, des exagérations de toute espèce, qui, plus tard, furent pulvérisées par un Mémoire de Dumouriez. Cependant, dans le discours élégant et chaleureux de Narbonne, où Madame de Staël avait certainement mis la main, il disait plusieurs choses d'un grand sens, que personne alors, il est vrai, ne pouvait comprendre bien. Il dit qu'il y avait à faire une distinction essentielle entre les officiers ; que plusieurs étaient réellement amis de la Révolution. Cela ne sera pas mis en doute par ceux qui savent que plusieurs des plus purs, des plus respectables amis de la liberté qui se soient trouvés dans l'armée, Desaix, La Tour d'Auvergne et d'autres, étaient des officiers nobles. L'Ancien-Régime était loin d'encourager la noblesse de province ; elle n'avait dans le service aucune chance d'avancement ; tous les grades supérieurs appartenaient de droit à la noblesse d'antichambre, aux familles de la cour, aux colonels de l'Œil-de-Bœuf.

Narbonne dit encore une chose très belle, très juste, sortie probablement du noble cœur de son amie : « Une nation qui veut la liberté n'aurait pas le sentiment de sa force, si elle se livrait à des terreurs sur les intentions de quelques individus. *Quand la volonté générale est aussi fortement prononcée qu'elle l'est en France, en arrêter l'effet n'est au pouvoir de personne.* La confiance fût-elle même un acte de courage, il importerait au peuple, comme aux particuliers, de croire à la prudence de la hardiesse. »

Ce mot n'était pas juste seulement, il était profond. Non, personne ne pouvait arrêter un tel mouvement. Sous les plus indignes chefs, il eût eu son effet de même. Invincible par sa grandeur, il eût emporté les faibles ou les traîtres ; toutes les mauvaises volontés, subjuguées, perdues, absorbées, auraient été forcées de suivre. Une nation tout entière se soulevait de ses profondeurs ; elle allait, d'un bond immense, au-devant des nations, qui lui faisaient signe et qui l'appelaient. De tels phénomènes qui ont la fatalité des éléments, la force de la nature, sont à peine retardés par les petits accidents. Placez un homme ou plusieurs au point formidable où la nappe énorme du Niagara descend à l'abîme, qu'ils soient forts ou qu'ils soient faibles, qu'ils veuillent ou ne veuillent aller, qu'ils se raidissent ou non, ils descendront tout de même.

Le même soir, 11 janvier, Robespierre fit aux Jacobins un discours infiniment long, infiniment travaillé, sans rien ajouter d'essentiel à ce qu'il avait dit plusieurs fois de l'utilité de la défiance. La fin sur le ton sensible, lamentable et testamentaire, se posant toujours pour martyr et recommandant sa mémoire à la jeune génération, « doux et tendre espoir de l'humanité », qui, reconnaissante, dresserait des autels à la vertu. Il se fiait, disait-il, aux leçons de l'amour maternel; il espérait que ces enfants « fermeraient l'oreille aux chants empoisonnés de la volupté », et autres banalités morales, gauchement imitées de Rousseau. C'était le ton de l'époque, et l'effet était surtout excellent aux Jacobins. Dans les tribunes, pleines de femmes, ce n'était que bruit de mouchoirs, soupirs contenus, sanglots.

Mais enfin que voulait-il? Il ne le disait nullement. Que fallait-il faire, selon lui, de cette révolution lancée, de ce mouvement du peuple, de ces sympathies de l'Europe? — N'était-il pas à craindre que ce grand élan, arrêté, ne se tournât contre soi-

même? que le lion, n'ayant pas carrière, ne devînt furieux contre lui et ne se mît lui-même en pièces?
— Et c'est ce qui arriva. Ce délai fatal changea la croisade en guerre défensive, atroce et désespérée. Il nous valut Septembre, le changement universel de l'Europe contre nous, la haine et l'horreur du monde.

Bien tard, le 10 février, pressé tous les jours de sortir de ses déclamations négatives, de son panégyrique éternel de la défiance, Robespierre se hasarda (plus qu'il n'avait jamais fait) à indiquer quelques moyens pratiques. Ils sont curieux. Je les reproduis, dans leur naïve insignifiance. Le premier, c'est une fédération, sans idole, cette fois, La Fayette. Le deuxième, c'est la vigilance : tenir les sections en permanence, rappeler les Gardes-françaises dispersés, transporter la haute cour d'Orléans à Paris, punir les traîtres. Le troisième, propager l'esprit public par l'éducation. Le quatrième, *faire des décrets avantageux au peuple*, détourner « pour l'humanité épuisée et haletante » quelque parcelle des trésors absorbés par la cour, etc. — Voilà la recette, vague et faible, à coup sûr, et qui n'en fut pas moins violemment applaudie, admirée des Jacobins.

Une chose était évidente. L'Europe, en présence du Rhin frémissant, des Pays-Bas à peine contenus, de Liège, de la Savoie, du pays de Vaud qui s'élançaient vers la France, l'Europe, en ce moment, voulait ajourner la guerre, prendre un temps plus favorable. L'occasion pouvait lui être donnée par les excès de la Révolution, excès probables si l'on contenait fermée dans sa cuve cette vendange écumante qui cherchait à s'échapper.

Les princes, pour arrêter la France, essayaient et de l'intimidation et des mesures conciliantes. L'empereur avait déclaré que l'Électeur de Trèves, alarmé, lui demandait secours, et qu'il lui envoyait le général Bender, celui qui avait étouffé la révolution des Pays-Bas. D'autre part, l'Électeur offrait toute satisfaction, éloignant les émigrés et menaçant de la peine la plus grave, des travaux forcés, ceux qui recruteraient pour eux ou leur fourniraient des munitions (6 janvier 1792).

Néanmoins le 14 janvier, le comité diplomatique, par l'organe de Gensonné, conclut à ce que le roi demandât à l'Empereur de déclarer nettement, *avant le* 11 *février*, s'il était pour ou contre nous ; son silence serait considéré comme première hostilité.

La cour, effrayée de voir poser si nettement la question de la guerre, fit dire immédiatement qu'elle recevait de Trèves l'assurance positive que la dispersion des émigrés avait eu lieu en effet. Elle fit savoir aussi que l'Empereur avait donné des ordres en ce sens au cardinal de Rohan, qui, de Kehl, inquiétait Strasbourg.

Tantôt, pour ralentir et faire réfléchir l'Assemblée, on venait lui dire que la frontière était menacée par les Espagnols, et qu'en marchant vers le Rhin on allait les avoir à dos. Tantôt un Feuillant (Ramond) faisait remarquer combien peu on devait se fier aux

Anglais, qui, au moment de la guerre, pourraient tourner contre nous.

Le jour où Gensonné proposa de demander à l'Empereur une explication définitive, l'un des premiers Girondins, Guadet (de Saint-Émilion), brillant orateur, aux paroles ardentes, rapides, provocantes, entreprit de répondre une fois par une grande manifestation, solennelle et dramatique, à l'insinuation ordinaire de Robespierre contre la Gironde (qu'elle ne hasardait la guerre que pour compromettre la France en s'arrangeant avec les rois). Guadet, saisissant le mot de congrès qui avait été prononcé : « Quel est ce congrès, ce complot ?... Apprenons donc à tous ces princes que la nation maintiendra sa constitution tout entière ou qu'elle périra avec elle... Marquons une place aux traîtres, et que cette place soit l'échafaud !... Je propose de déclarer traître et infâme tout Français qui prendra part à un congrès pour modifier la constitution ou obtenir une médiation entre la France et les rebelles ! » — L'Assemblée se leva tout entière, avec un inexprimable enthousiasme, aux applaudissements des tribunes, et elle prêta ce serment.

Vergniaud, le surlendemain, dans un discours admirable, répondit aux partisans de la paix qui montraient facilement la France seule et sans alliés. Il avoua qu'en effet elle n'en avait d'autre que la justice éternelle, terminant par cette parole religieuse : « Une pensée échappe, dans ce moment, à mon cœur. Il me semble que les mânes des générations passées viennent se presser dans ce temple pour vous conjurer, au nom des maux que l'esclavage leur fit éprouver, d'en préserver les générations futures, dont les destinées sont entre vos mains. Exaucez cette prière; soyez a l'avenir une nouvelle Providence; associez-vous à la Justice éternelle qui protège les Français. En méritant le titre de bienfaiteurs de votre patrie, vous mériterez aussi celui de bienfaiteurs du genre humain. »

La sublime douceur de ces paroles contraste fort avec l'ardeur extrême de la lutte qui se poursuivait dans la presse et aux Jacobins. Elle s'était animée encore, sous l'action d'un jeune homme, d'une facilité singulière, sans adresse ni mesure, Louvet, auteur de *Faublas*. Plusieurs le disaient aussi le héros de son roman; et, en effet, ce belliqueux Louvet, l'ardent champion de la guerre, était un petit homme blond, d'une figure douce et jolie, qui sans doute, comme Faublas, eût pu passer pour une femme. Auteur d'un roman immoral, par contraste il fut en réalité le modèle du fidèle amour; sa Lodoïska, qu'il a rendue célèbre, lui sauva la vie en 1793, et plus tard Louvet mourut de chagrin pour quelques plaisanteries insultantes dont elle avait été l'objet.

Louvet, après mainte aventure, possédait en 1792 sa Lodoïska et vivait heureux. Il ne hasarda pas moins ce bonheur. Le courageux petit homme s'attaqua à Robespierre, d'une façon vive et provocante, toutefois respectueuse encore, et comme on attaque un grand citoyen. Celui-ci n'en fut pas moins aigri de se voir, aux Jacobins mêmes, en son royaume, discuté, contesté, contredit par le jeune auteur de *Faublas*, leste combattant, qui, multipliant les attaques, faisant assaut de partout, frappait cent fois Robespierre avant qu'il se fût tourné.

Il ne s'en prenait pas à Louvet, mais à Brissot. Et sa haine allait croissant. Brissot lui lançait Louvet. Et lui à Brissot il lança aux jambes un dogue, Camille Desmoulins.

On venait justement, aux Jacobins, d'obliger les deux adversaires, Robespierre et Brissot, de se rapprocher et de s'embrasser. Le vieux Dussault, qui provoqua cette fausse paix, pleurait de tendresse. Robespierre toutefois protesta qu'il continuerait la lutte, « son opinion ne pouvant être subordonnée aux mouvements de sa sensibilité et de son affection pour M. Brissot ». Ce mot d'affection fait frémir.

Desmoulins avait eu le tort de défendre, comme avocat, je ne sais quel intrigant, suppôt d'une maison de jeu. Brissot, qui affectait le puritanisme plus qu'il n'avait le droit de le faire, l'en avait aigrement repris. Le moment était excellent pour lancer le colérique écrivain contre son censeur imprudent. Desmoulins alla chercher dans la vie de Brissot et trouva sans peine. Celui-ci, avant la Révolution, toujours famélique, avait été aux gages des libellistes français d'Angleterre. Il avait eu, comme tous les gens de lettres de l'époque, quelque affaire d'indélicatesse ; par exemple, il avait reçu des souscriptions pour une entreprise qui ne se fit pas, et il n'avait pu les rendre. Brissot fut toute sa vie, non pas pauvre, mais indigent. Sa toute-puissance politique en 1792 ne changea rien à cela. Dans cette année même où il disposait de tout, donnait les places les plus lucratives à qui il voulait, il n'avait qu'un vieil habit noir dont les coudes étaient usés; il logeait dans un grenier, sa femme blanchissait ses chemises. La pénurie absolue où il laissait sa famille fut pour lui, à ses derniers moments, le chagrin le plus amer.

Desmoulins reprit à sa manière le triste passé de Brissot. Aux choses vraies ou vraisemblables il en ajouta d'absurdes, qui n'en eurent pas moins d'effet. Les insinuations perfides de Robespierre, timides, voilées à demi, délayées dans son langage ennuyeux et monotone, n'avaient pu porter un grand coup. Mais, reprises une fois par Desmoulins, ce fut un fer chaud dont Brissot se trouva marqué pour toujours, marqué pour la honte, marqué pour la mort. Il y eut, il est vrai, pour le cruel pamphlétaire, une dure expiation en 1793. Le jour où fut prononcée la condamnation de Brissot et de la Gironde, dans cette funeste nuit, au moment où le jury rentra avec la sentence de mort, Desmoulins était présent et s'arrachait les cheveux. « Hélas! criait-il, c'est moi, c'est mon *Brissot dévoilé*, mon *Histoire des Brissotins*, qui les a menés ici. »

Une main paraît partout dans ce meurtrier factum : celle de l'homme qui, à cette époque, gouvernait le mobile artiste et tournait sa plume en poignard, celle du *camarade de collège*, dont Desmoulins se vante tant, celle du grand citoyen « qui lui est cher et vénérable », enfin la main de Robespierre. On a retrouvé, minuté de cette même main, on possède encore le perfide et menteur rapport de Saint-Just qui perdit Danton. Nul doute que le plan du factum de Desmoulins contre Brissot n'ait été de même fourni par Robespierre, tout au moins l'indication précise des principaux chefs d'accusation. Le plus atroce se retrouve reproduit au premier numéro du journal que Robespierre publia bien peu après. On croit rêver en lisant, tant l'imputation est invraisemblable, absurde.

Savez-vous pourquoi Brissot, en juillet 1791, proposait la République? C'était, selon Robespierre et Desmoulins, pour préparer le massacre du Champ de Mars! — Tout ce que faisait Brissot, c'était pour dégoûter d'avance le peuple de la liberté, pour lui faire regretter la servitude, « pour faire avorter la liberté de l'univers par son empressement d'en faire accoucher la France avant terme ».

Voilà le texte commun du maître et de l'écolier. Puis celui-ci brode. Il s'abandonne à sa verve. Pourquoi Brissot a-t-il poussé à bout Barnave et Lameth? Pour les jeter dans les bras de la cour, fortifier celle-ci et perdre la Révolution. Pourquoi a-t-il précipité l'affranchissement des noirs? Pour incendier Saint-Domingue et faire calomnier la Révolution. Pourquoi encore, en ce moment, reproche-t-il à Desmoulins d'avoir défendu les maisons de jeu?

pour effaroucher les joueurs, multiplier les ennemis de la Révolution et perdre la liberté.

L'écolier ne vaut pas le maître. Desmoulins n'a pas encore le maniement de la calomnie comme Robespierre. Il ne la laisse pas, comme lui, indécise et nuageuse, délayée dans une parole vague et fade où l'on voit tout ce qu'on veut. Il y met trop de talent, d'esprit, et de netteté, de lumière. Il pousse à l'extrême, il enfle, grossit, exagère à pleine bouche, et il devient ridicule ; par exemple quand il compare Charles IX et La Fayette.

Robespierre restait absorbé dans cette lutte personnelle. Il retenait les Jacobins et les rendait ridicules, ne voulant rien, ne faisant rien que parler, accuser, trembler, dire toujours : « Prenons garde à nous, n'avançons pas, ne compromettons rien... Abstenons-nous, contentons-nous de bien surveiller l'ennemi... » Une maladie du temps, c'était d'attribuer tout aux Jacobins, comme auparavant la mode était d'attribuer tout au duc d'Orléans. Cette grande société d'inquisition et de parlage était comme une ombre sinistre, debout sur la France, que l'on regardait toujours, où l'on croyait toujours voir le point de départ de tout mouvement. Cela était faux, à coup sûr, pour le moment où nous sommes. Les Jacobins, retardés par leur caractère intrinsèque (méfiance et négation), retardés par l'intérêt des Jacobins acquéreurs de biens nationaux qui craignaient beaucoup la guerre, les Jacobins ne faisaient rien.

Rester inertes, lorsque le monde marchait, que les

événements se précipitaient, c'eût été pour baisser bien vite. Mais le préjugé du temps, les accusations continuelles qui rendaient les Jacobins responsables de tout ce qu'ils ne faisaient point, contribuaient à les relever. Un article ingénieux, éloquent d'André Chénier, où, pénétrant le génie inquisitorial de la société, il marquait avec précision leur principe fondamental (le devoir de la délation) et disait que c'étaient des moines, fit sensation dans le public et les montra plus redoutables encore qu'on ne l'avait pensé. Ce qui releva bien autrement encore leur importance, c'est que l'empereur Léopold, dans les actes publics qui furent communiqués à l'Assemblée (19 février 1792), désigna « cette secte pernicieuse » comme le principal ennemi de la royauté et de tout ordre public. L'accusation de l'étranger attacha singulièrement la France aux sociétés jacobines : la foule s'y précipita.

L'Europe regardait la France. L'impératrice de Russie s'était hâtée de traiter avec la Turquie et l'avait fait sans marchander, à des conditions modérées, étant préoccupée évidemment d'une affaire plus grave encore. Quelle? L'anéantissement des révolutions de Pologne et de France, il était facile de le deviner.

Le 7 février avait été signé à Berlin un traité d'alliance offensive et défensive entre l'Autriche et la Prusse. Ces puissances toutefois ne devaient agir que quand la guerre civile aurait éclaté ici.

Elle devenait vraisemblable et commençait déjà

dans les affaires religieuses. Les prêtres qui se mariaient étaient cruellement poursuivis. L'Assemblée n'avait passé à l'ordre du jour sur le mariage des prêtres qu'en disant que : « La chose n'ayant rien de contraire aux lois, il était superflu de statuer expressément là-dessus. »

C'était une approbation muette, indirecte. Deux curés en jugèrent ainsi, se marièrent, et l'on vit le peuple ameuté, l'on vit les magistrats municipaux, à la tête du peuple, les chasser violemment, ignominieusement de leur cure. En revanche, les patriotes de je ne sais quel endroit, furieux d'un enterrement accompli par un réfractaire, voulaient déterrer le mort pour le faire bénir au nom de la loi.

Dans Paris, la lutte semblait imminente, le sang bien près de couler. La cour avait trouvé moyen de se créer une armée. Je parle de la garde constitutionnelle du roi qu'avait autorisée l'Assemblée constituante, mais qu'on avait rendue très nombreuse et redoutable. Elle devait être de dix-huit cents hommes, et elle fut de près de six mille. L'Assemblée avait donné au roi maison civile, maison militaire; la dernière seulement fut organisée. C'était une arme sur laquelle la reine se jeta avidement. « Votre Majesté, lui disait Barnave, est comme le jeune Achille qui se dévoila lui-même, quand on offrit à son choix l'épée et les joyaux de femmes; il se saisit de l'épée. »

Ce n'était pas une garde de parade comme on se l'était figuré. Elle fut recrutée soigneusement, homme à homme, dans deux classes des plus dangereuses : d'une part, des gentilshommes de province, braves et fanatiques comme Henri de La Rochejaquelein ; d'autre part des maîtres d'escrime, des ferrailleurs éprouvés, des hommes d'audace et d'aventure ; il suffit de nommer Murat.

Ce petit nombre, avec les Suisses et une partie dévouée de la garde nationale, c'était en réalité une force bien plus sérieuse que les multitudes indisciplinées des faubourgs de Paris. Celles-ci commençaient à s'armer. La Gironde, par tous les moyens de souscriptions et de presse, encourageait partout la fabrication des piques. Elle voulait armer tout le peuple.

Quelques fautes que ce parti doive commettre plus tard, rendons-lui ce qu'il mérite. Il posa, dans cette crise, le principe révolutionnaire avec infiniment de générosité et de grandeur. D'une part (dans une lettre touchante de Pétion), il faisait sortir l'espoir de la Révolution d'une conciliation amicale entre la bourgeoisie et le peuple, entre les pauvres et les riches. Et cette conciliation, il la fondait sur une confiance immense, mettant les armes aux mains des pauvres.

Les armes pour tous, l'instruction pour tous ; enfin, au profit de tous, un système fraternel de secours publics. Nulle part cette fraternité n'a été exposée avec un plus tendre respect du pauvre que dans l'adresse à la France rédigée par Condorcet (16 février 1792).

L'égalité, fondée ainsi, devait être montrée et rendue visible par l'adoption, sinon d'un même costume, ce qui est impraticable, mais au moins d'un signe commun. On adopta le bonnet rouge, universellement porté alors par les plus pauvres paysans. On préférait la couleur rouge à toute autre, comme plus gaie, plus éclatante, plus agréable à la foule. Personne alors n'avait l'idée que ce rouge fût celui du sang [1].

Ce fut une femme, une mère, qui, dans ce danger public du dehors et du dedans, écrivit (31 janvier 1792) au club de l'Évêché qu'il fallait ouvrir une souscription pour la fabrication des piques et l'armement universel du peuple. Les assistants émus donnèrent immédiatement tout ce qu'ils pouvaient. La presse girondine répandit, poussa la chose. Les Jacobins, peu favorables à la guerre et mortifiés sans doute d'avoir été prévenus, goûtèrent peu les piques, peu le bonnet rouge; ils gardèrent un profond silence. Le 7 février seulement, un ardent Savoyard, Doppet, leur présenta un serrurier qui venait faire hommage des piques qu'il avait forgées. On nomma des commissaires pour le perfectionnement de cette arme.

L'élan du faubourg Saint-Antoine, qui déjà s'était si bien servi des piques en 1789, fut extraordinaire.

---

1. Ceci en décembre et janvier (voir les articles de Brissot qui donnèrent l'élan).

Ce bonnet rouge n'est donc pas, comme on l'a dit, emprunté aux galériens, aux soldats de Châteauvieux, dont l'opinion ne s'occupe que longtemps après, en avril.

Son fameux orateur, Gonchon, vint au club de l'Évêché offrir les flammes tricolores qui devaient décorer les piques. « Elles feront le tour du monde, dit Gonchon, nos piques et nos flammes ! Elles nous suffiront pour renverser tous les trônes. La cocarde tricolore est partie du bonnet de laine, elle ira jusqu'au turban. »

Le roi exprimant ses inquiétudes sur cet armement général, la municipalité n'osa point y mettre obstacle. Seulement elle ordonna à ceux qui s'armaient de piques d'en faire leur déclaration à leur section et de n'obéir qu'aux officiers de la garde nationale ou de la ligne. Ainsi ils ne formaient point corps, n'avaient point d'officiers à eux.

Le roi et les Jacobins, quelque peu amis qu'ils fussent des piques, furent bien forcés de s'y faire. La députation de Marseille, à sa tête Barbaroux, une belle jeune figure héroïque, vint déplorer, au sein du club, la lenteur avec laquelle on donnait des armes. « On craint d'armer le peuple, dit-il, parce qu'on veut encore l'opprimer. Malheur aux tyrans ! le jour n'est pas loin où la France entière va se soulever, hérissée de piques !... »

Elles demandaient à entrer, les piques, à ce moment même ; et l'on disait aux porteurs que le règlement défendait les armes. « Qu'elles entrent, dit Manuel, mais pour être déposées à côté du président. » (*Oui ! Oui ! — Non ! Non !*) — Mais alors Danton, par un mouvement noble et généreux :

« Est-ce que vous ne voyez pas à la voûte que les drapeaux qui y sont suspendus sont armés de piques? Et qui songe à y trouver à redire? Mettons plutôt désormais une pique à chaque drapeau! et que ce soit l'alliance éternelle des piques et des baïonnettes! » Tonnerre d'applaudissements. Les piques obtiennent l'entrée.

C'était la folie du jour, l'universel engouement, touchant, ridicule. Au faubourg Saint-Antoine, la femme d'un tambour étant accouchée d'une fille, l'enfant fut tenue sur les fonts par un vainqueur de la Bastille, Thuriot, baptisée par un vainqueur, Fauchet. Un drapeau de la Bastille était sur les fonts avec un bonnet de liberté. L'orgue jouait le *Ça ira!* Le père fit, pour la petite, le serment civique. Elle fut baptisée d'un nom, nouveau au calendrier : Pétion-Nationale-Pique.

La guerre devenait certaine. Le souverain qui y était le plus contraire, Léopold, mourut subitement le 1er mars. Et la Gironde renversa le ministre par lequel la cour, d'accord avec Léopold, avait réussi jusque-là à entraver le mouvement.

Le 18 mars, Brissot accusa solennellement, pièces en mains, le ministre Delessart d'avoir constamment éludé l'exécution des volontés de l'Assemblée, d'avoir lâchement négocié la paix près de l'Empereur, qui lui-même en avait besoin, qui alors n'était pas prêt et devait craindre la guerre.

Cette démarche, imprévue, hardie, était un coup sur le roi même. Il était trop visible que Delessart n'avait désobéi à l'Assemblée que pour obéir au roi.

C'était un coup indirect, mais bien frappé, sur Robespierre. Toutes les pièces qu'on lut pour attaquer Delessart prouvaient, contre l'opinion de Robespierre, que la cour n'avait nullement voulu la guerre, que, loin de là, à tout prix, elle voulait l'éviter.

La France était comme un homme lié des deux mains; la gauche liée par la cour, la droite par Robespierre et la fraction jacobine qui représentait réellement le génie des Jacobins.

Retard fatal d'un mouvement inévitablement lancé. Le mouvement ne s'arrêtait pas, mais il devenait une agitation sur place, un tournoiement convulsif de la France sur elle-même; elle semblait près de se briser.

Les Girondins, dans cet acte décisif qui n'était rien autre chose qu'un coup frappé sur l'obstacle, sur l'entrave qui retenait tout, reproduisaient à la lettre l'idée de Sieyès, au moment de 1789 : « Coupons le câble, il est temps. »

L'union des Tuileries et de Vienne, la parfaite identité d'esprit et d'intention entre la cour et l'ennemi avait apparu trop clairement dans l'acte de Léopold, où il semblait si bien instruit de notre état intérieur, de la situation des partis, de l'importance des clubs, etc. On avait, assez maladroitement, fait parler l'Empereur comme un Feuillant, comme Duport ou Lameth. Rien d'étonnant. L'acte de Vienne avait été fait précisément sur les notes fournies par eux à la reine. C'étaient eux qui la conseillaient. Pour Barnave, dès la fin de décembre, il avait quitté Paris.

La reine, c'était le lien entre les Feuillants et l'Autriche, le fatal obstacle qui arrêtait tout.

Le but ainsi marqué, la Gironde remit le glaive national aux puissantes mains de Vergniaud.

Il résuma l'accusation de Brissot, comme lui montra, en toutes choses, l'inertie calculée de la cour, puis ajouta un fait terrible, que Brissot n'avait pas dit : « Ici, ce n'est plus moi que vous allez entendre, c'est une voix plaintive qui sort de l'épouvantable glacière d'Avignon. Elle vous crie : « Le décret de « réunion à la France a été rendu en septembre. « S'il fût arrivé sur-le-champ, il eût apporté la paix. « En devenant Français, peut-être nous aurions « abjuré la haine, nous serions devenus frères. Le « ministre a gardé deux mois le décret... C'est « notre sang, ce sont nos cadavres qui l'accusent « aujourd'hui. »

Puis, rappelant la fameuse apostrophe de Mirabeau (Je vois d'ici la fenêtre, etc.) : « Et moi aussi, je puis le dire, de cette tribune on voit le palais où se trame la contre-révolution, où l'on prépare les manœuvres qui doivent nous livrer à l'Autriche... Le jour est venu où vous pouvez mettre un terme à tant d'audace et confondre les conspirateurs. L'épouvante et la terreur sont souvent sorties de ce palais, dans les temps antiques, au nom du despotisme; qu'elles y rentrent aujourd'hui au nom de la loi... »

Un frémissement immense suivit le geste admirable par lequel le grand orateur renvoya visiblement l'épouvante au palais de la royauté. Nulle parole de Mirabeau n'avait eu un plus grand effet. C'est qu'ici l'homme était digne de la magistrature terrible qu'il exerçait à la tribune; le caractère était au niveau du génie même. C'était la voix de l'honneur.

« ... Qu'elles y pénètrent les cœurs, ajoute-t-il. Qu'ils sachent bien, ceux qui l'habitent, que la constitution ne rend inviolable que le roi. La loi atteindra les coupables, sans faire nulle distinction. Point de tête criminelle que son glaive ne puisse toucher. »

Ce formidable discours, celui de Brissot, étaient, il faut le dire, des actes de grand courage. Si la Gironde menaçait par les piques et les faubourgs, il faut dire aussi que la vie des Girondins, au milieu des cinq ou six mille bretailleurs ou coupe-jarrets de la nouvelle garde, bien autrement militaire que la tourbe des faubourgs, n'était guère en sûreté. On les voyait, armés de poignards et de pistolets, suivre les séances, remplir les tribunes, les couloirs; le jour n'était pas bien loin où le poignard royaliste devait frapper Saint-Fargeau.

La parole brisa ici l'épée, le poignard. L'épouvante, comme dit Vergniaud, rentra dans les Tuileries. Delessart fut abandonné. Narbonne ne put se soutenir. Ayant entrepris d'accuser la garde nationale de Marseille qui avait désarmé, à Aix, un régiment suisse, Narbonne fut hué, tomba.

La cour se laissa imposer le ministère de la Gironde (fin de mars 1792).

CHAPITRE VI

MINISTÈRE GIRONDIN, DÉCLARATION DE GUERRE
(MARS-AVRIL 1792).

Ministère mixte de Roland et de Dumouriez. — Caractère double de Dumouriez. — Robespierre contre la Gironde. — Lutte de Robespierre et de Brissot. — Domination de Robespierre aux Jacobins. — Sa puissance sur les femmes. — Comment il exploite le serment religieux. — Critique de Robespierre par ses propres amis. — Il est ennemi des philosophes. — La philosophie défendue par Brissot. — Robespierre étranger à l'instinct populaire. — Il ne comprend pas le mouvement national de la guerre. — Grand cœur de la France en 1792. — Comme elle réhabilite les soldats de Châteauvieux, 30 avril 1792. — Haine des princes allemands pour la France. — Dureté bigote de François II. — Il menace la France. — Déclaration de guerre à l'Autriche, 20 avril 1792.

Le choix était difficile. Si Brissot et les chefs de la Gironde se nommaient eux-mêmes, ils quittaient le grand poste, le vrai poste de la puissance, je parle de la tribune et de la direction de l'Assemblée. C'était contre eux, dès ce moment, que la tribune eût agi, eux qu'elle eût battus en brèche. D'autre part, s'ils choisissaient des hommes inférieurs et violents, ils faisaient plaisir à la cour, dont la meilleure chance était de voir la Révolution, ridicule ou furieuse, dégoûter, rebuter la France. Brissot, avec beaucoup de sens, prit, non en haut, ni en bas, mais des hommes jusque-là peu en lumière, des hommes spéciaux surtout : le Genevois Clavières pour les finances, Dumouriez pour les affaires étrangères, pour l'intérieur Roland. Les deux premiers étaient des gens capables, de hardis faiseurs de projets, déjà avancés dans la vie, retardés par l'injustice de l'Ancien-Régime, caractères au reste équivoques, incertains encore, et qui se jugeraient à l'épreuve. Pour Roland, il était jugé ; personne ne connaissait mieux le royaume, qu'il étudiait depuis quarante ans et comme inspecteur officiel et comme observateur philosophe. Il suffisait de le voir un moment au visage pour reconnaître le plus honnête homme de France, austère, chagrin, il est vrai, comme devait être un vieillard, citoyen sous la monarchie, qui toute sa vie avait souffert de l'ajournement de la liberté.

M. et Madame Roland étaient revenus en décembre au petit appartement de la rue Guénégaud, et, dans ce nouveau séjour à Paris, ils prenaient moins de part à la vie publique. Pétion, jusque-là le centre de leurs relations, était maintenant à l'Hôtel de Ville, tout absorbé par sa mairie. Le 21 mars, au soir, Brissot vint les trouver et leur proposer le ministère. Déjà ils avaient été pressentis là-dessus, et, malgré son âge, Roland, actif, ardent encore, avait cru qu'en un tel moment le devoir lui commandait d'accepter.

Le 23, à onze heures du soir, Brissot leur amena

le ministre des affaires étrangères, Dumouriez, qui sortait du conseil et venait apprendre à Roland sa nomination. Dumouriez les étonna, en assurant « que le roi était sincèrement disposé à soutenir la constitution ». Ils regardèrent attentivement l'homme qui parlait ainsi.

C'était un homme assez petit, qui avait cinquante-six ans, mais qui paraissait avoir dix ans de moins, leste, dispos et nerveux. Sa tête, fort spirituelle, où brillaient des yeux pleins de feu, révélait sa véritable origine, la Provence, d'où venait sa famille, quoiqu'il fût né en Picardie. Son visage avait les teintes brunes d'un militaire éprouvé, non sans nobles cicatrices. Et, en effet, Dumouriez, hussard à vingt ans, s'était fait sabrer, tailler en pièces, en se défendant à pied contre cinq ou six cavaliers, ne voulant pour rien se rendre. Il n'en avait pas moins langui dans les grades inférieurs; gentilhomme, il n'était pas de la noblesse de cour, la seule qui fût favorisée. Il se jeta dans les voies obliques, dans la diplomatie spéciale que Louis XV entretenait à l'insu de ses ministres, diplomatie secrète, médiocrement honorable, qui avait certaine teinte d'espionnage. Sous Louis XVI, Dumouriez se releva fort, en se consacrant à un noble et grand projet dont il fut le premier agent : la fondation de Cherbourg.

Personne n'avait plus d'esprit, plus de connaissances dans les genres les plus différents, plus d'habiletés diverses. A quoi les appliquerait-il? Le sort en devait décider. Dumouriez n'avait nul principe. Si brave et si militaire, il avait pourtant, à un degré singulièrement faible, le sentiment de l'honneur. Il faut l'en croire dans ses *Mémoires*. Il affirme, sans embarras, sans honte et sans vanterie, simplement et comme étranger à toute notion morale, qu'il présenta au ministre Choiseul deux projets relativement aux Corses, un projet pour les délivrer, un autre pour les asservir. Le dernier fut préféré, et Dumouriez se battit bravement dans ce dernier but. En 1789, de même. « J'avais envoyé, dit-il, un projet excellent pour empêcher qu'on ne prît jamais la Bastille; mais il arriva trop tard. »

En 1792, porté au ministère par les ennemis du roi, il se trouva tout de suite favorable au roi et secrètement pour lui. Ce n'était pas seulement habitudes monarchiques, indifférence aux principes; c'était aussi, il faut le dire, générosité. Le roi, la reine, enfermés dans cette prison des Tuileries, étaient en danger, malheureux. Dumouriez, généralement peu touché des idées, l'était beaucoup plus des personnes. Il était humain et sensible à la pitié. Il faut lire dans ses *Mémoires* la touchante scène où, trouvant la reine d'avance irritée contre lui, il la ramena moins encore par sa fermeté que par son attendrissement.

N'oublions pas toutefois, en lisant ces piquants, ces admirables *Mémoires*, qu'ils sont quelque peu suspects. Ils ont été écrits par lui lorsque, réfugié en terre étrangère, au milieu des émigrés, parmi ceux qu'il venait de battre, il avait besoin de montrer combien le ministre jacobin avait été respectueux, sensible pour les royales infortunes. Tout cela lui servit fort à ramener l'opinion : celle du public, jamais; mais celle des gouvernements, qui virent bien tout le parti qu'on pouvait tirer d'un tel homme. Ils le virent trop bien, s'il est vrai que ce fut le vieux Dumouriez, à soixante-dix ans, qui rédigea pour les Anglais les plans de la résistance espagnole, prêta sa vive lumière à leurs généraux et posa la fatale borne où vint se briser l'Empire.

Revenons au petit salon de la rue Guénégaud, à la première entrevue de Dumouriez et des Roland. Madame n'eut aucune prévention favorable; elle lui trouva l'œil faux. Cet œil, ombragé d'épais sourcils noirs qui déjà blanchissaient un peu, était héroïque et devenait doux; mais le politique immoral, le sceptique, le cynique, n'y perçaient que trop. Dumouriez avait toujours aimé les femmes, longtemps de cœur, avec une persévérance rare et romanesque. A son âge, il aimait encore, sans beaucoup de choix, il est vrai, une femme d'esprit surtout, fort aristocrate, la sœur du fameux Rivarol. Au premier coup d'œil sur le vieux mari et sur Madame Roland, il eut l'idée audacieuse qu'il pourrait à la royaliste adjoindre la républicaine. Sa légèreté déplut, certains mots spécialement où perçait le mauvais ton de la société qu'il fréquentait. Madame Roland fut grave et polie, le tint toujours à distance. Il sentit qu'elle le jugeait et ne l'en aima pas mieux.

Le véritable Dumouriez, courtisan et démagogue, recherchant le roi, le peuple, apparut dès le lendemain. Il fit entendre au roi qu'il fallait, à tout prix, gagner, flatter les Jacobins. Il y alla de ce pas, mit le bonnet rouge, ne marchanda pas; sachant à quels robustes amours-propres il avait affaire, il n'hésita pas à se mettre comme en tutelle en leurs mains, leur demanda leurs conseils, les pria de ne pas l'épargner, de bien lui dire ses vérités. Accueilli par une réponse arrogante de Robespierre, qui parla avec dédain des « hochets ministériels », et dit qu'il attendrait que le ministre eût suffisamment prouvé, etc., Dumouriez, sans se déconcerter, courut à lui, avec une effusion admirablement jouée, et se jeta dans ses bras. Toute la salle fut émue, et les tribunes pleuraient.

L'homme de France qui fut le plus cruellement blessé du ministère girondin ne fut pas le roi : ce fut Robespierre. On va voir à quel degré d'envenimement il parvint dans ces deux mois, se retournant dans son fiel, se répandant en vagues et ténébreuses dénonciations, sans jamais les appuyer d'un seul fait, d'une seule preuve.

Il était blessé à l'âme, et pour la seconde fois. La première, on s'en souvient, seul dans la Constituante, objet de risée d'abord, puis de haine, enfin de terreur, il s'était cru, par son triomphe populaire, non seulement le vainqueur, mais l'héritier de l'Assemblée. Il partageait l'opinion de la cour, de tout le public, qui supposait que tous les talents étaient dans la Constituante, que la Législative serait faible et pâle. Et voilà que cette France inépuisable venait de lancer une légion d'hommes ardents et énergiques, dont plusieurs égalaient, tout au moins, leurs devanciers ; génération éminemment jeune, toute fraîche d'impression, tout entière de passion. De sorte qu'au moment où Robespierre croyait avoir gravi le faîte, un mont nouveau, pour ainsi dire, se trouvait dressé devant lui. Il ne se découragea pas et recommença l'escalade avec une force de persévérance que personne n'eût eue peut-être. Malheureusement cette passion, qui faisait sa force, creusa aussi dans son cœur des abîmes de haine inconnus.

Il n'était que trop facile d'attaquer les Girondins. Nul parti plus léger en paroles, nul dans les actes, plus inquiet, plus remuant, plus prompt à se compromettre. Aucun d'eux n'avait de génie, à moins qu'on n'applique ce mot aux facultés oratoires, vraiment sublimes, de Vergniaud. L'homme actif du parti, Brissot, était un personnage fort aisément attaquable. Sans parler des précédents assez tristes de sa vie d'homme de lettres, comme politique, il fatiguait le public et l'opinion de l'excès de son activité. Brissot allait, Brissot venait, Brissot écrivait, parlait, faisait donner toutes les places ; toujours et dans tout, Brissot. Il n'était pas incapable des grandes choses, mais il se mêlait aussi volontiers d'une infinité de petites. Désintéressé pour lui-même, il était insatiable pour son parti, avait l'ardeur et l'intrigue d'un capucin pour son couvent. *Brissoter* devint un proverbe. Il allait tout droit devant lui, la tête basse, coudes serrés, dans son vieil habit, dévot à sa coterie, à son idée, prêt à lui sacrifier tout. Et, avec cela, léger pourtant, s'évaporant en choses imprudentes; aimant peu, ne haïssant point, n'ayant rien de ce fiel amer qui caractérise les vrais moines, les inquisiteurs de l'époque; je parle des Jacobins, du grand Jacobin Robespierre.

Celui-ci devait absorber Brissot dans un temps donné.

Toutefois, au premier moment, Brissot et les Girondins n'ayant encore rien fait, l'attaque n'avait pas prise. Nul fait. Au défaut, Robespierre trouva un roman, et, sous forme plus ou moins voilée, l'exposa, le développa, en nourrit les Jacobins pendant plusieurs mois. Le roman n'est rien autre chose qu'une profonde, mystérieuse alliance entre La Fayette et la Gironde. Les *Mémoires* de La Fayette nous ont appris suffisamment que cette entente n'avait jamais existé que dans l'esprit de Robespierre. Loin de là, on voit que La Fayette, indulgent pour tous les partis, et qui, en général, ne haïssait guère, haït pourtant les Girondins. Dans ce livre, partout si froid, il ne s'émeut qu'à leur nom; il parle de tous, de Roland, de Brissot, avec une antipathie profonde, sous forme aristocratique. En face de la Gironde, il redevient un grand seigneur méprisant, un véritable marquis.

Le plus curieux, c'est que, pour rendre le roman plus grave, pour faire peur et noircir les ombres,

Robespierre fait un La Fayette purement de fantaisie ; forte et dangereuse tête sur laquelle la cour « a de grands desseins ». Il se garde bien de voir que La Fayette est fini ; qu'à Paris, dans la bourgeoisie, dans la garde nationale, où les fayettistes étaient restés plus nombreux que partout en France, il n'a pu, aux élections, réunir que trois mille voix contre les sept mille de son adversaire.

Brissot lui répondit avec un vigoureux bon sens et comme eût répondu l'histoire : « Quoi ! La Fayette, un Cromwell ? Vous ne connaissez donc point ni votre siècle ni la France ? Cromwell avait du caractère, et La Fayette n'en a pas... En eût-il, la race des Brutus est-elle finie ? La nation serait-elle assez lâche pour laisser la vie à l'usurpateur ?... Cromwell lui-même, s'il revenait, que pourrait-il faire ici ? Il allait à la puissance par deux avenues terribles qui n'existent plus : l'ignorance et le fanatisme. »

Sans contester ce qu'il y eut de beau et de noble dans La Fayette, il suffit de regarder un moment le front fuyant, la tête mince de l'honnête général, cette face un peu moutonnière, pour sentir tout ce qu'il y avait de ridicule à placer dans ce personnage un Bonaparte ou un Cromwell.

L'imagination maladive, la crédulité de la peur était le propre caractère de l'infiniment défiante société jacobine. Robespierre, jouant sur cette corde, était sûr de bien jouer. Il suffisait de montrer toujours de loin, dans le brouillard, je ne sais quoi d'un vague effrayant. Lisez tous ses discours d'avril et de mai. Il va soulever « le voile qui couvre d'affreux complots ». Il démasquera les traîtres, non pas aujourd'hui encore, c'est trop tôt, mais prochainement. Il a dans la main des secrets terribles qu'il pourrait bien révéler... Le jour viendra où il dévoilera un système de conspiration... Toute l'assistance, impatiente, est suspendue à ses lèvres, se croyant toujours au moment de voir le pâle et mystérieux orateur éclater enfin, et, d'un jour vengeur, illuminer les ténèbres où les traîtres s'enveloppent.

De temps à autre, des enfants perdus lancent quelque dénonciation, un morceau pour faire attendre, que happe la foule béante. C'est Simon (du Rhin) qui dénonce les feuillants de son pays. C'est l'ex-capucin Chabot, obscène, ignoblement farceur, qui amuse le public des plans de Mme Canon (il raille ainsi, à sa manière, la trop belliqueuse Madame de Staël). Chabot déclare hardiment que Narbonne sera *protecteur;* Fauchet y travaille. Et c'est encore Chabot, qui, sans s'inquiéter de se contredire, veut que le même Fauchet appelle à la dictature précisément les Girondins qui viennent de chasser Narbonne et de s'y substituer.

Nous entrons dans une ère nouvelle, où la calomnie va marcher avec une force, une audace, j'allais dire une grandeur, dont nulle époque n'a montré l'équivalent. Elle triomphe, elle est chez elle; elle marche, comme vertu civique. Jamais des faits, jamais des preuves; les dires vagues d'un ennemi, c'est toujours assez pour satisfaire des imaginations haineuses qui ont besoin de haïr encore plus. Le tort de ceux qu'on attaque, c'est de poursuivre incessamment ces fantômes qui reculent. Dans l'ardente poursuite des ombres, ils leur prêtent du corps, pour ainsi parler, les font passer pour réelles. C'est ainsi que les Girondins, impatients, inquiets dans leur provocante insistance, occupaient sans cesse le public de Robespierre et du secret de Robespierre qu'il ne voulait pas lâcher, le sommaient de s'expliquer, allaient ainsi le grandissant, le désignant de plus en plus pour chef à toutes les haines, à toutes les jalousies, à tous les mécontentements. Ils lui reprochent de devenir l'idole du peuple et, par cet imprudent aveu, augmentent l'idolâtrie. Lui, il ne donne aucune prise, ne faisant rien en réalité et ne disant rien au fond. Il va toujours reculant, et, reculant, il grandit. Par exemple, quand Guadet, avec un mélange de haine et de respect, dit qu'un tel homme, par amour pour la liberté, devrait s'imposer l'ostracisme, il lui donna une belle prise : « Ah! que l'égalité soit affermie, que les intrigants disparaissent, moi-même je fuirai la tribune... Heureux de la félicité de mes concitoyens, je passerai des jours paisibles dans les délices d'une sainte et douce intimité... » Et ailleurs : « Si l'on m'impose le silence, je quitterai cette société, pour m'enfermer dans la retraite. » *Voix glapissantes de femmes* : « Nous vous suivrons! nous vous suivrons! » — Et les mêmes voix aux adversaires : « Scélérats! coquins! »

Robespierre était né prêtre; les femmes l'aimaient

comme tel. Ses banalités morales, qui tenaient fort du sermon, leur allaient parfaitement ; elles se croyaient à l'église. Elles aiment les apparences austères, soit que, si souvent victimes de la légèreté des hommes, elles se serrent volontiers près de ceux qui les rassurent ; soit que, sans s'en rendre compte, elles supposent instinctivement que l'homme austère, en général, est celui qui gardera le mieux son cœur pour une personne aimée.

Pour elles, le cœur est tout. C'est à tort qu'on croit, dans le monde, qu'elles ont besoin d'être amusées. La rhétorique sentimentale de Robespierre avait beau être ennuyeuse, il lui suffisait de dire : « Les charmes de la vertu, les douces leçons de l'amour maternel, une sainte et douce intimité, la sensibilité de mon cœur », et autres phrases pareilles, les femmes étaient touchées. Ajoutez que, parmi ces généralités monotones, il y avait toujours une partie individuelle, plus sentimentale encore, sur lui-même ordinairement et sur ses mérites, sur les travaux de sa pénible carrière, sur ses souffrances personnelles ; tout cela, à chaque discours, et si régulièrement qu'on attendait ce passage et tenait les mouchoirs prêts. Puis, l'émotion commencée, arrivait le morceau connu, sauf telle ou telle variante, sur les dangers qu'il courait, la haine de ses ennemis, les larmes dont on arroserait un jour la cendre des martyrs de la liberté... Mais, arrivé là, c'était trop, le cœur débondait, elles ne se contenaient plus et s'échappaient en sanglots.

Robespierre s'aidait fort en cela de sa pâle et triste mine, qui plaidait pour lui d'avance près des cœurs sensibles. Avec ses lambeaux de l'*Émile* ou du *Contrat social*, il avait l'air à la tribune d'un triste bâtard de Rousseau, conçu dans un mauvais jour. Ses yeux clignotants, mobiles, parcouraient sans cesse toute l'étendue de la salle, plongeaient aux points mal éclairés, fréquemment se relevaient vers les tribunes des femmes. A cet effet, il manœuvrait avec sérieux, dextérité, deux paires de lunettes, l'une pour voir de près ou lire, l'autre pour distinguer au loin, comme pour chercher quelque personne. Chacune se disait : « C'est moi. »

Il y avait une difficulté ; c'est que, sur tel point capital, Robespierre ne pouvait gagner les femmes, sans risquer de choquer les hommes. Les hommes étaient philosophes, les femmes étaient religieuses. Il s'agissait pour lui de trouver, dans ce qu'un moderne a très justement appelé « la finesse aiguë de sa tactique », la mesure exacte et précise où il pourrait, sans encombre, mêler au jargon politique le jargon religieux.

Aussi longtemps qu'il avait pu (jusqu'en mai 1791), nous l'avons vu, il avait habilement ménagé les prêtres et parfois parlé pour eux. Aujourd'hui, les prêtres s'étant portés pour ennemis de la Révolution, il ne s'agissait plus de s'appuyer d'eux ; il s'agissait, pour l'orateur jacobin, d'en prendre la position, de se faire prêtre lui-même. Cela était hasardeux et ne pouvait se faire que sous l'habit philosophique, avec les formules de Rousseau, en suivant de près, copiant, adaptant à la circonstance l'évangile philosophique de l'époque, le *Vicaire savoyard*, que l'ennemi n'attaquerait pas sans péril, et derrière lequel, après tout, Robespierre était toujours à même de trouver sa sûreté. Si la chose réussissait, c'était un vrai coup de maître; enlever les femmes et les dévotes, pour qui avait les Jacobins, c'était concentrer deux forces jusque-là peu conciliables ; c'était, au moyen des premières, aller jusqu'au lieu où la Révolution pénétrait si peu encore, au sein des familles, au foyer.

Voici donc ce que Robespierre hasarda aux Jacobins. Dans une adresse sentimentale, nuancée de mysticisme philosophique, il dit entre autres choses : « Qu'il avait été permis à l'homme le plus ferme de désespérer du salut public, *lorsque la Providence*, qui veille sur nous beaucoup mieux que notre propre sagesse, *en frappant Léopold*, a déconcerté les projets de nos ennemis. »

Cette forme et autres semblables, peu attaquables en elles-mêmes, mesurées, timides, recevaient beaucoup de clarté de la conduite générale de Robespierre; elles annonçaient assez que, du pharisaïsme moral, il passerait, au besoin, à l'hypocrisie religieuse. Les indiscrétions de Camille Desmoulins, son enfant perdu, aidaient à comprendre. On le vit, bien peu après, lui voltairien, lui sceptique, approuver les processions dans les rues, reprocher au magistrat de les empêcher, faisant entendre, avec une

ironie machiavélique, qu'il fallait amuser le peuple :
« Mon cher Manuel, disait Desmoulins, les rois sont
mûrs, il est vrai; le bon Dieu ne l'est pas encore. »

La pensée, mieux voilée, de Robespierre était
néanmoins transparente. L'intention politique n'était
pas méconnaissable dans ces paroles religieuses. Ce
grand nom de la Providence, exploité ainsi, faisait
mal. Ce miel de religion dans une bouche si amère,
c'était chose intolérable.

Combien plus pour les hommes d'alors, nourris de
la philosophie du siècle, plus que jamais en lutte
avec les prêtres, et qui malheureusement ne voyaient
que les prêtres dans la religion! Le Girondin Guadet,
mêlant un éloge à l'attaque, dit qu'il s'étonnait de
voir « qu'un homme qui avait, avec tant de courage,
travaillé à tirer le peuple de l'esclavage du despotisme, concourût à le ramener sous l'esclavage de la
superstition ».

L'étourdi donna à Robespierre la prise qu'il attendait. Ce fut un heureux appel qui tira de sa mémoire
un de ces morceaux, parfois excellents, habilement
travaillés, qui tenaient longtemps la lampe allumée
passé minuit, aux mansardes de Duplay. Tout n'était
pas habileté, il faut l'avouer aussi; il y avait, dans
cette éloquente réponse, quelque chose d'un sentiment vrai. Nul doute que Robespierre, à son époque
de solitude et de souffrance, n'ait pu être refoulé
vers Dieu, qu'il n'ait relu volontiers les consolantes
pages du *Vicaire savoyard*. Seulement ici, il répondit
à ce que Guadet ne disait pas. Il répondit sur l'exis-

tence de Dieu en général, dont on n'avait pas parlé, et non sur ce que Guadet appelait superstitieux : la croyance à une intervention spéciale de Dieu dans telles affaires particulières, la croyance à l'action personnelle de Dieu, hors du cours des lois du monde, la foi aux coups d'État de Dieu, laquelle ruine toute prévoyance, et toute philosophie, et toute vraie religion, — celle-ci nous enseignant qu'il est de la majesté divine de vouloir obéir régulièrement aux lois qu'elle a faites elle-même.

Robespierre, sans bien répondre et se jetant à côté, n'en fut pas moins très habile, vraiment éloquent. Il eut un touchant retour sur l'époque où il s'était vu seul au milieu d'une assemblée hostile et sur le secours qu'il avait tiré du sentiment religieux.

Puis, portant à la Gironde, aux prétentions philosophiques de ses adversaires, un coup très adroit, les élevant pour les abattre, attestant *le patriotisme et la gloire* du jeune Guadet (encore inconnu), il ajouta : « Sans doute *tous ceux qui étaient au-dessus du peuple* renonceraient volontiers pour cet avantage à toute idée de la divinité; mais ce n'est pas faire injure au peuple ni aux sociétés auxquelles on envoie cette adresse que de leur parler de la protection de Dieu, qui, selon mon sentiment, sert si heureusement la Révolution. » Ainsi il faisait habilement appel à l'envie ; avec toutes les ressources de son talent académique, il travaillait à se faire peuple, et, mettant perfidement ses ennemis au-dessus du peuple, il leur brisait sur la tête le niveau de l'égalité.

Cette hypocrisie visible, cette dénonciation sans preuve, cette personnalité assommante, cet intarissable *moi* qui se retrouvait partout dans ses paroles de plomb, étaient bien capables de refroidir, à la longue, les plus chauds amis de Robespierre. Ce n'était pas seulement l'effet laborieux de cette mâchoire pesante, qui mâchait et remâchait éternellement la même chose ; c'était aussi je ne sais quoi de discordant et de faux, qui, malgré le soin, le poli, tout l'effort académique, de temps à autre grinçait. Il n'y avait qu'un petit noyau, une toute petite église, des Jacobins les plus bornés, qui ne voulût voir ni entendre. Les autres haussaient les épaules. Il faut lire, dans un des journaux les plus favorables à Robespierre, les *Révolutions de Paris*, la respectueuse mais sévère critique qu'on n'hésite pas de lui adresser... « Quoi! lui dit le journaliste entre autres choses judicieuses, vous nous dites que vous tenez dans les mains le fil d'une grande conspiration, il ne s'agit de rien moins que d'une guerre civile, et vous parlez toujours de vous, des petites provocations de vos ennemis ! Les patriotes qui vous estiment, qui vous aimeraient, si votre orgueil n'opposait une barrière entre eux et vous, ne peuvent s'empêcher de dire : « Quel dommage « qu'il n'ait pas cette bonhomie antique, compagne « ordinaire du génie et des vertus ? » (N° 147, avril, 1792.)

Le journaliste touche ici un point juste, vrai, profond. Et ce trait n'est pas tellement particulier au caractère de Robespierre qu'il ne s'applique aussi à bien d'autres personnages de l'époque, en des degrés différents. Avec moins de génie que plusieurs autres, moins de cœur et de bonté, Robespierre représente la suite, la continuité de la Révolution, la persévérance passionnée des Jacobins. S'il a été la plus forte personnification de la société jacobine, c'est moins encore par l'éclat du talent que comme moyenne complète, équilibrée, des qualités et défauts communs à la société, communs même à une grande partie des hommes politiques d'alors qui ne furent pas Jacobins.

Le fond, pour le formuler nettement, avec quelque dureté, et en se réservant d'en rabattre plus ou moins selon les individus, c'est qu'il leur manquait deux choses : par en haut, *la science et la philosophie;* par en bas, *l'instinct* populaire. La philosophie qu'ils attestaient sans cesse, le peuple dont ils parlaient toujours, leur étaient fort étrangers. Ils vivaient dans une certaine moyenne, au-dessous de la première, au-dessus de l'autre. Cette moyenne était l'éloquence et la rhétorique, la stratégie révolutionnaire, la tactique des assemblées. Rien n'éloigne davantage de la haute vie de lumière qui est dans la philosophie, de la féconde et chaleureuse vie qui est dans l'instinct du peuple.

Le grand fleuve du dix-huitième siècle, coulant à pleins bords par Voltaire et Diderot, par Montesquieu et Buffon, s'arrête en quelque sorte, se fixe en plusieurs de ses résultats, se cristallise en Rousseau. Cette fixité de Rousseau est un secours et un obstacle. Ses disciples ne reçoivent plus la matière fluide et féconde; ils la prennent de lui, en cristaux, si j'ose dire, sous formes arrêtées, inflexibles, rebelles aux modifications. Hors ces formes, au-dessus, au-dessous, ils ne connaissent rien et ne peuvent rien.

Un signe qui les condamne, c'est, en admettant le dernier résultat du dix-huitième siècle, d'en rejeter la grande tradition qui amena ce résultat, de ne pas voir, entre autres choses, que Voltaire n'est point opposé à Rousseau, mais son correspondant symétrique, naturel et nécessaire, que, sans ces deux voix qui alternent et se répondent, il n'y eût pas eu de chœur. Pauvres musiciens, ignorants de l'harmonie, qui croient accorder la lyre en ne gardant qu'une corde. L'unité de ton, la *monotonie* au sens propre, cette chose anti-littéraire, anti-philosophique, propre à stériliser l'esprit, fut pourtant, il faut l'avouer, pour Robespierre, un très bon moyen politique. Il toucha toujours même corde, frappa à la même place. Ayant affaire à un public ému d'avance, avide, infatigable et que rien ne rebutait, sa monotonie le rendit très fort. Il en usa, en toutes choses, non dans la parole seulement, mais dans la vie, la démarche, le costume, de sorte qu'en cet homme identique, en cet invariable habit, en cette coiffure toujours la même, en ce gilet proverbial, on lut toujours les mêmes idées, on trouva la même formule, ou plutôt que la personne tout entière apparut comme une formule qui parlait et qui marchait.

Ce fut un moment solennel, digne de l'attention des penseurs, celui où, par la voix de Brissot, la philosophie du dix-huitième siècle demanda compte à cette formule masquée sous un homme, à ce faux Rousseau, du vivant esprit qui avait fait, et ce siècle, et cette Révolution, et Rousseau avec ses imitateurs. Le dernier des philosophes était Condorcet ; son nom fut l'occasion, la prise par où Brissot saisit Robespierre, l'attaqua, le secoua. Reprenons d'un peu plus haut et voyons avec quel à-propos Condorcet fut amené dans ce discours très habile, de manière à tomber d'aplomb sur le maigre Jacobin du poids du grand siècle, du poids de la science et de la tradition, du poids de l'humanité.

Après s'être moqué du danger d'un La Fayette *protecteur* à la Cromwell : « Je mourrai, dit Brissot, en combattant les protecteurs et les *tribuns*. Les tribuns sont les plus dangereux. Ce sont des hommes qui flattent le peuple pour le subjuguer, qui rendent la vertu suspecte, parce qu'elle ne veut pas s'avilir. Rappelez-vous ce qu'étaient Aristide et Phocion ; ils n'assiégeaient pas toujours la tribune, mais ils étaient à leur poste. Ils ne dédaignaient aucun emploi (*Robespierre refusait celui d'accusateur public*) quand il était donné par le peuple. Ils parlaient peu, faisaient beaucoup ; ils ne flattaient pas le peuple, ils l'aimaient. Ils dénonçaient, mais avec preuves. Ils étaient justes et philosophes. Phocion n'en fut pas moins victime d'un flatteur du peuple... Ah! ce trait me rappelle l'horrible calomnie élevée contre M. de Condorcet. C'est au moment où ce respectable patriote, luttant contre la maladie, se livre à des travaux immenses, où il termine le plan d'instruction publique, apprend aux puissances étrangères à respecter le peuple libre, s'épuise en calculs infinis pour régler les finances de l'Empire, c'est alors que vous calomniez ce grand homme! Qui êtes-vous pour avoir ce droit? Qu'avez-vous fait? Où sont vos travaux? Où sont vos écrits? Pouvez-vous citer, comme lui, trente ans d'assauts livrés, avec nos illustres philosophes, au trône, à la superstition? Ah! si leur brûlant génie ne leur eût révélé le mystère de la liberté qui fit leur grandeur, croyez-vous que la tribune retentirait aujourd'hui de vos discours sur la liberté? Ce sont vos maîtres, et vous les calomniez pendant qu'ils servent le peuple! Le monument le plus ferme de votre Révolution, c'est la philosophie. Voyez celles qui ont manqué, elles n'étaient pas fondées sur la philosophie. Le patriote est philosophe. On l'accuse d'être froid, même d'être ennemi du peuple, parce qu'il travaille pour lui en silence... Prenez-garde, vous suivez vous-même les impulsions de la cour. Que veut-elle? Faire rétrograder les lumières du peuple. Que veulent les philosophes? Que le peuple s'éclaire, qu'il se passe également de protecteurs et de tribuns. »

A cette foudroyante attaque, Guadet en ajouta une, plus directe encore, sommant Robespierre de dévoiler donc enfin ce plan de guerre civile, de conspiration dont il ne cessait de parler. Robespierre, visiblement blessé à l'endroit vulnérable, la dénonciation sans preuve, allait s'enchevêtrer dans un tissu de rapprochements qui ne pouvaient rien prouver que sa faiblesse et sa défaite. Bazire lui rendit le service de l'empêcher de parler; il vint à point au secours, l'engagea à conserver sa réponse pour les journaux. La Gironde insistant, exigeant qu'il s'expliquât, il s'en tira par la triste reculade; il dit que, pour le moment, il ne voulait que dévoiler les manœuvres qui tendaient à faire de la société des Jacobins un instrument d'intrigues et d'ambition : « Et *c'est ce que j'appelle un plan de guerre civile.* » Les amis de Robespierre, atterés de voir qu'il ne trouvait pas autre chose, s'en allèrent en masse, afin que, la société n'étant plus en nombre, il fallût lever la séance. Un homme de Robespierre, Simon, pour couvrir la retraite, se mit à crier encore quelques mots sur les troubles de l'Alsace, en jetant la faute sur les Girondins, lançant ainsi, dans la fuite, deux ou trois bons coups de dents à cette meute acharnée.

Brissot accusait très justement Robespierre d'hostilité à la philosophie. Robespierre lui-même, bien mieux encore, s'accusa et se convainquit d'ignorer l'instinct du peuple. Il était tout *bellétriste* (pardonnez ce mot allemand), tout culture et tout art, à cent lieues de la nature, de l'instinct, de l'inspiration. La bonhomie, comme le dit très bien le journaliste cité plus haut, je ne sais quoi de naïf et de profond qui fait comprendre les masses, lui manquaient totalement.

Les piques données à tout le peuple, *l'égalité dans l'armement*, le bonnet de laine rouge du paysan de France adopté pour tous, comme *égalité de costume*, ces deux choses, éminemment révolutionnaires, si avidement saisies par le peuple, furent repoussées de Robespierre, peu goûtées des Jacobins. Puis, par la force des choses, il leur fallut reculer devant l'unanimité du peuple.

Même opposition sur la grande question de la déclaration de guerre. On peut dire qu'en cette affaire (mars-avril 1792), Robespierre allait d'un côté et toute la France de l'autre. — De quel côté le bon sens? Le temps a jugé, la lumière s'est faite, — c'est la France qui eut raison.

Le 26 mars 1792, l'avis suivant fut donné aux Jacobins :

« En dépouillant les registres des départements, on trouve inscrits déjà plus de SIX CENT MILLE citoyens pour marcher à l'ennemi. »

A Paris, dans le Jura et ailleurs, les femmes déclaraient que les hommes pouvaient partir; qu'elles s'armeraient de piques, qu'elles suffiraient bien au service intérieur. Elles avaient si vivement senti pour leur famille et leurs enfants le bienfait de la Révolution qu'au prix des plus grands sacrifices elles brûlaient de la défendre.

Il y eut, dès ce moment, et dans toute cette année sacrée de 1792, des scènes véritablement admirables et héroïques dans le sein de chaque famille. Un frère partant, tous les autres, en bas âge, voulaient partir et juraient qu'ils étaient hommes[1]. La jeune fille ordonnait à son amant de s'armer, fixait les noces à la victoire. La jeune femme, tout en larmes et les bras chargés de petits enfants, menait son époux elle-même et lui disait : « Va, ne regarde pas si je pleure, sauve-nous, sauve la France, la liberté, l'avenir et les enfants de tes enfants. »

Guerre sublime! guerre pacifique, pour fonder la paix éternelle! guerre pleine de foi et d'amour, inspirée de cette pensée, si attendrissante et si vraie alors : que le monde en ce moment avait même cœur et voulait la même chose; qu'il s'agissait d'écarter, le fer à la main, les barrières de la tyrannie qui nous séparent barbarement; que ces barrières abaissées, il n'y avait plus d'ennemis, que ceux qu'on croyait les nôtres allaient se jeter dans nos bras!

La beauté de ce moment, c'est que l'âme de la France y fut tout assise en la foi, qu'elle tourna le dos au raisonnement, aux petits calculs, qu'elle laissa les raisonneurs, Robespierre, La Fayette et autres, se traîner, à plat ventre, dans la logique et la prose, s'enquérir inquiètement du possible et du raisonnable.

Oui, la guerre était absurde, dans les seules don-

---

[1]. On peut citer mille exemples. J'en donnerai un seul, celui des trois frères Levavasseur, de Rouen.

Les deux plus jeunes partirent, parce que l'aîné partait..... Ils sont devenus tous trois généraux..... Le plus jeune de ces hommes héroïques a survécu.

nées qu'on avait alors. Pour la faire il fallait une foi immense, croire à la force contagieuse du principe proclamé par la France, à la victoire infaillible de l'équité ; — croire aussi que, dans l'immensité d'un mouvement où la nation tout entière se précipitait, tous les obstacles intérieurs, les petites malveillances, les essais de trahison, se trouvaient neutralisés, et qu'il n'y avait pas de cœur d'homme, tant dur et perfide fût-il, qui ne se changeât devant ce spectacle unique de la rencontre des peuples, courant l'un à l'autre en frères et pleurant dans l'émotion du premier embrassement.

Oh! le grand cœur de la France, en 1792! quand reviendra-t-il jamais? Quelle tendresse pour le monde, quel bonheur de le délivrer! quelle ardeur de sacrifice! et comme tous les biens de la terre pesaient peu en ce moment!

Ce bon cœur éclata de la manière la plus touchante dans la délivrance des Vaudois du régiment de Châteauvieux, que décréta l'Assemblée. C'était une tache infamante pour l'honneur de la nation qu'elle se constituât geôlier et bourreau pour la tyrannie des Suisses, qu'elle se chargeât de tenir aux galères quarante infortunés Français, d'un pays français de cœur et de langue sous le bâton allemand. On se rappelle ce jugement féroce des officiers suisses, à Nancy, qui battirent à mort, rouèrent ou pendirent des soldats qui, s'étant réfugiés en quelque sorte au foyer de la France, réclamaient, comme leur droit, l'exécution des lois de l'Assemblée; quarante, par grâce singulière, ne furent pas mis à la potence; on les envoya à Brest ramer pour le roi. Cette rigueur ne suffit pas. Sur des prétextes futiles, pour avoir chanté *Ça ira!* ou bu le 14 juillet, les magnifiques seigneurs enlevaient leurs sujets vaudois et les jetaient dans les caves de l'affreux château de Chillon, au-dessous du niveau du lac, avec les rats et les serpents.

Le 30 septembre 1791, sur l'amphithéâtre solennel qui domine le lac et Lausanne, qui regarde la Savoie et toute la chaîne des Alpes, un tribunal fut dressé, où siégèrent, bouffis d'insolence, les députés de l'Ours de Berne. Là, parmi les insultes et les risées des soldats, les magistrats humiliés du pays de Vaud, de Lausanne, Vevey, Clarens, vinrent faire amende honorable et reçurent, tête basse, les menaces et les affronts. Et pourquoi cette fureur? Il faut le dire, la vraie raison, c'est que ces Vaudois sont la France. C'était une petite France, impuissante et désarmée, que l'insolence allemande faisait paraître à ses genoux.

Et elle n'avait pas tort, peut-être, d'être irritée. Qui plus que la France vaudoise a contribué à la Révolution? N'est-ce pas de cette population énergique et simple, de ces lieux sublimes, que partit l'inspiration de Rousseau, ce puissant élan de cœur qui a emporté le monde? Ah! ces lieux sont coupables à jamais devant les ennemis de la liberté!

Quand l'Assemblée brisa les fers des soldats de Châteauvieux, il y eut, indépendamment du vif esprit de parti, un élan singulier de générosité, de délicatesse, dans toute la nation, pour réparer, par l'accueil le plus touchant, ce grand tort national. Les gardes nationaux de Brest firent tout exprès, à pied, le voyage de Paris pour accompagner les victimes; en leur ôtant la casaque de galériens, ils leur donnèrent leurs propres habits, en sorte que, sur la route, ils avaient l'air tous ensemble d'être également des Bretons. On allait au-devant d'eux, des villes et villages; les hommes leur donnaient des poignées de main, les femmes les bénissaient, les enfants touchaient leurs habits. Partout on leur demandait pardon, au nom de la France.

Ce fait national est sacré. Il doit rester indépendant de la violente polémique qui éclata à ce sujet, de la fureur éloquente des Feuillants, des philippiques d'André Chénier, Roucher et Dupont (de Nemours), — d'autre part, des déclamations de Collot pour les soldats de Châteauvieux, de l'empressement de Tallien et autres intrigants à s'emparer de l'événement, à tourner le bon cœur du peuple au profit de l'esprit de parti.

Les Feuillants envisageaient le triomphe populaire des soldats de Châteauvieux comme une insulte aux gardes nationaux tués en combattant contre eux dans la triste affaire de Nancy. Il n'y avait pas d'opposition entre les uns et les autres. Ils avaient tous combattu pour l'ordre ou la liberté. Le régiment de Châteauvieux, pillé par des officiers qui ne daignaient rendre compte, avait invoqué les lois de la France; il avait raison. Les gardes nationaux, sommés légalement, par les municipalités, d'aller, de combattre, allèrent, combattirent ; ils avaient raison. Il fallait pleurer les uns et les autres ; on le reconnut noblement à la fête qu'on donna aux soldats délivrés ; on y porta deux cercueils.

L'imprudente fureur des Feuillants fut vraiment coupable. Il ne tint pas à Chénier, à Dupont qu'on ne s'égorgeât dans Paris. D'avance ils remplirent les journaux des prophéties les plus sinistres ; ils dirent, répétèrent, expliquèrent aux gardes nationaux de Paris, qui n'y songeaient pas, que c'étaient eux qu'on insultait. Le directoire de Paris, les La Rochefoucauld, Talleyrand et autres, montra une peur ridicule, malveillante, de cette fête populaire. Pétion comprit bien mieux qu'on n'empêche point ces grands mouvements, qu'il faut les laisser aller, s'y associer plutôt pour les régulariser. Seulement il défendit d'une manière absolue qu'on portât des armes, prohibant également et les piques et les fusils.

Le 30 avril 1792, les soldats de Châteauvieux, arrivés de Brest à Paris, avec leurs braves amis les Bretons, et un grand concours du peuple ravi de les voir, se présentent aux portes de l'Assemblée, demandent à la remercier et lui présenter leurs hommages. Vive discussion au dedans. Les Feuillants, imprudemment, veulent encore se mettre au-devant du mouvement populaire. On réclame au nom de la discipline violée, au nom de la politique et des ménagements dus aux gouvernements de la Suisse avec lesquels on doit vouloir rester en bonne intelligence. Le jeune député Gouvion, frère d'un garde national tué à Nancy, déclare qu'on ne peut le forcer à accueillir, à voir en face les meurtriers de son frère. Il sort. L'Assemblée, après deux épreuves douteuses, décide qu'ils seront admis. Leur défenseur officieux, Collot, exprime leur reconnaissance. Les tribunes les applaudissent. Une foule de gardes nationaux sans armes, des Parisiens, des Bretons, des Suisses, puis une foule mêlée, hommes et femmes, portant des drapeaux, défilent joyeusement. Gonchon, le Cicéron ordinaire du faubourg Saint-Antoine, dit, en son nom, qu'on y fabrique dix mille piques pour la défense de l'Assemblée et des lois. « Nous en dirions davantage; mais déjà nous avons tant crié : « Vive la constitution! vive l'Assemblée « nationale! » que nous en sommes enroués!... » On applaudit et l'on rit.

La fête qui suivit bientôt fut intitulée du beau nom : Fête de la liberté. Au souffle de guerre qui la vivifiait, on sentait qu'il s'agissait, cette fois, du triomphe anticipé des libertés du monde, et qu'ici la Suisse française, fêtée en ces pauvres soldats, était l'heureuse avant-garde de la délivrance universelle. La statue de la Liberté était traînée sur un char terminé en proue de galère. Les chaînes brisées des victimes étaient portées, chose touchante, par nos femmes et par nos filles. Ces vierges, en blanches robes, touchaient, sans hésitation, le fer rouillé des galères, purifié par leur main. Au Gros-Caillou, au Champ de Mars, les rondes commencèrent, égayées de chants civiques. Ces danses joyeuses participaient de l'ardeur des fêtes antiques, où l'esclave pour la première fois s'enivrait de la liberté. Les frères embrassaient les frères, et, selon l'humeur française, la fraternité pour les sœurs était encore bien plus tendre.

Nul surveillant, nul désordre, point d'armes et nul excès; une allégresse, une paix, une effusion extraordinaires. Chacun, dans sa délivrance, sentait déjà celle du monde; tous les cœurs s'ouvraient à l'espoir que c'était le commencement du salut des nations.

Et c'était justement de même que les rois, de leur côté, envisageaient cette guerre. On peut en juger par l'ordre que donna le roi de Prusse de désarmer les paysans de ses provinces du Rhin. Il ne voyait dans ses sujets que les secrets alliés, les amis de la France, les hôtes de nos soldats, impatients de recevoir les apôtres de la liberté.

Le général probable de la coalition, Gustave III, était mort, assassiné par les siens (17 mars 1792). On ne manqua pas d'imputer sa mort aux partisans enthousiastes que la Révolution avait en Suède. Lui-même, en ses derniers moments, il avait toujours devant les yeux cette France qu'il allait combattre, et peut-être ne l'eût-il combattue que pour être loué d'elle, tant il dépendait de l'opinion du public français et des journaux de Paris! Tout près de la mort, il disait : « Je voudrais bien savoir ce que va en dire Brissot. »

L'émigration avait gagné à la mort de Léopold,

à l'avènement de François II, fanatique ennemi de la Révolution. Notre ambassadeur à Vienne, Noailles, était à peu près prisonnier dans son palais. Celui que nous envoyâmes à Berlin, Ségur, fut un objet de risée; on fit courir le bruit qu'il était venu pour gagner de manière ou d'autre, par amour ou par argent, les maîtresses du roi de Prusse. Dans une audience publique, le roi lui tourna le dos et, s'adressant à l'envoyé de Coblentz, lui demanda comment se portait le comte d'Artois.

Nulle figure ne caractérise mieux peut-être la contre-révolution que le nouvel empereur, François II, dont le long règne commence. Borné, faible et violent, mal mêlé de deux natures, allemand né à Florence, faux Italien, faux allemand, c'était l'honnête homme des prêtres, un dévot machiavélique, dont l'âme, dure et bigote, n'en était pas moins facile au crime politique. C'est le François qui accepta des mains de son ennemi Venise, son alliée; le François qui, par sa fille, commença la ruine de son gendre; puis, une fois en Russie, l'attaqua par derrière, consomma sa ruine. Voyez-le dans les nombreux tableaux de Versailles où il est représenté. Est-il sûr que ce soit un homme? Il va raide et sur des ressorts, comme la statue du Commandeur ou le spectre de Banquo. Pour moi, ce qui me fait peur, c'est que ce masque est frais et rose, dans sa fixité effrayante. Un tel être, visiblement, n'aura jamais de remords, il fait le crime en conscience. Le bigotisme impitoyable est lisiblement écrit sur cette face pétrifiée. Ce n'est pas un homme, ce n'est pas un masque, c'est un mur de pierre du Spielberg. Moins fixe et muet le cachot où, pour briser le cœur des héros de l'Italie, il les forçait, par la faim, de tricoter comme des femmes. Et cela « dans l'intérêt de leur amélioration, pour le remède de leur âme ». C'est la réponse invariable qu'il donnait à la sœur d'un des captifs, qui, tous les ans, faisant en vain le long voyage de Vienne, venait pleurer à ses pieds.

Voilà l'ennemi de la France. En avril, il charge Hohenlohe, son général, de s'entendre avec celui de l'armée de Prusse, le duc de Brunswick. Par son ordre, son ministre, le comte de Cobentzel, associé au vieux Kaunitz, écrit une note courte, sèche et dure, où, sans calculer ni la situation ni la mesure du possible, il dénonce à la France l'ultimatum de l'Autriche : 1° satisfaire les princes allemands possessionnés dans le royaume, autrement dit reconnaître la suzeraineté impériale au milieu de nos départements, subir l'Empire en France même; 2° rendre Avignon, le grand passage du Rhône, de sorte que la Provence soit de nouveau démembrée comme autrefois; 3° rétablir la monarchie sur le pied du 23 juin 1789 et de la déclaration de Louis XVI, ainsi rétablir, comme *ordres*, la Noblesse et le Clergé.

« En vérité, dit Dumouriez, quand le cabinet de Vienne aurait dormi trente-trois mois, depuis la séance de juin 1789, sans avoir encore appris la prise de la Bastille ni tout ce qui a suivi, il n'aurait pas fait des propositions plus étranges, plus incohérentes avec la marche invincible qu'avait prise la Révolution. »

Et cette note n'était pas seulement celle de l'inepte et bigote Autriche ; elle exprimait en même temps la pensée du gouvernement qui se croyait à l'avant-garde du progrès de l'Allemagne, du gouvernement philosophe et libéral qui avait encouragé la résistance turque et la révolution polonaise, en même temps qu'il écrasait les libertés de la Hollande. Au fond, âpre, avide, inquiet, sans souci d'aucun principe, ce gouvernement prussien, s'exagérant beaucoup sa force, se croyait en mesure de pêcher partout en eau trouble et portait à l'étourdie ses mains crochues de tous côtés.

Les troupes de la coalition s'approchent peu à peu de la France. Au centre, les Prussiens qui s'échelonnent dans la Westphalie, vers le Rhin. Aux deux ailes, les Autrichiens ; d'une part, ils vont augmentant leurs troupes des Pays-Bas ; de l'autre, ils se font appeler par l'évêque de Bâle, traversent le canton et vont mettre garnison dans le pays de Porentruy, occupant ainsi déjà une des portes de la France et pouvant, dès qu'ils voudront, envahir la Franche-Comté.

Le 20 avril 1792, le roi et le ministre entrent dans l'Assemblée nationale. Dumouriez, dans un long et lumineux rapport, démontre la nécessité où la France est de se regarder comme *en état de guerre* avec l'Autriche.

Le roi déclare « qu'il adopte cette détermination, conforme au vœu de l'Assemblée et de plusieurs citoyens de divers départements ». Il propose formellement la guerre.

Le même jour, à cinq heures, dans la séance du soir, la discussion est prise immédiatement. L'unanimité, sur cette grande question, était presque acquise d'avance. Ce fut un Feuillant, Pastoret, qui, le premier, voyant monter ce flot invincible, s'y associa habilement et proposa le décret de déclaration de guerre. Un autre Feuillant, Becquey, essaya d'arrêter l'élan en inquiétant l'Assemblée par le tableau de l'Europe, lui montrant l'Europe peu sûre, l'Espagne menaçant par derrière, la sédition au dedans, l'armée indisciplinée, les finances en mauvais ordre. Ce dernier mot donna à Cambon l'heureuse occasion d'un mot qui éloigna toute crainte : « Nos finances, Monsieur, vous ne les connaissez pas; nous avons de l'argent plus qu'il n'en faut. » Et déjà il avait dit, le 24 février : « La France a plus de numéraire effectif en caisse qu'aucune puissance de l'Europe. » En réalité sur les quinze cents millions de biens nationaux, vendus jusqu'au 1ᵉʳ octobre 1791, le Trésor avait reçu déjà près de cinq cents millions. De novembre 1791 en avril 1792, la vente, quoique un peu ralentie, avait été de trois cent soixante millions, et il en restait à vendre pour une somme équivalente.

Guadet ajouta, au mot de Cambon, que nulle puissance en ce monde ne pouvait présenter une masse comparable à nos quatre millions de gardes nationaux armés; que nulle n'aurait pu, d'un mot, en lever déjà cent mille, ainsi que nous l'avions fait. Les registres d'inscriptions des départements donnaient, en mars, l'étonnant résultat de six cent mille volontaires qui demandaient à partir.

C'était la voix de France, on ne pouvait la méconnaître. En vain le Feuillant Becquey insista, fit observer que, dans le fait, on allait déclarer la guerre non à l'Autriche, mais au monde, jeter le gant à tous les rois. En vain le Jacobin Bazire, organe en ceci du pur parti jacobin, s'étonna de voir une démarche si grave décidée si légèrement. Il essaya de reprendre le texte ordinaire de Robespierre, le danger de la trahison. A peine fut-il applaudi de deux ou trois membres et d'autant des gens des tribunes. Personne ne l'écoutait. L'enthousiasme entraînait tout. Il éclata à ce mot du député Mailhe : « Si votre humanité souffre à décréter en ce moment la mort de plusieurs milliers d'hommes, songez aussi qu'en même temps vous décrétez la liberté du monde. »

Aubert-Dubayet, une figure éminemment noble et militaire, se leva, prit la parole, saisit vivement l'Assemblée : « Quoi ! l'étranger a l'audace de prétendre nous donner un gouvernement! Votons la guerre. Dussions-nous tous périr, le dernier de nous prononcerait le décret... Ne craignez rien. Dès que vous aurez décrété la guerre, tous seront bien obligés de se décider, les partis rentreront dans le néant. Les feux de la discorde s'éteindront aux feux du canon et devant les baïonnettes. »

« Oui, votons, dit le vaillant Merlin (de Thionville), votons la guerre aux rois et la paix aux nations. »

L'Assemblée se leva tout entière ; il n'y eut que sept membres qui restèrent assis. Parmi un tonnerre d'applaudissements, elle vota la guerre à l'Autriche.

Condorcet lut une belle et humaine déclaration de principes que la France faisait au monde. Elle ne voulait nulle conquête, elle n'attaquait la liberté d'aucun peuple. Ce mot passa dans le décret.

Orateur généralement froid, Condorcet, animé ici par la grandeur des circonstances, eut un mouvement très beau au sujet du reproche de faction que les rois faisaient à la France : « Et qu'est-ce donc qu'une faction qu'on accuse d'avoir conspiré pour la liberté universelle?... C'est l'humanité tout entière qu'ils appellent une faction. »

Vergniaud proposait encore une grande réunion fraternelle, à l'instar des fédérations de 1790, où tous jureraient de mourir ensemble sous les ruines de l'Empire plutôt que de sacrifier la moindre des conquêtes de la liberté. Ainsi la France, attendant la mort ou la victoire, serait venue une dernière fois, tout entière, se serrer la main. « Moments augustes ! dit-il, quel est le cœur glacé qui n'y palpite, l'âme froide qui, par l'acclamation de la joie de tout un peuple, ne s'élève jusqu'au ciel, qui ne se sente grandir par l'enthousiasme au-dessus de l'humanité? » — Cette belle et religieuse proposition ne fut point votée. Elle n'allait pas à l'impatience guerrière de l'Assemblée, qui brûlait d'aller en avant.

CHAPITRE VII

RENVOI DU MINISTÈRE GIRONDIN (MAI-JUIN 1792).

Comment le roi voulait qu'on fît la guerre à la France. — Inconséquence de Dumouriez, qui veut la révolution en Belgique pour la comprimer en France. — La guerre commence par un revers, 28-29 avril 1792. — Robespierre triomphe, aux Jacobins, de Brissot et des partisans de la guerre, 30 avril. — Brissot accuse le comité autrichien, 23 mai 1792. — La Gironde fait licencier la garde du roi, 29 mai. — La Gironde accusée par Robespierre. — Elle fait décréter un camp de vingt mille hommes à Paris et des mesures contre les prêtres réfractaires, 27 mai. — Violences des royalistes et des Feuillants. — Lettre de Roland au roi, 12 juin. — Les ministres girondins sont renvoyés, 13 juin.

Le roi, que les Jacobins accusaient de vouloir la guerre, avait tout fait pour l'éviter. Les meilleures chances qu'elle lui présentât étaient très mauvaises. Une victoire de La Fayette ou quelque autre général n'aurait relevé le trône que pour le mettre en tutelle. Une défaite exaspérait Paris, faisait accuser le roi, lançait l'émeute aux Tuileries. Et si, par impossible, il n'en était pas ainsi, qui triomphait? qui revenait? Monsieur et l'émigration, le futur régent de France, celui près duquel la Russie avait déjà des envoyés. La reine en particulier avait tout à craindre; elle savait parfaitement qu'elle était haïe, chansonnée à Coblentz, que Monsieur était son ennemi, et le comte d'Artois dans la main de son ennemi, Calonne. Si les princes revenaient vainqueurs, le résultat eût bien pu être, non pas de délivrer la reine, mais tout au contraire de lui faire son procès et de l'enfermer; souvent on en avait parlé. Monsieur aurait satisfait ainsi sa vieille haine personnelle et celle de la nation.

Donc, quoique Louis XVI eût toujours à Vienne son agent, Breteuil, et que la reine correspondît toujours avec Bruxelles, avec le vieil ambassadeur de famille, M. de Mercy-Argenteau, ils crurent devoir envoyer un agent spécial au cabinet autrichien pour s'entendre avec lui sur la manière dont il convenait qu'il fît la guerre à la France. Il s'agissait d'obtenir que l'Autriche n'agît point à part, ce qui eût confirmé l'accusation ordinaire contre une reine autrichienne, mais que l'Autriche et la Prusse, de concert avec les autres puissances, par un manifeste commun, dirigé contre la secte anti-sociale, au nom de la société, de l'Europe, établissent qu'elles faisaient *la guerre aux Jacobins*, et non à la nation, déclarant à l'Assemblée, à toutes les autorités, qu'on les rendait responsables de tout attentat contre la famille royale, offrant de traiter, mais seulement avec le roi. Il fallait surtout recommander aux émigrés, de la part du roi, de s'en remettre à lui et aux cours intervenantes, de paraître comme parties dans le débat et non comme arbitres, de ne point devenir, par l'irritation que causerait leur présence, l'occasion de la guerre civile.

Ces instructions, rédigées sans doute par les Feuillants, que la cour consultait encore, furent confiées à un jeune Genevois, Mallet du Pan, dévoué au roi, zélé, plein de talent et d'esprit. Il parla avec beaucoup d'âme, avec la chaleur et le cœur d'un homme attendri sur les malheurs de la famille royale, et il gagna son procès. Il obtint des négociateurs réunis d'Autriche et de Prusse cette chose qui semblait difficile, que les émigrés, ceux qui avaient sacrifié leur patrie, leur fortune et leur existence à la cause royale ne fussent point employés pour elle; du moins, qu'ils fussent divisés en plusieurs corps, employés à part, et, chose intolérable à cette orgueilleuse noblesse, placés en seconde ligne. C'était une solennelle déclaration de défiance que le roi semblait faire à ses plus ardents serviteurs. Il se fiait aux Allemands, Autrichiens et Prussiens, non aux Français de sa noblesse. Cela était-il politique? L'invasion, ayant les émigrés pour avant-garde, aurait paru française encore, et la France aurait pu se dire, après tout, qu'elle était vaincue par la France. Ces Français, même aristocrates, s'ils restaient ensemble, s'ils constituaient une armée au sein de l'armée ennemie, la surveillaient, cette armée, et lui rendaient difficile de garder ce qu'elle prendrait. L'étranger devait entrer volontiers dans les vues de Louis XVI, diviser l'émigration; elle était pour lui, dans l'invasion, un embarras, un témoin, un compagnon incommode. Au contraire, dans le plan qu'on offrait au nom du roi, la France noble étant écartée et la France populaire n'étant pas organisée, l'étranger était à l'aise ; nul grand obstacle probable ; le royaume lui était ouvert à discrétion.

Quel était le plan de la guerre, dans la pensée de celui qui la préparait, Dumouriez ? C'était, par la Révolution, de conquérir ou délivrer un pays déjà en révolution, les Pays-Bas autrichiens, réduits à peine par l'Empereur, mal contenus, frémissants. Dumouriez employait deux vieux généraux aux deux ailes de la bataille, Luckner à garder la Franche-Comté, Rochambeau à garder la Flandre. Ces corps secondaires devaient inquiéter Luxembourg, y porter toute l'attention. Mais tout à coup La Fayette, qui avait l'armée du centre, descendant vivement la Meuse, poussant de Givet à Namur, s'appuyant bientôt d'un corps que Rochambeau enverrait de Flandre sous le général Biron, enlèverait Namur, atteindrait Bruxelles, où la Révolution belge accueillerait à bras ouverts son libérateur.

Dumouriez a raison de dire que, dans son plan, La Fayette avait le beau rôle : il était l'avant-garde de l'invasion, il en avait la première gloire, les premiers résultats, immenses et faciles ; dans la situation où semblait la Belgique, il avait l'insigne bonheur de conquérir un pays qui voulait être conquis. Les résultats à l'intérieur pouvaient être décisifs. Le général des Feuillants, l'homme qui, le 17 juillet, avait exécuté leurs ordres et cru un moment restaurer le trône à coups de fusil, avec quelle autorité ne parlerait-il pas de Bruxelles à Paris, commandant aux factions l'ordre et le silence, au nom de la victoire ? Les Jacobins atterrés, à qui s'adresseraient-ils, pour ne pas périr, sinon au ministre habile, hardi, qui, sous le bonnet rouge, leur aurait porté ce coup ? Feuillants, Jacobins, le peuple et le roi, tous balancés les uns par les autres, se trouveraient, en réalité, dans la main de Dumouriez.

Ce plan était ingénieux. Dumouriez, porté au pouvoir par la Gironde, par son triomphe sur le roi, employait le pouvoir qu'elle venait de lui donner au profit du roi et des Feuillants contre la Gironde et les Jacobins; toutefois, non pas tellement sans doute qu'il voulût laisser écraser les Jacobins par les Feuillants ; à ce moment, selon toute apparence, il se fût refait Jacobin, assez pour neutraliser tout et dominer les partis.

Dans ses *Mémoires*, pleins d'esprit, d'artifices, de réticences et de mensonges, il y a toutefois ce naïf aveu, ce trait de lumière : qu'il n'osait, par-devant le public et l'opinion, nommer le Feuillant La Fayette général en chef, mais qu'en réalité, une fois en pays ennemi, se trouvant supérieur en grade aux officiers généraux que Rochambeau lui prêtait, La Fayette commandait seul, seul prenait Namur et Bruxelles.

Ajoutons la conclusion que Dumouriez se garde bien de donner, mais qui n'est pas moins certaine : que la victoire d'un Feuillant était infailliblement en France la victoire du parti feuillant, avec lequel Dumouriez (en évitant toutefois les relations personnelles) conspirait dans un même but.

A ce plan si bien conçu il manqua deux choses.

La première, un général. La Fayette, partisan de la guerre défensive, ainsi que Rochambeau, n'était nullement, malgré son incontestable courage, l'homme d'audace et d'aventure qui se serait lancé dans le pays ennemi. Il amena, à grand'peine, dix mille hommes à Givet, par une marche rapide. Mais là il sentit qu'il avait peu de monde pour une si grande entreprise et ne bougea plus.

L'autre difficulté, c'est que ni La Fayette ni Dumouriez (avec tout son jacobinisme et son bonnet rouge) n'étaient vraiment disposés à remuer la Belgique d'une propagande hardie. Il fallait l'encourager, l'animer, la soulever, la plonger profondément dans la Révolution. Qui eût fait cela, s'il vous plaît, et qui en avait besoin? Ceux précisément qui, en France, voulaient arrêter la Révolution! La duplicité de Dumouriez, son immoralité, rendaient son génie impuissant. La condition première de son plan, c'était d'agir franchement aux Pays-Bas, de leur inspirer d'avance une foi forte dans la sincérité de la France, de porter bien haut dans cette guerre le drapeau de la liberté. Loin de là, ce fut une guerre politique, préparée, menée par un homme sans foi, qui pourtant n'avait de chance sérieuse de succès que dans la foi. Il exploitait un principe, pour que ce principe triomphant aux Pays-Bas lui servît à neutraliser le même principe en France.

Et à qui remettait-il le drapeau de la Révolution ? A celui qui, au Champ de Mars, l'avait abattu de l'autel de la Patrie, traîné dans le sang. Ce drapeau où la Gironde voyait d'avance celui de la République, il était confié par un royaliste à un royaliste, par un intrigant à un incertain, par l'homme faux à l'homme vague, pour revenir ici comme drapeau de la royauté. Bizarre, immorale conception, qui, si elle eût pu réussir, eût fait le succès, non de Dumouriez, non de La Fayette, mais de la contre-révolution et des ennemis de la France.

On put, dès l'entrée en campagne, se convaincre du danger énorme qu'il y avait à administrer la guerre par les partisans de la paix. Dumouriez, le ministre dirigeant, qui gouvernait le ministère de la guerre par son homme, le faible De Grave, avait, par égard pour la cour, gardé tout l'ancien personnel de cette administration. Ces employés de l'Ancien-Régime ne pouvaient montrer grand zèle pour le succès de la croisade révolutionnaire qui, dans la réalité, se faisait contre leurs principes. Leur mauvaise volonté, leur empressement à s'excuser sur la désorganisation des services, à l'augmenter au besoin, leur mauvaise humeur, leur négligence, tout cela éclata sur le terrain, au moment le plus dangereux. Les infortunés volontaires de la garde nationale, qui, au fort de l'hiver même, étaient venus, pleins d'ardeur, couvrir la frontière, étaient délaissés sans secours de l'administration. A qui la faute? Aux finances? Non; l'impôt se recouvrait; les millions de la liste civile arrivaient toujours à point pour solder les journalistes de la contre-révolution, les Suleau et les Royou. Ces volontaires restaient sans fusils. Il leur arriva, pendant deux ou trois jours, au moment d'entrer en campagne, de ne point avoir de vivres. La ligne n'était pas mieux. A toute réclamation, refus, dédains insolents. Les munitionnaires, employés, étaient amis de l'ennemi; tous les commis de la guerre étaient pour la paix *quand même*. Le vieux maréchal Rochambeau ne voulait de guerre que défensive. Il était mortifié de voir Dumouriez adresser les ordres tout droit à ses lieutenants. Les embarras qu'éprouvait le mouvement d'invasion ne lui déplaisaient nullement. Il hochait la tête, haussait les épaules, ne présageait rien de bon.

Dumouriez, tout en faisant de la chevalerie avec la reine et le roi, comme on voit dans ses *Mémoires*, n'en était pas moins lié en dessous avec la maison d'Orléans. Il lui fallait absolument un roi, une cour, les facilités de gaspillage que donne seule la monarchie. Il voyait dans le jeune duc de Chartres comme un *en-cas* monarchique, si Louis XVI tombait. Il employait volontiers des officiers généraux du parti de cette maison, comme Biron et Valence. Cette fois, le mouvement du Nord devait commencer par Biron, qui devait, en terre ennemie, rejoindre l'armée de La Fayette. Le 28 avril, au soir, Biron s'empara de Quiévrain et marcha sur Mons. Le 29, au matin, Théobald Dillon se porta de Lille à Tournai. Des deux côtés, même aventure. La cavalerie, généralement aristocrate, spécialement les dragons, à Tournai devant l'ennemi, à Mons sans même voir l'ennemi, se met à crier : « Sauve qui peut! nous sommes trahis! » Elle passe sur le corps des fantassins volontaires; ceux-ci, débandés, démoralisés, se mettent à fuir à toutes jambes. Rentrés à Lille et furieux, ils s'en prennent à leurs chefs, qui, disent-ils, voulaient les livrer. Ils massacrent Dillon dans une grange. La populace de Lille se met aussi de la partie et pend plusieurs prisonniers.

Trois ou quatre cents hommes périrent. Échec petit en lui-même, grave au commencement d'une guerre, mais qui eut l'heureux effet d'enfler au dernier point de confiance et de sottise l'orgueil de nos ennemis. Les faux tacticiens de Prusse prirent de plus en plus confiance dans le soldat automate, de plus en plus méprisèrent le soldat d'inspiration. Aux officiers qui achetaient des chevaux pour la campagne, Brunswick disait : « Messieurs, ne vous mettez pas tant en frais; tout ceci ne sera qu'une promenade militaire. » La promenade, il voulait la faire à l'allemande, lente, agréable et méthodique. En vain, M. de Bouillé, qui connaissait bien autrement le terrain et la situation, lui disait qu'on manquerait tout si l'on ne faisait une pointe hardie, rapide, en Champagne, tout droit sur Paris. Brunswick était moins pressé. Le romanesque ministère de Madame de Staël lui avait adressé, dit-on, l'étrange proposition de le faire, s'il voulait, roi de France. Il paraît n'avoir pas pris la chose au sérieux. Et toutefois, telle est la faiblesse des hommes, toute ridicule que fût cette idée, elle lui troublait l'esprit. Il voulait voir ce que deviendrait cette grande affaire de France, pas tout à fait mûre encore ni suffisamment embrouillée.

Dumouriez, avec l'intrépidité d'effronterie qui brille partout dans ses *Mémoires*, fait entendre que la Gironde, qui avait poussé à la guerre d'un effort désespéré, fut précisément l'auteur de l'échec. S'il ne dit la chose tout à fait ainsi, il la pose implicitement dans ces deux assertions : 1° il y eut complot; 2° la Gironde y avait intérêt. Ce dernier point est vraiment contestable, inadmissible. Les avocats de la guerre, qui tant de fois avaient juré le succès et la victoire, recevaient d'aplomb sur la joue le coup du premier revers.

Il y parut le soir du 30 avril, au moment où se répandit dans Paris la lettre qui annonçait le désastre du 28. Brissot, qui jusque-là luttait aux

Jacobins contre Robespierre, fut décidément écrasé par lui.

Une paix fort équivoque avait été ménagée entre eux par l'intermédiaire de Pétion. Robespierre, le soir du 30, croyant les Girondins à bas par l'effet de la grande nouvelle, les attaque avec une fureur, une clameur, une gesticulation qui ne lui étaient pas naturelles. Il prétendit qu'ils avaient, dans leurs journaux, falsifié le compte-rendu des derniers débats terminés par la pacification. Il leur reprocha surtout d'avoir dit que Marat le proposait pour tribun. En réalité, Marat n'avait rien dit de tel. Seulement, dans tel numéro, il demandait un tribun; dans tel autre, il louait Robespierre et montrait en lui le plus digne (après lui-même sans doute). Les Girondins en tiraient la conclusion que tout le monde y voyait : que Marat désignait implicitement pour tribun ou Robespierre ou Marat.

Les tribunes, fortement chauffées, ce soir-là pleines de femmes fanatiques, pesaient sur les Jacobins, intervenaient par moments avec des cris passionnés. Des Cordeliers très ardents, Legendre, Merlin, Fréron, Tallien, étaient venus pour entraîner la masse des indécis. Brissot et Guadet, à cette heure, ne pouvaient quitter l'Assemblée. Le Girondin Lasource, qui présidait les Jacobins, fut obligé aussi, pour aller à l'Assemblée, de céder le fauteuil à Dufourny, un homme de Robespierre. Sous l'influence d'un concours si heureux de circons-

tances, la chose fut emportée. La société déclara
« qu'elle démentait *les diffamations, les calomnies* de
Brissot et Guadet contre Robespierre ». (30 avril 1792.)

Celui-ci enfonça le coup par des moyens bien
étranges, pour un homme qui naturellement aimait
le pouvoir. Il se lança dans son journal en pleine
anarchie, louant les soldats au moment où ils
venaient de fuir en massacrant leurs chefs, s'opposant aux mesures sévères que l'Assemblée prenait pour assurer la discipline. Il demandait qu'on
réunît les soldats licenciés, qu'on en formât une
armée; selon lui, ils n'étaient pas moins de
soixante mille, et à cette armée, si nombreuse, il
proposait froidement de donner une double solde.
Comme règle, en général, il posait l'indépendance
absolue du soldat à l'égard de l'officier, sauf deux
moments, l'exercice et le combat.

Cette tendance désorganisatrice, remarquable dans
Robespierre, éclata le 20 mai, aux Jacobins, lorsqu'il combattit et fit rejeter une proposition girondine que les plus violents Cordeliers, par exemple
Tallien, avaient appuyée, et qui, dans cette extrême
crise, au début d'une guerre si mal commencée,
était véritablement de salut public. Le secrétaire
de Brissot, Méchin, proposait aux Jacobins d'accélérer par leur influence le payement des contributions, dont la régularité était si importante en
un tel moment, d'écrire à ce sujet aux sociétés
affiliées, et, pour que la société mère prêchât
elle-même d'exemple, de ne donner les cartes du

prochain trimestre qu'aux membres qui prouveraient qu'ils avaient payé l'impôt. Robespierre fit une objection vraiment surprenante : « Une quittance d'imposition est-elle un garant de patriotisme?... Un homme, gorgé du sang de la nation, viendra apporter sa quittance, etc... Il me semblerait meilleur citoyen, celui qui, pauvre, mais honnête homme, gagnerait sa vie sans pouvoir payer ses contributions, que celui qui, gorgé peut-être de richesses, ferait des présents puisés à une source corrompue », etc. — Puis, après cette lâche flatterie au populaire, cet encouragement à l'égoïsme, à la désorganisation en présence de l'ennemi, il revenait à son texte éternel, se lamentait sur lui-même, pour mieux frapper sur les autres : « Perfides intrigants, vous vous acharnez à ma perte, mais je vous déclare *que plus vous m'avez isolé des hommes, plus vous m'avez privé de communication avec eux...* »

Cette citation textuelle des *Rêveries* de Rousseau était prodigieusement ridicule, au moment où il se retrouvait plus que jamais entouré des Jacobins, qui, pour lui, le 30 avril, avaient définitivement rompu avec la Gironde. Tallien même, qui, le 30, avait aidé au succès de Robespierre, ne put s'empêcher ici d'éprouver un mouvement d'indignation et de mépris pour ce bavardage hypocrite. — Son maître, Danton, moins jeune et plus politique, en effaça l'impression par un éloge enthousiaste des vertus de Robespierre. Il allait avoir besoin de se lier étroitement avec lui. Dumouriez, de plus en plus suspecté des Girondins, comme intrigue et comme argent, avait fait tâter Danton. — Pour les perdre et sauver la Cour, pour fermer la voie à la République, il ne voyait nul moyen qu'une conjuration monstrueuse des extrémités contre le milieu, de l'intérêt royaliste avec l'intérêt jacobin. La Gironde, placée entre, devait périr étouffée.

La Gironde battait de l'aile. Elle avait reçu deux coups : à la frontière, par le premier échec d'une guerre qu'elle avait conseillée ; — aux Jacobins, par la victoire de Robespierre sur Brissot. Elle se releva par un coup de foudre, qui frappa directement la Cour, indirectement ceux qui, comme la Cour, avaient été les partisans de la paix, par conséquent Robespierre. La machine était bien montée, avec une entente habile des besoins d'imagination qu'avait cette époque, émue, inquiète, crédule, tout affamée de mystère, accueillant avidement tout ce qui lui faisait peur. C'était la dénonciation à grand bruit d'un *comité autrichien*, qui, trente ans durant, avait gouverné la France et ne voulait aujourd'hui pas moins que l'exterminer.

Le premier coup de tambour pour attirer l'attention, coup rudement retentissant, donné fort, à la Marat, le fut par le Girondin Carra dans les *Annales patriotiques*. Le comité autrichien, disait-il, préparait dans Paris une Saint-Barthélemy générale des patriotes. Montmorin, Bertrand, étaient nominalement désignés ; grand émoi : le juge de paix du quartier des Tuileries n'hésite pas à lancer un mandat d'amener contre trois représentants du témoignage desquels Carra s'était appuyé.

Ainsi audace pour audace. La Cour avait organisé cette redoutable garde, dont on a parlé plus haut; elle pensait avoir aussi une notable partie de la garde nationale. La nouvelle du revers de Flandre avait été saluée de tous ces aristocrates par des cris de joie. L'Assemblée, battue à Mons, à Tournai, ne leur faisait plus grand'peur; ils la méprisaient au point d'oser lancer contre elle un simple juge de paix, un tout petit magistrat du quartier des Tuileries.

Ils perdirent confiance, quand Brissot (le 23 mai) ramenant la dénonciation à des termes plus sérieux, parmi quelques hypothèses, articula les faits certains que la publication des pièces et le progrès de l'histoire ont décidément confirmés. Il établit que les Montmorin et les Delessart, véritables mannequins, étaient dirigés par le fil que tenait M. de Mercy-Argenteau, l'ancien ambassadeur d'Autriche, alors à Bruxelles; lui seul en effet eut toujours pouvoir sur la reine. D'autre part, Louis XVI avait son ministre à Vienne, au su de toute l'Europe, M. de Breteuil. Appuyé sur de nombreuses pièces, systématisant et liant des faits isolés, Brissot montra le comité étendant sur la France un réseau immense d'intrigues, la travaillant au moyen d'une puissante manufacture de libelles. Une des pièces citées était curieuse;

c'était une lettre de notre envoyé à Genève, qui se déclarait autorisé par le roi à prendre du service dans l'armée du comte d'Artois. Brissot concluait à l'accusation de Montmorin et voulait qu'on interrogeât Bertrand de Molleville et Duport-Dutertre. Pour Bertrand, ses *Mémoires* nous prouvent aujourd'hui qu'il n'y a jamais eu de défiance mieux méritée.

L'Assemblée eut la prudence d'ajourner. Elle voyait aux mains de la cour l'arme la plus dangereuse, la garde constitutionnelle, qu'il fallait d'abord briser. On supposait que cette garde pouvait ou frapper l'Assemblée ou bien enlever le roi; six mille hommes, et de tels hommes, armés et montés ainsi, n'avaient qu'à agir d'ensemble, mettre le roi au milieu d'eux : il n'y avait nulle force dans Paris qui pût empêcher le coup.

Cette garde *constitutionnelle* allait toujours se recrutant d'éléments bizarres qui contrastaient avec ce nom. Tout doucement on y fourrait, parmi les bretteurs et maîtres d'escrime, parmi les gentilshommes bretons, vendéens, une recrue de fanatiques qu'on aurait appelés à une autre époque la fleur des *Verdets* du Midi. Il y avait particulièrement de furieux Provençaux, venant de la ville d'Arles, de la faction arlésienne, trop connue sous le nom de *la Chiffonne*. Il y avait une élite de jeunes prêtres robustes, à qui l'Église, qui a horreur du sang, n'en avait pas moins permis de déposer la soutane pour prendre l'épée, le poignard et le pistolet.

Tout cela, indécent, hardi, bavard et vantard. — Tous étant hommes de choix, ou par la force du corps, ou pour le maniement des armes, chacun d'eux croyant avoir un facile avantage dans toute lutte individuelle, ils allaient, venaient, se montraient dans les promenades publiques, comme s'ils avaient dit tout haut : « Nous sommes les conspirateurs. » Ils entassaient à plaisir la haine, la colère et l'irritation.

Ce fut la voix même de Paris qui parla, le 22 mai, dans une lettre de son maire, Pétion, au commandant de la garde nationale, il exprimait la crainte générale du départ du roi et l'invitait, sans détour, à observer, surveiller, multiplier les patrouilles *dans les environs* (sans doute des Tuileries). — Le roi s'en plaignit amèrement le lendemain, dans une lettre que le directoire du département fit afficher dans Paris. Pétion ne désavoua rien et répliqua avec force. Cette étrange guerre de paroles entre le roi et le maire semblait l'annonce d'une guerre réelle et en actes.

Toutes sortes de dénonciations arrivaient à l'Assemblée. Des faits, en eux-mêmes insignifiants, ajoutaient aux alarmes. C'était une masse de papiers qu'on avait brûlés à Sèvres (un libelle contre la reine). C'était Sombreuil, le gouverneur des Invalides, qui leur avait ordonné de céder la nuit leurs postes aux troupes de garde *ou de la garde du roi*, qui pouvaient se présenter. Le 28 mai, Carnot proposa et l'Assemblée décréta que, pendant le danger public, elle restait en permanence, et elle y resta en effet quatre jours et quatre nuits. — Le 29, Pétion, dans un rapport à l'Assemblée sur la situation à Paris, parmi des choses rassurantes, dit celle-ci, effrayante : « Que la tranquillité actuelle ressemblait au silence qui succède aux coups de la foudre. » Tout le monde se tenait pour dit que le coup pourtant n'était pas encore tombé.

C'est l'Assemblée qui le porta. Le 29, passant outre sur la peur des assassinats, elle se fit faire par Bazire un rapport accusateur contre la garde du roi, rapport plein de faits terribles. Il y avait, entre autres, celui de la joie impie, barbare, qui avait éclaté dans ce corps pour l'échec de Mons, l'espoir que Valenciennes était pris par les Allemands, et que, sous quinze jours, l'étranger serait à Paris. Une déposition remarquable est celle d'un cavalier, le fameux Murat, qui, sortant de cette garde et donnant sa démission, déclare qu'on a voulu le gagner à prix d'argent et l'envoyer à Coblentz.

Le même jour, 29 mai, dans la séance du soir, Guadet, Vergniaud, à coups pressés, frappèrent et refrappèrent l'enclume. On croyait que l'affaire traînerait, elle fut brusquée. L'Assemblée décréta le licenciement immédiat, ordonna que les postes des Tuileries fussent remis à la garde nationale, ajoutant que ce décret se passerait de sanction. Une addition spéciale fut faite pour arrêter le commandant de la garde du roi, le duc de Brissac, qui, dit-on, la fanatisait par ses violentes paroles. Cette sévérité pour

Brissac s'explique peut-être en partie par l'insolence d'un député, le colonel de Jaucourt, qui, pendant qu'on décrétait, alla menacer Chabot, sur son banc, de lui donner cent coups de bâton. L'Assemblée crut devoir imposer aux militaires, leur faire sentir sur eux la pesante main de la loi.

L'attitude menaçante du peuple et des sections, qui vinrent à la barre demander de se constituer en permanence, donna beaucoup à réfléchir aux capitans du royalisme. Point ne soufflèrent contre le décret. Ils quittèrent leurs portes, mirent bas l'habit bleu ; mais ce ne fut point du tout pour abandonner la partie ; plusieurs d'entre eux prirent l'habit rouge et continuèrent de se promener dans Paris, armés jusqu'aux dents, sous l'uniforme des Suisses.

Au moment où la Gironde frappait ainsi la royauté, elle était elle-même frappée violemment aux Jacobins. Robespierre y faisait un effort désespéré pour lui ôter ce qu'elle gagnait de popularité par le licenciement de la garde du roi. Il prononça, le 27, une solennelle accusation contre Brissot, Condorcet, Guadet, Gensonné, etc. Il les accusa de donner les places. Il les accusa d'abandonner partout la cause des patriotes, celle des soldats licenciés, celle des massacreurs d'Avignon, etc. Il les accusa d'être d'accord avec les Feuillants, avec Narbonne, La Fayette et la cour. Le tout assaisonné de cette meurtrière, perfide, pateline accusation : « Vous connaissez cet art des tyrans de provoquer un peuple, *toujours juste et bon*, à des mouvements irréguliers, pour l'immoler ensuite et l'avilir au nom des lois. »

Puis ce pénétrant coup de dard : il leur demandait pourquoi ils avaient fait donner un million et demi aux généraux, six millions à Dumouriez, avec dispense d'en rendre compte. Il étendait ainsi habilement aux Girondins les soupçons fort légitimes que donnait pour tout maniement d'argent, leur équivoque associé. Ces soupçons, ils les avaient eux-mêmes. Ils les avaient tellement que « la dispense de rendre compte » ne se retrouvait pas dans la rédaction définitive qu'ils firent du décret. Dumouriez en fit un tel bruit et cria si haut, pour son honneur outragé, offrant même sa démission, que l'Assemblée ne put ne point replacer au décret le petit mot qui semblait lui tenir tellement au cœur.

Juste ou non, l'accusation de Robespierre prit si bien aux Jacobins qu'il obtint, le même jour, que toute affiliation nouvelle serait suspendue, c'est-à-dire que les Jacobins ne couvriraient point de leur nom les sociétés de province, fort nombreuses, qui se formaient en ce moment sous le drapeau de la Gironde. Il voulait que ces nouveaux venus restassent en quarantaine, ou que, par le seul fait du retard que la société mère mettait à les admettre, ils devinssent suspects au peuple de modérantisme et de feuillantisme, vulnérables aux coups de la presse robespierriste, aux savantes accusations qu'ici l'on combinerait et qu'on enverrait de Paris.

La Gironde, à ces attaques, prêta le flanc par une chose qu'elle fut obligée d'accorder à l'opinion générale de la garde nationale de Paris. Elle devait la ménager fort, au moment où elle n'avait nulle autre force, pour consommer le licenciement de la garde du roi; les piques n'étant pas encore organisées, ni le peuple armé, la garde nationale était tout. Le maire d'Étampes, Simoneau, ayant été tué, en s'opposant bravement à l'émeute, dans une affaire relative aux grains, sa mort fut l'occasion du plus grand enthousiasme pour tous ceux qui souffraient des troubles et voulaient le maintien des lois. On vota les honneurs funèbres; Brissot fut pour, Robespierre contre. On soutint que Simoneau était un accapareur, qu'il avait mérité de périr. Cette fête *de la Loi*, comme on l'appela, fut mise en opposition avec la *fête de la Liberté*, célébrée en avril pour les soldats de Châteauvieux; reproduite et ressassée dans toutes les accusations, on en fit un crime horrible dont on accablait la Gironde.

Le ministère mixte, fourni par la Gironde et Dumouriez, s'était désorganisé par suite de l'échec de Flandre, qui retombait sur Dumouriez et lui coûta un homme à lui, le ministre de la guerre, qu'il ne put couvrir assez. Il dut accepter à sa place un ministre tout girondin, le colonel Servan, militaire philosophe, ex-gouverneur des pages, écrivain sage, estimé, l'homme de Madame Roland, et qui ne bougeait pas de chez elle. Le public, voulant absolument qu'elle eût un amant, lui donnait Servan à cette heure; et il en fut toujours de même de tous les hommes qui reçurent l'impulsion du cœur viril et politique de cette femme, nous pourrions dire : de ce vrai chef de parti. Elle mérita ce nom au moment dont nous racontons l'histoire. Elle marqua non plus par le style, la forme éloquente, mais par l'initiative. Elle eut celle des deux mesures qui devaient briser le trône.

Le conseil, neutralisé par Dumouriez, n'avançait à rien et ne faisait rien. L'Assemblée, sauf la mesure du licenciement de la garde, allait (qu'on me passe une expression d'alors), allait *brissotant* et ne faisait guère. Et la guerre avait commencé, et commencé par un honteux revers, commencé par dévoiler la pitoyable désorganisation de l'intérieur, la guerre restant administrée par les employés de l'Ancien-Régime, par les ennemis de la guerre. Pourquoi l'ennemi n'avançait-il pas, et qui l'empêchait? On ne pouvait le deviner. L'ennemi? Il était à Paris. Cette garde licenciée pour avoir changé d'habit, elle était là, tout armée, en mesure de frapper un coup; tout au moins elle pouvait, l'étranger entrant en France, s'acheminant vers Paris, lui donner la main d'ici, l'attendre et l'aider, de sorte qu'au jour décisif nos défenseurs verraient l'ennemi devant et derrière, ne verraient rien qu'ennemis.

Une lettre, une feuille de papier brisa tout ceci. Servan, sous l'inspiration audacieuse de Madame Roland et sous sa dictée peut-être, oubliant qu'il était ministre et ne se souvenant que des dangers de la patrie, écrivit à l'Assemblée pour lui proposer d'établir ici, à l'occasion du 14 juillet, un camp de vingt mille volontaires. On connaissait leur enthousiasme, leur patriotisme. Cette petite armée d'ardents citoyens, planant sur Paris, neutralisait les forces irrégulières et secrètes qu'y tenait la cour. C'était une menace suspendue sur elle, une épée nue sur la tête des restaurateurs intrigants ou chevaleresques de la royauté, des Dumouriez et des La Fayette.

C'est ici qu'on voit éclater tout l'obscur de la calomnie tant répétée par Robespierre sur la prétendue alliance de La Fayette et des Girondins. De qui part la proposition qui devait rendre impossible les réactions royalistes et militaires de La Fayette? De qui? De Madame Roland, c'est-à-dire incontestablement du vrai génie de la Gironde.

Dumouriez se sentit frappé à ce coup imprévu, et il avoue qu'au premier conseil, son émotion fut si vive, et la dispute si âcre, que, sans la présence du roi, le conseil aurait fini d'une manière sanglante. — « Eh bien, dit Clavières (le ministre girondin des finances), si Servan, pour tout arranger, retirait sa motion? » — L'effet eût été terrible pour le roi et pour Dumouriez. Celui-ci sentit le piège, rejeta l'offre avec fureur, disant qu'en reculant ainsi on rendrait l'Assemblée plus ardente pour le décret, qu'on ameuterait le peuple, qu'au lieu de vingt mille hommes, il en viendrait quarante mille, sans décret, pour renverser tout; qu'il savait bien le moyen de prévenir le danger. Son moyen, c'était peu à peu d'en débarrasser Paris, sous prétexte des besoins de la guerre, de les faire filer à Soissons.

Robespierre n'était guère plus content du décret que Dumouriez. La grande et confiante initiative que la Gironde prenait, d'appeler ici sans crainte cette élite ardente de la France armée, lui perçait le cœur. Sa crainte, son fiel et son envie se dégorgèrent longuement, et dans son journal, et aux Jacobins. Mais, par là, il donnait occasion aux enfants perdus de la Gironde, tels que Girey-Dupré, Louvet, de faire remarquer le singulier accord qui se trouvait toujours depuis quelque temps entre les opinions de Robespierre et celles de la cour, sur la guerre, par exemple, et sur le camp de vingt mille hommes. De là ils insinuaient malignement, perfidement, que ce Caton n'était pas net, que, sous terre peut-être, et par des voies mystérieuses, il pourrait bien exister quelque secret passage des Tuileries aux Jacobins, que le comité autrichien pouvait bien avoir un organe dans la trois fois sainte tribune de la rue Saint-Honoré.

La question des vingt mille hommes était toute de circonstance, accidentelle, extérieure. La question intérieure, supérieure, était celle du clergé.

En attendant la Vendée, le clergé faisait déjà à la Révolution une guerre qui suffisait pour la faire mourir de faim. Il ajoutait au *credo* un nouvel article : « Qui paye l'impôt est damné. » Nul point de foi ne trouvait le paysan plus crédule; avec ce simple mot, habilement répandu, le prêtre, sans bouger, paralysait l'action du gouvernement, tranchait le nerf de la guerre, livrait la France à l'ennemi.

Rien n'égalait leur audace. En pleine Révolution, la vieille juridiction ecclésiastique réclamait son indépendance, agissait en souverain. Un prêtre du faubourg Saint-Antoine s'était marié; nulle loi n'y était contraire, l'Assemblée l'avait reconnu. Il n'en fut pas moins dénoncé et poursuivi par ses supérieurs ecclésiastiques.

La force de la contre-révolution, on ne saurait trop le dire, était dans les prêtres. Dire qu'on pouvait tourner l'obstacle, c'est n'avoir aucune notion de la situation. Le clergé s'était mis partout en travers de la Révolution, pour lui barrer le passage; elle arrivait avec la force d'une impulsion immense, d'une vitesse accumulée par l'obstacle et par les siècles, elle allait toucher cette barre, la briser ou se briser.

Le plus doux, le plus humain des hommes de la Gironde, Vergniaud, demanda un décret pour la déportation des prêtres rebelles. Roland présenta (dès avril) les arrêtés déjà portés contre eux par quarante-deux départements. Le 27 mai, le décret fut porté d'urgence : « La déportation aura lieu dans un mois, hors du royaume, si elle est demandée par vingt citoyens actifs, approuvée par le district, prononcée par le département. Le déporté aura trois livres par jour, comme frais de route, jusqu'à la frontière. »

La sanction de ce décret était la vraie pierre de touche qui allait juger le roi.

S'il accordait la sanction, son appui moral était manifestement ôté à cette grande conspiration du clergé qui couvrait la France. S'il la refusait, il restait le centre d'action, le chef, le véritable général de la contre-révolution.

Ce n'était pas, comme on l'a tant dit, une simple question de conscience, celle d'un individu, sans responsabilité, qui eût à se consulter, lui tout seul, entre soi et soi. C'était le premier magistrat du peuple qui restait ou cessait d'être le chef d'une conspiration permanente contre le peuple. Si sa conscience lui commandait la ruine et la mort du peuple, son devoir était d'abdiquer.

Les Feuillants, devenus tous royalistes et dévoyés du bon sens par l'excès de l'irritation, ne contribuèrent pas peu à encourager sa résistance insensée. Ils défendaient le fanatisme au nom de la philosophie; c'était, disaient-ils, affaire de tolérance, de liberté religieuse, — tolérance des conspirateurs et liberté des assassins. — Le sang coulait déjà dans plusieurs provinces, spécialement en Alsace. Simon (de Strasbourg) affirma que déjà plus de cinquante prêtres constitutionnels avaient été égorgés, soixante de leurs maisons saccagées, leurs champs dévastés, etc.

Le refus obstiné du roi d'abandonner le clergé ennemi de la constitution, l'encouragement tacite qu'il donnait aux prêtres rebelles de résister, de persécuter les prêtres soumis, équivalait à un persévérant appel à la guerre civile. On pouvait dire qu'elle avait son drapeau sur les Tuileries, visible à toute la France.

Le roi, tout captif qu'il était, voyait encore autour

de lui de grandes forces matérielles. Il croyait avoir deux armées : les *Royalistes*, concentrés à Paris, où il y avait, disait-on, jusqu'à douze mille chevaliers de Saint-Louis; plus, la garde constitutionnelle, qui, toute licenciée qu'elle était, touchait paisiblement sa solde, se tenait prête à agir. L'autre armée, c'étaient les *Feuillants*, très nombreux dans la garde nationale, et qui avaient tous les officiers, beaucoup de soldats dans le camp de La Fayette. Il suffisait, disait-on, que le roi fît un signe, et La Fayette arrivait.

L'insolence des fayettistes et la vive opposition de ce parti et de la Gironde, qu'on accusait tant d'être unis, éclatèrent dans une visite que deux aides de camp de La Fayette firent à Roland, sans à-propos, sans prétexte vraisemblable, comme s'ils n'eussent voulu voir le ministre que pour chercher une occasion de querelle. Ils lui dirent ce qu'ils avaient dit déjà dans les cafés et partout, qu'il fallait augmenter les troupes, que *les soldats étaient des lâches*, etc. Roland prit mal ce dernier mot, défendit l'armée, l'honneur de la nation, dit qu'il fallait accuser l'officier plus que le soldat; il écrivit à La Fayette les propos déplacés de ses aides de camp. La Fayette répondit en vrai marquis de l'Ancien-Régime, qu'ils n'avaient pu se confier à un homme « que personne ne connaissait, dont la nomination, insérée dans la *Gazette*, avait révélé l'existence »; qu'il ne croyait pas un mot du récit; *qu'il haïssait les factions, méprisait leurs chefs.*

Un tel langage adressé à un ministre ne devait pas compter comme insulte individuelle; c'était un défi au ministère, au gouvernement, au parti gouvernant, à la Gironde, une déclaration de guerre. On pouvait conjecturer que celui qui tenait un si superbe langage à l'homme de l'Assemblée, ce César allait, d'un jour à l'autre, passer le Rubicon. Les Feuillants, avant la bataille, agissaient déjà en vainqueurs. L'un d'eux, un représentant, au milieu des Tuileries, tomba à coups de bâton sur le Jacobin Grangeneuve, qui était faible et petit, peu capable de se défendre, et resta évanoui pendant trois quarts d'heure. Ce furieux frappait toujours, quand Saint-Huruge et Barbaroux se jetèrent sur lui et, à leur tour, faillirent l'étrangler.

En attendant, les Feuillants, les royalistes de Paris, venaient de faire une commande de six mille armes blanches, qui fut surprise par le juge de paix de la section de Bondy.

De partout menaçait l'orage. Et la Gironde, qui semblait mener le vaisseau de la France, n'en avait pas le gouvernail. Elle avait l'air toute-puissante et ne pouvait rien, et elle excitait l'envie, au moyen de laquelle Robespierre la démolissait chaque jour.

Roland, ministre républicain d'un roi qui se sentait chaque jour plus déplacé aux Tuileries, n'avait mis le pied dans ce lieu fatal qu'à la condition positive qu'un secrétaire, nommé *ad hoc* expressément, écrirait chaque jour tout au long les délibérations, les avis, pour qu'il en restât témoignage, et qu'en cas de perfidie, on pût, dans chaque mesure, diviser et distinguer, faire la part précise de responsabilité qui revenait à chacun.

La promesse ne fut pas tenue; le roi ne le voulut point. Roland alors adopta deux moyens qui le couvraient. Convaincu que la publicité est l'âme d'un État libre, il publia chaque jour dans un journal, le *Thermomètre*, tout ce qui pouvait se donner utilement des décisions du conseil; d'autre part, il minuta, par la plume de sa femme, une lettre vive et forte, pour donner au roi, et plus tard peut-être au public, si le roi se moquait de lui.

Cette lettre n'était point confidentielle; elle ne promettait nullement le secret, quoi qu'on ait dit. Elle s'adressait visiblement à la France autant qu'au roi, et disait, en propres termes, que Roland n'avait recouru à ce moyen qu'au défaut du secrétaire et du registre qui eussent pu témoigner pour lui.

Elle fut remise par Roland le 10 juin, le même jour où la Cour faisait jouer contre l'Assemblée une nouvelle machine, une pétition menaçante, où l'on disait perfidement, au nom de huit mille prétendus gardes nationaux, que l'appel des vingt mille fédérés des départements était un outrage à la garde nationale de Paris.

Le 11 ou 12, le roi ne parlant pas de la lettre, Roland prit le parti de la lire tout haut en conseil. Cette pièce, vraiment éloquente, est la suprême protestation d'une loyauté républicaine, qui pourtant montre encore au roi la dernière porte de salut.

Il y a des paroles dures, de nobles et tendres aussi, celle-ci qui est sublime : « Non, la patrie n'est pas un mot : c'est un être auquel on a fait des sacrifices, à qui l'on s'attache chaque jour par les sollicitudes qu'il cause, qu'on a créé par de grands efforts, qui s'élève au milieu des inquiétudes et qu'on aime autant par ce qu'il coûte que par ce qu'on en espère..... » Suivent de graves avertissements, de trop véridiques prophéties sur les chances terribles de la résistance, qui forcera la Révolution de s'achever dans le sang.

Cette lettre eut le meilleur succès que pût espérer l'auteur. Elle le fit renvoyer. La reine, guidée par les Feuillants, crut pouvoir chasser du ministère la Gironde, le parti qui dirigeait l'Assemblée, ce qui n'allait pas à moins que de se passer de l'Assemblée et de gouverner sans elle. Étrange audace qui s'appuyait sur une supposition fort légère, à savoir, qu'on pourrait amener à un traité Dumouriez et les Feuillants, concilier les deux généraux ennemis de la Gironde, Dumouriez et La Fayette, et de ces deux épées briser la plume des avocats.

Le difficile était de décider Dumouriez à rester, en renvoyant Roland, Servan et Clavières, à rester pour porter seul l'indignation du public et de l'Assemblée. On y parvint au moyen d'un mensonge et d'une ruse puérile. Le roi trompa le ministre; le simple et le bonhomme attrapa l'homme d'intrigues; il fit entendre à Dumouriez qu'il pourrait sanctionner le décret des vingt mille hommes, et l'autre contre les prêtres, lorsqu'on l'aurait débarrassé des ministres girondins. Dumouriez, sur cette parole, fit la vilaine besogne de renvoyer ses collègues. Le jour même, ils furent remerciés de l'Assemblée, qui déclara qu'ils avaient bien mérité de la patrie. Il essaya de se relever par un coup d'audace; il vint à ce moment même présenter à cette Assemblée irritée et frémissante un remarquable mémoire sur l'état réel de nos forces militaires. Ce mémoire était dirigé en bonne partie contre Servan, le dernier ministre. Cependant, Servan n'ayant été qu'une quinzaine au pouvoir, c'était bien plus sur De Grave, bien plus encore sur Narbonne, son prédécesseur, que les reproches tombaient.

Le courage de Dumouriez, sa bonne contenance, le relevaient fort. Néanmoins il n'avait qu'un seul moyen de durer, c'était d'obtenir du roi la sanction des décrets. Il s'était terriblement compromis, perdu presque, sur cette espérance. Mais justement parce que la cour en jugeait ainsi, elle ne s'inquiétait plus de le ménager. Les Feuillants venaient dire, sans détour, à Dumouriez, qu'il n'avait plus qu'une ressource, se jeter dans leurs bras, qu'il devait contresigner le refus de sanction, qu'à ce prix on le réconcilierait avec La Fayette, qui arrivait à Paris tout exprès pour le poursuivre. On le croyait ainsi pris sans remise, lié au fond du filet. Le roi lui parla du ton impératif et majestueux du roi d'avant 1789, lui ordonnant, à lui et à ses collègues, d'apposer leurs seings au veto. — Le surlendemain, Dumouriez et ses collègues donnèrent leurs démissions. — Le roi était très agité. « J'accepte, dit-il d'un air sombre. » Sa duplicité n'avait eu aucun résultat. L'intrigant le plus intrépide ne pouvait même lui rester. La cour se trouvait à nu, démasquée devant le peuple.

CHAPITRE VIII

LE 20 JUIN. — LES TUILERIES ENVAHIES, LE ROI MENACÉ.

Danger de l'anarchie. — Danger d'un coup d'État. — La Fayette écrit au roi de résister, 16 juin 1792. — Indécision, variations de l'Assemblée. — Qui prépara le 20 juin? — Part que Danton put y avoir. — Discours d'un homme du peuple. — Robespierre contraire au mouvement. — Conciliabule chez Santerre. — L'Assemblée paraît autoriser le mouvement. — Marche inoffensive du peuple. — Les meneurs lui font forcer les portes du château. — Le roi surpris et menacé. — Sa foi et son courage. — Comment il amuse le peuple. — Courageuse fierté de la reine. — Pétion aux Tuileries. — Dernière résistance du roi. — Le peuple se lasse et s'écoule.

Les deux forces ennemies, la Révolution et la cour, se trouvaient placées en face, prêtes à se heurter, et front contre front.

Le roi, en usant du veto, son arme constitutionnelle, en acceptant la démission des ministres de la majorité, avait fait sortir le gouvernement des mains de l'Assemblée. L'Assemblée était le seul pouvoir reconnu en France; ce qu'on pouvait lui ôter ne retournait point au roi. Ceci était seulement l'anéantissement du pouvoir et l'entrée dans l'anarchie.

Elle éclatait de toutes parts dans la nullité, l'inertie des autorités, même les plus populaires et sorties de l'élection. Un état de division, de dispersion effrayante commençait sur tous les points. Nulle action du centre aux extrémités qui ralliât les parties au tout. Et, dans chaque partie même, la division allait se subdivisant. Le gouvernement révolutionnaire qui va commencer, et qu'on appelle souvent l'avènement de l'anarchie, se trouva tout au contraire le moyen violent, affreux, mais enfin le seul moyen que la France eût d'y échapper.

Cette dissolution avait lieu en présence du péril qui eût demandé la concentration la plus forte, devant une de ces crises où tout être, en danger de mort, se resserre et se ramasse, cherche sa plus forte unité.

L'ennemi était là en face et déjà vainqueur; il semblait ne daigner entrer. Il croyait n'en avoir que faire dans le pitoyable état de la France. Il restait sur la frontière, à regarder avec mépris une nation assez abandonnée pour se dévorer elle-même.

Une chose était évidente. La cour allait frapper un coup. L'affaire de Nancy et du Champ de Mars allait recommencer en grand. Cette fois, les royalistes semblaient près de donner la main aux Feuillants, aux royalistes constitutionnels. Ils commençaient à regretter la faute énorme et monstrueuse qu'ils firent, à la fin de 1791, de sacrifier les Feuillants et La Fayette, d'aider les Jacobins eux-mêmes, de fortifier contre leurs amis leurs ennemis acharnés; royalistes et royalistes constitutionnels, s'ils s'entendaient un moment, c'était un parti immense, assez fort pour vaincre? On ne sait, mais, à coup sûr, assez fort pour commencer sur toute la France une effroyable guerre civile.

Les premières mesures à prendre eussent été terribles. La suspension du droit de réunion, la suppression des clubs, sans l'aveu de l'Assemblée, sur l'ordre d'une autorité inférieure; — la compression de l'Assemblée par une force militaire, par l'insurrection d'une armée.

La tentative n'était pas impossible, à y bien regarder; seulement elle eût demandé une décision très vive, un acte fort et d'ensemble. La grande force militaire de Paris, les soixante mille baïonnettes de la garde nationale, était extrêmement divisée, une bonne moitié inerte; même dans la partie active, il y avait beaucoup d'irrésolution. Cela étant, la cour avait certainement la force, ayant les cinq ou six mille batailleurs, bretteurs, gentilshommes, de la garde constitutionnelle, qu'elle n'avait pas réellement licenciée, et d'autre part la garde suisse, troupe d'élite et dévouée, composée de trois bataillons de seize cents hommes chacun. C'était peu pour contenir Paris, assez pour un coup de terreur, pour s'emparer par exemple au même jour, à la même heure, des canons des sections, fermer les Jacobins, enlever tous les meneurs, rallier tout ce qu'il y avait de royalistes dans la garde nationale, recevoir dans Paris la cavalerie de La Fayette, qui, en trois jours, viendrait des Ardennes, à marches forcées.

La difficulté réelle, c'était l'absence de décision, le défaut d'unité d'esprit. Les royalistes auraient frappé, sans hésitation, un coup sec et meurtrier; les Feuillants, les fayettistes, auraient frappé à moitié, craignant, derrière l'anarchie, de tuer la liberté. La cour, qui connaissait bien les scrupules de ce parti, hésitait à l'employer. Elle le laissait parler, le montrait comme épouvantail, elle ne désirait pas sincèrement qu'il agît. Triompher par La Fayette, c'eût été pour la reine la défaite la plus amère. Elle aurait pensé alors que la Révolution modérée eût eu chance de durée, tandis qu'elle aimait bien mieux croire que les Jacobins, après tout, avaient, par leur fureur même, le mérite de lasser la France, de pousser la Révolution à son terme, d'épuiser la fatalité.

Le 12 juin, le directoire de Paris commença l'attaque par une lettre à Roland, ministre de l'intérieur. Il invoquait les lois qui pouvaient autoriser à fermer les Jacobins.

Le 16 juin, au camp de Maubeuge, La Fayette, instruit du renvoi des trois ministres girondins et du maintien de Dumouriez, fit la démarche décisive d'écrire à l'Assemblée une lettre sévère, violente et menaçante, celle que César eût pu écrire au sénat de Rome, en venant de Pharsale. C'était d'abord une reproduction de la lettre du directoire de Paris contre les Jacobins. Puis des conseils à l'Assemblée, ou plutôt des conditions, posées l'épée à la main, la recommandation de respecter la royauté, la liberté religieuse, etc.; une comparaison étrange entre Paris et l'armée, l'un si fol, l'autre si sage : « Ici les lois sont respectées, la propriété sacrée; ici l'on ne connaît ni calomnie ni factions », etc. Un mot, très grave et coupable, pour augmenter les mécontentements de l'armée, aiguiser l'épée de la révolte : « Le courageux et persévérant patriotisme d'une armée, *sacrifiée* peut-être à des combinaisons contre son chef. »

Et de peur que cette lettre ne fût pas assez claire, il en envoyait une au roi pour l'encourager à la résistance contre l'Assemblée : « *Persistez, Sire,* fort de l'autorité que la volonté nationale vous a déléguée... Vous trouverez tous les bons Français rangés autour de votre trône, » etc.

Rien n'égale la stupéfaction de l'Assemblée à la lecture de cette pièce surprenante. Mais l'effet fut encore plus inattendu.

L'Assemblée marchait jusqu'ici sous le drapeau de la Gironde. L'audace de La Fayette changea cela tout à coup. Après un moment de silence, des applaudissements s'élèvent, bien plus nombreux qu'on ne l'eût attendu des deux cent cinquante Feuillants; une grande masse d'indécis se trouvait avoir tourné. Il y parut bien au vote. Une majorité énorme ordonna l'*impression*.

Restait la seconde question à voter, l'*envoi aux départements*. Si la chose allait de même, la Gironde était perdue, l'Assemblée était fayettiste, la France était aux Feuillants.

Visiblement le parti qui écartait la question par l'ordre du jour était en minorité.

Vergniaud obtint de parler, posa très bien la question. Il ne s'agissait pas de conseils adressés à l'Assemblée, sous forme de pétition, par un simple citoyen, mais par un général d'armée à la tête de ses troupes. Les conseils d'un général, qu'est-ce, si ce ne sont des lois qu'il impose?

Cette judicieuse parole ne produisait pas d'effet.

Admirez l'esprit des assemblées. Ce fut par une surprise, un prétexte pris au hasard, une assertion évidemment non fondée, que Guadet rendit les esprits flottants et commença à relancer l'opinion de l'autre côté : « La lettre est-elle vraiment de M. de La Fayette? Non, cela est impossible. Si c'est bien sa signature, c'est qu'il l'a envoyée en blanc et qu'on l'a remplie ici. Il parle, le 16 juin, de la démission de M. Dumouriez, qui n'avait pas eu lieu et qu'il ne pouvait connaître. »

Cela arrêta l'Assemblée. Or il n'y a pas un mot dans la lettre de La Fayette qui indique qu'il connaît la démission de Dumouriez.

Alors Guadet, rompant les chiens, détournant l'attention, jette un mot provocant qui engage le débat, ajourne le vote, fait gagner du temps : Lorsque Cromwell osait parler ainsi... » (*Grands cris* : « Monsieur, c'est abominable! ») etc.

Le tumulte va croissant. La première impression se dissipe; l'Assemblée, sans s'en apercevoir, redevient ce qu'elle était. Elle vote, sous l'influence de la Gironde, que la lettre sera renvoyée à l'examen de la commission des douze, et, sur la question décisive de l'envoi aux départements, *qu'il n'y a lieu à délibérer.*

La Gironde, qui avait vu de si près le précipice, avertie, non rassurée, consentit dès lors, tout l'indique, à l'idée d'un nouveau 6 octobre, qui fut le 20 juin.

Le 20 juin, le 10 août, furent des remèdes extrêmes sans lesquels la France périssait à coup sûr.

Le 20 juin la sauva de La Fayette et des Feuillants, qui, aveugles et dupes, allaient frapper la Révolution qu'ils aimaient, relever, sans le vouloir, le pouvoir absolu.

Le 10 août, en brisant le trône, ôta à l'invasion le poste qu'elle tenait au milieu de nous, son fort des Tuileries qu'elle occupait déjà. Si elle le gardait, toute résistance nationale devenait impossible.

Le 20 juin avertit l'incorrigible roi de l'Ancien-Régime, le roi des prêtres.

Le 10 août renversa l'ami de l'étranger, l'ami de l'ennemi.

Ce ne sont point là des actes accidentels, artificiels, simple résultat des machinations d'un parti. Dès le commencement de ce livre, en marquant le premier élan de la guerre, nous avons vu venir de loin ces deux grands coups de la guerre intérieure, qui délient le bras de la France, lui permettent de faire face à l'ennemi du dehors, à l'Europe conjurée. L'heure venue, le bon sens du peuple, l'instinct du salut, la nécessité de la situation, décidèrent tout à coup l'événement.

La part des influences individuelles ne fut pas très grande au 20 juin. Elle le fut toutefois, nous le croyons, plus qu'au 10 août. Dans le premier ébranlement, les hommes purent influer encore. Mais, l'élan une fois donné, le *crescendo* terrible de la colère nationale ayant pris son cours nécessaire, le 10 août arriva, fatal, rapide, en ligne droite, lancé comme un boulet.

Il ne faut pas s'exagérer la faible part qu'aurait pu avoir au 20 juin le duc d'Orléans. Son homme, Sillery, en fut-il? On l'a dit, et, je crois, à tort. Son argent y eut-il part? Cela n'est pas invraisemblable. Il venait d'essayer de se rapprocher de la cour, et il avait été repoussé, insulté. Quelque argent put être donné par Santerre et autres meneurs, en boissons et en vivres, dans les cabarets, qui furent, comme toujours, les foyers de l'insurrection.

On a encore imaginé de faire venir aux conciliabules préparatoires de l'insurrection Marat et Robespierre. Mais d'abord jamais ces deux hommes n'agirent ensemble (sauf au 31 mai). Marat estimait, méprisait Robespierre, comme un parleur, un pauvre homme de bien, nullement à cette hauteur d'audace qui caractérise le grand homme d'État, n'entendant rien aux grands remèdes, la corde et le poignard.

Marat n'agit pas au 20 juin. On n'y voit pas la main sanglante. Robespierre, loin d'agir, y fut tout à fait opposé, il n'aimait pas ces grands mouvements. M. de Robespierre était homme d'une pièce, il ne fallait pas le sortir de sa tactique jacobine ni de ses habitudes. Soigné, coiffé, poudré, il n'eût point compromis dans ces bagarres, ni même dans la rude société de l'émeute, l'économie de sa personne.

Ni la Gironde ni les Jacobins n'agirent.

La première aida de ses vœux; Pétion de sa connivence, et encore bien moins qu'on a dit.

Les Jacobins étaient fort divisés. La grande majorité était, comme Robespierre, contraire au mouvement.

Cette division des Jacobins y était peut-être le plus grand obstacle. Le mouvement naturel et spontané du peuple en était compromis; il devait hésiter devant l'incertitude de la grande société, devant l'énorme autorité de Robespierre. C'est là que se plaçait la nécessité de l'intervention individuelle, de l'art et du génie, pour que le mouvement n'avortât pas parmi de tels obstacles, pour qu'il eût son cours naturel, pour que l'âme du peuple ne restât pas muette et comprimée par son respect pour ses faux sages.

On se rappelle la belle parole de Vergniaud : « La terreur est souvent sortie de ce palais funeste; qu'elle y rentre, au nom de la loi!... » Cela fut dit par Vergniaud; mais si quelqu'un le fit, du moins contribua à le faire, ce fut, je crois, Danton. Cet homme eut, entre tous, de la Révolution le vrai génie pratique, la force et la substance, ce qui la caractérise fondamentalement, quoi ? L'action, comme dit un Ancien ; quoi encore ? L'action. Et l'action, pour troisième élément.

Nous l'avons vu jusqu'ici se ménager habilement, faire aux moments douteux ce tour de force de paraître le plus énergique, sans prendre aucune téméraire initiative. Dans les clubs, par-devant la tactique et la méfiance jacobine, et même aux Cordeliers, où il était chez lui, Danton hasardait peu, il n'avait pas confiance entière, il contenait la meilleure partie de son audace ; il n'y avait pas là assez d'espace, il ne respirait pas suffisamment ; les voûtes les plus vastes ne contenaient point sa voix, l'air manquait à sa vaste poitrine. Il lui fallait ce club, cette salle, cette voûte, qui, de la barrière du Trône, s'étend jusqu'à la Grève, de là aux Tuileries, et, pour soutenir sa voix, le canon, le tocsin.

La reine, chose piquante, avait mis Danton à l'Hôtel de Ville. Ce fut elle, on l'a vu, qui, en haine de La Fayette, fit voter les royalistes, aux élections municipales, pour Pétion, dont le succès entraîna celui de Manuel et de Danton. Danton, devenu substitut du procureur de la commune, se trouva recevoir, pour ainsi dire, des mains du royalisme les armes dont il devait percer la royauté. La commune de Paris fut dès lors la machine, la pièce d'artillerie dont il joua sans se montrer encore. Il avait dans le grand conseil de la commune, dans le conseil municipal, une minorité très ardente, dont il pouvait s'aider.

On ne pouvait attendre les vingt mille fédérés du 14 juillet. Le péril était imminent. L'épée de La Fayette était suspendue sur Paris, qui de plus avait dans les reins le poignard royaliste. Chaque jour, aux Jacobins, on bavardait sur les personnes : on oubliait les choses et les réalités. Robespierre, d'un torrent d'eau tiède, détrempait les résolutions. Sa manie était d'empêcher l'arrivée des vingt mille, de pousser l'Assemblée à révoquer son décret, ce qui était remettre l'épée dans le fourreau.

De combattre Robespierre aux Jacobins il n'y fallait songer. Danton y eût échoué. Il fallait le neutraliser indirectement. Il fallait ébranler la société, la faire sortir de la prudence bourgeoise, la remuer de la voix tonnante du peuple, de sorte que, si la cour et les Feuillants tentaient un coup d'État avec l'épée de La Fayette, on pût y répondre à l'instant par un grand mouvement de Paris, sans que les Jacobins y contredisent. Contre le général, contre l'armée qu'il entraînerait peut-être, il fallait l'armée populaire.

Danton, en qui était une vie si puissante, à qui vibrait toute vie, eut toujours sous la main un vaste clavier d'hommes dont il pouvait jouer, des gens de lettres, des hommes d'exécution, des fanatiques, des intrigants, parfois des héros même, la gamme immense et variée des bonnes et mauvaises passions. Comme le fondeur intrépide qui, pour liquéfier le métal en fusion, y jetait pêle-mêle ses plats et ses assiettes, les vases ignobles et sales, qui, fondus d'un sublime jet, n'en firent pas moins un Dieu ; de même le grand artiste de la Révolution prenait de toutes parts les éléments purs et impurs, les bons et les méchants, les vertus et les vices, et, les jetant ensemble aux matrices profondes, il en faisait surgir la statue de la Liberté.

Il avait sous la main le Voltaire de la Révolution, Camille Desmoulins, et il ne s'en servit pas. Il gouvernait encore un artiste admirable, l'auteur du *Philinte*, Fabre d'Églantine, et il ne s'en servit pas. Il aimait mieux lancer des agents anonymes. Tout inconnu alors avait sur tout homme connu un avantage ; il s'appelait : Le peuple.

La scène qui va suivre fut-elle arrangée par Danton pour entraîner les Jacobins, ou bien fut-elle un fait tout spontané, une inspiration vraiment populaire ? Je n'essayerai pas de le demander.

Le 4 juin, le jour où les Feuillants avaient osé demander la mise en accusation de Pétion, un homme en veste, du faubourg Saint-Antoine, se présente aux Jacobins, et il enlève l'assemblée d'un discours admirable. Non de ces fades bavardages comme la société en entendait toujours. Un discours rude, hardi, profondément calculé, prodigieusement audacieux. La simplicité du génie est là, on ne peut le méconnaître.

Cet inconnu, fort de son habit d'ouvrier et de ses mains calleuses, parla, comme le paysan du Danube, au sénat jacobin, lui dit ses vérités. Pour faire passer la chose, il frappait aussi tout autour, sur tout homme et sur tout parti, Feuillants, Gironde, etc. J'abrège ses paroles. « Vous le voyez, je suis un homme en veste ; eh bien, je trouverais encore bien deux mille hommes... Je vous dirai, Messieurs, que vous vous occupez trop de personnalités. Toujours on vous voit agités pour des débats d'amour-propre, tandis que la patrie appellerait vos soins... Dimanche j'irai moi-même présenter pétition à l'Assemblée nationale. Et si je ne trouve pas de Jacobins pour venir avec moi, je la lirai moi-même... Nous ne sommes point sans sentiments, Messieurs, quoique nous soyons sans-culottes... Nous vous dirons, d'après J.-J. Rousseau : « La souveraineté du peuple est « inaliénable ». Tant que les représentants feront leur devoir, nous les soutiendrons ; s'ils y manquent, nous verrons ce que nous avons à faire... Et moi aussi, Messieurs, je suis membre du souverain ! » (Vifs applaudissements.)

Ainsi fut posé, au sein même des Amis de la constitution, le droit de la briser, l'imprescriptible droit du peuple de reprendre, au besoin, la souveraineté par l'insurrection.

Ce n'était nullement là la tradition jacobine. Le 13 juin, le jour où sortirent du ministère Roland et les Girondins, Robespierre craignit un mouvement, parla longtemps le soir pour obtenir que l'on s'occupât moins du ministère renvoyé. Il dit qu'il fallait se garder « des insurrections partielles qui ne font qu'énerver la chose publique ».

« Rallions-nous autour de la constitution... L'Assemblée n'a nulle mesure à prendre que de soutenir la constitution... Si nous y touchions, d'autres viendraient, disant : « Nous avons autant de raisons « pour modifier la constitution... »

Jamais il ne fut plus assommant, plus étranger à la situation. Dans ce danger terrible, du dehors, du dedans, lorsque la France périssait justement de l'usage que le roi faisait de la constitution, la prêcher, la recommander, tranchons le mot, c'était une ineptie.

Cette nullité, dans un moment si solennel, eût tué, enterré Robespierre, s'il ne se fût trouvé le chef et l'espérance d'une coterie serrée, déterminée à l'appuyer *quand même*, s'il n'eût été accepté de longue date comme pédagogue et maître d'école, régent des Jacobins.

Danton a dit sur lui un mot bas, mais très grave, et qui caractérise vigoureusement son incapacité en toute chose pratique d'immédiate exécution : « Ce b.....-là n'est pas capable seulement de cuire un œuf! »

Robespierre finit tristement, par cette parole, en vérité, trop prudente, qui devait le couvrir, le sauver, quoi qu'il arrivât : « Je prends acte de ce que je me suis opposé à toutes les mesures contraires à la constitution. »

Danton se garda bien de répondre à cette homélie. Il demanda que la discussion fût remise au lendemain : « Demain, dit-il, je m'engage à porter la terreur dans une cour perverse. » Le lendemain, il se contenta de reproduire à peu près ce qui avait été déjà dit par un de ses hommes, Lacroix : qu'il fallait destituer les généraux, renouveler les corps électoraux, vendre les biens des émigrés, intéresser les masses à la Révolution, en rejetant presque tout impôt sur les riches. Il dit qu'il fallait que la reine fût répudiée, renvoyée avec égard et sûreté : Il dit : « Qu'une loi de Rome, rendue après Tarquin, permettait de tuer, sans jugement, tout homme qui seulement parlait contre les lois. » Et autres choses vagues et violentes qui pouvaient occuper la scène, donner pâture aux Jacobins, sans dévoiler nul projet actuel.

Dès le 14 cependant, Legendre, homme de passion naïve, sincère et colérique, que Danton tirait comme il voulait, était allé au faubourg Saint-Antoine s'aboucher avec l'homme influent du faubourg, le brasseur Santerre. Celui-ci, de race flamande, grand, gros et lourd, une espèce de Goliath, avait, sans esprit, sans talent (il y parut dans la Vendée), ce qui remue les masses, les apparences du courage, du bon cœur et de la bonhomie. Il était riche, donnait infiniment, du sien sans doute, mais aussi, on peut le croire sans peine, l'argent que les partis, orléaniste ou autre, voulaient distribuer. Commandant du bataillon des Quinze-Vingts, il pouvait entraîner le faubourg : on l'aimait. Il donnait des poignées de main à tout venant, et quelles poignées de main ! Tout gros brasseur qu'il était, officier supérieur avec de grosses épaulettes, allant, venant par le faubourg sur son grand cheval, il n'en était pas plus fier pour cela envers le pauvre monde. Avec cela, un fameux patriote, et d'une voix qu'on eût entendue de la barrière du Trône à la porte Saint-Antoine.

L'honorable brasseur avait presque toujours avec lui, nourrissait et désaltérait bon nombre de pauvres diables, vainqueurs de la Bastille, d'autres moins honorables, des braillards de carrefours, par lesquels il brassait l'émeute, un jeune bijoutier fainéant par exemple, qui, à force de parlage, de criaillerie, d'audace, devint général pour le malheur de la République, l'inepte général Rossignol, connu dans la Vendée par ses sottises, et comme persécuteur de Marceau et de Kléber.

Voilà les habitués de Santerre. Voyons ceux qui, du 14 au 20, se réunissaient là dans son arrière-boutique, amenés du faubourg Saint-Germain par Legendre, ou d'autres quartiers. Les Cordeliers étaient le plus grand nombre.

Il y avait d'abord des têtes de colonne, des hommes singuliers qu'on voyait infailliblement partout où il y avait du bruit, qui marquaient ou par la puissance de la voix ou par quelque défaut physique, par tel ridicule même, qui amusait la foule et servait de drapeau.

Il y avait d'abord un hurleur admirable, Saint-Huruge, un mari célèbre, enfermé avant 1789 par les puissants amis de sa femme, et qui allait criant qu'il vengerait ses malheurs domestiques jusqu'à l'extinction de la monarchie. Grand et gros, armé d'un énorme bâton, aux émeutes souvent déguisé en fort de la Halle, M. de Saint-Huruge effrayait la canaille même.

Il y avait ensuite un bossu terrible (ils ont toujours marqué dans la Révolution), l'avocat de Marat, Cuirette-Verrières. Nous avons vu à cheval, le 6 octobre, le 16 juillet, ce polichinelle sanguinaire. Verrières, intrépide parleur, ne fut démonté qu'une fois; ce fut dans une cause où l'on imagina de faire plaider contre lui un avocat non moins bossu.

Un petit homme, Mouchet, tout noir de peau, boiteux, bancroche, espèce de Diable boiteux, d'une amusante activité, sans être du complot, se remua beaucoup au 20 juin. Il était juge de paix dans le Marais, officier municipal, drapé de son écharpe. Le chef naturel du quartier eût été le héros du club des Minimes, la doublure de Danton, ce petit furieux Tallien. Mais Danton aurait trop paru.

Un baragouineur spirituel, Anglo-Italien, Rotondo, le dos sensible encore des coups de bâton qu'il avait reçus en juillet 1791, comptait bien se venger en juin 1792.

Et avec ces parleurs il y avait un homme qui ne parlait pas, qui tuait, l'Auvergnat Fournier, dit l'Américain.

Le meneur du faubourg Saint-Marceau, qui venait la nuit chez Santerre, était un M. Alexandre, commandant de la garde nationale. De là venait encore un homme d'exécution, élégant et fat, qui, n'ayant réussi à rien par en haut, se jetait en bas dans le peuple, le Polonais Lazouski. Il était capitaine des canonniers de Saint-Marcel.

Je croirais volontiers que du faubourg Saint-Jacques venait chez Santerre un artiste, extraordinairement chaleureux et passionné, Sergent, qui eut la gloire d'être beau-frère d'un de nos héros les plus purs, Marceau, — et qui eut aussi le malheur, l'infamie (non méritée, je crois), d'avoir organisé le massacre de Septembre.

Le 16, l'affaire fut lancée par le Polonais Lazouski. Il était membre du conseil général de la commune. Il annonça au conseil que, le mercredi 20 juin, les deux faubourgs présenteraient des pétitions à l'Assemblée et au roi, et planteraient sur la terrasse des Feuillants l'arbre de la liberté en mémoire du Jeu de Paume et du 20 juin 1789. Le conseil refusant l'autorisation, les pétitionnaires déclarèrent qu'ils passeraient outre, que l'Assemblée recevait bien les pétitionnaires de l'autre parti (et en réalité, le 19 même, elle reçut tout un bataillon), qu'elle ne pouvait manquer de les bien recevoir aussi.

On disait que le roi recevrait la pétition présentée seulement par vingt personnes. Chabot vint le soir aux sections du faubourg Saint-Antoine et leur dit « que l'Assemblée les attendait demain sans faute et les bras ouverts ».

En réalité, l'Assemblée avait, ce soir même, accueilli une foudroyante adresse des Marseillais : « Sur le réveil du peuple, ce lion généreux, qui allait enfin sortir de son repos. » Elle avait ordonné que cette adresse fût envoyée aux départements, et par cette faveur elle semblait autoriser le mouvement du lendemain.

Tout le monde se faisait une fête d'y aller. Quelques-uns, plus prudents, disaient : « Mais si l'on tire sur nous ? » — Les autres s'en moquaient : « Et pourquoi ? disaient-ils ; Pétion sera là. »

Le directoire de Paris (La Rochefoucauld, Talleyrand, Rœderer, etc.) défendait le rassemblement, s'adressait pour l'empêcher à la garde nationale. Pétion, mieux instruit, savait que la garde nationale elle-même ferait dans les faubourgs une bonne partie du rassemblement. L'empêcher, c'était chose impossible, mais on pouvait le régulariser, le rendre pacifique, en appelant sous les armes la garde nationale tout entière et la faisant marcher dans le mouvement même. C'est ce que proposèrent, le 19 à minuit, les administrateurs de police. Le directoire, convoqué à l'instant, refusa, ne voulant à aucun prix légitimer un rassemblement illégal. Mais il n'avait aucune force pour faire respecter ce refus.

Plusieurs sections n'en tinrent compte et autorisèrent les commandants de bataillon à conduire l'attroupement. D'autre part, le commandant général réunit et plaça plusieurs bataillons au Carrousel et dans les Tuileries. En sorte que la garde nationale était en danger de heurter la garde nationale et de renouveler l'affreuse affaire du Champ de Mars. C'est ce que redoutait Pétion, ce qu'il voulut éviter à tout prix.

Il fait clair de bonne heure en juin. Dès cinq heures du matin, les rassemblements étaient considérables aux deux faubourgs. Les municipaux, en écharpe, les haranguaient en vain. Cette foule, mal armée, de sabres, de piques ou de bâtons, mêlée d'hommes, d'enfants et de femmes, n'était nullement hostile ni violente. C'est le témoignage exprès d'une foule de témoins. Généralement ils avaient pris des armes et des canons par prudence et pour leur sûreté, de peur, disaient-ils, qu'on ne tirât sur eux. Ils craignaient qu'il n'y eût quelque piège aux Tuileries, quelque embuscade démasquée tout à coup de cet antre de la royauté. « Nous ne voulons faire de mal à personne, disaient-ils aux municipaux, nous ne faisons pas une émeute. Nous voulons seulement, comme les autres ont fait, présenter une pétition. On les a bien reçus; nous, pourquoi nous exclure?... » Puis tous, hommes et femmes, ils les entouraient en cercle et leur disaient cordialement : « Eh bien, Messieurs, venez donc avec nous, mettez-vous à notre tête! »

La colonne principale, partie des Quinze-Vingts, avec le peuplier que l'on devait planter, avait en tête une troupe d'invalides, pour chef Santerre, et un fort de la Halle (on sait que c'était Saint-Huruge).

Arrivés à la place Vendôme, et traversant la rue Saint-Honoré, ils se trouvèrent en face d'un poste de gardes nationaux qui leur ferma le passage des Feuillants, l'accès de l'Assemblée. Le torrent, grossi sur la route, était alors d'environ dix mille hommes;

il eût pu emporter le poste ; mais il y avait généralement dans la foule un esprit de douceur et de modération. Ils n'essayèrent point de lutter, abandonnèrent le projet de planter leur arbre sur la terrasse, se détournèrent dans la cour voisine des Capucins et s'amusèrent à le planter.

Cependant leurs commissaires réclamaient de l'Assemblée la faveur de défiler devant elle. Ils assuraient qu'ils déposeraient leur pétition sur le bureau et n'approcheraient pas même des Tuileries. Vergniaud, en demandant leur admission, voulait qu'à tout hasard on envoyât au roi soixante députés. La précaution était fort sage. Chose étrange, ce fut un Feuillant qui s'y opposa, disant que cette précaution serait injurieuse pour le peuple de Paris.

Cependant la musique qui les précède fait entendre le *Ça ira ;* ils entrent. Leur orateur lit à la barre la menaçante pétition : elle contenait telle parole violente qui sentait le sang, celle-ci, par exemple, à l'adresse de l'Assemblée même : « La patrie, la seule divinité qu'il nous soit permis d'adorer, trouverait-elle jusque dans son temple des réfractaires à son culte ?... Qu'ils se nomment, les amis du pouvoir arbitraire ! Le véritable souverain, le peuple, est là pour les juger. — Nous nous plaignons, Messieurs, de l'inaction de nos armées (*ceci contre La Fayette*). Pénétrez-en la cause ; si elle dérive du pouvoir exécutif, qu'il soit anéanti ! — Nous nous plaignons des lenteurs de la haute cour nationale... Veut-on forcer le peuple à reprendre le glaive ? » Ils demandaient ensuite à rester en armes « jusqu'à ce que la constitution fût exécutée ».

L'attitude du peuple, au nom duquel on venait de lire cette adresse violente, y répondait peu ; il était bruyant, mais joyeux, bien plutôt que menaçant. Le temps était admirable, un de ces jours où le ciel, par l'éclat de la lumière, la douceur de la température, donne espoir à tous et semble se charger de consoler les plus profondes misères. Celle de Paris allait croissant; malgré le bon marché du pain, tout travail ayant cessé, tout commerce ou à peu près, il y avait nombre de personnes littéralement affamées. Tout cela cependant, ouvriers sans ouvrage, pauvres ménages dénués, mères chargées d'enfants, cette masse immense d'infortunes s'était soulevée avant jour de la paille ou du grabat, avait quitté les greniers des faubourgs, sur le vague espoir de trouver dans cette journée quelque remède à leurs maux. Sans bien connaître à fond la situation, ils savaient en général que l'obstacle à tout changement était le veto du roi, sa volonté négative, sans doute inspirée de la reine. Il fallait vaincre cet obstacle, amener à la raison M. et Mme Veto. Comment et par quels moyens ? Ils n'y avaient pas trop pensé; sauf un assez petit nombre de meneurs, la foule n'avait nulle intention de forcer l'entrée du château.

Que voulaient-ils vraiment? Aller. Ils voulaient marcher ensemble, crier ensemble, oublier un jour leurs misères, faire ensemble par ce beau temps une grande promenade civique. La faveur seule d'être

admis dans l'Assemblée était pour eux une fête.
L'Église commençant d'apparaître ce qu'elle était,
l'ennemie du peuple, à quelle église donc, à quel
autel, ces infortunés auraient-ils eu recours? N'était-ce
pas au temple de la Loi, à l'Assemblée nationale?
Ils y allaient en pèlerinage, comme faisait le Moyen-
âge aux sanctuaires fameux, dans les grandes
calamités.

Ils arrivèrent assez tard, et déjà beaucoup d'entre
eux, levés dès trois ou quatre heures du matin,
debout tout le jour, obligés pour se soutenir de
demander quelque force au vin frelaté de Paris, se
trouvaient à l'Assemblée dans un état peu digne
d'elle. Plusieurs dansaient en passant, criaient :
« Vivent les patriotes! vivent les sans-culottes! à
bas le veto! » Dans cette foule chantante et dan-
sante, il y avait, contraste cruel! des faces hâves et
décharnées, vraies figures du désespoir, des infortunés qui, malgré l'excès des privations, s'étaient
efforcés de se traîner là, des femmes pâles et peut-
être à jeun, menant des enfants maladifs. Ils semblaient n'être venus que pour montrer à l'Assemblée
à quelles extrêmes misères elle avait à remédier.
Le petit moment de bonheur, de confiance, de conso-
lation, qu'ils avaient en traversant ce lieu d'espérance, ils le marquaient par quelque cri joyeux,
sauvagement joyeux, ou par un triste sourire, s'ils
ne pouvaient crier. Cette joie eût été effrayante, si
elle n'eût été douloureuse.

Rien n'ayant été prévu pour l'écoulement de cette

foule, il y avait au dehors un engorgement, un étouffement prodigieux. On avait fermé la grille des Tuileries, et derrière se trouvait un bataillon de garde nationale avec trois pièces de canon. La file arrêtée, sans issue, heurtait violemment cette grille; et derrière, toujours et toujours, la foule allait s'accumulant. Pendant qu'on court au château demander qu'on ouvre, la grille est forcée. La foule suit la terrasse des Feuillants. Mais, au lieu de sortir du côté où est maintenant la rue de Rivoli, elle force l'entrée du jardin, et, passant pacifiquement devant la haie des gardes nationaux rangés le long du château, elle va ressortir du côté du quai pour entrer dans le Carrousel. Les guichets étaient gardés; la multitude est repoussée, elle s'irrite, une collision paraît imminente. Deux officiers municipaux, le Diable boiteux Mouchet et un autre, essayent d'apaiser la foule en laissant passer une première bande qui se présentait. D'autres municipaux, plus favorables encore au mouvement, laissent passer le reste. Les voilà dans le Carrousel. A la porte de la cour royale, un municipal les harangue : « C'est le domicile du roi; vous n'y pouvez entrer en armes. Il veut bien recevoir votre pétition, mais seulement par vingt députés... — Il a raison », disaient ceux qui pouvaient entendre. Mais ceux qui étaient derrière n'entendaient pas et poussaient de toutes leurs forces.

Cette foule avait à craindre derrière elle les canons de la garde nationale. Mais le commandant de cette artillerie n'était plus obéi de ses canonniers. Comme il voulait les emmener : « Nous ne partirons pas, dit le lieutenant; le Carrousel est forcé, il faut que le château le soit... A moi! canonniers, dit-il, en montrant de la main les fenêtres du roi, à moi! droit à l'ennemi! » Dès ce moment, les canons sont braqués sur le château.

Il était quatre heures. La foule restait là, dans le Carrousel, immobile, inoffensive, ne sachant ce qu'elle ferait. Mais voilà Santerre et Saint-Huruge qui, le défilé fini, arrivent de l'Assemblée : « Pourquoi n'entrez-vous pas? » crient-ils à la foule. Tous alors, d'ensemble, poussent sur la porte; on la frappe à coups redoublés; elle est tout ébranlée; elle tremble. On allait tirer dedans un coup de canon. Deux municipaux, voulant éviter une résistance inutile, ordonnèrent ou du moins permirent qu'on relevât la bascule qui tenait les deux battants. La foule se précipita.

Santerre, Legendre et Saint-Huruge étaient à la tête. Derrière eux venait un canon. Au pavillon de l'Horloge, au bas même de l'escalier, un groupe de gardes nationaux et de citoyens firent face courageusement, s'en prenant au seul Santerre : « Vous êtes un scélérat, vous égarez ces braves gens; toute la faute est à vous... » Santerre regarda Legendre, qui l'encouragea des yeux. Alors, se tournant vers sa troupe, il dit ironiquement : « Dressez procès-verbal du refus que je fais de marcher à votre tête dans les appartements du roi. » Sans s'arrêter davantage, la foule renversa tout, et tel fut son élan que, malgré sa pesanteur, le canon qu'on traînait se trouva en un moment monté au haut de l'escalier.

Le château ne présentait aucune défense. Les Suisses étaient à Courbevoie. La garde constitutionnelle, toujours payée et subsistant malgré le décret de licenciement, n'avait pas été convoquée. Deux cents gentilshommes au plus s'étaient rendus au château, n'osant même montrer d'armes, les cachant sous leurs habits. Évidemment le roi avait cru ce que Pétion disait et croyait lui-même, ce que l'un des Girondins, Lasource, avait de nouveau, une heure ou deux auparavant, affirmé dans l'Assemblée, ce que l'orateur du rassemblement avait expressément promis : Que l'on n'irait pas au château, ou, tout au plus, qu'on n'y enverrait la pétition que par une députation de vingt commissaires.

Quant aux gardes nationaux, ils n'avaient nulle envie de renouveler l'affreuse affaire du Champ de Mars, pour une royauté qu'ils croyaient, tout comme en jugeait le peuple, traîtresse et perfide. Ceux qui couvraient le château, vers le jardin, obtempérèrent sans difficulté aux prières de la foule, qui, en passant, leur demandait d'ôter aux fusils les baïonnettes. Ceux qui occupaient les postes de l'intérieur s'écoulèrent tranquillement.

Au même moment, les gendarmes, postés dans le Carrousel, mettaient leurs chapeaux à la pointe de leurs sabres et criaient : « Vive la nation! »

Voilà donc la foule maîtresse. Elle est arrivée, avec

son canon, au haut du grand escalier. Là des officiers municipaux en écharpe demandent aux envahisseurs ce qu'ils comptent faire de cette artillerie. Croient-ils, par une telle violence, obtenir quelque chose du roi? — Cette observation les frappe : « C'est vrai, disent-ils la plupart, c'est vrai; nous avons eu tort; nous en sommes vraiment fâchés. » Et ils retournèrent la pièce, voulant la descendre. Malheureusement voilà l'essieu accroché dans une porte. On ne peut plus avancer ni reculer. Le municipal bancroche, le petit Mouchet, s'entremet, donne des ordres. Les sapeurs taillent, coupent le chambranle de la porte, dégagent la pièce, qui est descendue. Telle était la confusion que ceux d'en bas qui n'avaient pas vu monter le canon croyaient qu'on l'avait trouvé dans les appartements et criaient qu'on avait voulu mitrailler le peuple.

La colonne pénètre sans obstacle jusqu'à l'Œil-de-Bœuf, qui était fermé. Il fallait l'ouvrir en hâte, plutôt que de le laisser forcer. Un officier supérieur de la garde nationale pénétra par une autre entrée, avertit la famille royale, pria le roi de se montrer. Le roi y consentit sans peine et se présenta. Sa sœur, Madame Élisabeth, ne voulut point le quitter.

Au moment où cette foule armée remplit tout l'appartement, le roi s'écria : « A moi, quatre grenadiers! » Il y en avait heureusement quelques-uns, qui, du dedans, avaient pénétré. C'étaient des gardes nationaux, des marchands du quartier Saint-Denis, bonnes gens qui se montrèrent très bien. Ils se jetèrent devant le roi, en tirant leurs sabres ; mais il les fit rengainer.

Un témoin oculaire, M. Perron, dit qu'en général le peuple ne témoignait aucune malveillance. On distinguait cependant, parmi les cris confus, des injonctions menaçantes : « A bas le veto ! Rappelez les ministres ! »

La foule s'ouvre et laisse arriver Legendre ; le bruit cesse ; le boucher, d'une voix émue et colérique, s'adressant au roi : « Monsieur !... » A ce mot, qui est déjà une sorte de déchéance, le roi fait un mouvement de surprise... « Oui, Monsieur, reprend fermement Legendre ; écoutez-nous, vous êtes fait pour nous écouter... Vous êtes un perfide ; vous nous avez toujours trompés ; vous nous trompez encore... Mais prenez garde à vous ; la mesure est à son comble ; le peuple est las de se voir votre jouet. » — Puis il lut une pétition violente, au nom du peuple souverain.

— Le roi parut impassible et répondit : « Je suis votre roi. Je ferai ce que m'ordonnent de faire les lois et la constitution. »

Ce dernier mot était pour lui le grand cheval de bataille. Il avait vu parfaitement que cette constitution de 1791, qui permet au roi d'arrêter toute la machine politique, était un brevet d'inertie, qui lui donnait moyen de lier la France, d'attendre les secours imprévus qui viendraient des circonstances intérieures ou extérieures, des excès des anarchistes ou de l'invasion étrangère. — Dès lors, Louis XVI, tenant bien la constitution, l'apprenant par cœur, la portant toujours en poche, la citant à ses ministres, avait dominé ses scrupules et jouait au jeu dangereux de tuer la Révolution par la constitution.

La foule comprenait très bien que le roi ne ferait rien, et elle entrait en fureur. Plusieurs, de colère ou d'ivresse, faisaient mine de se jeter sur lui. Ils le menaçaient de loin avec des sabres et des épées. Voulaient-ils le tuer? La chose eût été bien facile; le roi avait peu de monde autour de lui, et plusieurs des assaillants, ayant des pistolets, pouvaient l'atteindre à distance. — Il est trop évident que personne, au 20 juin, n'avait encore cette pensée. On ne l'eut pas même au 10 août.

Je sais bien que, longtemps après, le colérique Legendre, poussé par Boissy d'Anglas, l'homme de la réaction, qui lui demandait si vraiment on avait voulu tuer le roi au 20 juin, répliqua avec violence : « Oui, Monsieur, nous l'aurions voulu. » Pour moi, ceci ne prouve rien. Toute la suite montre que beaucoup de ceux qui prirent le rôle de la fureur, comme Danton, comme Legendre, se sont vantés, par bravade, d'une infinité de crimes et de violences auxquels ils n'ont jamais songé.

Ce qu'on voulait, c'était d'épouvanter, de convertir le roi par la terreur. Un homme portait au bout d'une pique un cœur de veau, avec cette inscription : Cœur d'aristocrate. Sur une autre enseigne qu'on portait, on voyait une reine pendue.

Le plus grand danger pour le roi, c'est qu'il risquait d'être étouffé. On l'avait fait monter sur une banquette près de la fenêtre. Il s'y tint près de deux heures avec beaucoup de fermeté, une insensibilité complète aux menaces, une parfaite indifférence à son propre sort. Le sentiment qu'il avait de souffrir pour la religion lui donnait un calme admirable. Un officier lui ayant dit : « Sire, ne craignez rien », le roi prit sa main avec force, la mit sur son cœur et dit ce qu'auraient dit les premiers martyrs : « Je n'ai pas peur ; j'ai reçu les sacrements ; qu'on fasse de moi ce qu'on voudra. »

Ce moment de foi héroïque relève infiniment Louis XVI dans l'histoire. Ce qui lui fait un peu tort, c'est qu'à ce moment même (force vraiment singulière de l'éducation et de la nature !) les habitudes de duplicité royale reparurent en plusieurs choses. A tous ceux qui l'apostrophaient, il répondait : « Qu'il ne s'était jamais écarté de la constitution », se réfugiant dans la littéralité judaïque d'un acte dont il faussait l'esprit. Bien plus, un des assistants lui présentant de loin, au moyen d'un bâton, le bonnet de l'égalité, le roi, sans hésitation, étendit la main pour le prendre. Puis, apercevant une femme qui tenait une épée ornée de fleurs et d'une cocarde tricolore, le roi demanda la cocarde et l'attacha au bonnet rouge... Cela toucha fort le peuple. Ils crièrent de toutes leurs forces : « Vive le roi ! vive la nation ! » Et le roi, avec les autres, criait : « Vive la nation ! » et levait son bonnet en l'air. — Il amusait ainsi la foule et refusait obstinément la sanction des décrets.

L'Assemblée avait enfin appris la situation du roi.

Elle s'en émouvait lentement, jugeant apparemment que la leçon avait besoin d'être forte pour produire impression. Cependant le refus du roi pouvait lasser à la longue, exaspérer quelques furieux, amener une scène tragique. Les premiers qui le sentirent, et dont le cœur fut ému, furent les deux grands orateurs de l'Assemblée, Vergniaud et Isnard. Sans attendre pour savoir quelles mesures seraient votées, ils coururent d'eux-mêmes au château et percèrent la foule à grand'-peine. Isnard se fit élever sur les épaules de deux gardes nationaux et dit à la foule que si elle obtenait sur-le-champ ce qu'elle demandait, on le croirait arraché par la violence, qu'elle aurait satisfaction, qu'il en répondait sur sa tête. Mais ni Isnard ni Vergniaud ne firent la moindre impression. Les cris recommençaient toujours : « A bas le veto! Rappelez les ministres! » Les deux orateurs restèrent du moins, se firent les gardes du roi, le couvrirent de leur popularité et, au besoin, de leur corps.

La foule cependant avait pénétré dans les appartements, observant curieusement ces lieux, si nouveaux pour elle, épiloguant parfois en paroles grossières plus qu'hostiles ou violentes. A la chambre du lit, par exemple, ils disaient tous : « Le gros Veto a un bon lit, meilleur, ma foi, que le nôtre. »

La reine était restée dans la chambre du conseil, réfugiée dans l'embrasure d'une fenêtre, protégée par une table massive qu'on avait roulée devant elle. Le ministre de la guerre, Lajard, avait réuni dans la salle une vingtaine de grenadiers. Elle avait près d'elle sa fille et Mme de Lamballe avec quelques autres dames; devant elle, assis sur la table, le petit dauphin. C'était la meilleure défense contre la foule qui passait. Presque tous éprouvaient un respect inattendu, plusieurs même un subit changement de cœur, en présence de cette mère, de cette reine, vraiment fière et digne. Parmi les femmes les plus violentes, une fille s'arrête un moment et vomit mille imprécations. La reine, sans s'étonner, lui demande si elle lui a fait quelque tort personnel : « Aucun, dit-elle, mais c'est vous qui perdez la nation. — On vous a trompée, dit la reine. J'ai épousé le roi de France, je suis la mère du dauphin, je suis Française, je ne reverrai jamais mon pays. Je ne puis être heureuse ou malheureuse qu'en France; j'étais heureuse quand vous m'aimiez. » — Voilà la fille qui pleure : « Ah! Madame, pardonnez-moi, je ne vous connaissais pas, je vois que vous êtes bonne. »

On avait affublé le pauvre petit dauphin d'un énorme bonnet rouge qui l'accablait de chaleur. Santerre lui-même, en passant, fut touché et le lui ôta : « Ne voyez-vous pas, dit-il, que l'enfant étouffe sous ce bonnet? »

Enfin arriva Pétion. Il était six heures. « Sire, dit-il, je viens d'apprendre à l'instant... — Cela est bien étonnant, dit le roi, il y a deux heures que cela dure. » — En réalité, on ne pouvait accuser le maire du retard. Il est constaté authentiquement qu'il n'était guère averti que depuis une heure, qu'à l'instant même il était monté en voiture avec Sergent et autres municipaux ; mais que, dans les cours, dans les escaliers, les appartements, il n'avait pu pénétrer qu'en jetant sur son chemin une succession de harangues. Il fallut les derniers efforts pour l'insérer et le lancer dans la masse compacte qui environnait le roi.

Arrivé enfin, « fort entrepris et fort essoufflé », dit un témoin oculaire, on le hissa dans un fauteuil sur les épaules des grenadiers. Il parla avec sa placidité naturelle, toutefois assez nettement : « Citoyens, vous avez présenté votre pétition, vous ne pouvez aller plus loin. Le roi ne peut ni ne doit répondre à une pétition présentée à main armée. Il verra, dans le calme, ce qu'il a à faire. Vous serez imités des départements, et le roi ne pourra se dispenser d'acquiescer au vœu du peuple. » (Applaudissements de la foule.)

Un grand blond de vingt-cinq ans s'avance alors furieux et crie à tue-tête : « Sire, sire, au nom de cent mille âmes qui sont là, le rappel des ministres patriotes et la sanction des décrets ! ou vous périrez ! » — A quoi le roi répondait froidement : « Vous vous écartez de la loi ; adressez-vous aux magistrats du peuple. »

Pétion ne disait rien. Un des municipaux le pressa de renvoyer le peuple, ajoutant que sa conduite serait jugée par l'événement. Il se décida alors : « Retirez-vous, citoyens, si vous ne voulez compromettre vos magistrats… Le peuple a fait ce qu'il devait faire. Vous avez agi avec la fierté et la dignité d'hommes libres. Mais c'est assez, retirez-vous. » — Et le roi ajouta avec un sérieux comique et beaucoup de présence d'esprit : « J'ai fait ouvrir les appartements ; le peuple, défilant du côté de la galerie, aura le plaisir de les voir. »

La curiosité entraîna beaucoup de gens. La salle se vidait déjà lorsque arriva une députation de vingt-quatre représentants. Le roi leur dit : « Je remercie l'Assemblée ; je suis tranquille au milieu des Français. » Et, répétant le geste qu'il avait fait d'abord, il prit la main d'un garde national, la mit sur son cœur et dit : « Vous le voyez, je suis tranquille. »

Alors, entouré de députés, de gardes nationaux, protégé par leur commandant, il se dirigea brusquement vers une porte dérobée, tout près de la cheminée, s'y jeta. Elle fut sur-le-champ refermée sur lui.

Un peu après, la reine montrait à la députation l'état effroyable de l'appartement, les portes brisées. Elle s'aperçut qu'un député, l'ardent Merlin (de Thionville), avait les larmes aux yeux. Il s'en excusa vivement : « Je pleure, oui, Madame, je pleure, mais sur les malheurs d'une femme sensible et belle, d'une mère... Ce n'est pas sur la reine. Je hais les reines et les rois. Telle est ma religion. »

Le roi, rentré dans ses appartements, gardait, sans s'en apercevoir, le bonnet rouge qu'il avait pris. Ce bonnet, trop petit pour entrer dans sa tête, était resté sur ses cheveux. On le lui fit remarquer et rien ne lui fut plus sensible ; il le jeta violemment à ses pieds, s'indignant, dans cette journée, où du reste il fut héroïque, de retrouver sur lui ce signe de duplicité.

CHAPITRE IX

IMMINENCE DE L'INSURRECTION (JUILLET-AOUT 1792).

Le 20 juin et le 10 août commencent la guerre. — Les volontaires de 1792. — La *Marseillaise*, mars 1792. — Un autel de la Patrie dans chaque commune. — La Fayette se déclare pour la cour contre la Gironde. — La Fayette arrive à Paris, se présente à la barre de l'Assemblée, 27 juin 1792. — La Fayette n'est soutenu ni de la cour ni de Paris. — Danger de la France au dehors et au dedans, juin-juillet 1792. — Discussion sur le danger de la patrie, juillet 1792. — Discours de Vergniaud contre le roi. — Lamourette essaye une conciliation, 6 juillet 1792. — Fête du 14 juillet 1792. — Déclaration du danger de la patrie, 22 juillet 1792. — Impuissance de l'Assemblée, des Jacobins, de Robespierre, de Pétion. — Conduite mesurée de Danton. — La France ne fut sauvée que par la France. — Manifeste du duc de Brunswick. — L'insurrection de Paris est préparée publiquement. — Accueil fait aux fédérés des départements, juillet 1792. — Arrivée des Marseillais, fin juillet 1792. — Pétion accuse le roi devant l'Assemblée, 3 août 1792. — La Gironde hésite devant l'insurrection.

Le peuple s'écoula fort triste des Tuileries. Ils disaient tous : « Nous n'avons rien obtenu... Il faudra bien revenir. »

Les royalistes étaient ravis, bien plus encore qu'indignés. Ce dernier affront fait au roi leur donnait espoir ; il leur semblait que la Révolution avait touché enfin le fond de l'abîme, que, de ce jour, la royauté ne pouvait que remonter.

En réalité, l'événement avait eu deux effets graves.

Bien des cœurs s'émouvaient, en France, en Europe, à cette image tragique du royal *Ecce homo*, montré sous le bonnet rouge, ferme pourtant sous les outrages, disant : « Je suis votre roi. »

Voilà pour le sentiment. Mais les choses étaient les mêmes. Le combat des deux idées s'était précisé nettement. La masse révolutionnaire, venant heurter aux Tuileries, avait compté n'y trouver que l'idole du despotisme, et elle se trouvait avoir rencontré la vieille foi du Moyen-âge, entière et vivante encore, et, même sous le visage prosaïque de Louis XVI, belle de la poésie des martyrs.

Grand spectacle! où disparaissent les hommes... Restent en présence deux idées, deux fois, deux religions!... Chose inouïe, effrayante, comme si, en plein midi, nous voyions deux soleils au ciel!

Tous deux bénis ou blasphémés! mais les nier? Qui le pouvait? Le soleil de la Révolution, née d'hier, déjà immense, inondait les yeux de lumière, les âmes de chaleur et d'espoir; toujours grandissant, d'heure en heure, il montrait déjà que bientôt son rival du Moyen-âge irait pâlissant dans les profondeurs obscures.

Il était dur, faux, injuste de reconnaître la foi dans le refus de Louis XVI et de ne point la reconnaître dans la demande du peuple. Il ne faut pas envisager le 20 juin comme une émeute, un simple accès de colère. Le peuple de Paris y fut l'organe violent, mais le légitime organe du sentiment de la France. Il fut comme l'avant-garde du mouvement général qui l'emportait vers la guerre. — La guerre intérieure d'abord, pour faire face ensuite à l'autre. — Le coup de hache frappé aux portes de la chambre du roi, ce coup déjà, il faut le dire, fut frappé sur l'ennemi.

Détournez les yeux de Paris et contemplez, je vous prie, si votre regard peut l'embrasser, l'immense, l'inconcevable grandeur du mouvement. Six cent mille volontaires inscrits veulent marcher à la frontière. Il ne manque que des fusils, des souliers, du pain. Les cadres sont tout préparés; les fédérations pacifiques de 1790 sont les bataillons frémissants de 1792. Les mêmes chefs souvent y commandent; ceux qui menèrent le peuple aux fêtes vont le guider aux combats. Pour ne citer qu'un exemple, prenons ce fils de l'amour, le bâtard Championnet, chef de la première fédération du Midi, celle de l'Étoile près Valence. Le voilà maintenant qui entraîne ses fédérés : 6ᵉ *bataillon de la Drôme*.

De même, tout à l'heure, dans l'Hérault. Les fédérés de Montpellier vont nous donner ce corps fameux, l'immortelle, l'invincible 32ᵉ *demi-brigade*.

Ces innombrables volontaires ont gardé tous un caractère de l'époque vraiment unique qui les enfanta à la gloire. Et maintenant, où qu'ils soient, dans la mort ou dans la vie, morts immortels, savants illustres, vieux et glorieux soldats, ils restent tous marqués d'un signe qui les met à part dans l'histoire. Ce signe, cette formule, ce mot qui fit trembler toute la terre n'est autre que leur simple nom : *Volontaires de* 1792.

Leurs maîtres, qui les instruisirent et disciplinèrent leur enthousiasme, qui marchèrent devant eux comme une colonne de feu, c'étaient les sous-officiers ou soldats de l'ancienne armée, que la Révolution venait de jeter en avant, ses fils qui n'étaient rien sans elle, qui par elle avaient déjà gagné leur plus grande bataille, la victoire de la liberté. Génération admirable, qui vit en un même rayon la liberté et la gloire, et vola le feu du ciel.

C'était le jeune, l'héroïque, le sublime Hoche, qui devait vivre si peu, celui que personne ne put voir sans l'adorer. — C'était la pureté même, cette noble figure virginale et guerrière, Marceau pleuré de l'ennemi. — C'était l'ouragan des batailles, le colérique Kléber, qui, sous cet aspect terrible, eut le cœur humain et bon, qui dans ses notes secrètes plaint la nuit les campagnes vendéennes qu'il lui faut ravager le jour. — C'était l'homme de sacrifice, qui voulut toujours le devoir, et la gloire pour lui jamais, qui la donna souvent aux autres, et même aux dépens de sa vie, un juste, un héros, un saint, l'irréprochable Desaix.

Et puis, après ces héros, arrivent les ambitieux, les avides, les politiques, les redoutés capitaines, qui plus tard ont cherché fortune avec ou contre César. L'épée la plus acérée, l'âpre Piémontais Masséna, avec son profil de loup. Des rois ou gens propres à l'être, des Bernadotte et des Soult. Le grand sabre de Murat.

Puis une glorieuse foule, où chaque homme en

d'autres pays, d'autres temps, eût illustré un empire.
En France, il y en a tout un peuple. Je les nommerai
sans ordre et j'en omettrai encore plus : Kellermann,
Joubert, Jourdan, Ney, Augereau, Oudinot, Victor,
Lefebvre, Mortier, Gouvion-Saint-Cyr, Moncey,
Davout, Macdonald, Clarke, Sérurier, Pérignon, etc.
Tels furent les officiers, les maîtres et les instruc-
teurs des légions de 1792.

Grands maîtres, qui enseignaient d'exemple. Il ne
faudrait pas croire néanmoins que ces rudes et vail-
lants soldats, comme beaucoup de ceux-ci, les Augereau, les Lefebvre, représentassent l'esprit, le grand
souffle du moment sacré. Ah! ce qui le rendait
sublime, c'est qu'à proprement parler ce moment
n'était pas militaire. Il fut héroïque. Par-dessus l'élan
de la guerre, sa fureur et sa violence, planait toujours la grande pensée, vraiment sainte, de la Révolution, l'affranchissement du monde.

En récompense, il fut donné à la grande âme de la
France en ce moment désintéressé et sacré, de trouver un chant, — un chant qui, répété de proche en
proche, a gagné toute la terre. Cela est divin et rare
d'ajouter un chant éternel à la voix des nations.

Il fut trouvé à Strasbourg, à deux pas de l'ennemi.
Le nom que lui donna l'auteur est le *Chant de l'armée
du Rhin*. Trouvé en mars ou avril, au premier moment
de la guerre, il ne lui fallut pas deux mois pour
pénétrer toute la France. Il alla frapper au fond du
Midi, comme par un violent écho, et Marseille répondit au Rhin. Sublime destinée de ce chant! il est

chanté des Marseillais à l'assaut des Tuileries, il brise le trône au 10 août. On l'appelle la *Marseillaise*. Il est chanté à Valmy, affermit nos lignes flottantes, effraye l'aigle noir de Prusse. Et c'est encore avec ce chant que nos jeunes soldats novices gravirent le coteau de Jemmapes, franchirent les redoutes autrichiennes, frappèrent les vieilles bandes hongroises, endurcies aux guerres des Turcs. Le fer ni le feu n'y pouvaient; il fallut pour briser leur courage, le chant de la liberté.

De toutes nos provinces, nous l'avons dit, celle qui ressentit peut-être le plus vivement le bonheur de la délivrance en 1789, ce fut celle où étaient les derniers serfs, la triste Franche-Comté. Un jeune noble franc-comtois, né à Lons-le-Saulnier, Rouget de Lisle, trouva le chant de la France. Rouget de Lisle était officier de génie à vingt ans. Il était alors à Strasbourg, plongé dans l'atmosphère brûlante des bataillons de volontaires qui s'y rendaient de tous côtés. Il faut voir cette ville, en ces moments, son bouillonnant foyer de guerre, de jeunesse, de joie, de plaisir, de banquets, de bals, de revues, au pied de la flèche sublime qui se mire au noble Rhin; les instruments militaires, les chants d'amour ou d'adieux, les amis qui se retrouvent, se quittent, s'embrassent aux places publiques. Les femmes prient aux églises, les cloches pleurent, et le canon tonne, comme une voix solennelle de la France à l'Allemagne.

Ce ne fut pas, comme on l'a dit, dans un repas de famille que fut trouvé le chant sacré. Ce fut dans une foule émue. Les volontaires partaient le lendemain. Le maire de Strasbourg, Dietrich, les invita à un banquet où les officiers de la garnison vinrent fraterniser avec eux et leur serrer la main. Les demoiselles Dietrich, nombre de jeunes demoiselles, nobles et douces filles d'Alsace, ornaient ce repas d'adieu de leurs grâces et de leurs larmes. Tout le monde était ému; on voyait devant soi commencer la longue carrière de la guerre de la liberté, qui, trente ans durant, a noyé de sang l'Europe. Ceux qui siégeaient au repas n'en voyaient pas tant sans doute. Ils ignoraient que, dans peu, ils auraient tous disparu, l'aimable Dietrich entre autres, qui les recevait si bien, et que toutes ces filles charmantes dans un an seraient en deuil. Plus d'un, dans la joie du banquet, rêvait, sous l'impression de vagues pressentiments, comme quand on est assis, au moment de s'embarquer, au bord de la grande mer. Mais les cœurs étaient bien haut, pleins d'élan et de sacrifice, et tous acceptaient l'orage. Cet élan commun qui soulevait toute poitrine d'un égal mouvement aurait eu besoin d'un rythme, d'un chant qui soulageât les cœurs. Le chant de la Révolution, colérique en 1792, le *Ça ira* n'allait plus à la douce et fraternelle émotion qui animait les convives. L'un d'eux la traduisit : *Allons!*

Et, ce mot dit, tout fut trouvé. Rouget de Lisle, c'était lui, se précipita de la salle, et il écrivit tout, musique et paroles. Il rentra en chantant la strophe : *Allons, enfants de la patrie!* Ce fut comme un éclair du ciel. Tout le monde fut saisi, ravi, tous reconnurent ce chant, entendu pour la première fois. Tous le savaient, tous le chantèrent, tout Strasbourg, toute la France. Le monde, tant qu'il y aura un monde, le chantera à jamais.

Si ce n'était qu'un chant de guerre, il n'aurait pas été adopté des nations. C'est un chant de fraternité; ce sont des bataillons de frères qui, pour la sainte défense du foyer, de la patrie, vont ensemble d'un même cœur. C'est un chant qui, dans la guerre, conserve un esprit de paix. Qui ne connaît la strophe sainte : *Épargnez ces tristes victimes!*

Telle était bien alors l'âme de la France, émue de l'imminent combat, violente contre l'obstacle, mais toute magnanime encore, d'une jeune et naïve grandeur; dans l'accès de la colère même, au-dessus de la colère.

L'Assemblée exprima, dans sa vérité, ce moment sacré de la France, en ordonnant (6 juillet) que dans chaque commune serait élevé un autel de la Patrie. Là on apporterait les enfants, on inscrirait les naissances. Là viendraient les jeunes époux s'unir dans la foi nouvelle. Là on écrirait encore ceux qui ont payé leur dette à la vie.

Ces grands actes de la vie humaine, naissances, mariages et morts, ces actes, toujours religieux autant que légaux, en quelque lieu qu'ils soient consacrés, se trouvaient ainsi transportés de la vieille Église au nouvel autel de la loi. La solennelle question de la vie moderne, ajournée jusqu'ici par la timidité de nos assemblées, était enfin abordée simplement, courageusement. Plus de compromis bâtard, plus de mélange hétérogène du passé et du présent.

La Fayette et les Feuillants s'obstinaient à placer leur espoir dans ce mélange. Ils étaient, en réalité, la pierre d'achoppement de la Révolution. Chose étrange et bien propre à faire soupçonner La Fayette, si les prisons de l'Autriche ne l'avaient justifié, il voulait, lui républicain, lui ami de Washington, faire graviter le mouvement révolutionnaire autour d'un roi, d'une cour incorrigibles. Comment qualifier cet aveuglement?

Un dernier appel lui avait été adressé par les Girondins, dans ce grand danger de la France, une sommation suprême de se rallier aux principes qui, au fond, étaient les siens. Servan était encore ministre de la guerre; ce fut lui, ou plutôt sans doute ce fut Madame Roland, toute-puissante sur ce ministre, qui envoya Rœderer au général, pour savoir si décidément il se déclarerait pour la Gironde ou pour la cour. Il choisit ce dernier parti, soit par antipathie personnelle pour les Roland, soit qu'il crût que la Gironde serait entraînée bientôt, absorbée par les Jacobins. Et cela se trouva vrai : pourquoi? La raison la plus forte peut-être qu'on peut en trouver, c'est justement parce que La Fayette en jugea ainsi. Cela arrive souvent : la prophétie même, la croyance en la prophétie la rend véridique et produit l'événement. Si La Fayette se fût décidé pour la Gironde, si au parti de l'élan il eût joint les forces du parti modéré, il est douteux qu'on eût eu besoin du parti de la terreur.

La cour n'ignorait nullement tout ceci. Sans vouloir employer La Fayette ni dépendre de lui, elle se sentait comme adossée à son armée des Ardennes, et sa confiance en augmentait. On voyait bien que l'Assemblée était flottante et vacillante, fort inquiète de l'effet que la violence du 20 juin allait produire sur les esprits. Cette crainte parut le 21 ; elle décida par un décret qu'aucune réunion de citoyens armés ne pourrait désormais se présenter à sa barre, ni devant aucune autorité constituée ; s'écartant de la conduite qu'elle avait tenue jusque-là, rétractant l'encouragement qu'elle avait donné au 20 juin par l'accueil fait aux pétitions qui annonçaient le mouvement.

L'Assemblée reculait ainsi ; la cour avançait. Le 21, au matin, Pétion s'étant présenté aux Tuileries avec Sergent et autres municipaux, il reçut une avanie ; les gardes nationaux du bataillon des Filles-Saint-Thomas l'accablèrent d'injures et de menaces ; l'un d'eux porta la main sur Sergent, malgré son écharpe, et le souffleta si rudement qu'il tomba à la renverse. Des députés, Duhem et autres, ne furent guère mieux traités, au jardin des Tuileries, par des chevaliers de Saint-Louis ou des gardes constitutionnels. Un homme y fut arrêté pour avoir crié : « Vive la nation ! »

Ce n'est pas tout, on crut pouvoir, dans cet affaiblissement moral de l'Assemblée, la surprendre et lui escamoter la loi martiale, comme on avait fait à la Constituante, en juillet 1791. Un petit rassemblement fut formé, poussé jusqu'au Louvre; puis l'avis donné brusquement à l'Assemblée, pour mieux faire impression. Mais Pétion, averti, vint au moment même, déclara que l'alarme n'était pas fondée, que l'ordre régnait partout.

De l'Assemblée Pétion retourna aux Tuileries. On y était de fort mauvaise humeur, n'ayant pu, comme on le croyait, emporter la loi martiale. Le maire ayant commencé d'un ton respectueux et ferme, le roi, sans autre précaution oratoire, lui dit sèchement : « Taisez-vous ! » et il lui tourna le dos.

Le 22, au matin, parurent une lettre du roi à l'Assemblée, une proclamation royale à la nation. On y faisait parler Louis XVI du ton qu'il eût pu prendre s'il eût eu une armée dans Paris. Il annonçait qu'il avait « des devoirs *sévères* à remplir, qu'il ne les sacrifierait point », etc.

Ce ton menaçant annonçait qu'on se croyait fort. On comptait sur l'indignation des royalistes et des constitutionnels. Le directoire du département, son président, le duc de La Rochefoucauld, répondait de ces derniers. Le 27 juin, au soir, La Fayette, au grand étonnement de tout le monde, arrive à Paris, descend chez La Rochefoucauld. Le 28, il se présente à la barre de l'Assemblée et y prononce un discours audacieusement ridicule. Lui soldat sous le drapeau, lié par la discipline, le général dépendant du ministre de la guerre, il vient régenter l'Assemblée nationale. Il n'a pas craint, dit-il, de venir seul, « de sortir de cet honorable rempart que l'affection des troupes forme autour de lui ». — Il a pris avec ses compagnons d'armes « l'engagement d'exprimer seul un sentiment commun ». — Il supplie l'Assemblée de poursuivre les auteurs du 20 juin « et de détruire *une secte* », etc. Il parlait des Jacobins précisément dans les termes qu'avait employés Léopold.

Guadet demanda si la guerre était finie, pour qu'un général quittât ainsi son armée, si l'armée avait délibéré pour donner ses pouvoirs à M. de La Fayette; il demanda s'il avait un congé du ministre, proposa d'interroger celui-ci à ce sujet et de faire faire un rapport sur le danger d'accorder aux généraux le droit de pétition.

Le Feuillant Ramond, au contraire, demanda une enquête sur la désorganisation que venait d'accuser La Fayette. La motion de Guadet fut écartée par une majorité de cent voix (trois cent trente-neuf contre deux cent trente-quatre).

Cette majorité considérable en faveur de La Fayette fut une chose grave et décisive dans l'histoire de la Révolution. Elle se retrouva la même et plus forte au 8 août. Elle prouva que l'Assemblée n'aurait jamais l'énergie suffisante pour abattre le grand obstacle qui neutralisait à l'intérieur les forces de la France, et, désarmée, discordante, la livrait à l'ennemi. Cet obstacle, la royauté, La Fayette venait le défendre... Innocenter ce défenseur du trône, c'était couvrir le trône et maintenir la France impuissante par lui, au moment de l'invasion. L'Assemblée ne sauvant pas la nation, celle-ci avisera à se sauver elle-même.

Rien n'était plus imprudent que la démarche de La Fayette. La cour, qu'il venait de défendre, ne voulait pas de lui. Une seule voix était pour lui dans la famille royale, celle de Madame Élisabeth, qui sentit sa chevalerie ; mais la reine était contre, et elle dit que, plutôt que d'être sauvé par lui, il valait mieux périr. Elle ne s'en tint pas à ceci. Une revue devait avoir lieu, où La Fayette eût harangué la garde nationale, remonté son esprit. La reine fit avertir, la nuit, Santerre et Pétion, et celui-ci, une heure avant le jour, contremanda la revue. La Fayette alors réunit chez lui plusieurs officiers influents de la garde nationale, leur demanda s'ils voulaient avec lui marcher contre les Jacobins. Lui-même ne rapporte pas ce fait dans ses *Mémoires;* mais il est affirmé par son ami Toulongeon. On promit de se réunir le soir aux Champs-Élysées ; cent hommes à peine s'y trouvèrent. On s'ajourna au lendemain pour agir, si l'on était trois cents, et l'on ne se trouva pas trente. La Fayette vit le roi, qui le remercia, sans profiter de ses offres. Il partit le lendemain.

Comment expliquer l'inaction des Feuillants, des gardes nationaux ? Par la peur ? Cependant beaucoup, que l'on peut citer, ont depuis marqué glorieusement dans les guerres de la Révolution et de l'Empire. Non, ce qui contribua le plus à les paralyser, c'est qu'ils craignaient de ne rien faire qu'au profit des royalistes. Ils se défiaient plus que jamais du roi, ils se fiaient de moins en moins au bon sens de La Fayette. Le projet que celui-ci avoue justifie bien cette défiance. Il aurait mené le roi à Compiègne, et là, le roi, mieux entouré, devenu tout à coup ami de la Révolution, en aurait pris l'avant-garde, eût au besoin commandé l'armée, marché à l'ennemi. — Supposition étrange! l'ennemi, dans la pensée de la cour, c'était justement le sauveur. La reine eût mené le roi à la frontière, mais bien pour la franchir et le placer dans les rangs autrichiens.

L'indécision des Feuillants, leur répugnance à suivre La Fayette dans ces voies insensées montre qu'il leur restait plus de raison et de patriotisme qu'on ne le supposait. Nous allons tout à l'heure les voir à l'Assemblée applaudir le discours redoutable où Vergniaud foudroya le trône, au nom de la France en danger.

Ce danger était trop visible, au dehors, au dedans. L'accord de tous les rois apparaissait contre la Révolution. A Ratisbonne, le conseil des ambassadeurs refusa unanimement d'admettre le ministre de France. L'Angleterre, *notre amie*, préparait un grand armement. Les princes de l'Empire, qui jusque-là se disaient neutres, recevaient l'ennemi dans leurs places et s'approchaient de nos frontières. Le duc de Bade avait mis les Autrichiens dans Kehl. On parlait d'un complot pour leur livrer Strasbourg. L'Alsace criait pour obtenir des armes; on n'en envoyait point. Les officiers abandonnaient cette terre condamnée, passaient à l'autre rive. Le commandant de l'artillerie du Rhin déserta, emmenant plusieurs de ses meilleurs soldats.

En Flandre, c'était bien pis. Le vieux soudard Luckner, ignorant, abruti, était le général de la Révolution. Il avait quarante mille hommes, contre deux cent mille qui arrivaient. Les corps de volontaires montraient, il est vrai, le plus brûlant enthousiasme. On ne contenait leur fougue qu'en les menaçant de les renvoyer chez eux. Mais tout cela était sans habitude militaire, fort peu discipliné. Luckner n'avança que pour reculer. Il prit Courtrai et deux autres places; il réussit assez pour compromettre les infortunés amis de la France; puis il lui fallut se retirer devant des forces supérieures. Un de ses officiers, en se dégageant, laissa, pour mémoire du passage des nôtres, un cruel incendie où disparurent les faubourgs de Courtrai.

Voilà les nouvelles douloureuses qui venaient frapper Paris coup sur coup. Et le péril était peut-être plus grand à l'intérieur. Deux choses y éclataient, qui sont précisément la mort du corps politique. Le centre n'agissait plus, ne voulait plus agir. Non seulement on n'envoyait aux armées ni armes ni approvisionnements, mais les lois mêmes de l'Assemblée on ne les expédiait point aux départements, on n'en instruisait point la France. D'autre part, les extrémités, laissées à elles-mêmes, voulaient et agissaient à part. Les Bouches-du-Rhône, par exemple, s'avisèrent de retenir, de lever des contributions, sous prétexte de les envoyer à l'armée des Alpes, qui couvrait la Provence.

Rien n'empêchait le royalisme de profiter de cette désorganisation. Dans les montagnes les plus inaccessibles du Languedoc, dans ce pays de pierre, l'Ardèche, sans voies ni routes, voici qu'apparaît un *lieutenant général des princes, gouverneur du bas Languedoc et des Cévennes.* Il a, dit-il, fait vérifier ses pouvoirs par la noblesse du pays, pour gouverner pendant la captivité du roi. Il ordonne à toutes les anciennes autorités de reprendre leurs places, d'arrêter les nouveaux fonctionnaires, tous les membres des clubs. Il arme les paysans, assiège Jalès et autres châteaux.

On regarde au Midi. Et derrière l'Ouest commence à prendre feu. Un paysan, Allan Redeler, publie, à l'issue de la messe, que les amis du roi auront à se rendre en armes près d'une chapelle voisine. Cinq cents y vont du premier coup. Le tocsin sonne de village en village. L'incendie gagnait la Bretagne, si Quimper, sans perdre un moment, n'eût arboré le drapeau rouge, marché avec du canon, écrasé ce premier essai de guerre civile. Le paysan rentra, mais sombre, implacable, altéré de combat, d'embuscades nocturnes, de coups fourrés, de sang. La chouannerie fut dès lors dans les cœurs.

En général, dans le royaume, les directoires des départements étaient Feuillants ou Fayettistes, convertis à la royauté. Les municipalités, plus révolutionnaires, soutenaient contre les directoires, avec l'aide des clubs, une lutte sans fin, qui mettait partout l'anarchie. Le directoire de la Seine-Inférieure, celui de la Somme, se signalèrent par la véhémence de leurs adresses contre-révolutionnaires, après le 20 juin. Le ministre fit imprimer à l'imprimerie royale, publier à grand nombre l'adresse de la Somme, outrageuse pour l'Assemblée.

La grandeur du danger eut un effet singulier, imprévu, qui, pour ne pas durer, n'en prêta pas moins une force d'unité terrible à la Révolution... Dès le 28, Brissot, qui n'allait plus aux Jacobins, s'y rendit, se porta pour accusateur de La Fayette, demanda l'union, l'oubli. L'homme de la presse, Brissot, l'homme des Jacobins, Robespierre, rapprochés un moment, se dirent des paroles de paix.

Le 30 juin, Jean Debry, au nom de la commission des douze, fit à l'Assemblée un rapport « sur les mesures à prendre *en cas du danger de la patrie* », et posa spécialement le cas *où ce danger viendrait* précisément *du pouvoir exécutif*, dont la mission est de le repousser.

La question était ainsi jetée dans les esprits, lorsque toute la France fut avertie par le rapport, et que dans toutes les villes et dans tous les villages commença à sonner ce mot : *Danger de la patrie;* alors, pour la seconde fois, la cause nationale contre la royauté fut remise aux pures et nobles mains de Vergniaud. Son discours, d'une ampleur de style, d'un développement grandiose, avec beaucoup de redondances, étonne à la lecture. Le procédé est tout autre que celui de Mirabeau; chaque chose ici a moins de trait et de saillie, tout est subordonné au mouvement général, à un immense *crescendo* qui, en allant, emporte tout. C'est comme ces grands fleuves de l'Amérique, larges de plusieurs lieues, qui, à les voir, ont presque l'air d'une mer calme d'eau douce; mettez-y votre barque, elle va comme une flèche; on mesure avec terreur la rapidité du courant; elle va emportée, nul moyen d'arrêter, elle glisse, elle file, elle irait à l'abîme, aux cataractes écumantes où la masse des eaux se brise du poids d'une mer.

L'idée même du discours, c'est la réponse au mot que le roi disait, répétait le 20 juin : « Je ne me suis pas écarté de la constitution... », etc. Le caractère sublime de ce discours, qui le met hors du temps, au-dessus de la circonstance même, c'est qu'il est la loyale réclamation de l'honneur contre la littéralité perfide qui s'affermit dans la fausse conscience, pour tuer, exterminer l'esprit.

La confiance s'éveilla en tout homme de tout parti, lorsque Vergniaud, lui faisant appel dans une hypothèse éloquente qui malheureusement se rapprochait trop des réalités, prononça ces fortes paroles :

« Si tel était le résultat de la conduite dont je viens de tracer le tableau, que la France nageât dans le sang, que l'étranger y dominât, que la constitution fût ébranlée, que la contre-révolution fût là et que le roi vous dît pour sa justification :

« Il est vrai que les ennemis qui déchirent la « France prétendent n'agir que pour relever ma

« puissance qu'ils supposent anéantie, venger ma
« dignité qu'ils supposent flétrie, me rendre mes
« droits royaux qu'ils supposent compromis ou
« perdus; mais j'ai prouvé que je n'étais pas leur
« complice; j'ai obéi à la constitution, qui m'ordonne
« de m'opposer par un acte formel à leurs entre-
« prises, puisque j'ai mis des armées en campagne.
« Il est vrai que ces armées étaient trop faibles;
« mais la constitution ne désigne pas le degré de
« force que je devais leur donner; il est vrai que
« je les ai rassemblées trop tard; mais la constitution
« ne désigne pas le temps auquel je devais les
« rassembler; il est vrai que des camps de réserve
« auraient pu les soutenir; mais la constitution ne
« m'oblige pas à former des camps de réserve; il
« est vrai que lorsque les généraux s'avançaient en
« vainqueurs sur le territoire ennemi, je leur ai
« ordonné de s'arrêter; mais la constitution ne me
« prescrit pas de remporter des victoires; elle me
« défend même les conquêtes; il est vrai qu'on a
« tenté de désorganiser les armées par les démis-
« sions combinées d'officiers et par des intrigues,
« et que je n'ai fait aucun effort pour arrêter le
« cours de ces démissions ou de ces intrigues;
« mais la constitution n'a pas prévu ce que j'aurais
« à faire sur un pareil délit; il est vrai que mes
« ministres ont continuellement trompé l'Assemblée
« nationale sur le nombre, la disposition des troupes
« et les approvisionnements; que j'ai gardé le plus
« longtemps que j'ai pu ceux qui entravaient la

… « marche du gouvernement constitutionnel, le moins
« possible ceux qui s'efforçaient de lui donner du
« ressort ; mais la constitution ne fait dépendre leur
« nomination que de ma volonté, et nulle part elle
« n'ordonne que j'accorde ma confiance aux patriotes
« et que je chasse les contre-révolutionnaires ; il est
« vrai que l'Assemblée nationale a rendu des décrets
« utiles ou même nécessaires, et que j'ai refusé de
« les sanctionner ; mais j'en avais le droit ; il est
« sacré : car je le tiens de la constitution ; il est
« vrai enfin que la contre-révolution se fait, que le
« despotisme va remettre entre mes mains son
« sceptre de fer, que je vous en écraserai, que vous
« allez ramper, que je vous punirai d'avoir eu l'inso-
« lence de vouloir être libres ; mais j'ai fait tout ce
« que la constitution me prescrit ; il n'est émané de
« moi aucun acte que la constitution condamne ; il
« n'est donc pas permis de douter de ma fidélité
« pour elle, de mon zèle pour sa défense. » (*Vifs applaudissements.*)

« Si, dis-je, il était possible que dans les calamités d'une guerre funeste, dans les désordres d'un bouleversement contre-révolutionnaire, le roi des Français leur tînt ce langage dérisoire ; s'il était possible qu'il leur parlât de son amour pour la constitution avec une ironie aussi insultante, ne seraient-ils pas en droit de lui répondre :

« O roi, qui sans doute avez cru, avec le tyran
« Lysandre, que la vérité ne valait pas mieux que le
« mensonge, et qu'il fallait amuser les hommes par

« des serments, comme on amuse les enfants avec
« des osselets; qui n'avez feint d'aimer les lois
« que pour conserver la puissance qui vous servirait
« à les braver; la constitution, que pour qu'elle ne
« vous précipitât pas du trône, où vous aviez besoin
« de rester pour la détruire; la nation, que pour
« assurer le succès de vos perfidies, en lui inspirant
« de la confiance, pensez-vous nous abuser aujour-
« d'hui avec d'hypocrites protestations?... Pensez-
« vous nous donner le change sur la cause de nos
« malheurs par l'artifice de vos excuses et l'audace
« de vos sophismes? Était-ce nous défendre que
« d'opposer aux soldats étrangers des forces dont
« l'infériorité ne laissait pas même d'incertitude
« sur leur défaite? Était-ce nous défendre que
« d'écarter les projets tendant à fortifier l'intérieur
« du royaume, ou de faire des préparatifs de résis-
« tance pour l'époque où nous serions déjà devenus
« la proie des tyrans? Était-ce nous défendre que
« de ne pas réprimer un général qui violait la cons-
« titution, et d'enchaîner le courage de ceux qui la
« servaient? Était-ce nous défendre que de paralyser
« sans cesse le gouvernement par la désorganisation
« continuelle du ministère? La constitution vous
« laissa-t-elle le choix des ministres pour notre
« bonheur ou notre ruine? Vous fit-elle chef de
« l'armée pour notre gloire ou notre honte? Vous
« donna-t-elle enfin le droit de sanction, une liste
« civile et tant de grandes prérogatives, pour perdre
« constitutionnellement la constitution et l'Empire?

« Non, non, homme que la générosité des Français
« n'a pu émouvoir, homme que le seul amour
« du despotisme a pu rendre sensible, vous n'avez
« pas rempli le vœu de la constitution ! Elle est
« peut-être renversée ; mais vous ne recueillerez pas
« le fruit de votre parjure ! Vous ne vous êtes point
« opposé par un acte formel aux victoires qui se
« remportaient en votre nom sur la liberté, mais
« vous ne recueillerez point le fruit de ces indignes
« triomphes ! Vous n'êtes plus rien pour cette cons-
« titution que vous avez si indignement violée, pour
« ce peuple que vous avez si lâchement trahi ! »
(*Applaudissements réitérés.*)

L'effet fut celui d'une trombe. Le mouvement, longtemps, habilement balancé, augmenté, croissant de force et de vitesse, de plus en plus grand et terrible, devint inéluctable. Personne n'y échappa. L'Assemblée tout entière passa au puissant tourbillon, elle en fut enlevée. Feuillants et fayettistes, royalistes constitutionnels, de toute nuance, ils se trouvèrent d'accord avec leurs ennemis, et tous ensemble poussèrent des cris d'enthousiasme. Telle est donc la tyrannie de l'éloquence, qu'on ne puisse y échapper ! Ou plutôt devons-nous croire que tous, Français au fond, oublièrent le discours, et l'homme, et le parti, leur propre opinion, et, dans cette voix solennelle, reconnurent, malgré eux, la voix de la patrie ?

Mais lorsqu'un député, Torné, proposa nettement à l'Assemblée, ce qui était pourtant la conclusion logique, qu'elle saisît le pouvoir et gouvernât la France par ses commissions; lorsque le positif, le froid, le vaste esprit de Condorcet conduisit la pensée sur tous les moyens pratiques que l'Assemblée devait adopter, dans son nouveau métier de roi : alors elle sentit quelque terreur, recula sur elle-même. Elle eut un dernier regard, un regret, sur l'accord des pouvoirs, qui, si le roi y eût mis un peu de bonne foi, eût empêché la guerre civile.

C'était le 6 juillet. Le nouvel évêque de Lyon, Lamourette, profitant d'une belle parole que Carnot avait dite sur l'accord et la paix, dit qu'il fallait à tout prix s'accorder, que les deux moitiés de l'Assemblée devaient se rassurer l'une l'autre sur les deux objets de leurs craintes; qu'il suffisait que le président dît cette seule parole : « Que ceux qui abjurent et exècrent également *la république, — et les deux chambres, —* se lèvent en même temps. »

L'Assemblée fut émue, et elle se leva tout entière.

Chose étrange et peu explicable! Que voulait donc cette Gironde, qui, jusqu'ici, sous l'inspiration de Madame Roland, battait le trône en brèche? Sans doute ils cédèrent à l'émotion universelle. Elle n'était pas en désaccord avec leur pensée intérieure. Depuis l'effet immense du discours de Vergniaud, qui avait si profondément remué la France, ils sentaient tout trembler, ils commençaient à craindre de trop bien réussir, de n'abattre le trône que pour asseoir sur ses débris le trône de l'anarchie, la royauté des clubs.

Quoi qu'il en soit, la scène fut bizarre autant qu'imprévue. D'un même élan, le côté droit, le côté gauche, se mêlèrent, s'embrassèrent; les rangs supérieurs descendirent, la Montagne se jeta dans la Plaine. On vit siéger ensemble Feuillants et Jacobins, Merlin près de Jaucourt et Gensonné près de Vaublanc. Ces effusions naïves ne doivent pas surprendre. La France est un pays où le bon cœur éclate par accès, dans les plus violentes discordes. Ne vit-on pas, une heure avant la meurtrière bataille d'Azincourt, nos chevaliers, nos barons, divisés par tant de haines, se demander pardon et s'embrasser? Ici, de même, à la veille de la sanglante bataille de la Révolution, ceux-ci un moment s'attendrirent, dirent adieu à la paix, donnèrent à la nature, à l'humanité, aux plus regrettables sentiments de l'âme, ce dernier embrassement.

Cela changea bien vite et se refroidit fort quand une lettre de Pétion apprit à l'Assemblée qu'il était suspendu par arrêté du directoire de Paris, et que le directoire ordonnait des poursuites pour l'affaire du 20 juin. On commença à voir que la scène arrangée habilement par Lamourette n'était qu'une ruse de guerre, un moyen d'entraver l'Assemblée et de lui faire ajourner la grande mesure populaire qu'on redoutait : la déclaration du danger de la patrie.

Et la suspension fut confirmée, publiée par une proclamation du roi, qu'il envoya à l'Assemblée.

Cependant la population s'émouvait pour son

maire, les pétitions pleuvaient en sa faveur; il en vint une « au nom des quarante mille ouvriers en bâtiment de Paris ». Pétion vint lui-même à la barre et dit, pour justification principale, celle-ci qui est grave : A aucun prix, et quoi qu'il arrivât, il n'avait voulu hasarder de faire couler le sang. — Le 13, l'Assemblée leva la suspension pour le maire, la maintint encore, chose remarquable, pour le procureur de la Commune, Manuel, qui, selon toute apparence, sous la direction de Danton, avait eu une part fort directe à l'organisation du mouvement.

La fête anniversaire du 14 juillet ne fut rien autre chose que le triomphe de Pétion sur le roi. Les hommes armés de piques avaient tous écrit au chapeau, avec de la craie : « Vive Pétion ! » Tout se passa paisiblement, néanmoins dans une émotion visible; c'était un calme frémissant, comme une halte avant un combat. Parmi les symboles ordinaires qui figuraient dans la pompe solennelle, tels que la Loi, la Liberté, etc., des hommes en noir, couronnés de cyprès, portaient aussi une chose mystérieuse et redoutable, qu'on voyait briller sous un crêpe : c'était le glaive de la Loi. Voilé encore, il allait déchirer sa fragile enveloppe et devenir le fer de la Terreur.

Le roi allait comme traîné et semblait la victime. Victime moins de la Révolution que de ses convictions obstinées. Il allait, odieux de son double veto, rêveur, mélancolique, dans l'attente d'un assassinat.

consolé de sa mort, inquiet pour les siens. Pour la première fois, à leur prière, il portait un plastron caché. « Sa figure, dit un écrivain royaliste, était celle d'un débiteur que l'on mène en prison. » Il ne se laissa pas toutefois traîner jusqu'à la fin. Quand on l'invita à mettre le feu à l'arbre où pendaient les insignes féodaux, il dit que la chose était superflue et protesta ainsi en quelque sorte, dans ce dernier jour de la royauté, pour l'Ancien-Régime expirant.

La royauté, manifestement, était finie. Le ministère avait donné sa démission le 9 juillet, le directoire de Paris donna la sienne le 20. Toute autorité disparut. L'État fut sans gouvernement, la capitale sans administrateurs, l'armée sans généraux.

Restait l'Assemblée, hésitante et flottante. Restait la nation, émue, indignée des obstacles, ignorant les remèdes, s'ignorant elle-même, se cherchant à tâtons, se sentant forte, attestant l'Assemblée, ne demandant qu'un signe.

Ce signe était : la *Déclaration du danger de la patrie*.

Qu'était-il en lui-même? Robespierre le dit parfaitement : un aveu que l'autorité faisait de son impuissance, de l'état effrayant de crise où elle avait laissé venir les choses, un appel à la nation d'y suppléer, de se sauver elle-même.

Cette déclaration, demandée le 30 juin, formulée le 4 juillet, votée le 11, ne fut promulguée que le dimanche 22 juillet. On venait de recevoir les plus alarmantes nouvelles de l'Est. Le directoire de Paris, à la veille de sa démission, s'opposait au recrutement; il en fut positivement accusé par deux excellents citoyens, Cambon et Carnot. Du 11 au 22, on ne put obtenir du pouvoir exécutif l'autorisation nécessaire pour proclamer le danger de la patrie.

L'âme de la France était si émue en ce moment, les poitrines si pleines, si près d'éclater, que tous hésitaient à lever la bannière de l'enthousiasme. On craignait que l'ivresse ne tournât à la fureur.

Il fallut pourtant accorder enfin le signal désiré à l'impatience du peuple. Le dimanche 22 juillet, la proclamation fut faite sur les places de Paris. Elle se répéta sur toutes les places de France.

Le décret de l'Assemblée portait que, la proclamation faite, les conseils de départements, de districts, de communes, se constitueraient en surveillance permanente; que tous les gardes nationaux seraient désormais en activité; que tout citoyen déclarerait ce qu'il avait d'armes; que l'Assemblée fixerait le nombre d'hommes à fournir par chaque département; que le département, le district, en feraient la répartition; que, trois jours après, les hommes de chaque canton choisiraient entre eux ceux que le canton devait fournir; que ceux qui auraient obtenu cet honneur se rendraient, sous trois jours, au chef-lieu du district, où on leur donnerait la solde, la poudre et les balles. Nulle obligation d'uniforme; ils pouvaient, dans leurs habits de travail, aller au combat.

La proclamation fut faite à Paris avec une solennité austère, digne de la situation. Le génie de la Révolution, on le sent ici, était vraiment dans la Commune. Danton y influait déjà par Manuel, procureur de la Commune, par les officiers municipaux et le conseil général. Son souffle semble avoir animé l'auteur du programme, Sergent, artiste médiocre en lui-même, mais possédé, en ce moment, d'un vertige sublime; il ne l'a que trop fait passer dans les grandes et terribles fêtes qui précédèrent ou suivirent le 10 août. On dirait qu'en ceci Sergent fut l'artiste de Danton, comme plus tard David fut celui de Robespierre. Sergent, inférieur comme artiste, nous paraît avoir été plus puissamment inspiré que David pour la mise en scène de ces représentations populaires. Elles eurent un effet véritablement effrayant. L'une d'elles, la fête funèbre, donnée après le 10 août, jeta dans la population une telle impression de furieuse douleur que peut-être on doit la considérer comme une des causes du massacre qui suivit.

Le dimanche 22 juillet, à six heures du matin, les canons placés au Pont-Neuf commencèrent à tirer et continuèrent, d'heure en heure, jusqu'à sept heures du soir. Un canon de l'Arsenal répondait et faisait écho.

Toute la garde nationale, en ses six légions, réunie sous ses drapeaux, s'assembla autour de l'Hôtel de Ville ; et l'on y organisa les deux cortèges qui devaient porter dans Paris la proclamation. Chacun avait en tête un détachement de cavalerie avec trompettes, tambours, musique et six pièces de canon. Quatre huissiers à cheval portaient quatre enseignes : Liberté, Égalité, Constitution, Patrie. Douze officiers municipaux, en écharpes, et derrière un garde national à cheval portant une grande bannière tricolore, où étaient ces mots : « Citoyens! la patrie est en danger. » — Puis venaient encore six pièces de canon et un détachement de garde nationale. La marche était fermée par la cavalerie.

La proclamation se fit sur les places et sur les ponts. A chaque halte, on commandait le silence en agitant les banderoles tricolores et par un roulement de tambours. Un officier municipal s'avançait, et, d'une voix grave, lisait l'acte du corps législatif et disait : « La patrie est en danger. »

Cette solennité était comme la voix de la nation, son appel à elle-même. A elle maintenant de voir ce qu'elle avait à faire, ce qu'elle avait dans le cœur de dévouement et de sacrifice, de voir qui voulait combattre, défendre cette immense patrimoine de liberté conquis hier, qui voulait sauver la France et l'espérance du monde.

Des amphithéâtres avaient été dressés sur toutes les grandes places, comme au parvis Notre-Dame, pour recevoir les enrôlements. Des tentes étaient placées sous des banderoles tricolores et des couronnes de chêne; sur le devant une table simplement jetée sur deux caisses de tambour. Des municipaux, avec six notables, siégeaient pour écrire et donner aux enrôlés leurs certificats; à droite, à gauche, les drapeaux gardés par les hommes de leurs bataillons.

L'amphithéâtre était isolé et défendu par un grand cercle de citoyens armés et deux pièces de canon. La musique était au centre et faisait entendre des hymnes guerriers et patriotiques.

On avait bien fait d'entourer ainsi les amphithéâtres. La foule s'y précipitait. Le cercle des factionnaires suffisait à peine à la repousser. Tous voulaient arriver ensemble et être inscrits d'une fois. On les contenait, on les écartait, pour régler l'inscription; quelques-uns seulement passaient, qui gravissaient impatients les escaliers, se pressaient aux balustrades; à mesure, d'autres venaient, les inscrits redescendaient et allaient gaiement s'asseoir dans le grand cercle de la place, chantant avec la musique et caressant les canons.

Un journaliste se plaint de n'avoir pas vu *plus de piques*, autrement dit plus d'hommes de la classe inférieure. Tout était mêlé ici; il n'y avait ni haut ni bas, ni supérieurs ni inférieurs : c'étaient des hommes, voilà tout, c'était la France entière qui se précipitait aux combats.

Il en venait de tout petits, qui tâchaient de prouver qu'ils avaient seize ans et qu'ils avaient droit de partir. L'Assemblée, par grâce, avait abaissé jusqu'à cet âge la faculté de s'enrôler.

Il y avait des hommes mûrs, des hommes déjà grisonnants, qui ne voulaient pour rien au monde laisser une telle occasion et, plus lestes que les jeunes, partaient devant pour la frontière. On vit des choses étranges. Au fond de la basse Bretagne, le bonhomme La Tour d'Auvergne, très mûr d'âge, déjà retiré, laisse un matin les belles antiquités celtiques qui faisaient tout son bonheur, s'en va embrasser son maître, un vieux savant celtomane, part sans autre viatique que sa chère grammaire bretonne, qu'il portait sur sa poitrine et qui lui sauva des balles. Il entra, lui aussi, dans ces bandes, enrôlé de cinquante ans, et se mit héroïquement à former cette jeunesse.

Personne ne voyait ces choses sans émotion. La jeune audace de ces enfants, le dévouement de ces hommes qui laissaient là tout, sacrifiaient tout, tiraient les larmes des yeux. Tels pleuraient, se désespéraient de ne pouvoir partir aussi. Les partants chantaient et dansaient, lorsque les municipaux les menaient le soir à l'Hôtel de Ville. Ils disaient à la foule émue : « Chantez donc aussi, vous autres ! criez : « Vive la nation ! »

L'élan fut tel, la fermentation si grande, les cœurs et les imaginations si puissamment ébranlés, que ceux même qui venaient de décréter la Déclaration du danger de la patrie ne furent pas sans inquiétude; ils s'effrayèrent de leur ouvrage. Brissot avertit le peuple « que la cour voulait une émeute, qu'elle ne cherchait qu'un prétexte pour l'éloignement du roi ».

Non, il ne fallait pas d'émeute, mais une grande et générale insurrection était devenue nécessaire, ou la France périssait.

L'Assemblée était impuissante. Elle n'osait se décider à condamner La Fayette, l'appui de la royauté.

Les Jacobins étaient impuissants. Leur oracle, Robespierre, prouvait à merveille que l'Assemblée ne faisait rien, que la Gironde attendait que Louis XVI, aux abois, lui rendît le ministère. Mais, quand on lui demandait quel remède il indiquait lui-même, il ne savait rien dire autre chose, sinon qu'il fallait convoquer les assemblées primaires, qui éliraient des électeurs, et ceux-ci éliraient une Convention, pour que, par cette assemblée, légalement autorisée, on pût réformer la constitution. Cette constitution améliorée ne manquerait pas sans doute d'affaiblir et désarmer le pouvoir exécutif.

Une médecine tellement expectante eût eu l'effet naturel de laisser mourir le malade. Avant que les assemblées primaires fussent seulement convoquées, les Prussiens et les Autrichiens, donnant la main à Louis XVI, pouvaient arriver à Paris.

L'impuissance de la Gironde et de l'Assemblée, de Robespierre et des Jacobins, se retrouverait-elle la même dans la Commune de Paris? Ce n'était que trop vraisemblable. Son chef, Pétion, était homme de mots et de discours, nullement d'action. Sorti de la noble Constituante, d'une assemblée essentiellement parleuse, académique, il en gardait le caractère. La place aussi de maire de Paris, cette place qui appelle sans cesse à représenter, semblait toujours paralyser celui qui la remplissait. Pétion n'était guère moins que Bailly, son prédécesseur, majestueux, froid et vide, une cérémonie vivante. Vain comme lui et plus avide encore de popularité, tous ses discours se résument à peu près par les mots qu'il dit au 20 juin et qu'il répétait toujours : « Peuple, tu as été sublime.... Peuple, tu as assez fait, tu as mérité le repos... Peuple, retourne à tes foyers. »

Nulle force individuelle n'aurait jamais mis cette idole en mouvement. Pour la soulever de son inertie, la lancer dans l'accusation du roi, comme on va voir tout à l'heure, il ne fallait pas moins qu'une de ces grandes marées de l'océan populaire qui le fait sortir de son lit par un mouvement invincible, emporte tout sur sa vague, les pierres même inertes et pesantes.

Répétons-le, nul en particulier ne peut se vanter du 10 août, ni l'Assemblée, ni les Jacobins, ni la Commune. Le 10 août, comme le 14 juillet et le 6 octobre, est un grand acte du peuple.

Acte d'énergie, de dévouement, de courage désespéré, partant moins général que les deux précédents ; — mais, si l'on considère le sentiment universel d'indignation qui l'inspira, on peut le nommer ainsi : c'est un grand acte du peuple.

Des millions d'hommes voulurent ; vingt mille hommes exécutèrent.

L'individu fit peu ou rien. Il est juste néanmoins de remarquer que personne n'observa mieux le mouvement, ne s'y associa plus habilement que Danton.

Le 13 juillet, aux Jacobins, il proposa que les fédérés, venus des départements, fissent le lendemain, à la fête du 14, un serment supplémentaire, celui de rester à Paris tant que la patrie serait en danger : « Et s'ils disaient, les fédérés, ce que pense toute la France, que le danger de la patrie *ne vient que du pouvoir exécutif*, qui leur ôterait donc le droit d'examiner cette question ? »

Le 17, le procureur de la Commune, Manuel (sans aucun doute, sous l'influence de Danton) demanda, obtint que les sections, désormais en permanence, eussent à l'Hôtel de Ville un bureau central de correspondance, au moyen duquel elles s'entendraient entre elles d'une manière sûre et prompte. Mesure grave, qui créait l'unité, non plus fictive, mais réelle, active, de ce grand peuple de Paris.

Le 27, les Cordeliers, sous la présidence de Danton, décident que « la Constituante ayant remis le dépôt de la *constitution* à tous les Français, tous, dans le danger de la *constitution*, citoyens *passifs* aussi bien qu'actifs, sont admis, par la *constitution* même, à délibérer, à s'armer pour la défendre; que la section du Théâtre-Français les appelle à elle », etc. L'arrêté est signé de Danton et des secrétaires Momoro et Chaumette.

Ainsi, à ce moment suprême, la fameuse section des Cordeliers et Danton lui-même s'efforçaient de retenir encore sur l'insurrection un manteau de légalité; ils *attestaient la constitution*, au moment où le salut de la France obligeait de la briser

La France fut sauvée par la France, par des masses inconnues.

L'impulsion fut donnée par l'étranger même, par ses menaces insolentes. Nous lui devons ce magnifique élan de colère nationale, d'où sortit la délivrance.

Le 26 juillet partit de Coblentz le manifeste, outrageusement impérieux, du général de la coalition, du duc de Brunswick. Ce prince, homme judicieux, le trouvait lui-même absurde; mais les rois lui imposèrent cette œuvre insensée de l'émigration. On y annonçait une guerre étrange, nouvelle, toute contraire au droit des nations policées. Tout Français était coupable; toute ville ou village qui résisterait devrait être *démoli, brûlé*. Quant à la Ville de Paris, elle devait redouter des sévérités terribles : « Leurs Majestés rendant responsables de tous les événements sur leur tête, pour être jugés militairement, sans espoir de pardon, tous les membres de l'Assemblée, du département, du district, de la municipalité, les juges de paix, *les gardes nationaux et tous autres...* S'il était fait la moindre violence au roi, on en tirerait une vengeance à jamais mémorable, en livrant Paris à une exécution militaire et une subversion totale », etc.

Ce manifeste du 26 fut (chose bizarre !) le 28 connu à Paris; on eût dit qu'il venait des Tuileries et non de Coblentz. Il tomba comme sur la poudre tombe une étincelle. La section de Mauconseil sortit du vague terrain constitutionnel, déclara : 1° *qu'il était impossible de sauver la liberté par la constitution;* 2° qu'elle abjurait son serment et ne reconnaissait plus Louis pour roi; 3° que, le dimanche 5 août, elle se transporterait à l'Assemblée et lui demanderait si elle voulait enfin sauver la patrie, *se réservant,* sur la réponse, de prendre *telle détermination ultérieure qu'il appartiendrait,* et jurant de s'ensevelir, s'il le fallait, sous les ruines de la liberté.

Cette déclaration fut signée de six cents noms, entièrement inconnus.

Jamais insurrection ne fut plus clairement, plus nettement annoncée. Ceux qui, après la victoire, la réclamèrent comme leur et comme préparée par eux furent bien obligés, pour faire croire qu'ils avaient tout fait, de supposer des mystères dans l'ombre desquels ils auraient agi. Tout indique, quoi qu'ils aient dit, que ces petits mystères ne firent rien ou pas grand'chose. Ce fut une conspiration immense, universelle, nationale, menée à grand bruit sur la place, en plein soleil. Un de ceux qui tâchèrent *après* de se donner l'honneur de la chose avait bien mieux dit *avant :* « Nous sommes, en ce moment, un million de factieux. »

Sur quarante-huit sections, quarante-sept avaient voté la déchéance de Louis XVI.

Pour la prononcer sans risque de collision, il fallait désarmer la cour. La Gironde et les Jacobins étaient d'accord là-dessus. Le Girondin Fauchet, le Jacobin Choudieu, demandèrent, obtinrent de l'Assemblée que les troupes de ligne fussent envoyées à la frontière. L'Assemblée, sous cette double influence, ordonna le licenciement de l'état-major de la garde nationale. C'était briser, dans Paris, l'épée de La Fayette, émoussée déjà, mais qui lui restait encore.

La cour perdait ainsi ses défenses et ses barrières. On alla encore plus loin; on lui contesta les Suisses; on remarqua qu'alors même ils avaient leur chef, leur colonel général à Coblentz; c'était le comte d'Artois, et tel de leurs officiers était payé à Coblentz de l'argent de la nation.

Pendant qu'on s'efforçait de désarmer la royauté, arrivait chaque jour dans Paris l'armée de la Révolution. Je parle des différents corps fédérés des départements. Ces fédérés n'étaient point des hommes quelconques, des volontaires pris au hasard; c'étaient ceux qui s'étaient présentés à l'élection pour combattre les premiers, ceux qui se destinaient aux armes, ceux qu'on avait élus sous l'influence des sociétés populaires, comme les plus ardents patriotes et les plus fermes soldats.

Les fédérés tombèrent dans la fermentation de

Paris, comme un surcroît d'ardent levain. Reçus chez les particuliers ou concentrés dans les casernes, inactifs et dévorés du besoin de l'action, ils allaient partout, se montraient partout, se multipliaient. Tout neufs et non fatigués, ravis de se voir enfin (la plupart pour la première fois) sur le terrain des révolutions, au cratère même du volcan, ces terribles voyageurs appelaient, hâtaient l'éruption. Ils prirent deux résolutions qui leur donnèrent une grande force : celle de s'unir et faire corps, ils se créèrent un comité central aux Jacobins ; — et celle de rester à Paris. Le 17 juillet, ils avaient adressé à l'Assemblée une audacieuse adresse : « Vous avez déclaré le danger de la patrie ; mais ne la mettez-vous pas en danger vous-mêmes, en prolongeant l'impunité des traîtres ?... Poursuivez La Fayette, suspendez le pouvoir exécutif, destituez les directoires de départements, renouvelez le pouvoir judiciaire. »

L'indignation de l'Assemblée fut presque unanime ; elle passa à l'ordre du jour. Les fédérés, étonnés de ce mauvais accueil, écrivirent aux départements : « Vous ne nous reverrez plus ou vous nous verrez libres... Nous allons combattre pour la liberté, pour la vie... Si nous succombons, vous nous vengerez, et la liberté renaîtra de ses cendres. »

Mieux reçus des Jacobins, ils étaient aussi fort encouragés par la Commune de Paris. Le procureur de la Commune, Manuel, professa aux Jacobins cette doctrine nouvelle : que les fédérés, élus des départements, en étaient les représentants légitimes. Pétion, qui était là, appuyait cette doctrine de sa présence, de la puissante autorité du premier magistrat de Paris. Paris même, en sa personne, semblait adopter ces envoyés de la France, les encourager au combat.

Le 25 juillet, un festin civique fut donné aux fédérés sur l'emplacement des ruines de la Bastille, et la même nuit, du 25 au 26, un *directoire d'insurrection* s'assembla au *Soleil-d'Or*, petit cabaret voisin. Il y avait cinq membres du comité des fédérés, de plus les deux chefs des faubourgs, Santerre et Alexandre, trois hommes d'exécution, Fournier, dit l'Américain, Westermann et Lazouski, le Jacobin Antoine, les journalistes Carra et Gorsas, enfants perdus de la Gironde. Fournier apporta un drapeau rouge, avec cette inscription dictée par Carra : « Loi martiale du peuple souverain contre la rébellion du pouvoir exécutif. » On devait s'emparer de l'Hôtel de Ville et des Tuileries, enlever le roi sans lui faire de mal et le mettre à Vincennes. Le secret, confié à trop de personnes, était connu de la cour. Le commandant de la garde nationale alla trouver Pétion et lui dit qu'il avait mis le château en état de défense. Pétion alla la nuit même dissoudre les convives attardés du festin civique, qui croyaient combattre au jour. On se décida à attendre les fédérés de Marseille.

Barbaroux, leur compatriote, avait écrit à Marseille d'envoyer à Paris « cinq cents hommes qui sussent mourir ». Rebecqui, autre Marseillais, avait été les recruter, les choisir lui-même. Il ne faut pas oublier que, depuis deux ou trois ans, la guerre, sous diverses formes, existait dans le Midi. Les émeutes de Montauban, de Toulouse, le meurtrier combat de Nîmes en 1790, la guerre civile d'Avignon en 1790 et 1791, les affaires d'Arles, d'Aix, la dernière surtout où les gardes nationales avaient désarmé un régiment suisse, tout cela avait exalté dans ces contrées l'orgueil militaire, l'amour des combats, la furie de la Révolution. Rebecqui et ses Marseillais étaient alliés et amis du parti français d'Avignon ; ils en considéraient les crimes comme d'excusables représailles. Les cinq cents hommes de Marseille, qui n'étaient point du tout exclusivement Marseillais, étaient déjà, quoique jeunes, de vieux batailleurs de la guerre civile, faits au sang, très endurcis; les uns, rudes hommes du peuple, comme sont les marins ou paysans de Provence, population âpre, sans peur ni pitié; d'autres, bien plus dangereux, des jeunes gens de plus haute classe, alors dans leur premier accès de fureur et de fanatisme, étranges créatures, troubles et orageuses dès la naissance, vouées au vertige, telles qu'on n'en voit guère de pareilles que sous ce violent climat. Furieux d'avance et sans sujet, qu'il vienne un sujet de fureur, vous retrouverez des Mainvielle, que rien ne fera reculer, non pas même la Glacière.

Une chose, si l'on peut dire, les soutenait dans leurs colères et les rendait prêts à tout : c'est qu'ils se sentaient une foi. La foi révolutionnaire, formulée par un homme du Nord dans la *Marseillaise*, avait confirmé le cœur du Midi. Tous maintenant, ceux même qui ignoraient le plus les lois de la Révolution, ses réformes et ses bienfaits, tous savaient, par une chanson, pourquoi ils devaient dès lors combattre, tuer, mourir. La petite bande des Marseillais, traversant villes et villages, exalta, effraya la France par son ardeur frénétique à chanter le chant nouveau. Dans leurs bouches, il prenait un accent très contraire à l'inspiration primitive, accent farouche et de meurtre; ce chant généreux, héroïque, devenait un chant de colère; bientôt il allait s'associer aux hurlements de la Terreur.

Barbaroux et Rebecqui allèrent recevoir les Marseillais à Charenton. Le premier, jeune, enthousiaste, généreux, lié d'une part aux Girondins par l'amitié des Roland, d'autre part fort intime avec ces hommes violents du Midi, rêvait une grandiose et pacifique insurrection, une redoutable fête, où quarante mille Parisiens, accueillant les Marseillais, et, pour ainsi parler, les prenant dans leurs bras, emporteraient d'un élan, sans avoir besoin de combat, l'Hôtel de Ville, les Tuileries, entraîneraient l'Assemblée, fonderaient la République. « Cette insurrection pour la liberté eût été majestueuse comme elle, sainte comme les droits qu'elle devait assurer, digne de servir d'exemple aux peuples; pour briser leurs fers, il leur suffit de se montrer aux tyrans. »

Santerre promit les quarante mille hommes, et il

en amena deux cents. Il n'avait aucune hâte de donner aux Marseillais l'honneur d'un si grand mouvement.

Barbaroux put voir bientôt combien ce plan romanesque d'une insurrection innocente, généreuse et pacifique, exécutée par des mains furieuses et déjà sanglantes, avait peu de vraisemblance. Dès le lendemain, aux Champs-Élysées, les Marseillais, invités à un festin, se trouvèrent à deux pas des grenadiers des Filles-Saint-Thomas, et il y eut immédiatement une collision sanglante. Qui commença? On ne le sait. Les Marseillais, chargeant d'ensemble, eurent un avantage facile; leurs adversaires furent mis en fuite. Le pont-levis des Tuileries s'abaissa pour les recevoir, se releva pour arrêter les Marseillais qui s'élançaient à leur poursuite. Plusieurs des blessés, reçus aux Tuileries, furent consolés et pansés par les dames de la cour.

La petite armée fédérée, cinq cents Marseillais et trois cents Bretons, etc., en tout cinq mille hommes, était au complet dans Paris, l'insurrection était imminente. Tout le monde s'y attendait. Un muet tocsin sonnait dans les oreilles et dans les cœurs. Le 3 août, il retentit dans l'Assemblée même. Pétion, à la tête de la Commune, se présente à la barre. Spectacle étrange, le froid, le flegmatique Pétion, ayant derrière lui ses dogues, les Danton et les Sergent, qui le poussaient par derrière, débitant de sa voie glacée un brûlant appel aux armes.

« La Commune vous dénonce le pouvoir exécutif...

Pour guérir les maux de la France, *il faut les attaquer dans leur source* et ne pas perdre un moment. » — Suivent les crimes de Louis XVI, ses *projets sanguinaires contre Paris*, les bienfaits de la nation envers lui, son ingratitude, le détail des entraves qu'il met à la défense nationale, l'insolence des autorités départementales qui se font arbitres entre l'Assemblée et le roi et voudraient mettre la France en république fédérative... « Nous aurions désiré pouvoir demander seulement la suspension momentanée de Louis XVI; la constitution s'y oppose. Il invoque sans cesse la constitution; nous l'invoquons à notre tour et *nous demandons la déchéance*... Il est douteux que la nation puisse se fier à la dynastie; nous demandons des ministres nommés hors de l'Assemblée, par le scrutin des hommes libres, en attendant que la volonté du peuple, notre souverain et le vôtre, soit légalement prononcée en Convention nationale. »

Il y eut un grand silence. La pétition fut renvoyée à un comité. La question de la déchéance fut ajournée au jeudi 9 août. Ceci n'était plus une furie de populace, une bravade de fédérés. C'était la grande Commune qui prenait l'avant-garde, sommait l'Assemblée de la suivre. C'était le roi de Paris qui venait dénoncer le roi. Dans l'état de misère, de sourde fureur où était la population, on pouvait craindre que la péroraison d'une telle harangue ne fût l'assaut des Tuileries, que les mots ne fussent des actes, que la cause de la liberté, au lieu de se décider par les batailles du Rhin, ne fût remise au hasard d'une émeute de Paris.

La séance du soir fut courte. On rentra chez soi, on consulta les siens. C'est dans ces grandes circonstances que les hommes, incertains, flottants, suivent, sans bien s'en rendre compte, l'influence de leurs entourages, de leurs affections. Quand la lumière de l'esprit vacille, on cherche celle du cœur. Il serait intéressant de savoir, en cette occasion, quelle fut la table du soir pour les grands chefs d'opinion, ce que fut ce soir là Robespierre à la table des Duplay, Vergniaud chez Madame Roland ou Mlle Candeille. Autant qu'on peut conjecturer, soit par crainte pour la liberté qui pouvait périr en une heure, soit par instinct d'humanité, au moment de voir le sang couler, tous furent incertains ou reculèrent à l'apparition prochaine du terrible événement.

Robespierre ne dit rien le soir aux Jacobins, et très probablement s'abstint d'y aller, pour n'exprimer nulle opinion sur les mesures immédiates qu'il convenait de prendre. Il laissa passer le jour, ordinairement décisif dans les révolutions de Paris, le dimanche (5 août). Il se tut le 3, il se tut le 4 et ne recouvra la parole qu'après que ce jour fut passé, le lundi 6 août.

Pour la Gironde et les amis des Roland, qui étaient dans l'action même, ils ne s'abstinrent pas, mais se divisèrent. La Gironde proprement dite, sa pensée, Brissot, sa parole, Vergniaud, redoutaient l'insurrection. Les amis des Girondins, le jeune Marseillais Barbaroux, l'appelaient et la préparaient. Rien n'indique de quel côté pencha Madame Roland.

On ne peut ici accuser personne. Il y avait lieu vraiment d'hésiter et de réfléchir. Il y avait à parier que la cour aurait le dessus si l'on hasardait le combat. La Gironde avait provoqué, ordonné l'organisation de l'armée des piques, mais elle commençait à peine. Rien n'était moins discipliné, moins exercé, moins imposant que les bandes des faubourgs. Les fédérés mêmes, quoique braves, étaient-ils de vrais soldats? Pour l'armée des baïonnettes, la garde nationale, il était infiniment probable qu'une grande partie ne ferait rien, et qu'une autre, très nombreuse, serait contre l'insurrection.

L'attaque des Tuileries n'était point chose facile. Le château, du côté du Carrousel surtout, était un fort redoutable. Il n'y avait pas de grille comme aujourd'hui, point de grand espace libre ; mais trois petites cours contre le château, fermées de murs, dont les jours donnaient sur le Carrousel et permettaient de tirer fort à l'aise sur les assaillants. Ceux-ci parvenaient-ils à pénétrer, ils étaient perdus, ce semble; ces trois cours étaient trois pièges, justement comme cette cour du château du Caire où le pacha fit si commodément fusiller les Mameluks. Une fois là, on devait être criblé des fenêtres, foudroyé de tous côtés.

La garnison était très sûre. Elle devait, outre

les gardes nationaux les plus dévoués, compter les bataillons suisses, cette milice brave et fidèle, compter les restes de la garde constitutionnelle (nous l'avons vu, des Murat, des La Rochejaquelein), compter *la noblesse française*, ainsi se nommaient eux-mêmes les gentilshommes qui s'engageaient à défendre le château. D'Hervilly, leur chef, était une épée connue; il avait formé, recruté un petit corps redoutable, composé uniquement de maîtres d'armes qu'il éprouvait lui-même et de spadassins.

Oui, il y avait lieu de songer. Si l'insurrection venait se faire prendre, écraser au traquenard des Tuileries, l'Assemblée elle-même était frappée à mort et perdait la force légale, qui jusqu'ici était dans ses mains. Si elle pouvait, de cette force, vaincre sans combat, pousser le roi de proche en proche à remettre le pouvoir aux ministres patriotes, pourquoi livrer la grande cause au hasard d'un petit combat, aux chances d'une surprise, d'une panique peut-être, d'un irréparable revers?

Telles furent les pensées de la Gironde. L'ambition y fut pour quelque chose sans doute. Mais, l'ambition même à part, il faut reconnaître qu'il y avait bien lieu d'hésiter. Disons aussi qu'à cette grande époque, à ce rare moment de patriotisme enthousiaste, l'égoïsme et l'intérêt personnel, sans disparaître entièrement, furent tout à fait secondaires dans les résolutions des hommes. Il faut rendre cette justice alors aux hommes de tout parti.

Le 26 juillet, Brissot avait avoué le motif, fort

sérieux, qui, au moment de briser le trône, faisait hésiter la Gironde ; il était fondé dans la vieille superstition, absurde, mais trop réelle, et qu'on ne pouvait méconnaître : « Les hommes attachent au mot de *roi* une vertu magique *qui préserve leur propriété.* »

A cette idée ajoutez un sentiment, naturel à l'aspect de la fureur qu'on voyait gronder dans le peuple : la crainte d'une grande et terrible effusion de sang humain, qui renouvelât la Glacière, calomniât la liberté, déshonorât la France. On apprit qu'à Marseille un contre-révolutionnaire avait été égorgé par le peuple. A Toulon, chose déplorable, fatale aux amis de la liberté, c'était la loi elle-même, je veux dire ses principaux organes, sur lesquels on avait porté le couteau. Le procureur général syndic (nous dirions préfet) du département, quatre administrateurs, l'accusateur public, un membre du district, d'autres citoyens encore, avaient été massacrés. Si de telles choses arrivaient si loin, contre des magistrats secondaires dont la responsabilité ne pouvait être bien grande, que serait-ce contre le roi ? Que serait-ce ici, à Paris, où depuis si longtemps les Marat et les Fréron demandaient des têtes, du sang, des supplices atroces, des mutilations, des bûchers ?...

Un fait révélé plus tard montre assez combien ceux mêmes qui se mettaient en avant, Pétion et autres, étaient effrayés sur le caractère de meurtrière violence qu'allait prendre la Révolution. Duval d'Espreménil, celui qui l'avait jadis commencée dans le Parlement, mais depuis fol et furieux dans le sens contraire, ayant parlé indiscrètement pour la cour dans le jardin des Tuileries, fut reconnu, poursuivi de la foule, frappé, maltraité; bientôt tous ses vêtements leur restaient aux mains ou tombaient sur lui en lambeaux sanglants. Il traversa, vivant encore, le Palais-Royal, se jeta heureusement dans la Trésorerie, qui était en face. On ferma les portes. La foule rugissait autour, allait les forcer. La pauvre petite femme de Duval (il venait de se marier) parvint à traverser tout, voulant mourir avec lui. On alla chercher bien vite le maire de Paris. Pétion vint en effet, entra, vit sur un matelas un spectre pâle et sanglant. C'était Duval, qui lui dit : « Et moi aussi, Pétion, j'ai été l'idole du peuple... » Il n'avait pas fini ces mots que, soit l'excès de la chaleur, soit terreur et pressentiment trop vrai de sa destinée prochaine, Pétion s'évanouit.

Oui, il y avait lieu de songer, à la veille du 10 août. Ce n'était pas seulement la Gironde qui hésitait, c'étaient d'excellents citoyens, Cambon par exemple, qui ne tinrent à la Gironde que fort indirectement, qui n'en eurent nullement l'esprit et ne connurent d'autre sentiment que l'intérêt de la France. Le 4 août, Cambon obtint que l'Assemblée demandât à sa commission des Douze un rapport « pour rappeler le peuple aux vrais principes de la constitution ». Cette commission y travailla immédiatement, et Vergniaud vint, en son nom, séance tenante, proposer d'annuler l'acte insurrectionnel de la section de Mauconseil, ce qui fut à l'instant décrété sans discussion.

Et pourtant, nous le savons bien mieux aujourd'hui, Vergniaud et Cambon avaient tort. L'insurrection seule, la plus prompte insurrection, pouvait encore sauver la France. Il n'y avait pas un jour à perdre. La royauté toujours aux Tuileries, servant de point de ralliement aux nobles et aux prêtres par tout le royaume, c'était le plus formidable auxiliaire des armées de la coalition. La reine attendait, appelait ces armées, la nuit et le jour. Elle avouait à ses femmes ses vœux et son espérance. Une nuit, dit M*me* Campan, que la lune éclairait sa chambre, elle la contempla et me dit que, dans un mois, elle ne verrait pas cette lune, sans être dégagée de ses chaînes. Elle me confia que tout marchait à la fois pour la délivrer. Elle m'apprit *que le siège de Lille allait se faire*, qu'on leur faisait craindre que, malgré le commandant militaire, l'autorité civile ne voulût défendre la ville. *Elle avait l'itinéraire des princes et des Prussiens; tel jour, ils devaient être à Verdun, et tel jour, à un autre endroit.* Qu'arriverait-il à Paris? Le roi n'était pas poltron; mais il avait peu d'énergie. « Je monterais bien à cheval, disait-elle encore, mais alors j'anéantirais le roi... »

Tout le monde voyait aux portes de la France deux armées disciplinées, redoutables par leurs précédents : la prussienne, pleine de la tradition du grand Frédéric; l'autrichienne et hongroise, illustre par les succès de la guerre des Turcs. Ces deux armées avaient de plus cette grave particularité, qu'elles venaient, presque sans coup férir, d'étouffer déjà deux révolutions, celle de Hollande et de Belgique. Nul politique, nul militaire ne pouvait croire à une résistance sérieuse de la part de nos armées désorganisées, des masses indisciplinées qui venaient derrière, de nos généraux suspects, d'une cour qui appelait l'ennemi. Un miracle seul pouvait sauver la France, et peu de gens l'attendaient.

Madame Roland avoue sans détour qu'elle comptait peu sur la défense du Nord, qu'elle examinait avec Barbaroux et Servan les chances de sauver la liberté dans le Midi, d'y fonder une république. « Nous prenions, dit-elle, des cartes géographiques, nous tracions la ligne de démarcation. — Si nos Marseillais ne réussissent pas, disait Barbaroux, ce sera notre ressource. »

Ceci n'était pas particulier aux Girondins. Marat, la veille du 10 août, demanda à l'un d'entre eux de le sauver à Marseille et se tint prêt à partir sous l'habit d'un charbonnier.

Vergniaud affirme que Robespierre avait la même intention, et que c'était aussi à Marseille qu'il voulait se retirer. Quoiqu'on soit porté à douter de l'affirmation d'un ennemi sur un ennemi, j'avoue que le témoignage d'un tel homme, loyal, plein de cœur et d'honneur, me semble avoir beaucoup de poids.

Deux hommes seuls, parmi ceux qui influaient, paraissent avoir été immuablement opposés à l'idée de quitter Paris, les deux qui avaient du génie, Vergniaud et Danton. La chose est à peu près certaine pour Danton. Celui qui, après le 10 août, quand l'ennemi approchait, ne sourcilla pas et s'obstina à faire face, celui-là, avant le 10, dans un péril moins imminent, ne faiblit pas à coup sûr.

Pour Vergniaud, la chose est certaine. Il donna son avis en présence d'environ deux cents députés. Contre l'opinion de la plupart de ses amis, il dit : « *Que c'était à Paris qu'il fallait assurer le triomphe de la liberté ou périr avec elle;* que, si l'Assemblée sortait de Paris, ce ne pouvait être que comme Thémistocle, avec tous les citoyens, en ne laissant que des cendres, ne fuyant un moment devant l'ennemi que pour lui creuser son tombeau. »

Vergniaud et Danton jugèrent justement comme Richelieu, quand la reine Henriette lui faisait demander si elle pouvait se réfugier en France. Il écrivit en marge de la lettre : — « Faut-il dire à la reine d'Angleterre que qui quitte sa place la perd? » — Et Louis XI disait : « Si je perds le royaume et que je me sauve avec Paris, je me sauve la couronne sur la tête. »

Comme allait-on s'y prendre pour résister dans Paris? La première chose était d'en être maître. Or, Paris n'avait point Paris, tant que l'ami des Prussiens était dans les Tuileries. C'est par les Tuileries qu'il fallait commencer la guerre.

Obtiendrait-on d'un peuple, peu aguerri jusque-là, un moment de colère généreuse, un violent accès d'héroïsme qui fit cette folie sublime? Cela était fort douteux. Ce peuple semblait trop misérable, abattu peut-être sous la pesanteur des maux. Le Girondin Grangeneuve, dans l'ardeur de son fanatisme, demanda cette grâce au capucin Chabot, qu'il lui brûlât la cervelle, le soir, au coin d'une rue, pour voir si cet assássinat, dont on eût certainement accusé la cour, ne déciderait pas le mouvement. Le capucin, peu scrupuleux, s'était chargé de l'affaire, mais, au moment, il eut peur, et Grangeneuve se promena toute la nuit attendant en vain la mort et désolé de ne pouvoir l'obtenir.

CHAPITRE X

LA VEILLE ET LA NUIT DU 10 AOUT.

Combien l'histoire du 10 août a été altérée. — Le 10 août était prévu. — Plusieurs réclament l'initiative du 10 août. — L'Assemblée déclare qu'il n'y a pas lieu d'accuser La Fayette, 8 août. — On n'espère plus que l'Assemblée puisse sauver la patrie, 8 août. — Préparatifs du combat, 9 août. — Les chances de la cour étaient très fortes. — Le tocsin, la nuit du 10 août.

Je ne connais aucun événement des temps anciens ni modernes qui ait été plus complètement défiguré que le 10 août, plus altéré dans ses circonstances essentielles, plus chargé et obscurci d'accessoires légendaires ou mensongers.

Tous les partis, à l'envi, semblent avoir conspiré ici pour exterminer l'histoire, la rendre impossible, l'enterrer, l'enfouir, de façon qu'on ne la trouve même plus.

Plusieurs alluvions de mensonges, d'une étonnante épaisseur, ont passé dessus. Si vous avez vu les bords de la Loire, après les débordements des dernières années, comme la terre a été retournée ou ensevelie, les étonnants entassements de limon, de sable, de cailloux, sous lesquels des champs entiers ont disparu, vous aurez quelque faible idée de l'état où est restée l'histoire du 10 août.

Le pis, c'est que de grands artistes, ne voyant en toutes ces traditions, vraies ou fausses, que des objets d'art, s'en sont emparés, leur ont fait l'honneur de les adopter, les ont employées habilement, magnifiquement, consacrées d'un style éternel. En sorte que les mensonges, qui jusque-là restaient incohérents, ridicules, faciles à détruire, ont pris, sous ces habiles mains, une consistance déplorable et participent désormais à l'immortalité des œuvres du génie qui malheureusement les reçut.

Il ne faudrait pas moins d'un livre pour discuter une à une toutes ces fausses traditions. Nous laissons ce soin à d'autres. Pour nous, qu'il nous suffise ici de donner seulement deux sortes de faits, les uns prouvés par des actes authentiques, les autres vus ou accomplis par des témoins irrécusables, dont plusieurs vivent encore. Nous les avons préférés sans difficulté aux historiens connus ou auteurs de *Mémoires*, pour la raison, grave et décisive, qu'aucun ou presque aucun de ceux-ci (ni Barbaroux, ni Weber, ni Peltier, etc.) n'ont pris part à la bataille et ne l'ont pas même vue.

La bataille du 10 août semble un de ces loyaux combats où les deux partis, de longue date, ont soin de s'avertir d'avance. La population de Paris, d'une part, et la cour, de l'autre, donnèrent la plus grande publicité aux préparatifs.

Il n'y eut aucune surprise. On se tromperait entièrement, si l'on supposait le roi investi à l'improviste. Avec une Commune discordante, un maire comme Pétion, avec la désorganisation absolue où étaient tous les pouvoirs, avec la force militaire que le roi avait dans sa main, il était plus libre de fuir qu'il ne l'avait jamais été. Les masses, on va le voir, se rassemblèrent à grand'peine, et tard, et très lentement. Le 10 août, à six heures du matin, le roi était parfaitement libre encore de s'en aller, lui et les siens, en se plaçant au centre d'un carré de Suisses et de gentilshommes. A deux lieues, il montait à cheval et passait en Normandie, à Gaillon, où on l'attendait. Il hésita, et la reine ne se souciait point de fuir, se croyant sûre cette fois d'écraser la Révolution dans la cour des Tuileries.

Dès le 3 août, le faubourg de Paris le plus misérable, celui qui souffrait le plus de cette halte cruelle dans la faim, sans paix ni guerre, Saint-Marceau prit son parti ; il envoya à la section des Quinze-Vingts, invitant ses frères du faubourg Saint-Antoine à marcher avec lui en armes. Ceux-ci répondirent qu'ils iraient. — Premier avertissement.

Autre le 4. L'Assemblée ayant condamné la déclaration insurrectionnelle de la section de Mauconseil, la Commune se refusa à publier le décret.

Voilà des actes publics, et certes assez clairs. En même temps, nombre de particuliers voulaient agir, se remuaient, conspiraient en plein vent. Beaucoup réclament ici la grande initiative, prétendent avoir fait le 10 août.

« C'est moi », dit plusieurs fois Danton. Sans doute, il y contribua, mais bien moins par son action immédiate que par l'élan qu'il donna ou augmenta, longtemps d'avance, par son influence sur la Commune, sur Manuel, sur Sergent et autres, peut-être sur Pétion même.

« C'est moi, dit Thuriot (le 17 mai 1793), qui, avant le 10 août, ai marqué, préparé l'instant où il fallait exterminer les conspirateurs. »

« C'est moi, dit encore Carra, qui, réuni au directoire insurrectionnel, le 4 août, au *Cadran-Bleu*, écrivis le plan de l'insurrection. Nous nous rendîmes de là chez Antoine, rue Saint-Honoré, vis-à-vis l'Assomption, dans la maison où demeure Robespierre. Son hôtesse fut si effrayée qu'elle vint demander à Antoine s'il voulait faire égorger Robespierre. A quoi Antoine répondit : « Si quelqu'un doit être « égorgé, ce sera nous ; pour Robespierre, qu'il se « cache. »

Barbaroux, tout en avouant que le 10 août fut l'effet d'un mouvement irrégulier que préparèrent une foule d'hommes, se donne pourtant bonne part dans la direction du mouvement. Lui aussi, il a tracé le plan de l'insurrection. Cette pièce importante, qui eût pu tout révéler, il avoue qu'il la laissa dans la poche d'un vêtement d'été, et qu'avec ce vêtement, le plan, pendant plusieurs jours, alla chez la blanchisseuse.

Robespierre, on vient de le voir, ne se pressait pas d'agir. Il n'avait nullement conseillé le mouvement, mais il le veillait de près et, sans s'y mêler en rien, se tenait prêt à profiter. Il fit dire à Barbaroux, par un abbé en guenilles (depuis l'un des juges de 1793), que Panis l'attendait à la mairie avec Sergent et Fréron. Ces deux derniers étaient sous l'influence de Danton. Mais Panis était un homme de Robespierre. Ils avertirent Barbaroux qu'il fallait décider les Marseillais à quitter leur caserne, trop éloignée, pour s'établir aux Cordeliers. Placés là, tout près du Pont-Neuf, ils étaient bien plus à même d'agir sur les Tuileries, de prendre l'avant-garde du mouvement, de lui donner un élan, une impulsion résolue, que les bandes peu disciplinées des faubourgs n'avaient nullement. L'avantage était visible pour le succès de l'affaire. Seulement il y avait ceci à considérer : Danton régnait aux Cordeliers ; allait-il être le moteur essentiel, l'agent principal ? Ce fut sans doute une inquiétude pour Robespierre. Il sortit de sa réserve et fit prier Barbaroux et Rebecqui de passer chez lui.

La chambre de Robespierre, ornée par Mme Duplay, était une vraie chapelle, qui reproduisait sur les murs, sur les meubles, l'image d'un seul et unique dieu, Robespierre, toujours Robespierre. Peint à droite sur la muraille, à gauche il était gravé. Son buste était au fond, son bas-relief vis-à-vis. De plus, il y avait sur les tables, en gravures, une demi-douzaine de petits Robespierre. De quelque côté qu'il se tournât, il ne pouvait éviter de voir son image. On parla des Marseillais et de la Révolution. Robespierre se vanta d'en avoir hâté le cours et, plus que personne, amené la crise où l'on arrivait. Mais n'allait-elle pas s'arrêter, cette Révolution, si l'on ne prenait un homme très populaire pour en diriger le mouvement?... « Non, dit brutalement Rebecqui, pas de dictateur, pas plus que de roi. » Ils sortirent bientôt, mais Panis, qui les avait amenés, ne les lâcha pas : « Vous avez mal saisi la chose, dit-il. Il s'agissait uniquement d'une autorité d'un moment. Si l'on suivait cette idée, nul plus digne que Robespierre. »

Tout le monde, d'après la vieille routine, croyait que le mouvement aurait lieu un dimanche, le 5 ou le 12. Donc, le samedi 4 au soir, deux jeunes Marseillais vont à la mairie. Ils trouvent au bureau Sergent et Panis. Ces jeunes gens étaient admirables d'élan, de courage, d'impatience et de douleur. Ils voyaient venir le jour du combat et n'avaient rien dans les mains pour le soutenir. L'un d'eux criait : « De la poudre ! des cartouches ! ou je me brûle la cervelle !..... » Il tenait un pistolet et l'approchait de son front.

Sergent, homme tout spontané, qui avait le cœur d'un artiste, d'un Français, sentit que c'était là peut-être le vrai cri de la patrie. Pour réponse, il se mit à pleurer ; son émotion entraîna Panis. Ils jouèrent leur tête sur ce coup de dé, signèrent l'ordre (qui eût été celui de leur mort, si la France n'eût vaincu), l'ordre de délivrer les cartouches aux Marseillais.

La cour ne s'endormait pas. Dans la nuit du 4 au 5, elle fit silencieusement venir de Courbevoie aux Tuileries les fidèles et redoutables bataillons des Suisses. On en avait envoyé quelques compagnies à Gaillon, où le roi devait chercher un asile.

Ce bruit de fuite remplissait tout Paris, le lundi 6. Les fédérés disaient qu'ils voulaient cerner le château. Ils n'étaient que cinq ou six mille. Mais la section des Quinze-Vingts déclara qu'elle aussi elle marcherait aux Tuileries. Tout ce qui lui manquait pour cela, c'était son chef ordinaire. Santerre avait été consigné chez lui par le commandant de la garde nationale; il en profita, et tel fut son respect pour la discipline qu'il garda à la lettre la consigne, dans ce jour qui semblait devoir être celui du combat.

Il était impossible de voir ce que voulait l'Assemblée. Le 6, elle accueillit une pétition foudroyante des fédérés, qui la menaçait elle-même; elle admit les pétitionnaires aux honneurs de la séance. Le 8, elle déclara qu'il n'y avait point lieu à l'accusation de La Fayette. Le rapport de Jean Debry, le violent commentaire qu'y joignit Brissot, ne servirent de rien. La démarche, certainement illégale, audacieuse, du général près de l'Assemblée, ce précédent qui contenait en puissance le 18 brumaire, fut innocentée. Quatre cent six voix contre deux cent vingt-quatre en jugèrent ainsi. Ce qui les excuse un peu, c'est peut-être la tentation naturelle de résistance que donnaient aux députés les cris, les menaces dont ils étaient environnés. A la sortie, plusieurs d'entre eux furent frappés ; quelques-uns faillirent périr ; réfugiés dans un corps de garde, ils n'échappèrent que par une prompte et secrète évasion à la vengeance du peuple.

Ils se plaignirent en vain dans la séance du 9. Les autorités vinrent avouer qu'elles avaient peu de moyens pour réprimer les désordres. Rœderer, procureur du département, accusa le maire de ne point venir se concerter sur les mesures à prendre. Il avertit que les Quinze-Vingts parlaient de sonner le tocsin, de soulever le peuple en masse, si l'on ne prononçait la déchéance du roi. Puis le maire vint à son tour parler des gardes de réserve qu'il plaçait dans les Tuileries, faisant entendre en même temps qu'il ne fallait pas y compter beaucoup, « que toute la force armée était devenue délibérante, et qu'elle se trouvait, comme tous les citoyens, divisée d'opinion ».

Un député Feuillant demandant que les fédérés quittassent Paris et qu'on demandât au maire *s'il pouvait assurer le salut public*, — « Non, dit le Girondin Guadet, demandez-le plutôt au roi. » — Et le Jacobin Choudieu ajouta que c'était à l'Assemblée même qu'il fallait adresser la question. « Les dangers de la patrie, dit-il, sont dans votre faiblesse, dont vous avez donné hier, au sujet de La Fayette, le honteux exemple. Il se trouve ici des hommes qui n'ont pas le courage d'avoir une opinion. Ceux qui ont craint hier un général, une armée, ceux-là n'oseront jamais toucher au foyer des conspirations, qui est aux marches du trône. Envoyez-moi à l'Abbaye, si vous voulez, mais déclarez que vous êtes incapables de sauver la patrie. »

C'était la pensée même de Paris. Les quarante-huit sections s'assemblèrent dans la soirée. Elles nommèrent des commissaires pour remplacer le conseil général de la Commune et les investirent de pouvoirs illimités, absolus, pour sauver la chose publique. L'ancien conseil siégeait à l'Hôtel de Ville ; les membres du nouveau, envoyés par les sections, s'y joignirent dans la nuit, à mesure qu'ils étaient nommés, et le remplacèrent au jour.

La cour ne pouvait l'ignorer. Mais elle se croyait très forte. D'abord elle venait d'avoir, par le vote en faveur de La Fayette, la majorité dans l'Assemblée, quatre cents voix contre deux cents. Elle n'avait pas à craindre d'être frappée par l'arme des lois. L'attente des armées étrangères et la presque certitude que la France serait écrasée avaient étonnamment réchauffé le zèle de ses partisans. Jamais, dit un contemporain, la cour n'avait été plus nombreuse, plus brillante peut-être, que dans les jours qui précédèrent immédiatement le 10 août. Les Suisses et les gentilshommes dont elle était entourée lui assuraient un noyau très sûr de force militaire, auquel le commandant général de la garde nationale, très royaliste, Mandat, pouvait joindre à volonté ses bataillons les plus zélés. Légalement, il ne pouvait agir que par l'autorisation du maire. On a beaucoup discuté s'il l'avait ou s'il ne l'avait pas. Il a affirmé lui-même, et il est très vraisemblable que, plusieurs jours auparavant, il avait tiré du maire une telle quelle autorisation ; les circonstances n'étant nullement favorables à l'insurrection, l'autorisation alors était de peu de conséquence. Au 10 août, cette autorisation surannée ne pouvait servir ; Mandat y suppléa par une réquisition au département de Paris.

Pendant la journée du 9, on avait coupé la galerie du Louvre pour interdire de ce côté l'entrée du château. On avait fait entrer très publiquement, par les cours, d'épais madriers de chêne, pour obstruer, blinder les fenêtres, sauf les jours qu'on réservait pour foudroyer l'ennemi.

Dès minuit, le tocsin sonna aux Cordeliers où étaient Danton et les Marseillais, puis dans tout Paris. Mais l'effet en fut petit ; les faubourgs s'ébranlèrent lentement, difficilement ; le vendredi n'est pas un jour favorable. Les meneurs disaient eux-mêmes, en langage significatif : « que le tocsin *ne rendait pas* ».

Pétion avait été mandé aux Tuileries, sous un prétexte, et il n'osa refuser. Une tête si chère au peuple, étant retenue comme otage, ôtait bien des chances à l'insurrection.

Santerre, dit-on, trouvait tout cela de mauvais signe et ne voulait pas marcher. Marcher sans le fameux brasseur, c'est ce que le faubourg ne faisait pas aisément. Aussi se fit-il attendre à peu près une heure. Il laissa aller devant l'avant-garde des ardents, qui, comme on verra, se firent écraser; puis il laissa encore aller les Marseillais devant, qui furent un moment seuls et faillirent périr de même.

Eussent-elles été meilleures, ces bandes, les dispositions du commandant général Mandat semblaient infaillibles, si peu qu'elles fussent obéies. Un corps à l'Hôtel de Ville, un autre au Pont-Neuf, devaient laisser passer les deux faubourgs, puis les prendre par derrière, pendant que les Suisses les chargeraient par devant. Si les choses se passaient ainsi, les faubourgs ne devaient pas seulement être vaincus, mais exterminés.

Et même, après la défection des deux corps, plusieurs croient que l'insurrection eût encore été vaincue, si le roi seulement était resté aux Tuileries. Les Suisses, les braves gentilshommes qui étaient avec lui, n'auraient pas livré leur vie, de désespoir, comme ils firent. La résistance eût été terrible, longue et dès lors victorieuse. Le peuple comptait peu de vrais soldats, et il se serait rebuté.

Tout le monde le pensait ainsi. Les meneurs des Marseillais, Barbaroux entre autres, qui, dirigeant les mouvements et leur imprimant l'ensemble, ne purent combattre de leurs personnes et n'avaient pas la ressource de se faire tuer à coups de fusil, n'étaient pas moins prêts à mourir. Barbaroux prit sur lui du poison, afin de pouvoir toujours rester maître de lui-même et ne pas tomber entre les mains de la cour, à qui, selon toute apparence, allait revenir la victoire.

La Révolution, à bien regarder, malgré le grand nombre de ceux qui combattaient pour elle, avait des chances inférieures. La force militaire était de l'autre côté. Ce qu'elle avait, c'était la force morale, la colère et l'indignation, l'enthousiasme, la foi.

Quelles étaient les pensées de cette grande population, la terrible inquiétude des femmes et des familles, quand on entendit sonner le tocsin, nous le savons par un témoignage bien touchant, celui de la jeune femme de Camille Desmoulins, la belle, l'infortunée Lucile[1]. Nous reproduisons, sans y changer un mot, cette page naïve :

« Le 8 août, je suis revenue de la campagne ; déjà tous les esprits fermentaient bien fort ; j'eus des Marseillais à dîner, nous nous amusâmes assez. Après le dîner, nous fûmes chez M. Danton. La mère pleurait, elle était on ne peut plus triste ; son petit avait l'air hébété. Danton était résolu ; moi je riais

---

1. Une précieuse miniature de Lucile existe dans la collection du regrettable colonel Maurin, que nous venons de perdre. Cette collection, que l'État devrait acquérir, sera peut-être vendue en détail. Je prie, dans ce cas, l'acquéreur de la miniature de la donner au Musée (en attendant le Musée révolutionnaire qu'on devrait former). Cette chose appartient à la France, moins encore comme objet d'art que pour sa valeur historique. Lucile, dans ce portrait, est une jolie femme d'une classe peu élevée (Lucile Duplessis-Laridon). Jolie? Oui, mais surtout mutine, un petit Desmoulins en femme. Son charmant petit visage, ému, orageux, fantasque, a le souffle de *la France libre*. Le génie a passé là, on le sent, l'amour d'un homme de génie. Elle l'aima jusqu'à vouloir mourir avec lui. — Et pourtant eut-il tout entier, sans réserve, ce cœur si dévoué ? Qui l'affirmerait ? Elle était ardemment aimée d'un homme bien inférieur. Elle est bien trouble, en ce portrait ; la vie est là bien entamée, le teint est obscur, peu net... Pauvre Lucile, j'en ai peur, tu as trop bu à cette coupe, la Révolution est en toi. Je crois te sentir ici dans un nœud inextricable ! Hélas! comme il va être, ce nœud, par la mort, vivement coupé !

comme une folle. Ils craignaient que l'affaire n'eût pas lieu; quoique je n'en fusse pas du tout sûre, je leur disais, comme si je le savais bien, je leur disais qu'elle aurait lieu. « Mais peut-on rire ainsi? » me disait Mme Danton. — « Hélas! lui dis-je, cela
« me présage que je verserai bien des larmes ce
« soir. » — Il faisait beau; nous fîmes quelques tours dans la rue; il y avait assez de monde. Plusieurs sans-culottes passèrent en criant : « Vive la nation! » Puis des troupes à cheval, enfin des troupes immenses. La peur me prit; je dis à Mme Danton : « Allons-nous-en. » Elle rit de ma peur; mais, à force de lui en dire, elle eut peur aussi. Je dis à sa mère :
« Adieu, vous ne tarderez pas à entendre sonner le
« tocsin... » Arrivée chez elle, je vis que chacun s'armait. Camille, mon cher Camille, arriva avec un fusil. O Dieu! je m'enfonçai dans l'alcôve, je me cachai avec mes deux mains et me mis à pleurer. Cependant, ne voulant pas montrer tant de faiblesse et dire tout haut à Camille que je ne voulais pas qu'il se mêlât dans tout cela, je guettai le moment où je pouvais lui parler sans être entendue et lui dis toutes mes craintes. Il me rassura en me disant qu'il ne quitterait pas Danton. J'ai su depuis qu'il s'était exposé. Fréron avait l'air déterminé à périr.
« Je suis las de la vie, disait-il, je ne cherche qu'à
« mourir. » — Chaque patrouille qui venait, je croyais les voir pour la dernière fois. J'allai me fourrer dans le salon qui était sans lumière, pour ne point voir tous ces apprêts... Nos patriotes partirent;

je fus m'asseoir près d'un lit, accablée, anéantie, m'assoupissant parfois; et, lorsque je voulais parler, je déraisonnais. Danton vint se coucher, il n'avait pas l'air fort empressé, il ne sortit presque point. Minuit approchait; on vint le chercher plusieurs fois; enfin il partit pour la Commune. Le tocsin des Cordeliers sonna, il sonna longtemps. Seule, baignée de larmes, à genoux sur la fenêtre, cachée dans mon mouchoir, j'écoutais le son de cette fatale cloche... Danton revint. On vint plusieurs fois nous donner de bonnes et de mauvaises nouvelles; je crus m'apercevoir que leur projet était d'aller aux Tuileries; je le leur dis en sanglotant. Je crus que j'allais m'évanouir. Mme Robert demandait son mari à tout le monde. « S'il périt, me dit-elle, je ne lui « survivrai pas. Mais ce Danton, lui, ce point de « ralliement! si mon mari périt, je suis femme à « le poignarder... » Camille revint à une heure; il s'endormit sur mon épaule... Mme Danton semblait se préparer à la mort de son mari. Le matin, on tira le canon. Elle écoute, pâlit, se laisse aller et s'évanouit...

« Qu'allons-nous devenir, ô mon pauvre Camille? Je n'ai plus la force de respirer... Mon Dieu! s'il est vrai que tu existes, sauve donc des hommes qui sont dignes de toi... Nous voulons être libres; ô Dieu, qu'il en coûte!... »

FIN DU TOME TROISIÈME.

TABLE DES MATIÈRES

	Pages
Préface de 1868.	1

LIVRE V. — JUIN-SEPTEMBRE 1791.

Chap. I. Impression de la fuite du roi (21-25 juin 1791). 9
II. Le roi et la reine ramenés de Varennes (22-25 juin 1791). . . 38
III. Indécision, variations des principaux acteurs politiques (juin 1791) 57
IV. La société en 1791. — Le salon de Condorcet. 68
V. Madame Roland 85
VI. Le roi interrogé. — Premiers actes républicains (26 juin-14 juillet 1791). 103
VII. L'Assemblée innocente le roi (15-16 juillet 1791). 122
VIII. Massacre du Champ de Mars (17 juillet 1791). 141
IX. Les Jacobins abattus, relevés (juillet 1791). 165
X. La revision. — Alliance manquée entre la gauche et la droite (août 1791). 185
XI. Prêtres et Jacobins. — Vente des biens nationaux (septembre 1791). 204

LIVRE VI.

Chap. I. Le premier élan de la guerre. — L'ouverture de l'Assemblée législative (octobre 1791). 236
II. Révolution d'Avignon en 1790 et 1791. — Meurtre de Lescuyer (16 octobre 1791). 283
III. Vengeance de Lescuyer, massacre de la Glacière (16-17 octobre 1791) 314

	Pages
Chap. IV. Décrets contre les émigrés et les prêtres. — Résistance du roi (novembre-décembre 1791)	334
V. Suite de la question de la guerre. — Madame de Staël et Narbonne au pouvoir (décembre 1791-mars 1792)	359
VI. Ministère girondin, déclaration de guerre (mars-avril 1792)	397
VII. Renvoi du ministère girondin (mai-juin 1792)	434
VIII. Le 20 juin. — Les Tuileries envahies, le roi menacé	466
IX. Imminence de l'insurrection (juillet-août 1792)	500
X. La veille et la nuit du 10 août	552

FIN DE LA TABLE DU TOME TROISIÈME.

IMPRIMERIE E. FLAMMARION, 26, RUE RACINE, PARIS.

www.ingramcontent.com/pod-product-compliance
Lightning Source LLC
Chambersburg PA
CBHW060750230426
43667CB00010B/1507